解放军国际关系学院国际安全研究中心

2012国际安全

INTERNATIONAL SECURITY SITUATION IN 2012

主 编◎刘 强

时事出版社

图书在版编目（CIP）数据

2012·国际安全/解放军国际关系学院国际安全研究中心.
—北京：时事出版社，2013.5
ISBN 978-7-80232-602-6

Ⅰ.①2… Ⅱ.①解… Ⅲ.①国家安全－研究－世界－2012
Ⅳ.①D815.5

中国版本图书馆 CIP 数据核字（2013）第 075625 号

出 版 发 行：时事出版社
地　　　址：北京市海淀区巨山村 375 号
邮　　　编：100093
发 行 热 线：（010）82546061　82546062
读者服务部：（010）61157595
传　　　真：（010）82546050
电 子 邮 箱：shishichubanshe@ sina. com
网　　　址：www. shshishe. com
印　　　刷：北京昌平百善印刷厂

开本：787×1092　1/16　印张：28　字数：456 千字
2013 年 5 月第 1 版　2013 年 5 月第 1 次印刷
定价：75.00 元
（如有印装质量问题，请与本社发行部联系调换）

目　录

第二部分 重大国际安全问题

第三部分 主要地区安全形势

第四部分　国际安全大事记即条约资料选编

前 言

2012年，林林总总的安全问题勾勒出一幅内容丰富、色彩斑斓的国际安全的画卷。大国安全战略的调整和相互关系的发展，深深影响着国际格局，使其似乎正朝着一个值得关注的方向发展。即在美国战略调整的压力下，共同利益和价值观的驱使，使国际社会正出现一种新的分化组合、新的接近和疏离，使得国家关系变得更加复杂，似乎闻到了冷战的味道。国内问题的国际化和国际问题的国内化正深深影响着这个世界，使其变得更加复杂。随着超级大国美国的战略重心转移至亚太并不断深化和细化，亚太地区的安全形势发生了深刻变化，国家间关系的重构已成为一种必然趋势，而整个世界也因各种力量的此消彼长而走向一个新的彼岸。

当人们近些年开始更多关注所谓的非传统安全问题时，我们忽然发现，传统安全对国际社会安全的冲击力不仅没有减弱，反而来得更加猛烈。国际社会的变化深深地影响着每个国家，而一些国家内部的问题导致国际社会的介入，成为大国博弈的棋局或战场。冷战思维还在继续，冷战催生的军事集团发挥着“热战”的推力，使得世界各国特别是威权小国在新的危机压力下惶惶不安。国际社会在应对各种不断发生的热点问题的同时，还必须面对人类共同面对的问题与挑战。

2012年是我们研究和出版这部国际安全年度研究著作的第五个年头了。这5年中，一直有一个问题萦绕着我，即我们为什么要坚持不懈地研究这个问题？尽管过往我对这个问题有所回答，即“从维护中国国家安全利益的立场出发，以中国新安全观为指导，以现实主义的安全思维思考国际安全问题，努力提高国际安全的研究水平，并以此作为探寻如何维护中国国家安全利益的基础”。但现在看来，尽管这个基本理念没有改变，但似乎应该增添一些新的内涵。

首先，国际安全形势的复杂多变，给发展中的中国带来的问题与挑战越来越多，加强对国际安全问题的研究，符合中国未来发展的需求。中国既然融入了不断发展和变化的世界，就必须时刻加深对这个世界的了解与认识。我们对国际战略格局的观察，对大国关系演进的透视，对国际重大问题的考问，对地区安全形势的解析等等，都是为了能够将这个世界看得更清晰、明白。

其次，国际安全环境的变化与中国国家利益拓展带来的碰撞，需要我们看清国际安全诸因素变化给中国带来的影响。当今的中国国家利益已经超越了传统的自然疆界走向了世界，从某种意义上说，世界都是我们的周边，但当今世界每时每刻都在发生着变化，导致中国的国际安全环境也变得更加复杂，而西方大国和一些地区国家以“中国威胁”为由四处围堵中国，更增添了这种安全环境的挑战性。因此，看准国际安全环境给中国走向世界造成问题和挑战的因素，无疑可以使中国能够趋利避害、纵横捭阖，拓展国家利益。

第三，创新性思维是解剖国际安全问题的本质和把握其发展趋势的良方，并以此为基础设计中国未来合理的发展路径。中国需要世界，世界也需要中国。但是，国际安全问题给中国带来的问题和挑战是随手可触的。只有抛弃传统的思维定式，以创新性思维去破解国际安全问题的谜团，厘清其本质，才能相对准确地推测和描绘未来世界的大致图景，才能以此为基础设计中国未来以何种路径发展，最终实现中华民族的伟大复兴。我们对国际安全形势和问题的解析，至少可以多提供一个视角。

为了更好地推进国际安全问题研究，2012 年 9 月我们成立了国际安全研究中心，直接聚焦于国际安全问题研究，而每年年终的这本著作则是对全年研究的一个总结和检阅。研究中心汇聚了一批有志于从事国际安全问题研究的中青年学者，其中绝大部分拥有博士学位，他们对国际安全问题有着浓厚的兴趣，也已拥有一定的研究心得，本书即是由这些人撰写而成的。希望我们的研究成果，不仅能对所有有志于国际安全问题的研究者有所启迪，更希望能够化为有关部门进行国家安全问题决策的参考，以此推进国际安全研究的向前发展，为维护中国国家安全利益作出应有的贡献。应该说，这是我们坚持至今研究和出版这本著作的基本出发点，也是支撑我们继续坚持的理由和动力。

此著作得以持续至今日，要感谢解放军国际关系学院的领导对我们研究工作的支持，感谢时事出版社苏绣芳女士在出版问题上的信任和支持，也要感谢各位撰写者为此付出的努力，更要感谢每一位购买和阅读过此著作的单位和个人，所有这些都是本著作得以每年顺利出版并延续的最重要支撑。我们还将继续，力争打造出更好的作品呈献给大家。

刘强　博士

（解放军国际关系学院国际安全研究中心主任，教授、博士生导师）

2013 年元月 · 南京

第一部分

全球安全形势总论

2012 年的国际安全形势的基本特征是“热点多、挑战大和应对难”，众多传统安全问题与非传统安全问题呈并发态势。国际安全形势的变化仍发挥出巨大威力，对整个世界的变化带来巨大影响。一些传统问题在新因素的作用和影响下不断发酵和演化，呈现出新特点和新挑战，难以用传统模式加以解决。而诸多新问题的不断出现，与老问题的新变化一起导致全球热点频发，世界范围内的安全困境依然严峻、挑战巨大，给当今国际社会如何在现有国际安全机制下维护世界和平与发展留下了重大课题。更为关键的问题是，诸多领域的大变革和大调整引发了许多现实安全问题和安全隐患，一些安全领域和地区甚至出现了大动荡，必须通过大治理方能有所缓解或消除，因而世界迎来了一个大变革、大调整、大动荡和大治理的时代。尽管国际格局未有大变化，但美国安全战略调整的深化导致亚太安全局势复杂，频发的武装冲突对国际安全形成巨大冲击，发达国家经济发展迟缓导致国际政治经济安全风险增大，水危机和粮食危机等导致冲突的几率上升，极地争夺和太空竞争更加激烈，而一些问题才露出冰山一角，未来极可能呈现更加严峻的局面，国际安全依然将面临各种挑战并行的局面，使得全球治理面临着巨大挑战。勇气的迸发、思维的创新、智慧的运用与机制的重构应成为国际社会维护世界安全与稳定的基本路径。

第一章

大国关系波澜不惊、稳中有调，国际格局无大变，新动向值得关注

从2012年的大国关系运行情况看，总体波澜不惊，在保持基本稳定的同时也有调整，出现了些新情况。这既是本国政治经济生态变化所导致，也是受国际安全具体问题影响的结果。这些变化并未从根本上冲击世界格局，“一超多强”仍是当今世界格局的基本特征。

一、中美关系基本稳定，但在一些具体问题上分歧依旧

冷战后，苏联的解体和中国经济的迅速崛起，使大国关系的主次发生了重大变化，中美关系已取代中俄关系，成为对世界影响最大的一对双边关系。因此，中美关系的变化和演进，成为国际社会最为关注的大国关系。

2012年中美关系基本稳定，但在涉及中国国家核心利益问题上分歧严重，在世界重大问题上既有合作也有竞争，甚至在一些问题上存在巨大的分歧。美国警惕中国的神经一刻也没有放松，甚至将中国的威胁等级有所调高。美国总统奥巴马在连任竞选时，一改以往称中国为“对手”（competitor）的惯例，称中国是“敌手”（adversary）。尽管有学者解释称，从上下文看奥巴马对中国并无恶意，或许只是辩论

情急下的改口,[①] 但是，这种改口或许正是其真实想法的流露，是中国在美国利益中角色的新定位。特别是其中还暗指中国不遵守国际规则，更反映出美国对中国国际功能的不满和不信任。

尽管当今中美间包括“战略和经济对话”在内的各种对话沟通渠道和机制不断建立和增加，互信有所增强，但是，美对华的不信任是渗透到骨子里的，“敌手”的概念基本已固化。早在2012年1月5日美颁布的《维持美国的全球领导地位：21世纪国防的优先任务》军事战略报告中，中国的威胁程度也被首次调高，取代俄罗斯成为美国的头号敌人。而其后以这份报告为指导、由美国国防部1月17日发布的《联合行动进入构想》(Joint Operational Access Concept，JOAC，简称《构想》) 1.0版，主要解决美军未来面对“反进入/区域拒止”(anti－access/area－denial) 威胁时如何实现“行动进入”战略，提出通过“跨域协同”(Cross－Domain Synergy) 这一核心理念确保美军行动自由，以及维护美军行动自由所不可或缺的各种能力。[②]《构想》有很大针对中国的一面。

而在涉及中国重大国家利益的领土（领海）争端问题上，美国嘴上说不选边，实则明里暗里站在中国的对立面进行搅局，导致局势复杂。黄岩岛争端如此，钓鱼岛问题更是如此。

在黄岩岛问题上，美国一直声称保持中立，但事实上暗中支持菲律宾，在2012年4月30日美菲首次外长防长“2＋2”会议后的新闻发布会上，就有关黄岩岛问题的提问，美国国务卿希拉里·克林顿表示：“美国反对使用武力、或威胁使用武力来解决南海争端，……美国在南海领土争端中不偏帮任何一方，并呼吁相关各方通过外交途径解决争端。”[③] 而如果

---

① 此为来自美国斯坦福大学国际安全和合作中心的薛理泰的观点，他认为当时他（奥巴马）说的原文是“China's an adversary, and also a potential partner in the international community if it's following the rules.”（中国是敌手，只要它能遵循规则也是国际社会中的潜在伙伴）因此，从上下文看，奥巴马并没有什么针对中国的恶意。参见：“薛理泰：2012年中美关系与中国周边外交”，共识网，http://www.21ccom.net/articles/qqsw/zlwj/article_2012112171460.html。

② 有关此《构想》的具体解读，参见刘鹏、鲁文也：《美军“联合行动进入构想”解读》，载《国际资料信息》，2012年第3期。

③ “美菲磋商：美国拒在黄岩岛问题上站队”，网易，http://news.163.com/12/0501/07/80DDQLR800014JB5.html。

细细解读此话，我们发现，尽管美国表示中立，但其“反对用武力或威胁使用武力”的用词，显然是针对中国的，事实上是在“敲打”中国，为菲撑腰打气。此外，按照中国军事科学学会副秘书长罗援少将的说法，“美国说其不持立场，实际上是持有立场的，1962 年美国的大百科全书已经明确表明，南海南沙是在中国传统海疆线之内的，现在美国把以前这个立场模糊化，实际上是在拉着南海一些国家和中国打群架”[①]。而在实际行动上，据 2012 年 6 月 13 日法新社报道，美国军方 12 日决定向菲律宾提供一套陆基监视雷达，帮助菲律宾建设一个“国家海岸监视中心”，协助监视周边船只。报道还援引美国“金融在线”网站的消息称，近日阿基诺三世在接受采访时就已明确表示，菲律宾欢迎美军将 P－3C 反潜机、“全球鹰”无人机以及其他侦察飞机进驻和部署在菲律宾及周边地区。菲律宾不但加强自身雷达监视能力，还对中国在该地区的活动保持高度警惕。[②] 因此，有理由相信，未来美国还会应菲律宾的要求向菲出售更多的军事装备，以显示其盟友在黄岩岛问题上对菲的支持。

在钓鱼岛问题上，美国同样多次表态称“不选边”，但在实际操作上，一方面不断表示要加强美日同盟关系，另一方面通过法律途径确认钓鱼岛适用《美日安保条约》[③]。此举极大地鼓舞了日本。日本媒体认为：“这一补充条款进入美国‘国防授权法案’非常罕见，如果它最终在美国众议院得到通过，意味着美国对日本重申了同盟义务承诺，一旦中日在钓鱼岛发生冲突，作为日本盟国的美国将采取干预措施乃至直接武力介入。”[④] 而事

① “罗援解读黄岩岛事件：美国中立态度实是对菲支持”，中国新闻网，http：//www. chinanews. com/gj/2012/05－04/3866017. shtml。

② “美国将向菲律宾提供陆基雷达监视中国海军”，网易，http：//war. 163. com/12/0614/10/83V1RJJL00011MTO. html。

③ 希拉里 2010 年 10 在美日外长会谈后的记者会上，首次提到钓鱼岛是《美日安保条约》第 5 条的适用对象。美国参议院全体会议于当地时间 2012 年 11 月 29 日决定，在 2013 财年“国防授权法案”中增加一附加条款，明确规定美国对日防卫义务的《日美安保条约》的第五条适用于钓鱼岛。参见“美国首次就日本购买钓鱼岛表态”，凤凰网，http：//news. ifeng. com/mainland/special/diaoyudaozhengduan/content－3/detail_2012_ 07/10/15918298_ 0. shtml；“美国参议院确认钓鱼岛适用美日安保条约”，网易，http：//news. 163. com/12/1201/04/8HK43O9000014JB6. html。

④ “美国参议院确认钓鱼岛适用美日安保条约”，网易，http：//news. 163. com/12/1201/04/8HK43O9000014JB6. html。

实上，美国是钓鱼岛问题的始作俑者，如果不是美国当年私下将钓鱼岛授受给日本，如果没有美国2009年将原有认为钓鱼岛是“日本行政管辖区”（administrative territory）改为“承认日本对钓鱼岛的领土主权”①，钓鱼岛问题就不会有今天的复杂局面。

作为当今世界最重要的大国关系之一，中美关系的发展变化始终受到极大的关注。这不仅因为美国和中国是当今世界经济总量最大的前两位国家；还因为美国和中国一个是超级大国，一个是最大的发展中国家且崛起势头迅猛；更因为一个是资本主义大国，而另一个是社会主义大国。特别是中美之间的经济联系日益增强，2012年双边贸易额近5000亿美元，成为推动世界经济发展的重要引擎。但中美间的竞争和博弈不仅存在而且是多方面的，其中在世界重大问题上，两国既有合作也有分歧，导致这种新型大国关系内涵复杂。然而，中美关系的基本框架没有打破，底线也未被击穿，因此，在未来的日子里，两国关系只要不出现重大的战略误判，基本维持着一种可控的被称之为“竞争性共存”② 局面。

二、美俄关系的不稳定性再次显现，成倒退态势，前景不够明朗

2012年美俄关系的标志性事件莫过于俄总统普京缺席5月在美召开的G8（八国集团）峰会，而奥巴马则缺席9月在俄罗斯符拉迪沃斯托克举行的

① 2009年9月15日，美国参院外交委员会的亚太小组委员会召开有关亚洲海洋领土纷争的听证会，担任主席的吉姆·韦柏在会议发表声明，批评中国在南海和东海的领土主张，指出美国承认日本对钓鱼岛的领土主权。美国国务院事后并无澄清及解释。参见“钓鱼岛及其附属岛屿主权问题”，维基百科，http：//zh. wikipedia. org/wiki/%E9%87%A3%E9%AD%9A%E5%B3%B6%E5%95%8F%E9%A1%8C。

② 此为中国问题专家、乔治·华盛顿大学政治学和国际关系学教授、中国政策研究项目主任沈大伟（David Shambaugh）的观点。他认为，尽管奥巴马在此次竞选时指出中国是美国的“对手”，但在一定程度上，两国间的相互依存关系缓和了战略竞争关系，使两国不至于完全敌对。而在一些领域，两国间的相互依存会加剧竞争，产生摩擦。这种既竞争又合作的关系可以称为“竞争性共存”。参见“学者称中美将维持‘竞争性共存’关系”，和讯网，http：//news. hexun. com/2012-11-12/147853719. html。

2012 年度的亚洲太平洋经济合作论坛会议（简称亚太经合会）。甚至，美国违反通常礼仪在普京当选总统的 5 天后才发电祝贺。这些都成为美俄龃龉导致关系发冷的重要例证。为此，有媒体称美俄关系处于“死机”状态。[①] 美国有线电视新闻网甚至援引美利坚大学国际关系学院院长戈德盖尔的分析称，“俄罗斯的立场本质上与西方利益相左”，“这不是冷战，而是将要成为冷战”。[②] 英国《每日邮报》12 月 7 日评论也称，“美国终止了一场冷战，但迅速开启了另一场冷战”[③]。尽管有关美俄爆发新冷战的说辞并非新鲜之物，但近年来特别是进入 2012 年，美俄关系的确处于一种冷对抗的状态。

尽管双方最高领导人也有沟通，但无论是从媒体报道还是从具体实践看，美俄之间在很多问题上的分歧是明显的，呈现出针锋相对的态势，俄甚至有任其自然发展的味道。而在以“马格尼茨基事件”[④]、“颜色革命”为代表的俄国内问题上，在诸如叙利亚、伊朗和反导等国际问题上，俄与美的对抗也呈现出尖锐化和常态化。

在美国国会通过了“马格尼茨基事件”后，俄外交部表示：“从美参议院的决议中可以看出他们对俄罗斯原则性路线进行报复的欲望。……华

---

① 参见“2012 亚太经合会轶闻：奥巴马缺席，美俄关系继续‘死机’”，新华网，http：//news. xinhuanet. com/world/2012 -09/05/c_ 123666029. htm。

② “美媒：叙利亚危机暴露美俄关系‘冷点’”，环球新军事网，http：//www. xinjunshi. com/article/hwzg/article_ 30841. html。

③ “美俄频频互相说‘不’会否开启新冷战”，网易，http：//news. 163. com/12/1211/07/8IE714Q600014JB6. html。

④ 谢尔盖·马格尼茨基是俄罗斯赫密塔吉基金管理公司（Hermitage Capital）的一名大胆揭露俄罗斯官员腐败的律师，曾经揭露了一起涉案金额达 2.3 亿美元的官僚诈骗案。因受逃税指控于 2008 年被俄警方逮捕。羁押期间，在狱中遭毒打，并因心脏病发作于 2009 年 11 月在莫斯科“水兵寂静”看守所去世。他的去世引起巨大的社会轰动，包括在西方。俄罗斯随后对马格尼茨基的死因展开调查，普京称此事为“悲剧”，但认为“这是俄罗斯的内政”。2011 年 7 月，美国国务院称俄联邦安全局、警察部门及看守所 60 名有关人员应该为马格尼茨基之死负责并将他们列入黑名单，拒绝向他们发放入境签证。俄外交部此前多次对该法案予以强烈抨击，称这是美国部分人试图恢复冷战之举。美国参议员本杰明·卡丁起草了所谓的“马格尼茨基名单”，其中包括一系列俄罗斯官员。2011 年 4 月这个法律草案提交到美国国会，它规定对涉嫌马格尼茨基死亡案的人实施签证和经济制裁。美国国务院 2011 年 7 月对数十名涉及马格尼茨基案的俄罗斯官员实行签证限制。美国参议院于 2012 年 11 月中旬以 92：4 的压倒性支持表决通过了该法案，在众议院是以 365：43 通过。2012 年 12 月 6 日，美国参议院表决通过了“马格尼茨基法案”。

盛顿一些人忘记了现在是什么年代，他们仍认为冷战没有结束。而参议院更热衷于孤芳自赏，他们忽视了这样一个事实，即每个国家都能够禁止他国公民进入自己的领土。只要需要，无须任何特别立法。我们经常听到人权组织向我们投诉称，某个国家21世纪还在全世界实施酷刑和绑架人质。不幸的是，俄罗斯公民也成为这些邪恶行为的受害者。"俄媒称，该法案比冷战时期的制裁法案"更具攻击性"。因此，俄决定要"以牙还牙"。①作为回击，俄先是决定从2012年12月8日起暂停进口美国的牛肉和猪肉，以确保俄消费者不会吃到可能含有不良添加剂的进口肉类，紧接着俄国家杜马于12月21日通过了"反马格尼茨基法"②，一周后俄总统普京签署了这项法令，法令于2013年1月1日生效。

而对待美国在俄的"颜色革命"③ 问题上的表现，普京对其可谓"恨之入骨"，称"美国和北约的一些外交举动浸透着集团思维的陈规陋习"④。因此，普京在选前发表的纲领性文章《俄罗斯与不断变化的世界》中，就俄罗斯与美、中两国的关系给了一个清晰的判断——"俄美两国伙伴关系

① 参见"美俄频频互相说'不'会否开启新冷战"，网易，http://news.163.com/12/1211/07/8IE714Q600014JB6.html。

② 俄罗斯国家杜马（议会下院）2012年12月21日以420票赞成、7票反对、1票弃权的投票结果通过"反马格尼茨基法"。该法案规定，对以参与破坏人权为由做出禁止俄公民入境、没收其财产决定的人实行签证限制和金融限制。禁止对俄公民实施过犯罪、参与非法剥夺俄公民自由或对俄公民进行过不公正审判的美国人入境，并查封他们在俄的金融资产。法案说，被禁止入境俄罗斯的美国公民名单将由外交部门制定，联邦委员会、政党、俄联邦人权代表可以对"黑名单"提出建议。法案还规定，禁止美国公民收养俄罗斯儿童，废除俄美2011年7月签署的收养协议，并临时禁止靠美国资助从事政治活动的非商业机构在俄活动。参见"俄国家杜马通过'反马格尼茨基法'"，新华网，http://news.xinhuanet.com/world/2012-12/21/c_124131651.htm。

③ 颜色革命（Color revolution），又称花朵革命，是指20世纪末期开始的一系列发生在中亚、东欧独联体国家的以颜色命名，以和平和非暴力方式进行的政权变更运动，而且这些运动有向包括中东的一些地区在内的地方蔓延的趋势。参与者们通常通过非暴力手段来抵制控制着他们国家的独裁政府以及苏式思维方式，拥护他们所认为的民主、自由以及美式思维方式。他们通常采用一种特别的颜色或者花朵来作为他们的标志。目前颜色革命已经在塞尔维亚、格鲁吉亚、乌克兰和吉尔吉斯斯坦这几个国家取得成功，推翻了原来的亲俄罗斯政府，建立了亲美国的民选政府。

④ 此为普京2012年竞选的一篇文章中的话。转引自李放："俄美是伙伴还是对手"，载《学习时报》，2012年8月13日版。

尚未稳定”，“俄需要一个繁荣而稳定的中国”。[1] 同时，普京缺席在美举行的 G8（八国集团）峰会也就不足为奇了。

美俄关系出现问题，其根源在于彼此的安全观和价值观仍存在着巨大差异，从而导致互信的严重缺失。因此，被美国媒体称之为“21 世纪沙皇”的普京，为实现其重振俄罗斯的目标，作为措施之一，以“反美”来唤起俄国内民族自豪感似已成为一种选择，若俄对美不妥协成为常态，美俄关系很难得到根本改善。而强硬的普京在其未来任期内对美国采取何种态度，一定程度上决定着美俄关系的走向。

三、中日关系因钓鱼岛问题出现新危机，但依然处于可控状态

2012 年 9 月，日本政府不顾中方一再严正交涉，完成了“购买”钓鱼岛及其附属的南小岛和北小岛，将其所谓“国有化”。中国政府对此表示了强烈愤慨，民间的反日情绪一度高涨，导致了中日关系再度紧张，引发了一场中日关系新危机。此后中国加大了对钓鱼岛的巡航力度，并从原有的舰船平面巡航升级为舰船与飞机结合的立体巡航。日本海上保安厅舰船和海上自卫队飞机则对中国巡航的舰船和飞机进行拦截。目前紧张局势从表面上看似乎有所缓解，但事实上则蕴含着潜在冲突的可能。在自古为中国领土的钓鱼岛问题上，中日间争端再起并演化成危机，深刻反映出中日关系的复杂性、敏感性和脆弱性。日本无论是民主党还是重新执政的自民党，在美国的支持下，在钓鱼岛归属问题上有恃无恐地挑战中国维护国家主权的意志，无疑是导致地区紧张局势的麻烦制造者。而美国宣称钓鱼岛问题适用《美日安保条约》，主动介入，则使问题变得更为复杂化。尽管如此，在处理钓鱼岛问题上，中日双方针锋相对，虽时有险象环生，但基本都在可控的范围内。然而，2012 年因钓鱼岛问题导致的中日政治关系紧张，也打破了以往“政冷经热”的一贯传统，呈现出“政经皆冷”的局

① “外报：华府对普京态度‘特别’美俄关系处转折点”，新华网，http://news.xinhuanet.com/world/2012-03/13/c_111646814.htm。

面，1—9月双边贸易额下降了1.8%[①]，此后依旧没能阻挡这种下滑势头，到年底总体下降3.9%[②]。中日经济的依存度随着中国经济的快速发展，已经由原来的中国高于日本变为日本高于中国。有学者指出："作为日本最大的贸易国，日本对华贸易占日对外贸易总额的25%左右，而中国对日贸易额占中国贸易总额的比重仅为10%，二者相较，日本对华的贸易依存度更高。此外，中国对日出口多为低附加值产品，利润有限；而日本对华出口多为高利润的产业链上游产品。这意味当前中日双边贸易总额呈下降态势，这不利于日本国内经济的发展。"[③] 还有分析认为："中日的进出口贸易曾在2003年帮助日本避免又一场经济衰退的过程中发挥了关键作用，而且自2003年以来中国向日本的经济增长贡献了35%—80%的推动力。如果日后中日贸易继续恶化，日本国内的经济恢复情况或将延迟。"[④] 可见，尽管2012年重新夺回执政地位的自民党，特别是有着"自民党最右翼"之称的首相安倍晋三不断发表对华强硬的言辞，其政策也可能会出现前所未有的倒退，但是，考虑到中日互惠能给日本带来的益处，相信中日关系虽然在很多问题上极有可能演化出新的问题，然而还不至于走上彻底决裂的道路，仍必将在复杂的斗争中有所发展，最差也会维持在一种"低温不结冰"的状态。

四、中俄全面战略协作伙伴关系取得新进展，协同平衡西方大国势力

中国外交部发言人华春莹在2012年12月21日的例行新闻发布会上就记者有关中俄关系的提问表示："中俄关系处于前所未有的高水平，已进入互

---

① "商务部：1—9月中日双边贸易额下降1.8%"，腾讯网，http://finance.qq.com/a/20121019/005166.htm。

② "钓鱼岛争端加经济不彰 日本降为中国第五大贸易伙伴"，人民网，http://finance.people.com.cn/n/2013/0110/c70846-20161130.html。

③ 此为清华大学中国与世界经济研究中心教授袁钢明的分析。"'购钓岛'贻祸，中日贸易额减4.5%"，新华网发展论坛，http://forum.home.news.cn/thread/107342192/1.html。

④ "'购钓岛'贻祸，中日贸易额减4.5%"，新华网发展论坛，http://forum.home.news.cn/thread/107342192/1.html。

为重要发展机遇，互为主要优先合作伙伴的新阶段。中方愿与俄方一道，切实落实两国领导人达成的各项合作共识和协议，不断加大相互政治支持，持续推进务实合作，特别是在能源、投资、航空航天、地方、高科技等领域的合作，加强人文交流，进一步密切双方在国际和地区事务中的协调配合，推动中俄全面战略协作伙伴关系不断取得新成果。”① 这种回答绝非一般的外交辞令，确有深刻的内涵。2012 年再次当选俄总统的普京，在上任不到一个月就访问了中国，并在一天之内与中国国家主席胡锦涛进行了两次会晤，这远远超出了一般的外交礼节，而是有着极为深刻的内涵。此后 9 月在俄符拉迪沃斯托克举办的 APEC 峰会上，中国国家主席胡锦涛再次与普京总统进行了一个多小时的会晤，双方就中俄关系及当前地区和国际热点问题进行了深入交流。除了两国国家元首的会晤外，中国总理温家宝、副总理李克强也都访问了俄罗斯。而新当选的中共中央总书记习近平 2013 年 1 月 8 日在人民大会堂会见来华举行中俄第八轮战略安全磋商的俄罗斯联邦安全会议秘书帕特鲁舍夫时强调，坚定不移地发展中俄全面战略协作伙伴关系是中国外交的优先方向。② 除了高层接触外，中俄在能源、经贸和军事技术领域的合作也在 2012 年达到了一个新的高度③，同时在一些国际重大安全问题上的协调也

---

① “外交部：中俄关系处于前所未有的高水平”，网易，http：//news. 163. com/12/1221/21/8J9DTAOE00014JB5. html。

② “习近平：坚定不移发展中俄全面战略协作伙伴关系”，中华人民共和国中央人民政府网，http：//www. gov. cn/ldhd/2013 －01/08/content_ 2307514. htm。

③ 2012 年是中俄能源合作一个大年：两国草签了有关合作建设田湾核电站 3、4 号机组的议定书、原子能机构的合作路线图，以及在扩大电力合作方面的谅解备忘录等文件。在俄罗斯参与下，中国田湾核电站 1、2 号发电机组已经建成并投入使用。此外，东西伯利亚—太平洋输油管道二期工程正式启用，今后经科济米诺港出口的原油数量将大幅增加。虽然这些原油出口的目的地不仅仅是中国，但这对目前正在实施之中的俄中合资天津炼油厂项目有百利而无一害。尽管 2012 年俄中未能在天然气合作领域达成最终协议，但两国相关企业围绕该问题谈判的密度大幅加强，双方在价格方面有了重大进展，有望在 2013 年谈妥。在经贸领域，虽然 2012 年全球经济低靡和欧债危机依然阴云不散，但中俄经贸合作逆势而上，全年双边贸易额有望突破 900 亿美元，有望提前实现 2015 年外贸额达 1000 亿美元的目标。在军事技术合作领域，接替谢尔久科夫担任俄罗斯国防部长的绍伊古上任后不久便出访中国，同中国国家主席胡锦涛和国防部长梁光烈举行了会谈，出席俄中政府间军事技术合作委员会第 17 次会议并担任会议俄方主席，并且两国在会议期间签署了若干军售合同。这给原本相对沉寂的俄中军工合作注入了新的动力，为 2013 年迎来两国在该领域的合作高潮奠定了基础。参见“专家总结 2012 年俄中关系：政热经冷已成历史”，中俄交流网，http：//www. zejl. com/new_ xx. asp? id =49627。

有所加强，并取得了积极的成果。因此，总体上中俄两国关系呈现出“层次高”、“合作深”和“互为重”的总体发展特点。特别是在国际安全领域已经形成了一股协同力量，在平衡西方主导的重大国际安全问题上发挥着重要影响。

五、美欧、美日、俄日关系间有近有疏，新情况导致新变化

2012年美国与欧洲主要国家以及欧盟的关系，集中反映在经济和金融领域的“货币战争”上，双方为争夺货币主导权和虚拟经济利益的竞争十分激烈，但政治上仍处于相对一致的框架之下，在应对世界其他地区重大安全问题上，协调和配合机制较为顺畅，甚至反映出欲追随美国的步调计划实现“战略东移”的趋势①。美日关系因中日间的钓鱼岛问题走得更近，这一方面是美国“再平衡战略”需要所导致的，也是日本寄希望于依靠美国借力上位的一贯思维使然。日俄关系因“北方四岛”（俄称“千岛群岛”）争端一度紧张，但至年底有所缓和，12月28日，日本首相安倍晋三与俄罗斯总统普京通电话，双方一致同意推进有关签署《日俄和平条约》的事务性工作。安倍在电话中还称，日方重视与俄罗斯的关系，他高度评价普京关于就解决领土问题进行建设性对话的讲话，表示将努力寻找双方都能接受的解决方案。同时表示，日方愿在安全保障及经济合作等领域与

---

① 由中国社会科学院欧洲研究所和中国欧洲学会合作撰写的年度《欧洲发展报告（2011~2012）》认为，2010年3月，欧盟开始谋划在全球战略层面实施“战略东移”。2010年12月16至17日，欧洲理事会举行会议，讨论了阿什顿提交的欧盟与战略伙伴关系进展报告。阿什顿在报告中列举了欧盟主要战略伙伴，分别是：美国、中国、俄罗斯、印度、巴西、日本、加拿大、墨西哥、南非和韩国。在这份报告中，亚洲国家数量最多，包括中国、印度、日本和韩国，而且将中国地位提升到第二位，这是几个世纪以来欧洲对华外交战略重要性最高位的考虑，表明欧盟对亚洲国家的重视，明确显示了“战略东移”的动机。作为新兴经济体代表的“新金砖五国”（中、俄、印、巴、南）也被列入欧盟重要战略伙伴关系的框架下，表明欧盟对新兴国家经济体的重视。参见“报告称欧盟加快战略东移 发展同新兴国家关系”，中国新闻网，http://www.chinanews.com/gj/2012/05-08/3873230.shtml。

俄方合作。[1] 但是，和平条约不过是日本担心因领土问题与俄发生冲突的一个挡箭牌或缓冲器，并将在此庇护下继续与俄周旋。因此，日俄关系因领土争端很难想象能有较大深入的发展。

总之，2012 年间大国关系虽“波澜不惊”，但也存在一些难解的课题。而年内世界主要大国都更替了领导人，新上任的领导人能否以更加积极的安全战略思维，推进大国之间的协调与合作，共同维护业已形成且必须因形势变化而进行完善的国际安全机制，将是全世界所关注的。若它们帅易策改，龃龉不断，必对整个世界的政治、经济和军事形势等带来重大影响，这种影响无论是积极的还是消极的，都会影响到全球安全形势的变化，甚至影响到未来世界格局的走向。

（刘　强）

① “日俄同意推进签署和平条约工作”，网易，http：//war. 163. com/12/1229/08/8JSKIT1G00014OMD. html。

第二章

军事安全依然产生着巨大冲击力，对国际安全形势带来重大影响

与2011年相比，2012年全球军事安全领域的变化对国际安全的影响不仅丝毫没有减弱，而且依旧产生着巨大冲击力，对国际安全形势带来重大影响。这不仅反映在美国安全战略的继续深化和细化带来的影响上，还反映在叙利亚内战等武装冲突带来的影响上，同时，更值得关注的是马里军事政变并局势恶化，最终导致法国的军事介入。而网络战的发展和给未来军事安全带来的影响，更加值得人们去思考和探索。国际军事安全依旧是全球关注的焦点问题。

一、美国安全战略继续细化，世界战略态势复杂多变

2012年在新年伊始的1月5日，美国总统奥巴马就宣布推出一项新军事战略，即题为《维持美国的全球领导地位：21世纪国防的优先任务》的军事战略报告，称“我们将加强在亚太地区的实力，预算削减不能以损失关键地区为代价”。而“要想继续保持军事强大，确保国家安全，美国的国防预算必将继续比落后于我们国家的十个国家的总和还多”。[1] 这份战略报告的出台，意味着美国进一步明确了其战略重心转向亚太的战略选择，

① “美军公布新军事战略，美国总统奥巴马讲话（全文）”，新华网，http://news.xinhuanet.com/world/2012-01/06/c_111384582.htm。

同时也标志着亚太地区将成为美国下个10年军事建设和活动的重点。战略报告明示："美国的经济和安全利益与西太平洋和东亚到印度洋地区及南亚一带的发展息息相关，这种形势造成了日益严重的挑战，同时也带来了大量机会。因此，虽然美国军事活动继续注重全球安全，但是我们会针对亚太地区调整战略。我们与亚洲盟友和合作伙伴之间的关系对该地区未来的稳定与发展非常重要。我们会进一步强调与现有盟友的关系，因为它们对亚太地区的安全至关重要。我们也会将我们的合作网络向整个亚太地区推广，保证同心协力保护共同利益。美国也与印度建立了长期战略合作关系，支持其作为地区性经济支柱发挥作用并成为印度洋地区安全的维护者。"① 显示美战略重心东移的决心十分坚定。

随着美国战略重心东移的不断深化，2012年6月2日，在新加坡举行的年度香格里拉对话会上，美国防长帕内塔提出了美国"亚太再平衡战略"，指出美国将在2020年前向亚太地区转移一批海军战舰，届时将60%的美国战舰部署在太平洋。② 这是美国再次将其2011年以来的战略调整冠以不同的称谓，过去曾称之为"重返亚太"和"亚太转轴"。也正因为如此，学者甚至认为，从美国对这一战略的不断解释可以看出，美国并没有一个十分清晰的战略。③ 而事实并非如此，美国的"再平衡"理念是对以往"重返"和"转轴"的明晰，因为"重返"、"转轴"都是方向和目标，而"再平衡"则是"目的"和"设想"。如果说以往是战略理念不清，而现在则十分清晰了。

从帕内塔阐述的"亚太再平衡战略"的具体内容看，是对美国未来在亚太地区的战略部署进行的细化，原则十分明了。他不仅多次强调亚太地区的优先性，还就兵力部署、经费投入领域、建立新的伙伴关系和联盟等进行了明确的说明。同时，还特别强调了美国"亚太再平衡战略"的基本

---

① 知远、天火译：《维持美国的全球领导地位：21世纪国防优先任务》，搜狐网，http：//mil. sohu. com/20120109/n331638690. shtml。

② Speech，Shangri - La Security Dialogue，As Delivered by Secretary of Defense Leon E. Panetta，Shangri - La Hotel，Singapore，Saturday，June 02，2012. http：//www. defense. gov/speeches/speech. aspx? speechid = 1681.

③ "五问美亚太再平衡战略：能否兑现承诺?"，新华网，http：//news. xinhuanet. com/world/2012 -06/06/c_ 123238380. htm。

原则，即遵循国际规则与秩序；伙伴关系原则；存在原则和军力投射原则。并就这些原则进行了具体的阐述。① 从帕内塔阐述的“亚太再平衡战略”中，我们发现此战略充分反映出美国整合资源、调整配置的战略理念，以期能够牢牢掌控亚太地区的领导权，实现美国理念下的世界治理。尽管帕内塔解释“亚洲再平衡战略”时不断强调是为了亚太地区的“安全”与“繁荣”，但从其一再提及“结盟”的战略思维来看，反映出美国依然以严重的冷战思维看待世界的本质，特别是针对快速崛起中国的战略设计更集中反映了美国言行的两面性，即嘴上称乐见一个繁荣强大的中国，但行动上却在全球四处设卡围堵中国，在一些关系到中国重大国家利益的问题上，频频给中国制造麻烦。而近年来不断更新作战概念，推出了包括“空海一体战”（Air Sea Battle）和“联合作战介入概念”（Joint Operational Access Concept）等新的作战概念。用帕内塔的话说，这些概念和相关举措，“正在帮助国防部应对可能阻碍我们的部队进入关键海上航线和扰乱重要通讯干线的新的破坏性技术和武器带来的挑战”②。事实上，这些概念主要是针对中国和伊朗的反介入/区域拒止（A2/AD）的环境下行动自由设计的。因此，总体看，美国的战略调整的不断深化和细化，无疑将给未来的亚太地区特别是中国的安全形势带来重大影响。

应该承认，美国将战略重心转移至亚太，对于地区安全态势的影响并非完全是消极的，仍有其积极的一面，即作为世界唯一的超级大国，其将主要军力部署在亚太地区，对于地区国际恐怖势力能够发挥积极震慑作用；在应对重大自然灾害的救援上能够发挥重要协助作用；在联合打击海盗和海上犯罪活动上能发挥重要协作作用。但是，问题的关键是，美国“亚太再平衡战略”的核心实质仍然是以冷战思维为基点的“防范”与“遏制”。所谓的“再平衡”无疑是想调整美国因经济相对衰退而导致的与亚太大国“不平衡”的关系，通过加强与地区盟国关系而进行利益捆绑，重新构建一种以美国为主导的新制度框架，以消除一切能对美国构成的威胁与挑战，实现美国利益的最大化。这既是总统奥巴马国家安全战略思维

① Speech，Shangri - La Security Dialogue，As Delivered by Secretary of Defense Leon E. Panetta，Shangri - La Hotel，Singapore，Saturday，June 02，2012. http：//www. defense. gov/speeches/speech. aspx？ speechid = 1681.

② Ibid.

的产物，也是美国对其权力目标追求的必然结果。因此，必须指出的是，美国的“再平衡”打破了亚太地区的固有平衡，是一种破坏式的结构重新构建，其带来的直接后果就是导致亚太地区国家关系变得更加微妙和复杂。特别是极大地恶化了中国周边安全环境，对中国解决重大甚至核心国家利益问题带来了诸多问题和挑战。

尽管美国“亚太再平衡战略”存在着一定的变数，但就眼下情况看，美国作为世界最重量级的国家，其战略调整已牵动世界，导致世界战略态势发生了一定的变化。首先，美国在亚太地区提升了与同盟国的关系，并欲借助其盟国力量，强化自身更大的优势，这对地区非美国盟国特别是美国认定的对手或敌手国家而言，无疑增加了战略压力，从而导致他们必须除强化自身安全能力外，还将寻求利益趋同的战略伙伴，以提升共同应对这种压力的能力，这就势必导致亚太地区国家关系格局出现新的分化组合。其次，美国“亚太再平衡战略”形成了太平洋至印度洋对东亚—东南亚—南亚的“两洋夹击”战略态势。这种战略态势加重了地区国家对自身安全利益的担心程度，特别是因国家关系格局变化而产生的恐惧心理，必然导致其行动上的扩军备战，新的军备竞赛在所难免，新的安全困境必然出现。

总之，美国因战略调整深化和细化而形成的“亚太再平衡”概念，已经引起了世界特别是亚太国家的高度关注，各国都因美国的战略调整而重新调整自身的战略资源配置，或以积极的姿态配合美国欲从中获益，或以警惕的意识和实际行动防范美国，以期消除或减弱其带来的消极影响，亚太地区的安全形势必将出现新的更复杂的局面。

二、武装冲突对国际安全的冲击巨大

2012年可谓是危机频发年，众多危机此起彼伏，而其中的一些危机是以武装冲突的形式呈现世人的。特别一些国家的内战如火如荼，不仅造成了大量人员和财产损失，也给地区政治经济安全带来了巨大的负面影响。

中东地区作为历史上最不稳定的地区之一，2012年热点最多，其中叙利亚危机和阿以冲突硝烟弥漫，伊朗核问题导致军事危机不断，埃及局势透露出内战隐患……，成为世界热点中的热点。特别是叙利亚内战牵动着整个国际社会，也因此成为大国博弈的战场。

叙利亚危机从一个侧面充分展示出现代国际政治发展的一种新图景，即国内政治国际化，国家内部冲突融入太多的国际因素。这些国际因素使得内部冲突更加激烈，执政当局受到更多的压力。事实上，“叙利亚问题是所谓‘阿拉伯之春’的延续，是全球化、信息化条件下国内政治外溢至国际政治领域的又一典型案例”①。叙内战造成了大量人员伤亡。据国际机构和民间活动家等统计，截至2012年12月3日，已确认包括4452名叛军在内的43933人被安全部队打死。该数字不包括政府军死亡人数。除了叙利亚人外，还有141名外国平民死于冲突中，其中有100名巴勒斯坦人，14名黎巴嫩人，6名土耳其人。② 直接和间接经济损失更是无法估算。同时，人道主义灾难形势十分严峻，数十万人因躲避战火而背井离乡成为难民。因此，作为“阿拉伯之春”延长线上的一环，叙利亚危机因其巨大的负面效应甚至已经被称之为“阿拉伯之冬”③。联合国前秘书长科菲・安南自2012年2月起作为叙利亚危机联合国与阿盟联合特使进行了多次积极斡旋，并提出了解决问题的“六点建议”，即“承诺在叙利亚人主导的、包容各方的政治进程中与安南合作；要求各方停止战斗，立即在联合国监督下切实停止一切形式的武装暴力行为；立即采取步骤，实现每天两小时的人道主义停火，并通过有效机制协调每天停火的确切时间和办法；加快释放被任意羁押者；确保记者在叙全境的行动自由；尊重法律保障的结社自由与和平示威权利”④。安南的“六点建议”最初被政府和反对派所接受，

---

① 刘强：“叙利亚：停火很难和平仍远”，载《解放军报》，2012年10月23日第4版。

② 有关死亡人数的统计，不同组织统计的数字有差异，这里列举的是叙利亚一家网站（www. syrianshuhada. com）上公布的数据。参见“叙利亚内战”，维基百科网站，http：//zh. wikipedia. org/wiki/2011% EF% BC% 8D2012% E5% B9% B4% E5% 8F% 99% E5% 88% A9% E4% BA% 9A% E5% 8F% 8D% E6% 94% BF% E5% BA% 9C% E7% A4% BA% E5% A8% 81#. E6. AD. BB. E4. BA. A1. E4. BA. BA. E6. 95. B0。

③ “应反思‘阿拉伯之春’如何变成‘阿拉伯之冬’”，新华网，http：//news. xinhuanet. com/world/2012 -09/21/c_ 123740277. htm。

④ “背景资料：安南的叙利亚斡旋及其六点建议”，凤凰网，http：//news. ifeng. com/gundong/detail_ 2012_ 04/10/13781091_ 0. shtml。

也似乎看到了危机好转的迹象。但随着时间的推移，形势变得更加复杂，“六点建议”难以得到很好的落实，也未能阻止叙内战形势的恶化，致使安南不得不于8月辞职而去。此外，在阿盟观察团的监督任务失败后，联合国监督团进入叙利亚开始进行调停，也终因叙安全形势的急剧恶化不得不匆匆宣布结束任期。而围绕着叙利亚危机，大国分歧十分明显，博弈日益加剧。俄罗斯和中国坚决反对外国干预叙利亚内部事务，并分别于2011年10月4日、2012年2月4日和7月19日的安理会上三次否决了向叙政府施压的决议草案。叙利亚危机朝着何处发展，会否引发中东地区的另一场战争成为全世界共同担心和关注的问题。

与叙利亚内战一样，以色列在11月对加沙地带发动的“防务支柱”行动，也是一场“热战”，尽管这场“热战”持续了仅一周，但仍造成巴方145人死亡，1200余人受伤，而以方也有5人丧生。[①] 而作为中东地区的另一的热点问题——伊朗核问题，尽管没有出现热战，但美国和以色列都纷纷对伊朗发出明确的军事威胁信号。就连美国资深政治家基辛格博士也撰文称“伊朗可能成为另一个朝鲜，拥有随时可能启动的军事核计划”，“必须让德黑兰明白，达不成协议的结果不是新一轮谈判，利用谈判来争取时间将导致严重后果。有创意的外交和坚决的战略或许仍可以防止危机，前提是美国在定义可接受的结果的过程中发挥决定性作用”。因此，解决“伊朗核问题应是奥巴马政府的当务之急”。[②] 美国政府则威胁称将伊核问题提交联合国安理会。而以色列总理内塔尼亚胡就伊朗核问题向奥巴马下了“最后通牒”，称要求奥巴马发誓使用武力“迫使伊朗放弃追求核武器”，否则以色列将在“数月内自行解决问题”。[③] 这些无疑都强烈地刺激着伊朗的民族自尊，导致伊为应对可能遭受的军事打击而不断进行各类军事演习，包括封锁战略水道霍尔木兹海峡的演练，导致世界各国的紧张。

---

① “埃及促成巴以停火‘防务支柱’行动结束”，土豆网转播上海电视台新闻综合台新闻，http://www.tudou.com/programs/view/hF_VvKTnIqE/。

② “美前国务卿基辛格：伊核问题应是美政府当务之急”，中国新闻网，http://www.chinanews.com/gj/2012/12-05/4382853.shtml。

③ “以色列急于解决伊朗核问题 向美下最后通牒”，中国日报网，http://www.chinadaily.com.cn/hqjs/gjfw/2012-03-05/content_5317900.html。

安全形势不稳的还有非洲许多国家，其中一些国家处于严重的内战或内乱状态。国际社会特别是联合国及非洲联盟为此进行了艰苦努力，2012年仅联合国在非洲的维和行动就有7项，占全球16项的约44%，年投入经费多达44亿多美元（约合人民币274亿元），[①] 但效果并不令人满意，前景依然堪忧。非洲的不幸固然有其自身的政治、经济、种族等问题，其中政治稳定和经济落后一直是影响非洲发展的重要影响因素。但从更深层次的角度看，很多问题是殖民后遗症所导致的，经济全球化又使其陷入被边缘化的危险境地，加之大量合法或非法武器交易更给非洲地区的安全平添了不稳定因素，众多问题的解决绝非短期能够实现。因此，非洲的和平与发展已经成为全世界无法回避的重大问题。

因主权领土争端引发的矛盾最易导致军事冲突的发生，因而也一直是国际社会的焦点问题。当今世界存在着至少90个主权领土争端问题，2012年一些因领土争端导致的问题也引起国际社会的高度关注。尽管这些问题均未引发武装冲突，但也均造成国家关系紧张，而一些域外大国的主动介入，更加促使地区安全局势的复杂化。由于主权领土纷争的复杂性，也决定了解决路径的有限性。未来主权领土纷争仍将是影响世界安全局势的最主要因素之一。

三、国际军事安全依旧是世界关注的焦点

从2012年的国际安全形势看，在众多安全问题中，军事安全依旧无法令人放松警惕。从水下到太空，从有形领域到无形领域，都充满着军事竞争的影子。这些问题给国际军事安全都带来了或大或小的影响。

叙利亚内战、领土争端、巴以冲突、马里政变、核问题、太空竞争、网络战等无不包含着鲜明的军事因素，这些因素形成合力，共同作用于国际社会，对国际军事安全产生重大影响。此部分仅就其中的军事政变导致外部军事介入问题和网络战问题展开阐述。

---

① 有关在非洲维和行动的数字和经费情况，是笔者查阅各维和任务区情况统计得出的。参见联合国网站“Peacekeeping Operations”部分，http: //www. un. org/en/peacekeeping/about/dpko/。

（一）法国军事介入马里，地区安全形势或将发生重大变化

2012年3月21日，马里首都巴马科发生军人骚乱，并演变为军事政变。[①] 马里军事政变导致国家安全形势急剧恶化。马里发生军事政变，是马里内部民族、宗族和宗教矛盾长期发酵与利比亚局势演化影响的结果。因此，有分析指出，马里之所以发生政变，与该国北部局势有关。马里、毛里塔尼亚、尼日尔、乍得、阿尔及利亚和利比亚等国接壤处的大片沙漠地带是撒哈拉大沙漠的一部分，也是北非各游牧民族和西非黑人诸民族的混居地，自古以来就是种族、宗教、部落激烈冲突的频发地，带有北非游牧背景的图阿雷格人长期以来一直在当地从事分离主义武装斗争。近年来，图阿雷格分离武装“解放阿扎瓦德民族阵线”（MNLS）、“伊斯兰后卫”（Ansar Dine）和与“基地”组织关系密切的“伊斯兰马格里布组织”（AQIM）相互勾结，使马里政府军屡屡受挫。2011年利比亚内战打响、尤其卡扎菲政权垮台后，大批从卡扎菲军火库中流失的军火，以及前卡扎菲武装的散兵游勇，在曾受雇于卡扎菲的图阿雷格雇佣兵的引导下流入马里北方，一些“基地”组织骨干也接踵而至，令图阿雷格分离武装声势大振。2012年1月17日，分离武装在马里北部阿古尔霍克（Agulhok）获胜，据称马里政府军官兵阵亡近百人，还有不少官兵及其家属被劫为人

① 当地时间3月21日，西非内陆国家马里突然发生军事政变，次日上午，政变组织“恢复民主与规则全国委员会”（CNRDRE）负责人萨诺戈上尉（Amadou Sanogo）宣布接管政权，解散所有政府机构，关闭边界，实行宵禁，并宣称已控制住全国局面。政变肇源于一次看似十分偶然的事件：3月21日当地时间上午10点，国防和退伍军人部长阿萨马将军（Sadio Gassama）视察了位于巴马科城郊15公里的卡迪军营，讨论如何应对图阿雷格分离运动问题，在离开军营之际，部长车队遭到少数心怀不满下级军官和士兵石块攻击，部长一行和军营指挥官仓皇逃走，肇事官兵遍寻长官，试图加以报复，无着后冲入军火库，夺取了部分武器弹药。夜幕降临后，持械官兵冲入几公里之遥的高镇并对空鸣枪，此后更直奔首都“示威抗议”，但示威很快演变为兵变，哗变官兵占领国家电视台、广电大楼，包围马里总统府，并最终控制了首都。政变导致首都巴马科及其他一些地区局势混乱，发生多起打砸抢事件。政变后，巴马科出现多起军人打砸抢事件，同时，政变军人将主要精力放在巩固对巴马科控制上。尽管政变军人宣称“会还政于民”，但一直未就是否按时于4月29日组织大选表态，国内政治局势危机。

质。自2月起，在首都巴马科和其它一些地方，不少政府军基层官兵发起示威、抗议，抱怨政府所提供的武器装备和后勤支援不够，指责总统和政府"领导不力"、"治国无方"、"应对国家面临的危机和失败负责"，一些家属失陷的官兵更对政府"援救计划不透明"和"不作为"颇有怨言。3月21日国防部长视察卡迪军营，在回答部分官兵"打算怎样加强军事能力"、"如何营救被扣人质、家属"时应对失当，令早已怨声载道的这些官兵受到刺激。①

但是，这场军事政变，不仅使国内民众不满，更招致国际社会的强烈谴责，尽管在国内外的重压下，政变军人萨诺戈上尉4月1日在首都巴马科宣布立即恢复宪法和政府机构，并承诺将与马里当地政党进行协商，成立过渡机构，组织"和平、自由、公开、民主"的大选，但迟迟没有兑现。马里的局势持续恶化，战事不断加剧，造成了严重的人道主义灾难，政府岌岌可危。

马里局势的失控，最终导致2013年1月初法国出兵干涉。法国称在马里采取军事行动是应马里总统迪翁昆达·特拉奥雷的请求展开的。但2012年12月联合国通过的一项决议是授权在马里部署一支由非洲国家主导的国际援助部队，并同意欧洲国家可以在2013年晚些时候的行动之前帮助重建马里军队。但法国为何不是帮助马里重建军队而是匆忙开战？为何又是法国？它又为何以如此"迅雷不及掩耳之势"发动军事打击？

非洲是法国的传统"地盘"，过去的法殖民地几乎都在非洲，马里就是其中之一。从马里的角度看，马里独立后与法国依然有着千丝万缕的联系，加之非洲人对于殖民国也没有"恨之入骨"的仇恨感，因此，从感情上说，法国依然是"亲戚"。因此，大难临头之日，最先想到的必是法国。因此，马里总统邀请法国出兵帮忙顺理成章。而从法国的角度看，马里作为其曾经的殖民地同样有着"亲情"，"亲戚"遇难，出手相助属义不容辞，更何况是应邀出兵。

国际社会对马里呼吁联合国帮助解决问题发出的信号的解读也十分清晰，如美国常驻联合国代表苏珊·赖斯就说，马里要求的基本意思是：

① "2012年3月21日马里军事政变"，克险安全网，http://www.criskchina.com/Article.asp?ID=202&TypeID=171。

"法国，请帮忙。"① 既然马里明确邀请法国，而作为法国的友好国家，其他国家不邀自往总不合适，更不要说是去法国的传统"地盘"。因此，其他国家只能除了道义上给予法国支持外，也考虑实际行动上能帮法国做点什么。这样既不伤和气，也表现得仗义。至此，法国只能"当仁不让"地出手了。

至于法国缘何不按安理会决议去帮助马里重建军队，而是直接出兵进行空袭，理由很简单：打"擦边球"。因为是"反恐"，安理会成员国不会深究。对此法国心中有数。至于法国为何反应如此迅速，原因至少有二：一是早有准备。如前所述，"亲戚"家出事，自然格外关注，私下里也少不了沟通解决办法。马里的"邀请"从理论上讲也不是突然发出的，而是早就商定的。二是反政府武装已经逼近马里政府控制的要地萨瓦雷，用全球风险与安全咨询机构战略预测公司负责撒哈拉以南非洲地区分析的负责人马克·施罗德的话说："法国人意识到，这是一条他们不允许被跨越的红线。"② 可见，情况紧急，刻不容缓。加之预先有所准备，法国快速反应并非难事。

但是，对于总统奥朗德法国军事介入马里的"反恐"解释，即便法国内部各界也评论不一。《费加罗报》的一篇文章说，法国本可以不介入马里局势，应该解除20世纪60年代同非洲国家签署的那些"陈旧且名声不好的保护协议"；是一个"遥远的历史责任"和"最后的大国梦想"把法国"推上了马里战场的第一线"。③

笔者不想用"阴谋论"的思维解读法国在马里的军事行动，即法国是借"反恐"之名图谋其他利益。但是，如果说法国此举的目的是纯净得不能再纯净的"反恐"，恐怕也不尽然，通过"反恐"夹带点"私活儿"的战略考量恐怕也是存在的。否则，国际关系的基本原理恐怕要更改了，因为，没有权利和利益追求的驱动，法国动武很难解释。更何况是一个自己曾经的属地发生问题。

从反恐的角度看，马里的反政府武装是"伊斯兰捍卫者"、"西非圣战

---

① "安理会呼吁尽快向马里派兵"，载《参考消息》，2012年1月13日第1版。

② "法对马里叛军发动军事打击"，载《参考消息》，2013年1月13日第3版。

③ "国际视点：马里内战全面展开"，中国共产党新闻网，http://cpc.people.com.cn/n/2013/0114/c83083-20189005.html。

统一运动”和“伊斯兰马格里布基地组织”等极端宗教组织和恐怖势力。这些都是被马里和世界许多国家认定的恐怖组织，特别是“伊斯兰马格里布基地组织”。近年来，他们活跃于马里北部地区，通过绑架和谋杀等手段袭击西方国家的游客和非政府组织人员，甚至多次袭击阿尔及利亚、马里和毛里塔尼亚边境地区的安全部队。自马里2012年3月21日发生军事政变后，这些组织通过其控制的马里北部基达尔、加奥和通布图三个大区，向马里全国展开进攻，控制区域不断扩大，严重威胁着马里政府的安全，也对地区形势造成严重影响。法国出兵援助马里政府军打击这些恐怖分子，符合世界的反恐理念，确实是“反恐”。

当然，法国作为曾经叱咤风云的世界大国，近年来，国际地位相对下降。重振大国地位，发挥更大影响，是法国的重要政治追求。法国因伊拉克战争问题与美“分裂”、利比亚战争冲锋在前，都有这种考量。因此，如果说此次法国在马里的军事行动无任何战略上的图谋，怕是很难说通。马里的周边大都是法国曾经的殖民地，如果顺利解决马里问题，不仅可以威震其他国家现实的和潜在的反政府势力（如果是法国不喜欢的），更可以增强法国在西非乃至整个非洲的影响力，特别是其他原法属殖民地国家政府会感到极大的鼓舞，法国或将成为他们眼中的“救星”。这将为法国重返非洲带来巨大利益。

因此，客观地说，法国在马里的军事行动，“反恐”是真，顺便夹带点“私活儿”也是真。

但是，法国军事介入马里，必将给国际安全形势带来重大影响。从法理上讲，法国的军事行动是合法的，因为既有联合国安理会的授权（尽管不那么严丝合缝），又有当事国政府的邀请。但是，法国出兵马里，在给马里形势带来重大变化的同时，也会给其自身安全带来重大影响。

法国出兵马里，无疑将极大地削弱马里反政府武装的进攻能力、迟滞其进攻势头、改变与马里政府军的力量对比。从纯军事角度看，政府军取得快速胜利相对容易，因为马里约一半的面积是沙漠或半沙漠，而反政府武装占领的北部地区属于撒哈拉沙漠的一部分，理论上无险可守、无处可藏，现代化精确制导武器极易发挥最大效能。但是，如果反政府武装化整为零隐匿于城市或乡村，要想彻底清除其影响和带来的危害，尚需长期的努力。总体而言，法国出兵会有利于马里政府渡过暂时危机。

然而，从另一个方面看，法国出兵马里，特别是如果以空袭为主，定会造成一定的平民伤亡，这将导致伊斯兰势力发动反对法国的舆论战，不利于法国在马里的存在。因此法国也表示在马里的行动不会长久。此后可能由西非多国部队接手。不过，法国的行动已经打开了对己不利的“潘多拉盒子”，“西非圣战统一运动”的领导人已称：“法国袭击了伊斯兰组织，我们将会对法国腹地发动攻击。”① 相信，其他反政府组织也会发出类似的威胁。这就使得法国本土或海外的法国机构和法国人在未来的日子里遭受恐怖袭击的几率增大。这无疑将给法国的反恐能力和反恐措施是否有效提出了严峻的挑战，同时也将消耗法国大量的资源，这对于正处于经济困难期的法国而言，不是个好兆头。

（二）网络战日渐兴起，国家安全面临新挑战

随着网络的日益发展，现代社会中各国对网络的依赖性越来越高。网络领域的攻防已经上升到国家安全层面。同制海权、制空权、制太空权一样，制网权成为重要的争夺对象，许多国家或主动或被动地开始组建网军，研发网络攻击武器。网络战不仅被军事强国视为维护霸权的新“利器”，也被许多军事力量较弱的国家当作对付强国的“法宝”。②

近年来，网络作为一种进攻的手段正日渐兴起，甚至已经成为一种军事进攻手段——网络战。网络战是为干扰、破坏敌方网络信息系统，并保证己方网络信息系统的正常运行而采取的一系列网络攻防行动，正在成为高技术战争的一种日益重要的作战样式，可破坏敌方的指挥控制、情报信息和防空等军用网络系统，甚至可以悄无声息地破坏、瘫痪、控制敌方的商务、政务等民用网络系统，不战而屈人之兵。③

作为信息产业最为发达的美国，网络战自然是其军事作战不会放弃的选择。据媒体报道，2012 年 10 月中旬，美国总统奥巴马签署了第 20 号总

---

① “马里伊斯兰组织称将对法国本土发起报复性袭击”，新华网，http：//news.xinhuanet. com/yzyd/world/20130114/c_ 114362888. htm。

② 刘强：“2012 十大国际安全热点”，载《解放军报》，2012 年 12 月 31 日第 3 版。

③ “网络战”，百度百科，http：//baike. baidu. com/view/54823. htm。

统政策指令，允许军方采取具体的必要的进攻和防御行动，以阻止针对美国政府和私营企业计算机网络的赛博攻击（计算机攻击或网络攻击）。根据一些看过该机密文件的官员私下透露，该指令列举了广泛而严格的标准来指导联邦机构面临计算机网路空间威胁时的操作方式。该指令明确区分网络防御和网络进攻的操作，努力引导军事官员和指挥官面对这种威胁时作出快速决定。该指令还寻求清除各联邦政府机构之间的困惑，指导应该授权何种机构采取何种行动来阻止计算机网络攻击。①

事实上，美国对于计算机网路安全的重视程度一直很高，不断组建专门团队扎扎实实地推进这项工作。2011 年美国陆军就成立了以马里兰州米德堡为基地的第 780 军事情报旅。该旅在陆军的防火墙外活动，寻找和确定网络威胁，包括隶属“流氓国家”和不隶属任何国家的“黑客”，以及神出鬼没的犯罪公司，保护美国的军事网络。第 780 军事情报旅隶属情报和安全司令部，接受隶属美国网络司令部的陆军网络司令部的作战指挥。美国网络司令部负责保护国防部网络，并指挥一系列网络作战行动，陆军网络司令部负责审查各作战司令部下达给第 780 军事情报旅的任务。② 而美国海军也不示弱，有报道称，美国海军的空间和海战系统司令部早在 2011 年 10 月就首次对网络战技术研发合同进行招标。而在 2012 年 11 月，美国海军空间和海战系统司令部宣布授予 14 家小型公司一项价值 9800 万美元的合同，用于“综合网络作战支援”项目的研发。按照原先的合同招标要求，综合网络作战包括“计算机网络防御、计算机网络利用和计算机网络攻击”。合同招标要求对网络攻击的定义为“通过使用计算机网络对留驻计算机/计算机网络中的信息或者计算机及网络自身进行扰乱、丢弃、降级或者破坏的行为”。③

如今，网络战已经成为美国设想的未来重要作战样式之一。并且，美国国防部长帕内塔 2012 年 10 月在纽约向一群商界领袖发表谈话时表示，

① 参见“美国总统奥巴马签署网络战新指令，授权美军网络攻击”，中国网，http：//military. china. com/news2/569/20121116/17533531. html。

② “美国陆军正全力打造第一支网络旅，隶属情报部门编制”，中国网，http：//military. china. com/news2/569/20121106/17513206. html。

③ “美海军研发网络攻击技术，拟先发制人”，中国网，http：//military. china. com/top01/11053250/20121113/17525863. html。

美国当局正在草拟新条文，让军方能先发制人，解除美国网络可能受到的威胁。因为，“单是加强防卫，是无法阻止网络攻击的。如果我们察觉到临近的攻击威胁，而那将使美国蒙受重大的损失，我们必须能够做出反击。”他透露，“在等待国会行动的当儿”，奥巴马总统准备先颁布行政命令，让军方能够及时应付网络世界的威胁。[①] 事实证明，这显然是总统奥巴马的第20号政策指令的先行预告和宣传。而美方官员则形容，“这是帕内塔对网络安全发表的重要政策演说”[②]。而就目前美军的网络战规模看，“美国的网络战部队编制结构逐渐完善配套，力量不断壮大，已成为世界上规模最大的网络战正规军”[③]。

在现实生活中，网络战一直在展开，包括“震网”（Stuxnet）、“毒区”（Duqu）和“火焰”（flame），[④] 以及新变种的“迷你火焰”[⑤] 等病毒，不断地出现在一些敏感国家的敏感部门，给这些国家的网络安全带来了极大的挑战。而俄罗斯电脑安全公司卡巴斯基实验室于2012年4月28日发布报告，确认新型电脑病毒“火焰”入侵伊朗等多个中东国家。电脑安全专家认为，这种新型病毒是迄今为止世界上最复杂的计算机病毒，可能是“某个国家专门开发的网络战武器”。而伊朗核设施内的计算机系统曾多次遭到“震网”和“毒区”的攻击，一些用于铀浓缩的离心机因此无法运

---

① “美防长帕内塔：美国要先发制人对付网络攻击”，中国网，http：//military.china.com/news2/03/11078240/20121013/17472747.html。

② 同上。

③ “美军网战部队已成世界上规模最大的网络战正规军”，人民网，http：//military.people.com.cn/n/2013/0117/c1011－20237441.html。

④ 卡巴斯基首席专家维达利·卡鲁克说，“火焰”这种新型病毒不会对电脑造成实质性伤害，但它的间谍功能十分强大。感染该病毒的电脑将自动分析使用者的上网规律，记录用户密码，自动截屏并保存一些文件和通讯信息，甚至可以暗中打开麦克风进行秘密录音等，然后再将窃取到的这些资料发送给远程操控该病毒的服务器。“‘火焰’病毒入侵伊朗截屏录音后自毁，疑为美以制造”，凤凰网，http：//news.ifeng.com/world/detail_2012_05/30/14902444_0.shtml。

⑤ 据卡巴斯基实验室的数据显示，世界各地发生的“迷你火焰”病毒感染总共只有50—60起，其中包括黎巴嫩、法国、美国、伊朗和立陶宛的电脑。卡巴斯基称，“迷你火焰”病毒起到的是一种“专门用来窃取数据并直接进入被感染系统的后门程序”的作用。该公司表示，这种恶意软件的开发可能早在2007年就已开始，并一直持续到了2011年底，其间共出现过数个变体。“揭秘网络战新病毒‘迷你火焰’，可高度精确攻击”，中国网，http：//military.china.com/news2/569/20121018/17480234.html。

行。伊朗官员曾指责美国和以色列开发、扩散了旨在破坏伊朗核计划的“震网”等病毒。美国《纽约时报》2011年1月就曾报道称，震网“可能由美国和以色列情报部门合力制造”，用于阻止伊朗的核活动。但美国官方拒绝回应这种说法。而伊朗国家计算机应急小组却发出安全警报，指出“火焰”是伊朗最近发生的大量数据丢失事件的原因所在。伊朗已经决定对该国所有官方机构的电脑系统进行紧急检查，以便排除可能受到的病毒袭击。①

计算机网络造成的一个基本现实是，人们已经越来越离不开网络，因为它不仅是人们现代生活的一部分，也是推动社会各个领域发展的重要因素。但是，网络安全带来的诸多问题，也越来越引发人们的恐惧。即便是军事安全领域，网络安全也越来越呈现出其重要性。虽说它可能不是决定战争胜负的决定因素，但在一定条件下，如果输在了这个领域，则极有可能成为自己的“死穴”。

（三）极地和太空争夺激烈，安全问题日益突出

南北极地可谓全球最后一块未开垦的处女地，由于蕴藏着人类生存与发展所需的重要资源，因而成为一些国家争相拓展的最后地盘。一切有能力或有势力的国家，或在此进行科学考察，或在此圈地筑巢，特别是一些临近极地的国家更是依靠近水楼台的优势抢先下手，而一些后来者对此多有非议，极地也就成为国际问题和争端汇集的又一个热点。应该说，极地不仅具有重要的经济价值，同样拥有重要的地缘战略价值和军事价值。作为北冰洋的战略水道，已经成为除资源以外多国争夺的重点，若从东亚到北欧取此航线，要比传统航线缩短近6400公里，因此，它不仅具有重要的商业航运价值，同样具有重要的军事价值。尽管2012年召开了“北极边界”会议、“北极地区议员大会”和“南极会议”等多个国际会议，也看到了一些合作的影子，但本质上的分歧依然存在，大家共同面对的问题和挑战依然严峻。因此，尽管极地天寒地冻，但瓜分热潮不会止步，必将继

① “‘火焰’病毒入侵伊朗截屏录音后自毁，疑为美以制造”，凤凰网，http://news.ifeng.com/world/detail_2012_05/30/14902444_0.shtml。

续成为国际社会的热点。

而在太空领域，对太空的争夺战近年来越演越烈。特别是随着科学技术的不断进步，传统拥有太空优势的国家继续朝着更加宽泛的领域发展，而一些刚刚起步的国家则努力实现零的突破，呈现出一种极不平衡的发展态势。太空竞争是高科技发展的衍生物，折射着国家形象的竞争。太空既是人类探索宇宙的平台，也是未来战争的制高点。谁抢占了先机并控制了这块高地，就有可能在未来的战争中获取优势和主动权。2012 年的太空竞争现状表明，尽管竞争的不平衡性依然存在，但竞争正呈加速态势，特别是太空军事化的步伐正在进一步加快，为此也导致一些国家在这一领域的矛盾加深，而这种太空军事化趋势必将促使太空成为未来（大国）战争的首要战场。

（刘　强）

第三章

经济和其他安全领域出现的问题牵动着世界的神经，不可小觑

经济社会的发展不仅给人们带来了物质上的改变，也会给政治领域带来深刻的影响，即经济安全状况不仅可以改变国际经济结构变化，也可以改变政治版图。2012 年，发达国家经济发展的迟缓甚至负增长，导致了国际政治经济安全风险的增大。而其他诸如国际恐怖主义、海盗和跨国犯罪、粮食危机、水危机和气候变化等领域出现的安全问题也同样令人难以宽心。

一、发达国家经济相对衰退，导致国际政治经济安全风险增大

尽管世界最大的经济体美国经过艰苦努力，已基本摆脱 2008 年经济危机造成的影响，经济开始艰难复苏，但总体仍呈相对衰退之势。而传统的经济发达地区——欧洲经济发展严重迟滞。据国际货币基金组织的预测，2012 年欧盟经济增长率为 -0.2%，比上年下降 1.6 个百分点；欧元区经济增长率为 -0.4%，比上年下降 1.5 个百分点。[①] 2013 年的前景也难以乐观。经济历来与政治关系密切，经济不景气必将传导至政治领域，欧洲国家因经济状况和实力变化，国家格局正发生着重大变化，欧洲的政治版图

① "部分欧洲经济体的经济增速大幅放缓拖累了世界经济"，中国日报网，http://microreading.chinadaily.com.cn/hqgj/sdbd/2012-12-24/content_7853355.html。

大有重绘趋势。欧洲是传统经济重镇，其经济衰退不仅影响自身政治经济发展，也对世界政治经济产生重大影响。

而作为世界经济发展的重要引擎、世界头号经济大国的美国经济复苏乏力。尽管美国2012年经济开局不错，就业情况超过预期，股票指数显著上涨，信贷情况明显缓解，消费者信心和支出明显增加，经济总量小幅增长。但是，总体来看，国内失业率依然高于金融危机之前的水平，财政赤字依然很大，到2012年12月，美国2012财年累积的预算赤字已经达到9740亿美元[①]。在全球化导致国家利益联系不断增多的当今世界，美国和欧洲的经济不景气已经引发了连带效应，呈现出全球经济增长缓慢的态势。如果不是中国等“金砖国家”保持一定的良好发展状态，世界经济形势必将更加严峻。早在2012年4月，在中国博鳌亚洲论坛开幕式上，中国国务院副总理李克强就表示，亚洲经济总量占世界经济30%以上，经济增长对世界经济贡献已经超过了30%。[②] 外交部长杨洁篪也称中国经济对亚洲经济增长的贡献达到了58%。[③] 因此，可以说，是以中国为首的亚洲经济支撑着世界经济的发展。尽管如此，如果美国和欧洲等传统发达国家的经济形势得不到根本好转或有所恶化，而受世界经济无起色的影响以及自身面临巨大的通胀压力，包括中国在内的经济形势较好国家的经济形势也存在着很大隐患，下行或可能成为必然。从经济学者们的预测看，未来世界经济仍将在低增长中徘徊。但巨大的通胀压力和金融市场不稳将给未来世界经济发展带来巨大挑战。面对各类经济问题，世界各国在宏观调控目标和方向上存在很大的分歧和冲突，导致协调难度必然加大，甚至可能爆发贸易战和汇率战。[④]

---

① “全球经济面临再度衰退危险”，光明网，http：//www. gmw. cn/xueshu/ /2012/12/29/content－6191587. htm。

② “李克强：亚洲经济总量占世界30%以上，贡献超30%”，凤凰网，http：//finance. ifeng. com/news/special/2012boao/20120402/5855437. shtml。

③ “杨洁篪：中国对亚洲经济增长的贡献率超过58%”，人民网，http：//world. people. com. cn/n/2012/0712/c1002－18506529. html。

④ 国家发改委经济研究所：“2012年世界经济形势及发展趋势”，中国网络电视台网，http：//jingji. cntv. cn/20111201/118878. shtml。

问题的关键是，“经济问题既是民生问题，也是安全问题。从历史经验看，经济出现重大问题极易衍生转嫁效应”，从而导致各类争端的发生，特别是导致武装冲突甚至战争的发生。“两次世界大战的爆发，都与当时的世界经济危机有着直接或间接的关系。尽管当今经济全球化导致各国间的经济联系更加密切，利益捆绑更加趋牢，加之现有的国际安全机制的有效控制，尚不至于导致世界大战的发生，但是，不良的经济形势所汇聚的负能量则一定会在某种范围内释放，从而导致国际安全形势的恶化”。[①] 因此，在全球化日益深化的今天，世界经济安全状况及其走势值得国际社会认真加以关注和对待，否则其带来的政治经济甚至战争风险，是人类难以承受的。

二、国际恐怖主义威胁有所降低，是暂时的回落还是蓄势待发，仍有待进一步观察

国际恐怖主义随着本·拉登时代的结束和“基地”组织呈衰落趋势，全球范围内的国际恐怖主义活动在2012年也呈现出近年少有的相对低潮状态。尽管美国总统奥巴马称：“我们已经毁掉了‘基地’组织领导层。我们已经向本·拉登执行了正义，我们已经将恐怖网络送上失败之路。”[②] 但是，如果看看发生在中东、中亚和南亚，甚至非洲地区的恐怖主义状况，依旧触目惊心，造成的人员伤亡和财产损失依然巨大，恐怖主义依然是人类共同面对的重要威胁之一。

总部设在澳大利亚悉尼的非政府组织研究机构经济与和平研究所(IEP)，2012年12月5日发布了全球恐怖主义活动最猖獗的国家排名，按其指数的高低，排名前七位的国家依次为：伊拉克（9.56）、巴基斯坦(9.05)、阿富汗（8.67）、印度（8.15）、也门（7.30）、索马里（7.24）

① 刘强：“这个世界不消停”，载《解放军报》，2012年12月31日第3版。

② “美军公布新军事战略，美国总统奥巴马讲话（全文）”，新华网，http://news.xinhuanet.com/world/2012-01/06/c_111384582.htm。

和尼日利亚（7.24）。而尼日利亚居非洲之首。[①] 在这些国家，2012 年恐怖主义形势极为严峻，都发生了较大规模的恐怖袭击事件。其中比较严重的至少有：2012 年 5 月 21 日发生于也门首都萨那的“阅兵仪式恐怖袭击”事件，参加阅兵仪式排练的官兵遭自杀式炸弹袭击，造成至少 90 人死亡、200 余人受伤。[②] 2012 年 7 月 22—23 日发生在伊拉克首都巴格达和其他 4 个省份的几十起连环爆炸，至少造成近 100 人死亡和超过 200 人受伤的惨剧。[③] 而在巴基斯坦，据法新社报道，“巴基斯坦穆斯林团结议会”成员奥瑟夫·萨法维在其年度报告中宣布，2012 年通过在与什叶派穆斯林有关的宗教仪式上安装炸弹、目标射击、发射炮弹和爆炸袭击而实施的恐怖袭击，导致 502 名什叶派穆斯林死亡。[④] 如果再加上其他人员，造成的死伤人数显然是惊人的。事实上，如果仔细统计，可以列举出很多。

而在其他一些国家和地区，不仅存在着恐怖主义的现实威胁，也存在着潜在威胁。例如，曾有过惨痛恐怖袭击经历的俄罗斯，2012 年挫败了多起恐怖袭击图谋。俄罗斯联邦安全总局局长博尔特尼科夫 12 月表示：“（俄特工）2012 年阻止了 92 起恐怖主义犯罪，还阻止了一系列涉嫌策划恐怖袭击的臭名昭著的匪帮头目的活动。”国家反恐委员会副主席奥尔洛夫此前曾表示，自年初以来，俄罗斯共发生 260 多起恐怖主义犯罪。2011 年的这一数字为 365 起。[⑤] 而在看似恐怖主义活动并不猖獗的哈萨克斯坦，

---

① 该研究所对过去十年来全球 158 个国家和地区受恐怖主义影响及发展趋势进行了系统分析和研究，并根据美国马里兰大学恐怖主义研究全国联盟的全球恐怖主义数据库（GTD）提供的数据制定了全球恐怖主义指数，据此对全球恐怖主义活动最猖獗的国家进行了排名。全球恐怖主义指数的分值计算，主要基于恐怖主义事件发生的次数、造成死伤人数和财产受损程度等 4 项指标。参见“尼日利亚全球恐怖主义指数居非洲首位”，新华网，http：//news. xinhuanet. com/yzyd/world/20121207/c_ 113944253. htm? navigation = 1。

② “安理会强烈谴责也门恐怖袭击事件，坚决打击恐怖主义行为”，人民网，http：//hn. people. com. cn/n/2012/0522/c338399 – 17064760. html。

③ “美国谴责伊拉克系列恐怖袭击”，新华网，http：//news. xinhuanet. com/2012 – 07/24/c_ 112511427. htm。

④ “500 多名巴基斯坦什叶派穆斯林在 2012 年恐怖袭击事件中遇难”，伊朗中文电台网，http：//chinese. irib. ir/news/news/item/47013 – 500。

⑤ “俄安全部门称俄特工年初以来阻止 92 起恐怖袭击”，北方网，http：//news. enorth. com. cn/system/2012/12/12/010394907. shtml。

其副总检察长约翰·默克尔2012年11月22日在首都阿斯塔纳说，哈境内恐怖主义和极端主义犯罪呈现上升趋势。今年初以来哈萨克斯坦护法机构共侦破了112起恐怖主义和极端主义犯罪，制止了24起恐怖犯罪活动。[①]

从当前的国际恐怖主义组织和个人的活动情况看，恐怖主义作为一种思潮正泛滥至各个领域，伤害着无数无辜的平民百姓。考虑到恐怖主义袭击和大规模计算机网络恐怖主义袭击出现的可能性，以及在恐怖主义思潮的影响下，一些带有恐怖主义性质的个体犯罪不断出现，恐怖主义特别是国际恐怖主义对国际安全的威胁，很难说已经降低了，它到底是真的已经走向低迷，还是爆发前的蓄势，值得认真观察和分析。特别是上述带有恐怖主义性质的个体犯罪，随机性大、灵活性强，已给世界许多国家的反恐提出了新的挑战。

有关恐怖主义另外一个值得注意的问题就是有关“国家恐怖主义”问题，尽管现实中对是否存在着“国家恐怖主义”一直存在着争议，但是，这是现实中一个确实无法回避的问题。例如，美国一直称伊朗等国为“支持恐怖主义国家”，而伊朗则反唇相讥。伊朗外交部发言人梅赫曼帕拉斯特就曾表示：“仅仅美国对犹太复国主义政权的绝对支持就足以说明，美国是世界上最大的恐怖主义支持者。”他表示，对“基地”组织创建的调查、美国与其的关系以及美国多年来对该恐怖主义组织的支持，证明美国的这种行为为恐怖主义邪恶现象的日益发展创造了条件。[②] 此外，当2012年11月以色列对加沙展开军事打击的“防务支柱”行动，并称“行动的目标就是把加沙送回中世纪，只有这样以色列才能平静40年”[③] 时，国际社会反应强烈。其中，土耳其总理埃尔多安在伊斯坦布尔召开的欧亚伊斯兰理事会会议上表示：“那些将伊斯兰教同恐怖主义联系起来的人无视对穆斯林的大规模屠杀，无视对加沙儿童的屠杀”，“因为这个原因，我说以

---

① “哈萨克斯坦恐怖主义和极端主义犯罪呈上升趋势”，腾讯网，http://news.qq.com/a/20121123/000015.htm。

② “伊朗否认支持恐怖主义，称美国是最大恐怖支持者”，中国新闻网，http://www.chinanews.com/gj/2011/08-26/3285074.shtml。

③ “以色列内政部长称‘要把加沙送回中世纪’”，新浪网，http://mil.news.sina.com.cn/2012-11-20/0835707210.html。

色列是一个恐怖主义国家，其所作所为是恐怖主义行径。”①

尽管我们从学术上可以从容讨论“国家恐怖主义”的内涵和外延以及它是否真的存在，但是，现实远比学术来得更直接且刻不容缓。上述问题已经诱发出很多问题，导致巴以两国关系紧张，甚至延伸至其他领域。这个问题不从根本上解决，在国际反恐问题上，国际社会很难取得真心的一致，这对于国际社会联合反恐无疑形成了一定的障碍。

恐怖主义是个长期存在并令很多国家头痛的问题。作为国际社会制止这种致命袭击浪潮的努力，联合国大会2006年9月一致通过并推出了《联合国全球反恐战略》②。基于一切形式的恐怖主义都是不可接受的、永远没有正当理由的基本信念，该战略概述了一系列具体措施，解决各方面的恐怖主义，包括在国家、区域和国际各级的范围。尽管美国国家情报委员会在2012年12月10日公布的《2030年世界趋势》报告中，预测现阶段的暴力恐怖主义将在2030年终结，但仍然认为恐怖主义不可能完全消失，将进化成不流血的经济恐怖主义。③ 这也至少证明，在未来的20多年里，流血的恐怖主义依旧威胁着人类，仍是影响国际安全形势恶化的罪魁祸首之一。

三、粮食安全和水危机以及气候变化带来的问题，严重威胁着人类生存安全

对于人类赖以维系生命的粮食、水和气候，在2012年也都不同程度地出现问题甚至危机。其中，目前，水危机甚至被认为是当下全球第一危机。有资料显示，现在全世界有1/3的人生活在供不应求的缺水地区，如果任由水危机发展，陷入其困境的人口比率在2025年以前便会占到全球的

① “土耳其总理称以色列为恐怖主义国家”，新浪网，http：//mil. news. sina. com. cn/2012－11－20/1504707234. html。

② 该文件可见联合国网站联合国正式文件专栏，http：//www. un. org/zh/documents/view_ doc. asp？ symbol＝A/RES/60/288。

③ “美机构预测2030年恐怖主义终结，经济恐怖主义诞生”，新华网，http：//news. xinhuanet. com/world/2012－12/11/c_ 124080077. htm。

2/3，届时全球1/5的人得不到安全的饮用水，平均每天有6000人会死于肮脏的饮用水。此外，直接排入河流和海域的污水导致许多人患病，平均每年有250万人因食用了受污染的甲壳类、贝壳类等有壳的水生动物而患上肝炎，其中2.5万人死亡，2.5万人因长期患肝炎而丧失劳动力。①

2012年世界水日确定的主题是“水与粮食安全”，显示出对水危机与粮食安全的共同关切。美国情报机构2012年3月22日于世界水日当天发表报告称：“水资源问题将影响主要国家生产粮食和能源的能力，从而给全球粮食市场带来风险，并妨碍经济增长。”报告特别提及北非、中东和南亚，认为“人口增长和经济发展将给这些地区带来巨大挑战”②。

为了更好地解决粮食问题，联合国粮食及农业组织（联合国粮农组织，FAO，成立于1945年10月16日）在1979年11月召开的第20届联合国大会上，将每年的10月16日定为“世界粮食日”（World Food Day），自1981年起施行。联合国设立此主题日旨在唤起世界对发展粮食和农业的高度重视。在这一天，世界各国应围绕联合国粮农组织确定的当年主题展开宣传活动。

“世界粮食日”自1981年起每年都提出解决世界粮食问题的主题，其中1983年的主题为“粮食安全”，第一次提出了粮食“安全”的概念，其后与“安全”有关的主题至少还有过“投资粮食安全”（1997年）、“水：粮食安全之源”（2002年）、“生物多样性促进粮食安全”（2004年）、“农业投资促进粮食安全”（2006年）、“世界粮食安全：气候变化和生物能源的挑战”（2008年）、“因应危机时刻实现粮食安全”和“强化农业合作—保障粮食安全”（2012年）。2007年12月，粮农组织实施应对粮价飞涨计划，帮助小生产者提高产量并增加收入。这个计划也是粮农组织对2008年4月成立的“联合国全球粮食危机高级别工作组”制定的“全面行动框架”的贡献。粮农组织已经在25个国家实施项目，赴近60个国家执行机构间任务。通过全球粮食和农业信息及预警系统提高监测工作，对国家提

---

① “水危机——全球第一危机”，武义新闻网，http://wynews.zjol.com.cn/wynews/system/2012/07/18/015223786.shtml。

② “新华网：多国政府和民众呼吁加强水资源保护”，水信息网，http://www.hwcc.gov.cn/pub2011/hwcc/ztxx/10004/2012sjurzgsz/2012zyxw/201203/t20120324_341902.htm。

供政策建议，同时支持他们在提高粮食产量方面所作的努力，鼓励农业投资。该计划也与欧盟密切合作。例如，在海地实施一个1000万美元的优质种子分发和培育项目；该项目显著提高了粮食产量，降低了粮价，增加了农民收入。①

2012年由于美国、欧盟、澳大利亚、阿根廷、俄罗斯和乌克兰等世界主要粮食生产和出口国遭遇了严峻的干旱天气，世界粮食产量大幅减少。2012年7月底，国际粮食理事会对2012—2013年度的粮食产量预期减至6.65亿吨，比2012年5月份的预测减少600万吨，比2011年减少3000万吨。这导致粮食价格上扬，7—8月国际市场粮食价格上涨了35—89美元/吨，达到315—349美元/吨。② 9月份继续上升，其中小麦及玉米等主粮价格已迫近2008年造成25国动乱、爆发粮食危机时的水平。③ 同时，随着人口的不断增加，全球粮食消耗量在过去11年内有6年高于产量，使各国的粮食储备从10年前平均足以应付107日，急降至近期的74日。为此，美国地球政策研究中心主席布朗指出，全球粮食供需将达临界点。④

粮食安全问题与水危机和气候变暖有着直接的联系。目前，全球气候变暖已经成为一个基本发展趋势，而这一趋势带来的最直接问题就是加剧了水危机和粮食安全问题。从理论上讲，气候变暖似乎降水量应该增加，可以缓解淡水不足的问题，但遗憾的是，气候变暖导致的结果是干旱地区更加干旱，不干旱地区会产生洪涝，这两种现象都是粮食生产的最大敌人。所以气候变暖对粮食生产带来的最直接影响就是减产。科学实验和事实表明，气温每升高1摄氏度，粮食就减产10%。预计21世纪全球气温

---

① "Haiti's seed multiplication programme yields fruits", Jeune Afrique, 21 August 2009. 转引自"联合国粮食及农业组织"，维基百科，http://zh.wikipedia.org/wiki/%E8%81%AF%E5%90%88%E5%9C%8B%E7%B3%A7%E9%A3%9F%E5%8F%8A%E8%BE%B2%E6%A5%AD%E7%B5%84%E7%B9%94#.E7.B2.AE.E5.86.9C.E7.BB.84.E7.BB.87.E5.BA.94.E5.AF.B9.E7.B2.AE.E9.A3.9F.E5.8D.B1.E6.9C.BA。

② "严峻的气候条件使世界粮食产量减少和价格上涨"，中华人民共和国商务部网站，http://www.mofcom.gov.cn/aarticle/i/jyjl/m/201207/20120708261041.html。

③ "联合国：全球明年恐爆粮荒，粮食供需逼临界点"，人民网，http://finance.people.com.cn/stock/n/2012/1015/c222942-19269873.html。

④ 同上。

将可能升高6摄氏度，如果没有有效措施加以缓解，从理论上讲，这对粮食生产将造成灾难性后果。

事实上，气候问题已经成为全人类共同关注的问题。联合国每年定期举行世界气候大会共同讨论如何应对气候变化问题。2012 年 11 月 26 日至 12 月 7 日在卡塔尔多哈举办的年度世界气候大会，尽管在中国的推动下取得了一定的积极成果，但从会议暴露出的一些问题看，人们在气候问题上，由于各自利益的驱动，在很多重大问题上分歧依然存在。对此，有媒体称"20 年依旧'扯皮'不断，多哈气候大会：越谈越尴尬"①。而世界气象组织发布的最新数据告诉我们：2012 年是人类自 1850 年有气象记录以来最热的年份之一。世界银行报告直接指出，如果当前减缓气候变暖的承诺不兑现，那么不到50 年，人类就可能被迫过上热浪滔天、干旱严重的日子。届时，全球都将遭遇大灾难，非洲、中东和南亚都可能会面临全国范围的水荒。②

由此可见，气候变暖导致的粮食危机和水危机已经成为全人类生存的重大威胁。同时，更为值得防范的是，"稀缺与贪婪从来都是失控冲突的导火索"③。如今人们因争夺能源已导致太多的冲突，而在未来，粮食和水将会比石油等能源更加稀缺，而它们又是人类赖以生存的最基本物质，必将成为争夺的重点。因此，粮食和水的安全问题，已经远远超越其本身，成为国际安全的最为深刻而且重要的问题，也是最易导致冲突和战争的根源。这种可能呈上升趋势的安全问题，将给本已面临生存危机的人类平添更多危机。

（刘　强）

① "20 年依旧'扯皮'不断，多哈气候大会：越谈越尴尬"，中国网，http://www.china.com.cn/international/zhuanti/2012-12/06/content_27330445.htm。

② 同上。

③ "新华网：多国政府和民众呼吁加强水资源保护"，水信息网，http://www.hwcc.gov.cn/pub2011/hwcc/ztxx/10004/2012sjurzgsz/2012zyxw/201203/t20120324_341902.htm。

第二部分

重大国际安全问题

2012年有很多重大问题值得研究，无论是传统安全还是非传统安全问题都有一些新情况和新变化，这些重大问题是国际安全形势变化的主要影响因素。我们舍弃了一些看似重大的个案问题作所谓的解读对象，而是继续选择一些领域作为研究对象。其中世界经济安全依旧面临着严峻挑战，发达国家经济不振，全面振兴世界经济的“正能量”还相当有限，整体形势不够乐观。核安全问题同样不容乐观，在个别地区甚至出现长期性的不确定因素，如何勒紧核能这匹野马的缰绳，将其限制在为人类创造福祉的范围之内，已经成为一个全球性的话题。国际恐怖主义尽管相对回落，但是暂时的回落还是再度猖獗的蓄势待发，前景难料。国际维和行动领域喜忧参半，其中非洲的维和面临着诸多挑战，消耗着国际社会的大量资源。太空竞争更加激烈，军事化程度更加提高。极地竞争已经成为常态，而“抢地”形势的加剧必将诱发国家关系的紧张。这些重大领域发生的重大事件，使得国际安全形势的“负能量”削弱着世界的安全指数，亟待寻求破解之道。

第四章

世界经济安全问题

2012年世界经济形势依然面临严峻挑战。欧元区债务危机继续威胁着世界经济的健康运行，发达国家经济还在吃力地应对国际金融危机导致的被动局面。大选之年，政府换届给有关国家政治经济政策带来诸多新的变数。与此同时，国际热点问题继续升温，各种矛盾依旧错综复杂。安全问题相对突出的国家和地区，安全形势依然紧张；矛盾争端相对频繁的领域，关系的调整与平衡依旧任重道远。为此，相关国家和地区之间的政治经济关系，出现了程度不一的调整，相互之间的经济贸易往来也呈现出一些新变化。总体而论，年内世界经济形势依然不够乐观。目前，与影响世界经济稳定复苏的各种不利因素相比，全面振兴世界经济的“正能量”还相当有限，尽管这样的“正能量”已经开始引起国际社会越来越多的关注。

展望2013年，世界经济将继续保持缓慢复苏的基本态势，世界经济形势有进一步好转的希望和理由，但也面临新的风险和压力。

一、全球经济复苏进程依然艰难，变数增多

2012年，世界经济增长延续着2011年以来明显放缓的趋势，增长乏力。联合国发表的《2012年年中世界经济形势与展望》报告指出，全球经济增长继2011年明显放缓后，2012年始终增长乏力。预计世界经济在2012年将增长2.5%，低于2011年的2.7%的水平。国际货币基金组织（IMF）预测，2012年全球经济增长率为3.5%，与上一年相比，增速明显

放缓。预计发达经济体增长率为1.4%，新兴及发展中经济体的增长率为5.6%。[①]

（一）发达国家经济困难的局面并没有根本改观，步履依旧艰难

国际金融危机的影响，并没有随着时间的推移而渐行渐远。对于发达国家和地区来说，金融危机与经济衰退还没有远去，危机的阴影分明依然笼罩在有关国家和地区的上空，压迫在人们的心头。具体到不同发达国家和地区，尽管经济运行的困难程度有一定差异，但是被动的局面难以在短期内得以扭转，却已经成为它们相似的命运。

目前，发达国家仍在艰难地应对全球金融危机带来的经济困难。困扰经济有力复苏的因素主要有四个方面：其一，银行、企业和居民的去杠杆化制约着正常的信贷流动以及消费和投资需求；其二，失业率居高不下，既是阻碍经济复苏之因，又是经济难以复苏之果；其三，针对不断增加的公共债务实行财政紧缩政策，抑制了经济复苏，也让实现债务的可持续性更加困难；其四，银行受制于主权债务，加之经济疲软，导致金融行业弱不禁风，刺激了进一步的去杠杆化。上述不利因素，在发达国家和地区相对普遍地存在。[②]

1. 美国经济总体蹒跚复苏，大选之年困境依旧

2012年美国经济开局不错，就业情况超过预期，股票指数显著上涨，信贷情况明显缓解，消费者信心和支出明显增加。不过，美国经济总体运行还是摇摇晃晃，并未摆脱困境。

尽管美国政府千方百计刺激经济和推动就业，但是国内失业率依然高于金融危机之前的水平。4月份，国内创造就业机会的速度再度放慢，无法吸纳劳动力的自然增长。与危机期间的处境相似，经济增长无力、就业增长无望与住房市场低迷，继续抑制市场消费。美国商务部公布的数据显示，2012年第二季度美国国内生产总值按年率计算环比增长1.5%，增幅

---

① “2012年世界经济形势回顾与2013年展望”，《中国日报》，http://www.chinadaily/com.cn/hqcj/xfly/2012-12-24/content-7853548.shtml。

② 李礼辉：“2012全球经济与国际金融回顾与展望”，《金融时报》，2012年12月28日。

是2011年第三季度以来的最低水平。数据还显示，二季度占美国经济总量达70%的消费支出，按年率计算增长1.5%，增速低于一季度的2.4%，是过去一年来的最低增速。伴随着危机时期经济刺激措施的逐步停止，美国政府支出已经开始下降，进一步减缓了经济增长。预计美国经济2012年有望增长2.1%，2013年预计增长2.3%。①

大选之年，对于美国民众来说，有总结，更有期待。不过，从本质上说，总统大选本身不可能扭转美国经济方面的被动局面。大选期间，两党候选人围绕经济问题唇枪舌剑，事实上并没有开出解决经济困难的良方，反而使未来经济政策面临的变数增大，经济增长前景更加不容乐观。或许，正是基于前景依然迷茫和对策总是力不从心考虑，美国总统大选的投票率不高，大选的结果也没有超出国际社会的普遍预料，现任总统奥巴马成功连任。

从宏观经济政策上看，美国政府依然面临刺激经济增长与稳定金融的两难局面：一方面，政府面临削减财政赤字、降低债务水平的压力，必须采取紧缩措施以降低预算赤字和债务水平；另一方面，在经济长期不景气的形势下，刺激经济增长、增加就业成为当务之急，但政府又必须考虑采取扩张性财政与货币政策。两难的局面决定了政府财政与货币政策上的摇摆和不确定性。从发展趋势看，财政与货币政策的不确定性是美国经济面临的主要困难。

2012年7月，美国政府预算赤字为696亿美元，低于预期的1020亿美元，上年同期的财政赤字为1294亿美元。美国2012年财年迄今累积的预算赤字已经达到9740亿美元，2011财年同期为赤字1.1万亿美元。8月22日，美国国会预算局宣布，下调2012年的预算赤字预期到1.128万亿美元，而此前的预期为1.171万亿美元。政府积极减少财政预算赤字的代价，首先是市场信心下降和经济增长放缓。这方面，事实上并没有两全其美的选择。2012年，如果美国的公共债务持续上升，更大限度的财政紧缩就势在必行，国内生产总值就要下降，2013年的经济衰退可能难以避免。②

① “2012世界经济形势及发展趋势”，中国经济电视台，http：//jingji. ysdsb. cntv. cn/ 20111201/118878. shtml。

② “全球经济面临再度衰退危险”，光明网，http：//www. gmw. cn/xueshu/ /2012/12/29/content－6191587. htm。

2. 欧洲经济继续为摆脱债务危机而努力，但收效有限

为了应对债务危机，2012 年欧洲有关国家不得不继续过“紧日子”，选择紧缩性财政与货币政策。财政紧缩固然是降低债务水平、应对债务危机的有力措施，但严厉的财政紧缩政策，削弱了银行系统、增加了经济的不确定性、打击了经济复苏的信心、延缓了经济复苏，导致有关国家的失业人数持续上升，许多社会矛盾突出，社会关系日益紧张。

由于经济复苏进程接近完全停滞，2012 年欧洲经济面临零增长。欧元区经济继 2011 年增长 1.5% 之后，2012 年预计衰退 0.3%，到 2013 年才有望反弹到增长 0.9% 的水平。[①] 此外，2012 年欧洲债务危机继续通过贸易、金融市场、恐慌情绪传播等渠道，给全球经济带来负面冲击：欧元区债务危机的恶化，将继续诱发金融市场动荡，促使全球投资人避免风险意识不断上升，进而导致全球经济增长进一步放缓。

从经济运行趋势看，财政紧缩将使许多欧洲国家经济更加难以走出衰退。目前，意大利和西班牙仍然是欧元区面临的主要威胁，两国的债务规模足以导致该地区救援基金无济于事。如果西班牙陷入衰退，从而增加借款成本，导致市场剧烈动荡，那么，最终可能不再需要救助。如此，意大利将无法获得足够的救援资金，并使欧元区分裂的猜测再度出现，将进一步加剧金融市场的动荡，诱发世界经济的下滑。[②]

3. 日本经济积重难返，内外交困背景下的政府换届，依然无力回天

日本经济年初艰难复苏，但是好景不长，日本政府在钓鱼岛问题上的错误做法和一意孤行，在破坏了中日关系的大局、损害了中日经济贸易往来的同时，也使日本对外贸易和投资形势急剧恶化，经济复苏进程即将中断，经济社会矛盾趋于激化。大选之年，日本面临政治经济政策步入死胡同的危险。

2012 年，日本经济有望增长 1.7%，2013 年可能增长 2.1%。尽管日本经济的预期并非不可逆转的严重衰退，但是，日本政府在领土争端问题上的拙劣和无奈的表现，已经导致民意支持率下降。民众借助大选，已经

---

① “2012 世界经济形势及发展趋势”，中国经济电视台，http://jingji.ysdsb.cntv.cn/20111201/118878.shtml。

② 曹彤：“2012 年国际金融形势评论”，《环球财经》，2012 年 12 月 20 日。

完成了内阁的更迭。尽管如此，未来的政府及其振兴经济的各项政策，依然可能面对半途而废的无奈命运。

（二）发展中国家经济保持增长，但是困难和风险继续增多

发达国家经济低迷和债务危机依旧严峻的形势，继续威胁到发展中国家的经济增长与稳定。外部需求的弱化和全球经济前景持续的不确定性，导致2012年发展中国家的经济增长放缓。与此同时，国际经济环境的不稳定以及全球贸易增长的明显下滑，导致外资大量从一些新兴经济体市场撤离。以生产初级产品和原材料为主的发展中国家，势必面临国际贸易条件进一步恶化的危险。发展中国家在2012年的经济增长大约为5.3%，低于2011年的5.9%，更低于2010年的7.5%的水平。①

1. 亚洲地区经济增长逐渐放缓，增长形势依然乐观，但矛盾问题突出

2012年，受发展中国家需求不旺以及中国经济放缓的影响，东亚地区经济增长率估计从2011年的7.1%下降到2012年的6.5%。不过，到2013年，如果世界市场需求恢复，该地区的经济增长有望略有提升，增长率可能达到6.9%的水平。朝鲜问题、日本侵略的历史遗留问题和岛屿、领土争端问题，持续困扰着东亚地区。这些问题的形成与解决，都并非一日之功。长期来看，东亚地区总的政治和安全形势，仍然在于政治矛盾错综复杂而经济联系欲罢不能。

基于外部需求的降低和公共开支的逐渐减少，西亚经济增长的势头在2011年下半年和2012年年初也明显放缓。地区的经济增长水平，从2011年的6.9%降低到2012年的4.0%。不过，未来的趋势稍有好转，预计2013年的经济增长将恢复到4.4%的水平。

2012年，伊朗与西方国家之间的紧张关系并未出现缓和，也门，特别是叙利亚的紧张局势还在继续。从可预见的时间看，政治和安全形势，依然是威胁该地区经济增长的主要因素。

同年，南亚经济增长也呈现出放缓之势。估计经济增长从2011年的

① 张伟杰："2012经济形势回顾与展望"，凤凰网，http://finance.ifeng.com/opinion/hqgc/20121224/7473007.shtml。

6.1%降到2012年的5.6%。不过，到2013年，该地区经济增长有望提高到6.1%。就具体国家经济而论，预计2012年印度经济增长为6.7%，低于2011年的7.1%。①

东南亚国家经济缓慢增长，依然严重依赖中国经济。2012年，由于该地区个别国家纠结于南海岛屿争端问题，中国与有关国家的经济贸易往来受到一定影响。2013年，越南很可能因为其《海洋法》的正式颁布而进一步激化与争端各方的矛盾，地区经济增长很可能受其连累。

2. 非洲经济稳定低速增长，不确定外部因素的影响依旧明显

总体而言，2012年，非洲经济能够维持稳定增长，但低于联合国年初预测的水平：预计的地区经济增长率，2012年为4.2%，2013年为4.8%，与联合国年初的预测相比，分别降低了0.8%和0.3%。

一年来，北非的政治和安全形势动荡尚未完全平息。告别了"阿拉伯之春"的突尼斯、利比亚和埃及，并没有进入预想的"收获季节"，相反地，由于国内各种政治势力矛盾激化，继续徘徊于社会政治动荡与经济凋敝之中。中部非洲的传统热点地区，经济与社会矛盾冲突再度升级。严峻的政治与安全形势，严重干扰了地区经济稳定前进的步伐。

3. 拉丁美洲和加勒比国家的经济增长放缓，短期可望回升

2012年，预计拉丁美洲和加勒比国家的经济将从2011年的4.3%降低到的3.7%，2013年有望恢复到4.2%。

许多拉丁美洲国家，财政和货币刺激措施的逐步停止抑制了国内需求。巴西经济增长下滑的幅度较大，预计2012年的经济增长为3.3%。加勒比国家在2012年和2013年有望实现3.3%和4.0%的适度增长，高于2011年2.5%的水平。

4. 独联体和东欧国家经济增长开始放缓，前景并不乐观

独联体国家经济在2011年出现有力增长之后，2012年开始放缓。经济增长在2012年将为4.3%，低于2011年的4.7%。作为地区能源出口大国的俄罗斯和哈萨克斯坦，经济稳步增长；石油价格依然是影响其经济运行的主要因素。

---

① "全球经济面临再度衰退危险"，光明网，http://www.gmw.cn/xueshu/2012/12/29/content-6191587.htm。

东欧国家经济2012年将出现停滞，主要原因同样是外部需求和国内需求的持续疲软。预期2012年整个东欧地区经济大约增长0.6%，2013年有望增长到1.8%。

此外，预计2012年最不发达国家经济平均增长4.1%，比联合国的预测降低2个百分点。①

二、全球市场需求不旺，贸易争端增多，市场繁荣尚需时日

2012年，世界市场总体呈现出需求不足和贸易量明显下降的形势。在欧洲主权债务危机加剧、全球经济减速等因素的影响下，世界贸易组织预计，2012年世界贸易额仅增长3.7%，低于过去20年的平均水平。联合国发表的《2012年年中世界经济形势与展望》报告指出，2012年国际贸易增长仅为4.1%，大大低于2010年的13.1%和2011年的6.6%。12月5日，世界贸易组织提交的《国际贸易环境发展概览》年度报告则预计，2012年全球贸易增长率仅为2.5%，增速比2011年下降50%。②

当前国际贸易的基本态势表明，全球主要贸易大国的出口增长势头减弱，发达国家进口减少导致发展中国家出口下降。短期内，大国刺激国内经济增长必须首先依赖国内市场。为此，国际贸易争端呈现上升之势，贸易保护主义继续在国家对外贸易政策体系中发挥主要作用。主要国家之间的贸易争端和摩擦，使得国际贸易的增长与世界市场的繁荣更加步履艰难。

（一）发达国家经济困难，消费者信心不足，市场需求下降

基于购买能力和贸易规模，发达国家和地区的需求成为世界市场需求

---

① “2012世界经济形势及发展趋势”，中国经济电视台，http：//jingji.ysdsb.cntv.cn/20111201/118878.shtml。

② “世界经济深度转型”，中国日报网，http：//www.chinadaily.com.cn/hqcj/gjcj/2013－01－04/content－79922482.shtml。

的主体内容。国际一般贸易活动的目标市场首先选择在发达国家。

2012 年，绝大多数发达国家还在艰难地克服 2008 年和 2009 年国际金融危机以来的经济困难。政府刺激经济复苏的各项措施，效果已经不再明显。而紧缩性经济政策，还在打击消费者的信心、抑制市场需求的增长。经济复苏步履蹒跚，失业水平居高不下，进一步减少了市场消费需求。

一季度，美国的失业率依然高于金融危机之前的水平。4 月份，失业率达到 8.1%；5 月份更是达到 8.2%。市场所创造就业机会的速度再度放慢，就业的增加已经不能吸纳劳动力的自然增长。就业增长乏力，严重抑制了消费者的消费。也是在一季度，欧元区国家的整体失业率达到了前所未有的 10.9% 的水平，比 2011 年高出一个百分点。经济危机严重的国家失业率更为严重：希腊、冰岛和西班牙的失业率甚至比金融危机之前高出 10 个百分点。随着德国和法国等核心国家经济增长放缓，欧元区失业率在 6 月份已经达到 11.2% 的水平。

伴随着失业率的居高不下，发达国家和地区的消费者信心日渐削弱。2012 年 8 月份，美国 IBD 消费者信心指数为 45.6，为同年 5 月以来的最低水平。同月，欧元区消费者信心指数仅为 -24.6。[①]

（二）发展中国家出口增长速度下降，贸易与经济下行的压力加大

由于发达国家和地区经济的持续低迷甚至衰退，2012 年发展中国家对发达国家的出口增长速度明显下降，削弱了出口对有关国家经济增长的拉动作用。根据巴西对外贸易统计报告，2012 年巴西对外贸易进出口与 2011 年相比下降了 3.4%，出口同比下降了 5.3%，进口同比下降了 1.4%，外贸顺差下降了 34.8%。主要出口市场的萎缩和有关国家采取了贸易保护措施有关。2007 年以来，中国出口对国内生产总值增速的贡献率平均为 26%，年平均拉动国内生产总值增长 2.5 个百分点；2012 年 1—8 月份，中国的出口贡献却只达到 0.61 个百分点。

受发达国家和地区需求减少的影响，中国、印度、韩国等亚洲地区

---

① “发达国家明年乃至中期经济前景难以乐观”，中国证券网，http://stock.chinadaily.com.cn/20121214/3175.shtml。

“制造业采购经理人指数（PMI）”出现了同步下跌，表明受出口带动的亚洲经济趋于放缓。8 月初，各国发布的“制造业采购经理人指数”报告显示，7 月份全球制造业增速再度集体下滑。无独有偶。第三季度，依赖于发达国家市场的多数新兴经济体经济增速继续减慢：印度经济维持低位增长态势，一季度增长 5.3%，二季度为 5.5%，三季度又回落到 5.3%；俄罗斯一季度经济增长 4.9%，但二季度减缓到 4%，全年经济增长 3.7% 左右；巴西 2012 年上半年经济仅增长 0.6%，三季度增长 0.9%。①

（三）国际贸易保护主义盛行，贸易壁垒和区域性贸易协定与安排增多

面对疲弱的世界经济形势，特别是在出口推动经济增长的力量不断减少的背景下，在开拓国际市场的同时，更多地依靠国内市场振兴经济，刺激国内需求、保护国内市场，开始成为各国经济贸易政策的基本走向。根据世界贸易组织分析，2011 年 10 月到 2012 年 5 月，各成员国共采取了 182 项新的贸易限制措施，影响了全球进口额的 0.9%。2012 年，美国总统奥巴马还依据《国际紧急经济权力法》（IEEPA），对“威胁美国”的国家延长贸易限制，名单包括俄罗斯、伊朗、朝鲜等国。②

作为世界上最大的发展中国家，中国总是首先受到发达国家贸易保护主义的影响。根据英国智库经济政策研究中心（CEPR）的“世界贸易预警”（World Trade Alert）项目监测，2008 年国际金融危机以来，全球 40% 的贸易保护主义措施针对中国。2012 年前 7 个月，中国七大类劳动密集型产品在美国、欧洲和日本市场份额比 2011 年同期分别下降了 2.1、1.4 和 2.7 个百分点。此外，随着中国出口产业从劳动密集型产业向新兴产业升级，国外对于中国新兴产业出口的限制明显增多。2012 年前三个季度，中国出口产品遭遇国外贸易救济调查 55 起，增长 38%，涉案金额 243

① “世界经济深度转型”，中国日报网，http：//www.chinadaily.com.cn/hqcj/gjcj/2013－01－04/content－79922482.shtml。

② 孙杰：“后金融危机时代的全球经济与竞争格局”，《当代世界》，2012 年第 11 期。

亿美元，增长接近8倍。①

伴随着贸易保护主义日渐兴起，2012年，区域性的贸易协定与安排却明显增多。非洲举办的两届非盟首脑会议，使用了同样的主题“促进非洲区内贸易”，并提出非洲自贸区应在2017年开始运转。9月8日，在俄罗斯符拉迪沃斯托克举行的亚太经合组织（APEC）第二十次领导人非正式会议取得了进展，达成了包含54个目录的环境产品清单。尽管受国际金融危机、美国重返亚太等因素的影响，APEC在推动亚太地区经济一体化方面的作用有所弱化，但峰会注重务实合作，注重在具体项目上取得进展，稳中求进地推动亚太经济一体化向前发展。11月，东亚领导人系列峰会期间，中日韩自由贸易协定（FTA）谈判、东盟十国与其他亚太六国的《区域全面经济伙伴关系协定》（RCEP）谈判正式启动。这两个谈判将与美国所主导的《跨太平洋战略经济伙伴协定》（TPP）谈判一道，继续推动未来亚太地区经贸一体化进程。2012年6月9日，智利、墨西哥、秘鲁和哥伦比亚四国领导人宣布成立“太平洋联盟”，四国签署了拉美太平洋联盟框架协议，旨在成立全新的拉美区域经贸合作组织。②

三、金融危机阴云仍未散去，国际金融政策调整还须努力

2012年全年，欧洲债务危机并未远去，反而愈演愈烈：危机的程度之深、影响之广、拖延之久，都超出先前的预期。希腊政治经济形势不断恶化，退出欧元区的风险一再显现。西班牙地区性银行危机与公共债务问题交织，一直挑战着欧洲国家应对危机的能力和信心。在债务危机与金融危机的双重拖累下，欧洲经济陷入了二次衰退，已经成为世界经济复苏进程中的最大阻力。

经济政治方面都与欧洲存在密切关联的美国，同样也摆脱不了欧洲债

① 裴长洪：“世界经济变化及对我国的影响”，《人民日报》，2013年1月4日。

② “2012年国际十大经济新闻”，经济参考网，http://jjckb.cn/2012/12/31/content-421482.htm。

务危机和金融危机的阴影。从美国自身的经济形势看，建立在规模庞大的债务基础之上的巨大经济体量，决定了政府债务只能不断攀高，而且必须不断攀高。积重难返的公共债务与减支、减债以及减税自动到期机制的集中发作，决定了美国民主与共和两党的妥协与合作，就成为金融政策方面无奈而又无助的选择。

形势紧迫，发达国家只能一再使用货币宽松的工具，转嫁危机、转嫁负担。欧洲央行开展第二轮长期再融资操作（LTRO），并推出直接货币交易计划（OMT）。美联储则在扭转操作之后，继续实行量化宽松政策，并进一步扩大了资产购买的规模。英国和日本央行多次扩大资产购买计划。这样的政策对于推动实体经济复苏，有一定的效果，但势必导致国际金融市场出现动荡。

发达国家和地区的似乎无奈的、但实质上是“以邻为壑”的做法，使得外需收缩与输入性通货膨胀的压力加大，直接导致有些发展中国家在刺激经济和管理通货膨胀问题上必须面对进退两难的被动局面。此外，还有些国家和地区，不仅要面临经常账户和公共财政“双赤字”的困境，而且必须应对国际资本大进大出、汇率大幅波动的风险。

（一）欧洲债务危机形势并未缓和，有关国家积极应对，举步维艰

1. 在债务危机拖累下，欧元区经济衰退形势更加严重

欧盟统计局数据表明，2012 年三季度，欧元区 GDP 环比下滑 0.1%、同比下滑 0.6%，而二季度 GDP 环比下滑 0.2%、同比下降 0.5%。GDP 连续两个季度下降，表明欧元区已陷入 4 年来第二场经济衰退。

欧盟统计局数据显示，截至二季度末，希腊政府债务占 GDP 比重高达 150.3%。过去和现在形势都如此严重，当然也不看好未来。预计 2013 年希腊经济将萎缩 4.5%，步入第 6 个连续衰退年头；财政赤字占 GDP 之比将升至 5.2%；债务增至 3460 亿欧元，占 GDP 之比由 2012 年的 175% 升至 190%。西班牙国家统计局数据显示，三季度西班牙 GDP 环比萎缩 0.3%，为连续第 5 个季度萎缩；9 月份西班牙失业率升至 25.02%，创 1975 年以来最高，为该国历史上失业率首次超过 25%。同时，西班牙总失业人口接近 578 万，过去一年新增失业人口 79.97 万，同比上涨 16%。受国内经济

状况影响，9 月份西班牙银行业不良贷款增加逾 30 亿欧元，至 1822 亿欧元，占未偿还贷款总额的 10.7%。①

截至二季度末，欧元区政府债务占 GDP 比重由 88.2% 上升到 90%，不但高于 2011 年同期的 87.1%，而且创下了自从 1999 年欧元启动以来的新高。就业方面，9 月份，欧元区失业人口达 1849 万，失业率攀升至 11.6%，创历史新高；欧盟失业人口升至 2575 万，失业率升至 10.6%。其中，西班牙、希腊失业率分别高达 25.8% 与 25.1%。此外，欧元区 25 岁以下年轻人失业率升至 23.3%，欧盟年轻人失业率升至 22.8%。其中，希腊、西班牙年轻人失业率分别高达 55.6% 和 54.2%。实体经济方面，10 月份欧元区综合 PMI 降至 45.7，连续第 9 个月低于 50，并创下 2009 年 6 月以来的新低。其中，服务业 PMI 降至 46.0，制造业 PMI 降至 45.4，连续第 15 个月低于 50。PMI 数据表明，欧元区经济衰退程度在进一步加深。此外，欧盟统计局数据显示，受资本商品和非耐用消费品产出减少的影响，9 月份，欧元区工业产出月率下降 2.5%，年率下降 2.3%。

欧元区内有些原本经济表现良好的国家，经济也在三季度出现萎缩：荷兰 GDP 环比大跌 1.1%；奥地利 GDP 环比下滑 0.1%。尤其严重的是，德国、法国等欧元区核心国家经济状况开始表现不佳：德国经济研究所数据显示，10 月份，德国商业景气指数降至 100.0，为连续第 6 个月下滑，其中现状指数降至 107.3，显示企业对当前经济形势感到失望；IMF 指出，2012 年法国债务占 GDP 之比约达 90%，继标准普尔 1 月 13 日将其 AAA 评级降至 AA+，评级展望为“负面”以后，11 月 20 日，穆迪又将其主权信用评级由 Aaa 下调一档至 Aa1，评级展望也为“负面”②。

2. 债务危机的有关矛盾盘根错节，应对危机的措施效果有限

2012 年，欧元区债务危机牵动着多方利益。为了应对危机，相关国家可谓各尽其能、千方百计。2 月 29 日，欧洲中央银行启动“长期再融资操作”（LTRO）以增加流动性。3 月 2 日，25 个欧盟成员国正式签署《欧洲

① “全球经济面临再度衰退危险”，光明网，http://www.gmw.cn/xueshu//2012/12/29/content-6191587.htm。

② 同上。

经济货币联盟稳定、协调和治理公约》，以加强各成员国的财政纪律。6月29日，“欧盟峰会宣布欧洲稳定机制”（ESM）将直接向银行注资，通过购买重债国国债来压低其融资成本，并推出1200亿欧元一揽子经济刺激计划。9月6日，欧洲中央银行宣布即将执行OMT（直接货币购买）计划，为欧元区一体化进程获得宝贵时间。9月12日，欧盟委员会公布建立欧洲银行业联盟的一系列提案，该方案已于12月获得批准。10月，欧元区永久性救助基金——欧洲稳定机制正式启动，标志着欧元区国家进行结构改革与推进政治经济一体化迈出了关键一步。①

在如何有效地应对债务危机的问题上，相关各方的意见并不一致。关于希腊的紧缩措施标准，欧盟与IMF就存在严重的分歧：IMF强调，到2020年，希腊债务水平应降至GDP的120%；欧盟委员会则认为，应把这一目标放宽到125%。当然，希腊把实现财政目标时间延长到2016年的申请，也遭到反对。

为了争取欧盟和IMF发放的315亿欧元救助贷款，希腊议会在11月8日和12日，接连通过了高达135亿欧元的新紧缩措施与2013年预算案。可是，由于分歧严重，原本2012年6月发放的救助款项被拖延了下去。无法及时获得有关贷款，希腊就只得通过紧急国债拍卖来满足紧迫的资金需求。

西班牙自2011年11月拉霍伊政府上台以来，推出了不下四个预算改革方案，但由于财政问题根深蒂固，只是依靠预算改革难以从根本上解决。形势如此严峻，但是政府财政目标还是接二连三地失守，不断削弱市场信心。穆迪已经将包括加泰罗尼亚在内的5个西班牙地区信用评级调降。10月底，坎塔布里亚地区宣布向中央政府寻求1.37亿欧元流动性援助，成为西班牙第9个寻求中央政府援助的自治区，导致中央政府180亿欧元流动性资金供给越发捉襟见肘，被动用的资金接近175亿欧元，需要注入更多资金。

① “2012年国际十大经济新闻”，经济参考网，http：//jjckb.cn/2012/12/31/content－421482.htm。

（二）发达经济体的量化宽松货币政策作用有限，风险和困难并存

1. 采取量化宽松货币政策，实属不得已

在债务危机的冲击之下，发达经济体早已无法再大规模地运用财政政策。持续的量化宽松货币政策因此就成为刺激经济的主要力量。2012年，主要发达经济体中央银行普遍采取了量化宽松货币政策：9月和12月，美联储分别推出了第三轮、第四轮量化宽松货币政策；9月，欧洲中央银行启动了直接货币交易计划；日本中央银行在2月、4月、9月、10月和12月5次扩大资产购买；英国中央银行则在2月和7月两次扩大资产购买。①

量化宽松货币政策的总体目标，无疑是希望通过央行资产负债表的扩张来稳定市场信心，压低长期利率，支持资产价格，从而促进私人部门消费和投资，推动经济复苏。具体来看，不同经济体所推出的量化宽松政策也存在差异：美联储第三轮量化宽松政策（QE3）主要是针对就业市场推出的刺激政策，第四轮量化宽松政策（QE4）主要是基于即将到期的扭转操作考虑，并为两党解决“财政悬崖”问题提供融资条件；欧洲央行的直接货币交易计划，体现其政策由提升欧元区整体流动性转变为点对点的直接救助；日本央行希望通过资产购买将滞留在金融体系中的流动性注入到实体经济中；英国央行则希望刺激消费信贷和抵押信贷增长。

2. 推行量化宽松货币政策，内在矛盾与两难

发达经济体推出量化宽松货币政策的力度持续加大，在一定程度上，有利于改善金融市场的流动性、平稳金融市场运行、减缓经济衰退和促进经济复苏。不过，量化宽松货币政策，不仅根本就解决不了货币扩张与财政紧缩的矛盾，而且还可能带来货币总量失控、动摇货币信用，以及资产价格泡沫、资本流动加剧、币值严重波动等风险。

美联储推行量化宽松货币政策，就必须面对政策刺激作用降低和通胀预期上升、美国经济结构性问题无法解决的困境。欧洲央行的量化宽松政

---

① “全球央行吹响宽松号角”，黄金网，http://gold.cnfol.com/121231/71.1988.1407677.00.shtml。

策，一方面，并不能解决债务危机的核心问题；另一方面，为了保证 OMT 的顺利实施，欧洲央行调低抵押品资质并放弃优先债权人地位的做法，很可能恶化央行的资产负债表。日本央行大量购买资产，很可能恶化日本的债务危机。英国央行则面临英国政府没有更多资产供其购买以及广义货币 M4 增长缓慢的困境。

（三）金融市场持续波动，国际投资与合作压力增大

1. 国际金融形势动荡，已经在所难免

发达经济体的量化宽松政策对全球金融市场直接产生了负面影响。美国实施第三轮量化宽松政策以来，从北美地区流出的资金，大约 90% 流入新兴市场国家和地区。资金大规模流入对新兴经济体的金融稳定带来较大的风险：增加相关国家和地区股市和楼市的市场风险，引发资产价格泡沫，实体经济发展受损；市场预期发生变化时，资金在快速流入后再次快速流出，冲击经济金融稳定；增加外汇市场的不稳定因素，不利于国际收支的调节，加剧国际收支失衡，造成汇率扭曲。

2012 年 10 月下旬至 12 月，受美欧量化宽松政策等因素影响，大量资金涌入中国香港，拉高港元币值，使香港的联系汇率制度面临巨大压力。为此，香港金融管理局先后 20 余次入市卖出港元、买入美元，以维持港元币值稳定，维护联系汇率制度。为了缓解升值压力，巴西被迫缩小雷亚尔的浮动空间。同年，中国的人民币兑美元不断升值，表明货币投机作用在增强。随着全球量化宽松政策影响的深入，新兴市场国家很可能要继续面临资本大规模流入，货币过度升值、资产价格泡沫化以及通货膨胀的压力。基于新兴市场国家在国际金融领域作用日益增强的趋势，国际金融市场在一定时期内还要继续波动。①

2. 国际投资与合作的困难增多，需要加快调整与变革

伴随着金融市场波动，国际投资与合作出现了一些新的变化。2012 年 10 月，联合国贸易和发展会议发布的《全球投资趋势监测》报告指出，上

---

① 楼继伟："全球经济十字路口"，求是理论网，http：//www. qstheroy. cn/hqwz/2012/201206/201212/t20121231 –202773. htm。

半年全球外国直接投资流入量总值同比下降8%，发展中经济体在全球外国直接投资总额中所占比例首次超过50%。根据世界银行的报告，2012年上半年，发展中国家及新兴经济体资本流入总量收缩了44%。下半年以后，国际资本流向发生变化，新兴经济体出现了资本外流。

为了应对资金大规模流动的挑战，新兴经济体既要注意通过数量手段对冲流动性，以避免本地货币过快升值，也要采取有效措施，稳定汇率，尽可能降低市场对货币升值的预期。当然，要从根本上解决问题，就必须积极推进国际货币体系改革，推动储备货币多元化，以减少美元霸权和美元泛滥对全球经济金融稳定带来的诸多不利影响。7月，新加坡和中国签订了一项金融合作协议。根据协议，目前在新加坡营运且符合资格的两家中资银行中的一家，会被授权为新加坡人民币清算银行。1月和4月，英国政府分别和香港金融管理局、伦敦金融城成立了工作小组，旨在将伦敦打造成为重要的人民币离岸金融中心。①

四、国际经济合作面临新形势，发生新变化

全球性问题，依然需要国际社会共同面对和处理。实现世界经济的复苏，需要全球主要经济体的政策协调和合作。2012年作为许多国家政府换届和领导人的交替年，不仅意味着相关国家的经济政治政策可能出现大的调整，而且决定了多国政策协调和合作将出现更多变数。

（一）大选之年，有关国家经济政治政策出现调整

2012年上半年，法国、俄罗斯已经完成了总统大选，完成了政府权力的更迭。下半年，美国和日本相继完成了大选。11月8日，作为中国社会主义建设领导核心的中国共产党，召开了第十八次全国代表大会，顺利完成了党内领导集体的换届。新的领导人上任，意味着相关国家的经济政治政策可能出现调整。

---

① 余永定：《谨防西方货币洪水》，《中国外汇》，2012年第19期。

社会党人奥朗德成为法国总统，长期主导欧洲解决债务危机问题的法国与德国轴心，很可能将不再存在。欧盟决定经济、财政事务的权力架构为此将发生重大变化。应对危机的方略，可能从财政紧缩的政策转变为财政重建与促进增长相兼顾的政策。

普京再一次当选俄罗斯总统后，提出了一系列振兴俄罗斯大国经济的政策目标：摆脱资源依赖型经济结构、培育新产业；推进国有企业民营化；加快对西伯利亚与远东地区的开发；加强与独立体成员国的合作；推动欧亚大陆经济共同体建设。为了显示自己对美国的抗拒，普京就任总统之后，随即缺席了在美国举行的八国领导人峰会，给俄罗斯和美国的协调与合作营造了一个低调的开局。作为回应，美国总统奥巴马缺席了在俄罗斯举行的亚太经济合作组织领导人非正式会议。

在选战出师不利的情况下，奥巴马有惊无险地成功连任美国总统。竞选期间，为了赢得选民支持，奥巴马发表过一些损害国际协调的言论，甚至做出一些对其他经济体不利、不公平政策的承诺。入主白宫之后，尽管不大可能完全兑现大选期间的承诺，但是若干现行政策的调整却在所难免。

11 月 16 日，迫于内外交困的形势，日本首相野田佳彦宣布提前解散国会众议院，并于 12 月 16 日举行大选。大选的结果是自民党重新上台执政，安倍晋三再次担任首相。安倍晋三内阁组建以后，在内政外交方面，开始接连做出调整：经济政策上，加强对央行实现通胀目标的责任约束，通过实施无限量的宽松措施帮助国内经济摆脱通缩局面；对于同邻国的岛屿争端问题，态度明显强硬；强调增加国防预算，以增强海上自卫队的实力。①

2012 年，中共十八大及其选举产生的中央领导集体，给中国社会带了来诸多新气象。十八大报告首次明确提出居民人均收入倍增的目标：到 2020 年，实现国内生产总值和城乡居民人均收入比 2010 年翻一番。面对国内外经济金融的困难形势，中国政府明确了一条攻坚克难的道路：以提高经济增长质量和效益为中心，稳中求进，开拓创新，进一步深化改革开

① 李礼辉："2012 全球经济与国际金融回顾与展望"，《金融时报》，2012 年 12 月 28 日。

放，进一步强化创新驱动，加强和改善宏观调控，实现经济持续健康发展和社会和谐稳定。稳定发展的中国经济，将继续对世界经济增长发挥重要作用。①

（二）各得其所，国际经济交流与合作取得新进展

2012 年，依然严峻的国际经济政治形势，继续让世界各国和国际组织认识到：只有在多个方面加强沟通与合作，各国采取协调一致和连贯的经济政策，才能打破去杠杆化、失业率升高、财政紧缩和金融领域脆弱的恶性循环，真正促进经济稳定增长；针对金融和市场状况，国际社会应当更好地协调货币政策，加快金融领域的监管改革，避免汇率和资金流动发生波动。为此，基于不同形势和要求，国际社会展开了多领域、多层次的经济交流与合作。

3 月 28—29 日，在印度首都新德里，“金砖五国”（巴西、俄罗斯、印度、中国和南非）领导人举行第四次会晤，发表了“行动计划”。会晤明确提出，五国将在开放、团结、互谅互信基础上深化共同发展的伙伴关系，并将其作为下一步开展合作的重要指导原则。会议要求，IMF 和世界银行增加“金砖国家”的投票权，以保障欠发达国家的利益。会议签署了两项协议，旨在稳步推进五国间结算与贷款业务，使得国家间贸易和投资便利化。此外，与会领导人还探讨了成立“金砖国家”开发银行的可能性，以期该银行能与世界银行相提并论、并驾齐驱。

4 月 20 日，在美国华盛顿，二十国集团（G20）财长和中央银行行长针对 IMF 增资与改革问题进行了讨论。会议同意在落实 2010 年份额增加的基础上，向 IMF 增加 4300 亿美元以上的资金，以防止和应对危机，促进世界经济复苏。

6 月 17 日，IMF 执行董事会批准了 IMF 增资计划的技术性条款，为世界领导人批准该计划铺平了道路。此外，条款对欧元区成员国获取新应急资金设置了更高的门槛。

---

① 廖卉：“中国经济为世界经济注入正能量”，中国经济网，http：//www.ce.cn/macro/more/2012/12/31/t20121231_ 23990137。

11月20日，东盟和中国、日本、韩国、澳大利亚、新西兰、印度等16国领导人在东亚峰会期间，发布了《启动〈区域全面经济伙伴关系协定（RCEP）〉谈判的联合声明》，宣布启动自由贸易区的谈判。①

（三）国际经济交流与合作的效果，需要2013年继续验证

2013年，世界经济所面临的主要风险和困难，大都属于2012年风险和困难的继续。2012年，国际经济交流与合作所追求的世界经济稳定增长目标，能否实现以及实现到什么程度，还是要接着看2013年。

1. 世界经济面临的风险依旧，新气象不多，振兴世界经济任务艰巨

总体来看，世界经济在2012年当中所面临的主要风险和困难，基本都延续到新的一年。世界经济仍处在调整期，结构改革不到位和需求增长乏力等问题难以根本改观，金融危机的影响依旧呈现出长期化趋势。新年的到来，并不能了结已有的全球经济矛盾：欧洲债务危机还可能继续恶化，更多的国家可能陷入债务危机；美国即便暂时防止了“财政悬崖”，但是财政紧缩与宽松货币政策的矛盾依旧；包括中国在内的新兴经济体经济依然有动荡的危险。此外，全球流动性过剩带来的输入型通胀，很可能是导致2013年全球经济不稳定的重要因素。随着全球货币市场投机活动的进一步加大，各国特别是新兴市场国家货币兑美元汇率的升值压力相应地加大，新兴市场国家干预汇市的概率也可能增大。②

不仅经济矛盾与困难有连续性，政治和安全形势面临的压力也要持续更长时间。叙利亚的内战陷入胶着状态、北非以及中东地区的动荡局势、以色列和巴勒斯坦的矛盾都可能升级，朝鲜半岛和伊朗无核化进展缓慢，中国南海和东海的岛屿争端问题依然复杂。其中，叙利亚和伊朗等中东主要国家局势变化，可能对全球原油市场带来冲击，诸多区域和全球范围内

---

① “2012年国际十大经济新闻”，经济参考网，http：//jjckb.cn/2012/12/31/content-421482.htm。

② “2013世界经济展望：延续2012年的纠结”，必胜网，http：//www.bisenet.com/article/20130102.2624.htm。

的不稳定因素，也可能影响世界经济的稳定发展。①

2. 国际社会关于世界经济增长的预期，相对保守，不大乐观

2012 年 10 月，IMF 预测 2013 年按购买力平价计算的世界经济增长率为 3.6%，按市场汇率计算增长 2.9%。同年 6 月，世界银行预测 2013 年按购买力平价和市场汇率计算的世界经济增长率分别为 3.9% 和 3.0%；10 月，世界银行却把后者下调为 2.6%。也是在 6 月，联合国预测 2013 年按购买力平价和市场汇率计算的世界经济增长率分别为 4.0% 和 3.1%，都比 2012 年 1 月预测数据下调了 0.1 个百分点。此外，IMF 预测 2013 年全球贸易增长率为 4.5%，发达国家和发展中国家出口分别增长 3.6% 和 5.7%，进口分别增长 3.3% 和 6.6%，并认为伴随经济的复苏，各国政府的贸易保护措施不降反增，非常规贸易措施的撤销速度也将放慢。②

12 月 18 日，联合国经济与社会事务部发布的报告则称，世界经济增速在 2012 年大幅下滑，未来两年可能继续呈疲弱之势：预计全球经济增速在 2013 年和 2014 年分别为 2.4% 和 3.2%；与该组织半年前的年中展望报告相比，出现大幅下调。

3. 国际经济合作可能的新进展，值得期待

2013 年，俄罗斯举办的 G20 峰会，有望在推进国际货币金融体系改革以及应对财政、粮食、能源、气候等全球性威胁和挑战方面形成新的突破。"金砖国家" 首脑会议将继续完善协调机制，不断推进与发达经济体之间的关系，并在建立新的金融机构方面取得重要进展。与此同时，欧洲、亚洲和拉美地区一体化有望取得更大进展。中、日、韩自由贸易区谈判如果能够顺利地展开和积极推进，那么今后东亚地区的经济一体化有望进入新阶段。不仅如此，2012 年中国经济的稳定健康发展以及中共领导集体的顺利换届，更增强了有关各方振兴东亚地区经济乃至世界经济的信心。③

---

① 李伟："2013 经济形势依然复杂严峻"，搜狐财经，http://business.sohu.com/20121230/n362050126.shtml。

② "2013：世界经济将何去何从"，和讯新闻，http://news.hexun.com/2013-01-07/14985548.html。

③ "2013 年世界经济展望的焦点在中国"，《世界时报》，http://news.sina.com.cn/system/0/2013/01/07/142225975320.shtml。

此外，2013 年，由于发达国家实施“再制造业化战略”的推动，以互联网、新能源为代表的世界第三次工业革命蓬勃兴起，全球产业结构调整不断深化。围绕着产业升级和产业转移，国际社会的交流与合作将继续快速发展，进而推动世界经济的复苏与增长。

（赵宗博）

第五章

核安全问题

2012年，国际社会中的核安全问题依然严峻，个别地区甚至出现长期性的不确定因素。作为同人类密切相关的重大安全问题，核安全一直受到人们广泛的关注。如何勒紧核能这匹野马的缰绳，将其限制在为人类创造福祉的范围之内，已经成为一个全球性的话题。

一、首尔核峰会后的国际核安全环境

2012年3月26日，在韩国首都首尔，来自53个国家的领导人和联合国、欧盟、国际原子能机构、国际刑警组织4个国际组织的负责人和代表齐聚一堂，举行第二届核安全峰会。此次峰会召开的时机，恰逢朝鲜高调宣布准备发射卫星之际，这一突发事件也让峰会高调宣扬的主题略显尴尬。它似乎在提醒人们，潜在的危机随时可能一触即发。面对朝鲜半岛上空弥漫扩散的阴云，人们没有理由对外来的核安全感到乐观。此时此刻，更需要国际社会反思当前核安全领域存在的问题和未来可能的出路。

21世纪虽然才过去12年，却是不折不扣的多事之秋。“9・11”恐怖袭击及恐怖主义势力的咄咄逼人，使得人们一直忧心忡忡的核恐怖主义变得越来越现实，同时，朝鲜、伊朗的核武计划，也加剧了国际社会对核材料和核安全的担忧。自从核力量被人类从“潘多拉盒子”中释放出来之后，如何防止核幽灵肆虐，成为了国际社会面临的长期而严峻的挑战。为此，近年来国际社会采取了一系列行动，旨在促成各国间形成共识和合力，防止出现灾难性后果。这其中比较典型的包括：2009年9月24日，在纽约联合国总部召开了核不扩散与核裁军峰会，这也是联合国安理会历史上首次专门就此问题举行峰会。峰会集中讨论了核不扩散和核裁军问题，包括军备控制与核裁军、国际核不扩散机制、防止核材料非法贩运、核材料安全与国际和平安全等议题。会议一致通过了安理会第1887号决议，呼吁各国致力于推动防扩散与核裁军，为在全世界范围内全面消除核武器创造条件。也正是在这次会议上，安理会明确支持举行全球性的核安全峰会。2010年4月13日，首届核安全峰会在华盛顿正式召开，共有47个国家及联合国等组织出席了此次会议。会议通过了《华盛顿核安全峰会工作计划》。该计划强调维护有效的核安全需要各国在国际合作协助下持续努力，并在自愿基础上采取行动，将通过负责任的国家行动和持续有效的国际合作，以及强有力的安全措施，减少核恐怖主义威胁。

此次在首尔举行的峰会是继华盛顿核峰会后举行的第二次核峰会。此次峰会主要是要敦促各方重新确认在华盛顿峰会上就防止核恐怖主义达成的重要共识，并将呼吁更多的国家尽可能减少使用高浓缩铀和钚等核物质。会议的主题为“核材料安全，防范核恐怖主义”。会议最终通过了《首尔公报》。公报重申，加强核安全不应损害各国和平开发利用核能的权利，应进一步发挥国际合作的重要性。公报提出了四点主张：第一，坚持科学理性的核安全理念，增强核能发展信心。第二，强化核安全能力建设，承担核安全国家责任，强化核应急队伍建设。第三，深化国际交流合作，提升全球核安全水平。第四，标本兼顾、综合治理，消除核扩散及核恐怖主义根源。首尔核峰会是进入21世纪来，国际社会为控制核扩散、消除核威胁所进行的一系列行动的延续。撇开其实际功效不谈，它在姿态和立场上传递出的信息，呈现出积极意义，对构建安全和平的国际秩序具有一定价值。

在2012年，国际社会对核安全予以了更大程度的关注，尤其是核设施安全。自福岛核事故之后，国际社会对现有核电站等核设施的安全性越来越重视。例如，《核安全公约》的成员国已达成一致，将在核电站规范与安全评估中采用更严格的国际原子能机构（IAEA）的安全标准，而不是目前采用的各国自行制定的标准。此外，原子能机构针对福岛核事故，制定了“核安全行动计划”。该计划在2011年9月13日的原子能机构理事会会议上获得核准，并在随后于9月19—23日召开的大会上获得了所有151个成员国的支持。2012 年，国际原子能机构发布报告指出，一些成员国已经对本国的核设施进行了安全评估。评估的内容包括评价核设施能否承受包括下述事件在内的各种极端事件导致的后果：地震、海啸、洪水及其他极端自然条件以及丧失电力供应与最终热阱。同时，该计划还要求计划建立核电站和已建核电站国家，加强核安全建设，完善监督机制。这些努力有助于国际社会共同维和核能安全。正如报告总结的那样："自核安全行动计划开始实施以来，已在若干关键领域取得了显著进展，例如对核电站安全薄弱环节的评估，加强原子能机构的同行评审服务，强化应急准备与响应能力，加强与保持能力建设以及拓宽成员国、国际组织和公众之间的信息共享范围并加强沟通能力。所有这些均有助于加强核安全。"①

值得注意的是，伴随着近几年对核设施安全的关注，人们开始担心东南亚地区的核安全形势。东南亚国家的发展，使得国内能源供应的缺口迅速扩大，发展核能计划也成为自然而然的选择。其中，印尼是技术最成熟的国家，已经运行了 3 座小功率的实验反应堆，储备了一批专业技术人才。而印尼与韩国合建的首个核电站，也计划在 2017 年投入使用。菲律宾也提出计划，准备在 2025 年前建成并运行第一座 600 兆瓦的核电站，并力争在 2034 年前再修建 3 座。此外，越南、泰国、马来西亚等纷纷启动了本国的核能计划，新加坡、文莱等也在积极酝酿相关核能计划。这些国家的核能梦想，吸引了来自美国、俄罗斯、法国、韩国等国的核能供应商，使得东南亚地区正在成为世界上最具活力的核能市场。随之而来的风险也是显而易见的。正如有学者指出那样："随着这些计划的推进，确保该地区核设施与核燃料的安全将越来越紧迫。加强核安全不仅指通过合理的设计和严谨的规章制度防范操作失误、核泄露及增强抵御外来撞击的能力等，还包括防止核燃料遭恐怖分子窃取。"② 这种风险主要包括以下三个方面：第一，自然灾害的威胁。不少东南亚国家处于环太平洋地震带，地震、火山爆发的概率也比较高，而且易受海啸和洪水袭击。人们不会忘记，2004 年印度洋大海啸，巨浪高达 30 余米，导致印尼近 23 万人遇难。倘若未来建

---

① 《IAEA 公布核安全行动计划进展报告》，伍浩松译，《国外核新闻》，2012 年第 10 期，第 22 页。

② "该是东盟严肃对待核安全的时候了"，［韩］《全球亚洲》，2012 年春季刊，转引自《世界知识》，2012 年第 16 期，第 7 页。

有核设施的地区遭受类似袭击，将导致极其严重的危害；第二，安全技术漏洞。东南亚国家的核设施建成之后，将面临安全维护等压力。这些国家整体技术力量有限，而国际上最成熟的核安全技术也存在一定隐患，这也使得这些设施的安全性都存有严重隐患；第三，恐怖主义等势力的威胁。一些东南亚国家的恐怖主义分子活动较为猖獗，在极端分子和恐怖主义分子的攻击下，核设施将成为安全最为薄弱的环节之一。在未来的时间里，东南亚地区将成为国际核安全重点关注的对象，因此，“鉴于东南亚国家日益增加的核安全风险，国际社会有必要敦促这些国家，尤其是欲从事铀浓缩活动的国家，尽快加入国际核安全机制，增强地区机制在监督核安全方面的能力，强化各国核安全基础设施建设”。①

二、核武疑云挥之不散

虽然国际社会围绕核安全的行动此起彼伏，但客观而言，在核裁军和军控的重要领域，不仅硕果了了，缺乏重量级的成果，甚至前几年所取得的一些积极进展，如今也面临倒退的危险。国际社会不得不重新冷静下来，坦承要减少核武器对人类和平的威胁是一个遥远的梦想。概括而言，这种消极局面主要是由三个方面原因造成的：

首先，大国政治斗争破坏国际社会的核安全共识。其中，美俄两个最大核武器国家在此问题上的政策和立场，对国际社会的核安全起到重要影响。正如有人指出那样：“在短期内，有很多实质性的建立信任的措施可以帮助美俄建立信任。建立这种信任的手段是广泛的，包括信息共享、联合试验和研究、公开政策以及加强对话。”② 但是，真正阻碍这一过程实现的，是大国的霸权心态。美国的目标，并不是要实现一个真正无核的世界，它真正寻求的是一个不会有其他国家或非国家行为体能对美国构成核

---

① 刘卿：“东南亚核安全形势评估报告”，《中国核工业》，2012 年第 7 期，第 22 页。

② James M. Acton, ed., “Beyond Treaties: Immediate Steps to Reduce Nuclear Danger”, *Policy Outlook*, Carnegie Endowment For International Peace, October 2012, p. 2.

威胁，而美国始终掌握有核优势的世界。俄罗斯则在此问题上同美国虚与委蛇。按照两国第二阶段削减核武器计划，削减之后美国将拥有核弹头1762枚，俄罗斯有1741枚。实战部署的运载工具，美国为798枚/艘/架，俄罗斯为566枚/艘/架。换言之，要履行新条约，美俄只需将200枚左右的核弹头转移到储存库当中。至于运载工具，虽然美国减少了98件（战略轰炸机、潜艇或者导弹），俄罗斯反而有可能增加134件。[①] 实际上，对于美俄而言，这种核裁军意义并不大。一方面，美俄本身因为冷战积累了大量过时的核武器，需要销毁和更新，另一方面，这种裁军方式，其中一部分不过是把核武器从运载工具上卸载下来进行库存，需要时重新装载即可投入使用。因此，美俄核裁军也被人称为是名不副实。至于核试验，据美国《连线》杂志报道，自1992年以来，美国就停止了核试验，而是通过计算机来模拟核试验。“只许州官放火，不许百姓点灯”，这也是长期困扰国际社会有效遵守核共识的重要原因。

其次，少数国家在核问题上的立场，使得国际核安全面临风险。过去几年的事实证明，没有核武器的伊拉克、利比亚，在西方军事打击面前不堪一击，这给现存的反美国家留下了难以磨灭的印象，阻止后者下决心放弃核计划。朝鲜新领导人上任之后，在诸多领域呈现新迹象的同时，并没有在核问题上放松立场。金正恩明确表示要继续坚持“先军政治”领导，这也决定了朝鲜的军事实力建设仍将成为国家的重心。发展核武器，可以增强朝鲜的反威慑能力，降低美国军事打击的风险，从而能逐步将部分资源转移到国内经济建设之上。此外，2012年，朝鲜两次发射卫星，显示其建立“强盛大国”的决心。而朝鲜的核武器，是同国家政权的威信和稳定、国家安全的巩固和强化、国家发展的改革和调整密切联系在一起的，对朝鲜而言，核武计划只会朝着更完备的方向发展，倒退绝对不是一个可以选择的选项。2013年初，国际社会开始流传朝鲜将在今年进行第三次核试验，目的旨在让核武器小型化和实战化，这一猜测并非空穴来风，它也符合朝鲜一贯的行为模式。而美国担心的不仅仅是朝鲜核武库的不断扩大，还有朝鲜通过对外输出核武器或核技术，破坏国际核军控，诱发更大

---

① “美俄核裁军被指名不副实”，新浪新闻，2012年4月6日，http：//news.sina.com.cn/w/sd/2012-04-06/131024230355.shtml。

规模的核扩散。

伊朗核危机在停滞不前中，也出现了颇具戏剧性的迹象。代表最高宗教势力的伊朗最高领袖哈梅内伊频频表示，伊朗不发展核武器。据伊朗新闻电视台报道，2012 年 2 月 22 日，哈梅内伊在会见伊朗原子能组织官员和核科学家时说："毫无疑问，反伊国家的政策制定者们非常清楚，伊朗没有寻求发展核武器。因为从逻辑上、宗教上和理论上来说，伊朗都认为拥有核武器是严重罪行，伊朗认为扩散核武器没有意义、具有破坏性且非常危险。"[①] 一个月后，在 3 月 20 日，哈梅内伊又在德黑兰表示，伊朗没有核武器，也不准备制造核武器。[②] 而且据报道，哈梅内伊已签署宗教敕令，禁止伊朗开发核武器。伊朗外交部发言人称伊朗将遵守该敕令，西方国家可停止对伊朗正在研制核武器的怀疑。伊朗突然释放出的这种"友善"信号，让国际社会有些摸不着头脑。应该讲，这是伊朗释放出的探测弹，旨在缓解国际社会对伊朗的制裁，尤其是遏制西方动武决心。首先，美国对伊朗动武的传言一直没有停止，对伊朗的强硬政策也不肯松动。其次，以色列很可能充当先锋，空袭伊朗核设施。就在 2012 年 10 月，苏丹指责以色列空袭了其境内的所谓反以军工厂。国际舆论普遍认为，以色列是"项庄舞剑，意在沛公"，除了打击哈马斯的武器来源外，也是在展示和检验以色列空袭伊朗核设施的能力。最后，叙利亚巴沙尔政权摇摇欲坠，美国斩断"什叶派新月带"的举措，加剧了伊朗的危机感。在这一背景下，伊朗在核问题立场上显示出一定的松动，目的在于借此试探西方的政策底线，并不表示伊朗会停止核武器计划。伊朗坚持和平开发核能，认为这是不可剥夺的国家权利。核能技术的积累和成熟，对于下一步发展核武库，具有重要意义。而且对于伊朗来说，已经拥有核武器运载工具，一旦具备了核武条件，将核武器部署到弹道导弹上，并非难事，只是时间问题。而且在当前的形势下，伊朗不管出于自保，还是力挺什叶派阵营的目的，都不会真正放弃核武计划。

最后，恐怖主义势力存在反弹可能性，对核恐怖主义的威胁不可轻

---

① "哈梅内伊称伊朗从未寻求研发核武器"，网易新闻，2012 年 2 月 22 日，http：//news. 163. com/12/0222/23/7QTEK5CO00014JB5. html。

② "哈梅内伊：伊朗没有核武器，将以牙还牙反击侵略"，中国新闻网，2012 年 3 月 22 日，http：//www. chinanews. com/gj/2012/03 - 22/3764042. shtml。

视。2011年，美国利用一次教课书般的特种突袭，将“9·11”事件的幕后主谋拉登当场击毙，算是给反恐战争贴上了一个标志性的胜利标签。但是，拉登的死亡不过是一个符号的消退，“基地”组织早就由一批更年轻、更激进、也更懂得现代技术的骨干所控制。他们分散在世界各地，尤其是在动荡不安的中东，甚至渗透到中部非洲国家。借助地区混乱和无序，极端伊斯兰恐怖主义势力觅得隐藏和壮大的空间。这些狂热分子一直在寻求获得能进行恐怖袭击的核材料乃至小型核武器，以在美国或欧洲发动一次能载入史册的恐怖袭击。而日本福岛核电站事故，更让人担心，恐怖分子会选择袭击防御松懈、更易受攻击的核电站，从而造成难以估量的灾难。核恐怖主义最大的危险在于，可能几个恐怖主义分子就能造成数以万计的伤亡。日本前外相川口顺子曾形象地指出：“如果把一枚小型核武器放在一辆小皮卡车里，让他在伦敦特拉法尔广场引爆，后果是什么？11.5万人死亡，14.9万人受伤。”尽管近年来，国际社会尤其注重对各国核材料和核设施安全的监督和保护，但是美国所秉承的扩张性对外战略，在穆斯林中引发了更严重的抵制和仇视情绪，也使得未来面临的恐怖袭击威胁呈现更多不确定因素。

三、中国的声音：大国的责任观

在近些年的国际核安全合作中，中国扮演了一个积极参与者的角色。尽管意识形态差异限制了中国在这个问题上的话语权。但是，越来越多人的认识到，中国所提出的意见，反映了一个负责任大国应该有的立场。

中国一向奉行和平和自制的核政策，反对超级大国的核讹诈与进攻性核战略。2009年中国国家主席胡锦涛在安理会核不扩散与核裁军峰会上就曾发表了题为《共同缔造普遍安全的世界》的重要讲话，详细阐述了中国对世界核裁军问题的立场、政策和主张。胡主席强调，中国一贯主张全面禁止和彻底销毁核武器，坚定奉行自卫防御的核战略，始终恪守在任何时候和任何情况下不首先使用核武器政策，明确承诺无条件不对无核武器国家和无核武器区使用或威胁使用核武器。胡锦涛主席提出了5点主张：第一，维护全球战略平衡和稳定，积极推进核裁军进程；第二，放弃以首先使用核武器为基础的核威慑政策，切实减少核武器威胁；第三，巩固国际核不扩散机制，防止核武器扩散；第四，充分尊重各国和平利用核能的权利，积极开展国际合作；第五，大力加强核安全，切实减少核风险。①

在此次首尔举行的核峰会上，中国国家主席胡锦涛再次重申了中国的核立场。在题为《深化合作提高核安全水平》的讲话中，胡锦涛肯定了首届核安全峰会以来，国际社会在核安全领域所取得的积极进展。他强调，在当前严峻的核安全形势下，各国必须通力合作，才能实现普遍核安全的共同目标。为此，胡锦涛主席代表中国，提出以下主张。第一，坚持科学理性的核安全理念，增强核能发展信心，正视核能安全风险，增强核能安全性和可靠性，推动核能安全、可持续发展。第二，强化核安全能力建设，承担核安全国家责任，建立健全核安全法律和监管体系，强化核应急队伍建设，加大研发投入，加强人员培训。第三，深化国际交流合作，提升全球核安全水平，推进核安全国际法律文书的普遍性，推广核安全标准和规范，帮助发展中国家提高核安全技术水平。第四，标本兼顾、综合治理，消除核扩散及核恐怖主义根源。胡锦涛主席还承诺，中国将一如既往推动全面禁止和彻底销毁核武器，恪守不首先使用核武器政策，致力于国际核不扩散努力，支持各国和平利用核能权利，为建设持久和平、共同繁荣的和谐世界作出应有贡献。②

中国的主张对于实现核裁军和核安全无疑是具有很强现实意义的，也反映了爱好和平的人们的共同希望，将会得到越来越多的认同。中国的立场对于当前的核安全形势有着积极作用。国际社会面临的最大核威胁，来自三个方面，一是强权政治下的核威慑，二是恐怖主义势力的核企图，三是核不扩散机制的失效。中国的政策建议，正是要从这几个方面来削减国际社会面临的威胁：首先，中国强调了核大国要有负责任的核战略和核政策。中国一直承诺不首先使用核武器，这一立场表明了中国核战略的防御性本质，同时也降低了核大国发生冲突时，双方陷入囚徒困境的误判局面。这同奉行进攻性现实主义的美国相比，更凸显了大国的国际责任；其

---

① “胡锦涛在核不扩散与核裁军峰会讲话：共同缔造普遍安全的世界”，人民网，2009 年 9 月 25 日，http：//politics. people. com. cn/GB/1024/10113035. html。

② “胡锦涛在首尔核安全峰会上的讲话”，新华网，2012 年 3 月 27 日，http：//news. xinhuanet. com/world/2012 – 03/27/c_ 111708025. htm。

次，中国认为，国际社会应当尊重和理解各国和平利用核能的正当权利。大禹治水，成功之处在于疏导而非封堵。核能开发也有异曲同工之妙。核能作为一项重要能源，虽然具有潜在的安全隐患，但它的潜力是巨大的。和平利用核能，能缓解能源困境，提高国民生活水平。为此，国际社会应积极合作，完善核能安全体制，加强交流，共同促进核能安全水平的提升。单方面禁止或制裁，只会导致更强烈的反弹，效果并不好；再者，中国认为，国际社会应尊重核不扩散机制，同时还反对无核国家执意发展核武器，引发核军备。这也划分了和平利用核能与核武计划之间的区别；最后，中国的立场指出了核扩散及核恐怖主义的根源，尤其是霸权主义和恐怖主义的恶性共生，强调必须标本兼顾、综合治理，而不能仅仅依靠武力手段和强制方式，更多地应当从国际政治的冲突、宗教矛盾、发展不平衡等方面来寻找原因，对症下药。

总之，自从核能量被人类释放出来的第一天起，人类的安全就笼罩在核威胁的阴影之下。近几年，国际社会为防止核扩散、减少核威胁，做出了大量的努力。但是，如何最大限度实现核安全，是一个复杂而长期的过程，在这之中，国家利益之间的较量、国家与非国家行为体的角力、人类同自然的抗争等，都是决定核安全的重要因素。可以预见的是，未来的一段时间里，人类不得不面临更复杂的核安全威胁，这也成为世界面临的一个艰巨的挑战。

（谷　蕾　胡　欣）

第六章

国际恐怖主义问题

2012年，恐怖主义这一世界难题依然困扰着世界。其中伊拉克、阿富汗、巴基斯坦这一“恐怖黑三角”[①] 形势尤为严峻。“阿拉伯之春”为恐怖主义提供了新的温床，局势动荡的叙利亚正在成为恐怖主义肆虐的新天地。恐怖主义活动导致地区动荡，而动荡的形势更为恐怖主义生存提供了土壤。历经多年的全球性大规模反恐并没有彻底遏制国际恐怖主义的猖獗，科学反恐理念和方式的缺失，尤其是夹带私利的反恐行为更是在一些地区导致了“越反越恐“局面的出现，反对和打击国际恐怖主义依然任重道远。

一、全球恐怖主义态势

2012年全球恐怖主义活动总体呈回落态势，但在一些地区形势依然严峻，其给地区稳定带来的诸多问题，是国际社会不得不认真面对的重大挑战。

（一）“恐怖黑三角”形势依然严峻

首先，阿富汗境内恐怖袭击呈上升趋势。2012年4月15日下午，阿

① “基地”组织和塔利班在巴基斯坦、伊拉克和阿富汗三个国家频频发动恐怖袭击，造成了重大人员伤亡。从地理位置上看，这三个国家连在一起构成了一个三角形，有关专家于是把这个地域称之为“恐怖黑三角”。“恐怖黑三角”都是美国的势力大量存在的地方，它的形成与独特的地理位置和战略资源有关。

首都喀布尔等4个城市遭到塔利班袭击[①]，袭击发生后不久，塔利班发言人扎比胡拉·穆贾希德通过电话强调这是塔利班“春季攻势”的开始。自塔利班发动新一轮春季攻势后，多次袭击北约驻阿国际安全援助部队、阿富汗安全部队和政府高官，并造成大量平民伤亡。7月，驻阿富汗国际安全援助部队（ISAF）数据显示，近月来，阿境内塔利班发动的各类恐怖武装袭击事件数量呈上升趋势。据统计，武装分子2012年5、6月份每个月的恐怖袭击达3000起，同比上升21%，而4月份还不到2000起。[②]

其次，巴基斯坦境内恐怖袭击依然频发。2011年就有评论指出，巴基斯坦塔利班实力已超阿富汗塔利班[③]。巴基斯坦塔利班与阿富汗塔利班是盟友，但后者主要袭击驻阿富汗的外国军队和本国军队，而前者主要攻击巴基斯坦政府。6月27日，巴基斯坦塔利班向媒体公布了一段视频，展示了17名被斩首的巴基斯坦士兵的人头。视频以巴基斯坦塔利班领导人哈基穆拉·马苏德的录音开头，他说塔利班将继续与巴基斯坦军队战斗，直至巴基斯坦政府停止支持美国和在全国实行伊斯兰教法。事实正是如此，巴基斯坦的空军基地、警方检查站、巴基斯坦国际机场等与军方和政府有关的设施仍是恐怖主义重灾区。同时，这段视频还显示，巴基斯坦塔利班越来越多地利用阿富汗东部的庇护所作为基地，袭击巴基斯坦西北部的边境地区。2011年，就有半数以上的自杀性袭击集中在西北部的开伯尔－普赫图赫瓦省。[④] 此外，巴国还出现了恐怖训练“速成班”（Fast Turnaround）。这种速成班可在短期内让学员掌握发动袭击的技术和知识，而且因为时间短，当局无法有效察知并捉拿这些极端分子。过去，极端分子一般需获得巴基斯坦极端组织所信赖的可靠人士引荐，抵达当地后，还须通过几星期“检疫期”的考验，才获准呆在训练营。他们通常也须接受战斗或其他的

---

① 此次袭击造成包括36名袭击者在内的48人死亡，65人受伤。“阿富汗境内恐怖袭击呈上升趋势”，凤凰网，http://finance.ifeng.com/roll/20120730/6836365.shtml。

② “阿富汗境内恐怖袭击呈上升趋势”，凤凰网，http://finance.ifeng.com/roll/20120730/6836365.shtml。

③ 张耀：“巴基斯坦塔利班实力已超阿富汗塔利班”，凤凰网，http://v.ifeng.com/news/opinion/201105/364f145e-3544-4923-80d4-28c59e540ef3.shtml?_from_ralated。

④ “巴基斯坦去年逾7000人在恐怖袭击或战斗中丧生”，中新网，http://www.chinanews.com/gj/2012/01-04/3581139.shtml。

测试，确保他们不是渗透入敌营的间谍。联合国安理会所设的专家委员会主席巴雷特说："极端分子逗留的时间比过去短，更难以察觉。他们没有同高级别人物接触，只同一些初级的训练官或中层领袖一起，所以较不引起注意。"① 他说，情报显示，2012 年 3 月在法国打死 7 人的 23 岁枪手梅拉，曾在巴基斯坦一个名为 Jund al – Khalifa 的组织里逗留约一天。2009 年卡伊达阴谋袭击纽约地铁，被情报界视为是"速成班"的更早案例。《卫报》指出，出现在英国的几乎所有重大攻击阴谋，都是由巴基斯坦的卡伊达组织提供训练。

第三，"基地"组织势力在伊拉克重新抬头。在美军交出城市控制权后，伊拉克安全部队开始单独执行任务，此后伊拉克恐怖袭击事件的总量有所降低，但重大恶性袭击事件越来越多，人员伤亡数字不断创造纪录，并且多是大规模的武装分子袭击事件，其目标多针对军警和保安部队，也包括政府机关、餐馆和学校，甚至伊拉克体育界也成为恐怖分子袭击的重点②。2012 年 2 月 23 日，一群怀疑是"基地"组织的激进分子在伊拉克全境展开有组织的攻击行动，他们在短短两个半小时内攻击了首都巴格达和 11 个城市；6 月 13 日，伊拉克 6 个城市发生连环爆炸；7 月 22 日，"基地"组织伊拉克分支通过互联网公然宣称要在伊拉克发动新攻势，随后两天血的事实证明这并非戏言——7 月 23 日，首都巴格达和 4 个省份发生大约 30 起袭击事件，这是美军撤离以后伊拉克发生的最血腥袭击事件；24 日又有多地发生袭击事件。9 月 8、9 日，在伊拉克发生了新一轮恐怖袭击潮，全国十几个地方接连发生大大小小数十起爆炸枪击事件，造成数百人伤亡。10 月 25 日在伊拉克首都巴格达又发生两起造成重大伤亡的自杀式汽车炸弹袭击，等等。

对于这些袭击，根据美军发言人的说法，幕后黑手依然最有可能来自

---

① "巴国出现恐怖训练速成班，西方深感担忧"，早报网，http://www.zaobao.com/special/us/pages13/attack120515ma.shtml。

② 2012 年 5 月，有 17 名伊拉克跆拳道选手被绑架；2012 年 7 月，伊拉克奥林匹克委员会主席艾哈迈德·哈吉亚等大约 50 人离奇遭到绑架；8 月，伊拉克队主教练萨尔曼在收到恐怖分子的死亡威胁之后，无奈提出辞职；9 月 4 日，伊拉克空军足球俱乐部官员透露，俱乐部球员 22 岁的卡达耶在自己位于巴格达西部的家中遭到绑架。据美国《华盛顿邮报》、《洛杉矶时报》2012 年 7 月 16 日报道，目前，伊拉克体育界已经成为恐怖分子袭击的重点。

两个方面，即“基地”组织和前政权的追随者，袭击的目的在于重新挑起教派冲突。也有伊拉克分析人士认为，伊拉克安全形势恶化与西亚北非乱局之间存在关联。美国入侵伊拉克之初，“基地”组织和伊拉克反政府武装联手开展反美斗争，实力大增。从2008年起，“基地”组织在伊拉克的实力逐渐削弱。然而，自西亚北非动荡，特别是近来叙利亚局势恶化以来，由于在叙利亚问题上有“政治需要”，一些西方国家再度在反恐中实施双重标准。谢赫说：“少数国家为支持叙利亚反对派，不惜为恐怖分子提供武装，推动其发动所谓‘圣战’，这帮助了‘基地’势力在伊拉克重新抬头。”① 叙利亚副总理兼外交部长瓦利德·穆阿利姆也在第67届联大一般性辩论中指责美国和法国以及他们的同盟“显然通过提供资金、武器和外国士兵引发和支持叙利亚的恐怖主义活动”。② 叙利亚问题确实再度加剧了伊拉克教派对立。新华社记者就叙利亚问题在伊首都巴格达进行街头采访时发现，普通民众对叙利亚问题态度不一。逊尼派民众多数支持叙反对派，什叶派民众则支持伊政府立场，主张通过政治手段和平解决叙利亚危机，反对外部势力干涉。在伊拉克政界，这种分歧同样明显。什叶派主导的伊政府较为同情叙利亚现政权，总理马利基多次发出主张政治解决叙利亚问题的呼吁；来自逊尼派阵营的国民议会议长努杰菲则多次放话支持叙反对派。政治阵营意见不一，不同阵营又各自掌握武装组织，并在国家安全部队中各有势力范围。这些阵营间的矛盾导致安保工作难以协调一致，无疑为恐怖分子提供了可乘之机。

（二）“阿拉伯之春”成“基地”组织新温床③

英国军情五处（MI5）负责人埃文斯说，“阿拉伯之春”起义活动

① “叙利亚乱局加重伊拉克恐怖阴影”，凤凰网，http：//news. ifeng. com/gundong/detail_ 2012_ 07/26/16306227_ 0. shtml? _ from_ ralated。

② “叙指责美国支持恐怖主义”，中国日报网，http：//www. chinadaily. com. cn/hqgj/jryw/2012 - 10 - 03/content_ 7158702. html。

③ “英情治机构：‘阿拉伯之春’成卡伊达新温床”，早报网，http：//www. zaobao. com/special/us/pages13/attack120627. shtml。

“为‘基地’组织制造了宽容的环境”，提供了重整旗鼓的新场所。[①] 埃文斯说，“基地”组织的影响力已逐渐从阿富汗和巴基斯坦，转移至也门、索马里和萨赫勒（Sahel）地区。

自叙利亚爆发反政府示威运动这一年来，叙利亚境内的恐怖袭击事件不断发生。2012 年 9 月 17 日，联合国叙利亚国际调查委员会指出，在叙利亚冲突中存在着越来越多的包括“圣战者”武装分子在内的“外国元素”。[②] 美国情报报告也显示，发生在叙利亚的炸弹袭击事件有“基地”组织新首领扎瓦西里的“痕迹”。这说明极端势力想利用叙利亚的动荡局势趁虚而入。

2013 年新年伊始，在法国高调军事介入西非国家马里局势、以履行“非洲宪兵”职责之际，马里的邻国阿尔及利亚境内发生一起震惊世界的人质劫持事件：与“基地”组织关系密切的一个自称“血色营”的极端武装组织袭击了阿尔及利亚东部伊利济省的一天然气田，并将 800 余人劫为人质，试图逼迫法国结束在马里的军事行动。近年来活跃在非洲的一些极端组织通过边境走私活动建立联系并相互壮大，2011 年西亚北非政局动荡更助长了这些组织的扩张。除突尼斯、埃及和利比亚社会的不稳定外，索马里长期动乱不安、中非共和国反政府武装再次发难、马里部族势力与外来极端武装的结合，加之非洲众多国家的部落部族冲突和民族宗教矛盾，都使得恐怖势力有机可乘。特别令人担心的是，非洲一些与“基地”组织相关的恐怖组织出现联合的趋势，逐渐形成了非洲的“塔利班”运动。同时，非洲这些联合成网络的恐怖组织，又是其他地区“基地”组织网络的一个组成部分。美国军方非洲司令部司令哈姆指出，非洲三个最大的恐怖组织[③]已开始建立联系，共用资源并且交换爆炸物，非洲大陆所受的恐怖威胁因此已大为提高。

---

① “英情治机构：‘阿拉伯之春’成卡伊达新温床”，早报网，http：//www.zaobao.com/special/us/pages13/attack120627.shtml。

② “叙冲突中有‘外国元素’”，凤凰网，http：//news.ifeng.com/gundong/detail_2012_09/19/17726126_0.shtml。

③ 尼日利亚极端组织“博科圣地”（Boko Haram）、索马里伊斯兰教武装组织“青年党”（Al－Shabaab）和“基地”组织在北非马格里布的分支机构（Al Qaeda in the Islamic Maghreb，简称 AQIM）。

不仅如此，恐怖组织还出现了和犯罪集团联手犯案的趋势。联合国安理会警告说，国际恐怖主义的特质正在改变，一种新的犯罪形态不断增加——靠着绑架勒索赎金筹集运作资金。美国驻联合国大使苏珊·赖斯指出，某些恐怖组织“凭自身力量发展犯罪企业”，如西北非“基地”组织分支“伊斯兰马格里布”，就靠着绑架虏人、勒索赎金来资助组织的恐怖活动，给整个社会带来不安与恐惧。

中东和非洲一些国家内部局势的动荡无疑为恐怖主义和各种犯罪行为创造了肥沃的土壤。但与此相比更为严峻的是，这些地区的动荡局势会否会出现“扩散效应”？受叙利亚局势影响，伊拉克再度加剧的教派冲突或是明证。

（三）“泛基地组织”趋势值得警惕

在“基地”组织乘机发展的同时，很多与“基地”组织并无关联的武装组织，也对非洲的安全构成威胁。该地区的武装势力越来越受到“基地”组织反美、反西方观点的影响。阿尔及利亚人质事件，从某个侧面显示出，法国、西非多国对马里局势的军事介入，已经刺激西非各国反政府势力、宗教极端势力同“基地”组织间加快合作。一些中东观察家指出，目前不少声称受“基地”组织领导的武装团伙实际上与“基地”组织并无系统性联系，而是借机表达一种价值倾向，用“基地”之名做大自己。[①] 这种“泛基地组织”一旦扩散，恐怕更难控制。

2012 年 10 月 6 日，法国警方在全国各地围捕疑似恐怖分子，有一人被打死，11 人落网。巴黎检察官莫林斯指出，西德尼和 11 名落网者是最近皈依伊斯兰教的法国青少年，他们都是 1980 年代或 1990 年代初出生的，并以能成为“烈士”为荣，其中 4 人还留下了遗书。法国追踪反犹太主义的组织负责人戈兹兰说：“在萨塞勒发生的事件只不过是个开始，或是一次测试。伊斯兰教主义是一股影响力，伊斯兰教激进分子会去找最弱势的

---

① “阿尔及利亚人质事件引发国际警惕”，新华网，http://news.xinhuanet.com/2013-01/18/c_114422982.htm。

人，教他们去杀人。”①

“伊斯兰教主义”这种影响力恰恰是其特定“价值观”的体现，这种“价值观”被追捧和效仿，也是“泛基地组织”趋势的一种表现，值得关注。

(四)“基地”组织仍对美国构成实际威胁②

击毙拉登被视为美国反恐行动的重大胜利。但拉登的死也只是一个恐怖主义符号的消失，并不能从根本上改变美国面临的恐怖主义威胁态势。美国国防部长帕内塔说，尽管“基地”组织领袖拉登和也门裔美国传教士安瓦尔·奥拉基遭击毙，但“基地”恐怖组织仍“对美国构成实际威胁”。“显然的，我们在巴基斯坦与“基地”对抗。我们在也门、索马里、北非……与“基地”分支对抗，当然还有阿富汗的所有基地联系网。”③ 当然，这种说辞一方面是为美国在“世界各地追缴基地残余”提供借口，另一方面也提醒国际社会要持续关注国际恐怖势力发展的新趋势。就美国所面临的恐怖主义威胁来说，这种趋势表现在以下几个方面：

一是本土恐怖分子或“独狼”（lone wolf）的滋长。拉登生前的恐怖袭击主要靠在美国外部培养恐怖分子。而拉登死后，在美国本土培养恐怖分子的危害性更为突出了。2011 年 12 月 20 日，美国佛罗里达州两名巴基斯坦裔兄弟——20 岁的卡齐（Raees Alam Qazi）和他的哥哥（Sheheryar Alam Qazi）图谋在纽约市地标性建筑和人群聚集地引爆炸弹，但因无法筹措资金将计划暂时搁置后被捕。检方助理律师吉尔伯特（Karen Gilbert）称，卡齐此前一直通过与“基地”组织有联系的网站研究炸弹制造技术，其中包括圣诞树灯，联邦调查局的电话记录和卡齐谈话记录表明其自称“独狼”式恐怖分子。美国政府的秘密恐怖分子嫌疑人禁飞名单也较 2011 年相比增加了一倍，从一年前的 1 万人增加到现在的 2.1 万人。这些列入

① “法国全国围捕恐怖分子 1 人遭击毙 11 人落网”，中国社会科学在线，http：//www.csstoday.net/2012/10/08/25499_2.html。

② “美防长：卡伊达仍是美国实际威胁”，早报网，http：//www.zaobao.com/special/us/pages13/attack120127.shtml。

③ 同上。

名单的已知或可能的恐怖分子中，大约500人是美国籍，其余的是外国人。据悉，美国近年已击毙了许多“基地”组织领导人，不过禁飞名单上的人数还是激增，主要是因为美国政府认为，目前的恐怖威胁不只是来自“基地”组织，还有来自“基地”组织分支、其他小组织和一些个人的威胁。①

二是利用网络等高科技隐秘渗透。美国官员曾透露，阿拉伯半岛“基地”分支组织正在研究可植入自杀炸弹于体内的炸弹，而且找到了愿意为他们进行必要手术的医生。情报人员相信“内裤炸弹”的制造者是炸弹专家阿西里。由于炸弹是缝在“紧身”内裤中，就算机场安检人员仔细摸拍身体，也无法察觉。此外，这枚炸弹的引爆装置也比2009年圣诞节炸机未遂事件使用的炸弹更精良，一次引爆不成，还有第二次机会。约旦情报部门也发表声明说，一个由11人组成的与“基地”组织有联系的恐怖集团通过“基地”组织网站向伊拉克的高级炸药专家咨询，目标是研制一种杀伤力强的炸药，以造成大范围伤亡。英国军情五处（MI5）负责人埃文斯说，对英国政府和商家展开的网络袭击出现“惊人”增长，这些袭击获得犯罪集团或国家机构的支持。他透露，其中一起袭击事件导致一家挂牌公司损失了8亿英镑（近16亿新元）的潜在收入。这些都预示着恐怖主义攻击的“技术含量”越来越高。

三是海外威胁。2012年，美国驻利比亚大使和该领事馆三名官员被炸死。美国驻德国柏林的领事馆怀疑遭不明粉末袭击，签证部门因为女职员呼吸困难而一度紧急疏散，等待救援。德国警方发言人说，一名相信是阿尔巴尼亚籍的男子到柏林的美国领事馆签证部门申请赴美签证。“这个男子交出护照，声称要申请签证。女职员打开他的护照时，感到呼吸困难，嘴里还有一股金属味……查案人员目前正在调查到底有没有可疑物质。”②过去，对美国的海外袭击主要集中在海外驻军中，对领事馆的袭击显示美国所受恐怖主义威胁有了新发展。领事馆是一国主权的象征，对领事馆的袭击是对美国本土袭击的延伸。

---

① “恐怖威胁不减，美国禁飞名单人数倍增”，早报网，http://www.zaobao.com/special/us/pages13/attack120204b.shtml。

② “美驻德领馆职员疑遭不明粉末袭击，3人呼吸困难”，人民网，http://legal.people.com.cn/n/2012/0914/c188502-19011944.html。

二、美式反恐的失败

自伊拉克战争以来，美国走出了一条以军事打击加民主嫁接相结合的美式反恐之路。然而，今天恐怖主义的发展态势证明这是一条失败的道路。2012 年 12 月，美国经济与和平研究所（Institute for Economics and Peace）发表了《全球恐怖主义指数》（Global Terrorism Index）报告。该报告指出，2001 年 9 月 11 日美国发生恐怖攻击至今 10 年期间，全球每年发生恐怖攻击的次数超过此前的 4 倍，而伊拉克、巴基斯坦和阿富汗三国的次数最多。[①] 研究人员也指出，美国的反恐战争可能导致情势更加恶化，伊拉克国内形势的发展、由美军“焚经事件”以及一部电影引发的反美浪潮，以及美国驻利比亚大使馆被炸等事件都是有力的证明。以上每一个事件，无论是事件本身还是就其发生地来说都极具代表性。

首先，就伊拉克国内的形势发展来说。美军撤离后伊拉克只迎来了短暂的和平，随着“阿拉伯之春”所带来的中东北非局势动荡尤其是叙利亚国内乱局的影响，伊拉克脆弱的和平被打破，其面临的深重教派冲突又凸显出来。伊拉克“伊斯兰国”（ISI）是 2006 年 10 月由伊拉克残留的恐怖分子组成的。这支新“基地”组织武装领导者公开表示，未来将会对美国本土进行攻击。在 ISI 头目发表这一声明数小时后，该组织在伊拉克使用了 40 多枚炸弹协发动袭击，导致超过 100 名平民惨死。该组织所发动的恐怖袭击多针对什叶派目标。据统计，ISI 2012 年发动的恐怖袭击所攻击的目标，其中有 86% 属于什叶派地区。[②] 这足以说明美国移植的民主进程并不能从根本上解决伊拉克面临的深厚的民族矛盾和教派冲突。同样，美国帮助伊拉克民选政府建立的武装力量也无力维护国家的和平（虽然美国和伊拉克政府都声明伊拉克当局有足够能力处理当地的安全问题，但是，如果该国平民每月都受到恐怖袭击的屠杀，这只能说明该国并不能很好地处理自己国家的安全问题）。面对伊拉克的乱局，美国政府不可能再次投入

---

① “全球恐攻次数激增，伤亡减少”，中评网，http：//www. zhgpl. com/crn - webapp/doc/docDetailCreate. jsp？coluid = 2&kindid = 4&docid = 102327861。

② “中评社：伊拉克新基地组织崛起，美选择躲避”，大公网，http：//www. takungpao. com/sy/2012 - 08/04/content_ 877020_ 2. htm。

大量兵力，这不仅是美国战略重心转移使然，更是因为如果美军再次返回伊拉克，就意味着美国对伊拉克内政的又一次直接干预、对其领土主权的再一次侵犯，如此，只能激起更深的反美情绪，无益于伊拉克的国内和平。美国所发动的伊拉克战争，摧毁了一个强人政治，“解放”了伊拉克民众，也顺便“解放”了伊拉克被压抑的民族情绪和宗教矛盾，带给伊拉克民众更深的苦难。

其次，就由“焚经事件”和亵渎伊斯兰教先知引发的反美浪潮来说。2012年3月，美军“焚经事件”曝光后，阿富汗大批民众走上街头抗议。尽管美国防部长帕内塔和总统奥巴马先后出面道歉，并保证要追究肇事者的责任，避免类似事件再度发生。但对美方的“道歉”和“保证”阿富汗并不领情，而是用实际行动“回应”：两名美国顾问在阿富汗内政部被枪杀；议员痛批美国，称“美国人是侵略者”；塔利班发表声明，号召阿富汗民众报复美军焚烧《古兰经》的行为。打了10年阿富汗战争，美国牺牲巨大，“收获”的只是憎恨、敌视和反抗，以及伊拉克的满目疮痍、暴力事件不断，而美国矢志要消灭的塔利班却越战越强。无独有偶，在“9·11”纪念日到来之前，一部名为《穆斯林的无知》（Innocence of Muslims）的电影①引发了从中东蔓延至整个穆斯林世界的反美浪潮。这两个事件具有一个共性——对伊斯兰文明的无知和侵犯。其中，也有两种共同的情绪——一种是由美国对文明的侵犯引发的反美情绪，另一种恰恰相反，是美国一些人所具有的对伊斯兰文明的偏见（在美国新保守主义者看来，中东是恐怖主义的温床），似乎用“文明冲突”能对其做最好的诠释。但“文明冲突”也只反映了意识形态层面的内容，并没有说明这一冲突内部所隐藏的物质性的因素。一如当年美国与苏联展开的漫长冷战，不仅仅是两种意识形态的竞争，更是背后所隐藏的巨大的物质利益的争夺。正如有学者所言，在穆斯林眼中，美国继承了老牌西方殖民主义者的衣钵，对伊斯兰国家进行政治打压和经济盘剥。“阿拉伯人在线”指出，美国一直在苦心经营中东，但收效甚微，甚至多少有些事与愿违，其中一个重要原

---

① 该影片由56岁的以色列裔美国人巴希勒（Sam Bacile）制作并导演。他在事发后已躲了起来。巴希勒是犹太人，他曾在接受采访时，称伊斯兰教是“一种癌症”。他告诉美国《华尔街日报》，他从大约100名犹太捐助人那里筹集了500万美元，并于2012年在加利福尼亚州完成拍摄这部两小时的影片。

因，就是因为美国并没有改变对阿拉伯人颐指气使、高高在上的霸权心理。带着这种霸权心态和霸权目的去反恐，必然是越反越恐。

再次，就美国驻利比亚大使馆遇袭事件来说。“利比亚革命”是美国倡导的，班加西又是革命的大本营，美国大使遇害的政治象征意义尤其严重。它显示了过去10年美国大中东民主化战略的失败，它既没有带来当地秩序的良性演进，也没有导致阿拉伯世界亲西方的明显倾向，民主穿着新衣走进那里，但转眼就滚了一身泥。同时，它更是美国反恐战争“获得胜利”论的失败。2011年拉登被击毙后，美国一度以为反恐可以告一段落，但大使之死必让美国重新反思这一结论，事实说明仇恨美国的力量在当地仍有不小地盘。杀害外国大使是必然要受到全世界主流舆论谴责的行为，但就像“9·11”事件一样，阿拉伯民众的真实心态要复杂得多。11年前一些阿拉伯人制造了“9·11”事件，这次又是9月11日，美国大使在阿拉伯国家遇害，历史似乎兜了一个大圈子，但真正的挪动并不多。[①]

前车之鉴，美国确实应该反思战争究竟对美国的利弊得失几何？西式民主在中东地区强行“嫁接”不能奏效。鲁莽轻率地“干涉”践踏《联合国宪章》宗旨和国际关系基本准则，暴力实施“政权更迭”之后还美其名曰肩负“保护的责任”，留下的却是烂摊子，老百姓遭殃受罪。同时，连年的战争也给美国自身带来债台高筑、复苏乏力、失业率居高不下的后果。这些都足以说明美式反恐道路是一种失败之选。

奥巴马上台后，对美国的反恐之路也进行了反思，实行了战略收缩，在反恐方式上也倡导综合治理，通过武器、情报、安全部队人员培训等间接支援所在国反恐，尽量减少美军的前线部署，以期平息所在国对美军强权的反感。从理论上来讲，这是一条较直接干涉更为合理的道路选择。但从本质上来讲，仍无法抹去美国“世界宪兵”和粗暴干涉的本质。也正因为此，美国修正后的反恐道路——间接干预也自然无法实现预期效果。

如马里。多年来，美国一直试图通过开展一项计划远大的反恐行动来遏制伊斯兰武装势力在该地区的扩张。但据马里军方高级官员透露，随着

---

① “大使悲惨遇难，美国中东政策之殇”，人民网，http：//world. people. com. cn/n/2012/0913/c157278－19001327. html。

2011 年起义扫荡了这片沙漠地带，美国多年来精心培训起来的精锐部队的指挥官临阵倒戈，带着军队、枪械、卡车，以及新掌握的技能变节投敌了。一些军官推翻了马里的民选政府，导致局势进一步恶化，使得这个国家的大半国土落入伊斯兰极端分子之手。而这些政变军官也曾接受美国训练。美国的侦察机和无人机一直试图摸清当地乱局的真实情况，但美国官员及其盟友仍然对当地现状所知有限，甚至还不知道他们要对付的敌人究竟是谁。①

再如巴基斯坦。2012 年，14 岁的巴基斯坦女童玛拉拉遭恐怖组织“巴基斯坦学生运动”枪击，引来西方政府及媒体的强烈谴责。不过，巴国媒体《新闻国际》编辑阿巴斯却认为，西方领袖为玛拉拉流的只是“鳄鱼泪”，事件现已被英美政府及西方媒体骑劫，令巴基斯坦政府和军队要作出报复行动来满足所谓的“国际社会”。② 多年来，巴基斯坦政府一直面临着一种两难的选择，一方面，为了得到美国的援助和支持，必须按照美国的意愿发动反恐战争，打击巴基斯坦“塔利班”势力；另一方面，巴基斯坦政府的军事行动不仅没能从根本上遏制“塔利班”势力的壮大，反而遭到了“塔利班”更疯狂的报复。熟悉部落形势的媒体专家萨芬（Salim Safi）表示，到目前为止，巴基斯坦军队已在不同地区进行了多场军事行动，但这些军事行动并没有带来实质成果，反而令局势更混乱。萨芬说，在北瓦济里斯坦开展军事行动只会增加巴人的苦难，因为“巴基斯坦学生运动”正计划，一旦军队攻入北瓦济里斯坦，他们将在不同地区发动更多暴力行动。③ 巴基斯坦总统扎尔达里在联合国大会上说，在同恐怖分子斗争的问题上，没有一个国家比巴基斯坦承受更大的苦难。他说：“对于那些说我们做得不够的人，我要说：请不要侮辱我们的死难者和漠视我们人民生活的痛苦。”扎尔达里说，美国遥控机时常在巴基斯坦境内出击，使他要向巴基斯坦人民宣传反恐斗争的任务更加困难。他说：“我们有 7000 多名军警和 3.7 万多名平民丧生。不需要我提醒，我的朋友早已知道我个

① “法国空袭马里北部，率先打击极端伊斯兰势力”，香港环球经济电讯社，http://www.gedahk.com/detail.asp?id=10093。

② “新闻国际：玛拉拉遭枪击，西方流的是鳄鱼泪”，大公网，http://www.takungpao.com/sy/2012-10/17/content_1241217.htm。

③ 同上。

人的创伤。"① 而美国等西方国家却一直指责扎尔达里政府没有采取足够措施同极端主义者做斗争。

事实说明，单纯的军事打击无法彻底铲除恐怖主义。强大的军事压力可以一时削弱恐怖主义的力量，但却无法消除恐怖主义存在的社会基础、宗教基础和民族基础。每一种文明都有其特殊性，必须尊重社会发展进步的自然规律，做社会进步的推手，而不是打手。唯有如此，才是对解决恐怖主义问题的正确思考。

三、阿富汗和平进程展望

根据北大西洋公约组织两年前设定的时间表，北约部队定于2014年从阿富汗撤走大部分作战部队。经过11年的战争，一个不争的事实是，美国没能从军事上制服塔利班。面对美国急于从反恐战争中抽身、布局亚太的战略选择，在阿安全部队不能完全有把握保证国家和平的无奈现实下，与塔利班进行和谈是必然选择。

与塔利班进行和谈，也是美国"阿富巴"反恐战略的一个组成部分，这一进程，两年前就已展开，但目前进展并不大。2010年10月，阿富汗成立了高级和平委员会，目前有70名成员。前任主席布尔汉丁2011年9月在喀布尔被武装分子暗杀，政府与塔利班的和解努力遭受重挫。2012年5月，该委员会与塔利班和平谈判的主要成员之一毛尔维·拉赫玛尼在喀布尔又被身份不明的武装分子开枪打死。塔利班否认杀害了毛尔维，并且认为毛尔维的死不会影响和谈进程，"因为和委会至今没有取得任何进展"。②

有分析指出，2011年以来，虽然美国与塔利班领导人奥马尔的代表在德国、卡塔尔进行了多次会谈，但是双方仅是达成了脆弱的"信任"，和谈根本没有实质性进展，不仅如此，塔利班还声明与美国的和谈接触已经

① "巴基斯坦总统称，对付恐怖分子已尽力"，早报网，http://www.zaobao.com/special/us/pages13/attack120927.shtml。

② "阿富汗和平委员会成员遭枪杀"，早报网，http://www.zaobao.com/special/us/pages13/attack120514.shtml。

停止。阿政府在塔利班眼中又是“傀儡政权”，阿政府试图与塔利班的接触也没有取得任何实质性成果。阿富汗卡尔扎伊政府就塔利班谈判的问题对美国也有意见。原因是，2011年美国不让阿富汗加入到与塔利班和谈的“卡塔尔进程”中去。不过2012年又有消息说，塔利班也有可能与卡尔扎伊政府谈判。美国国务院发言人纽兰曾表示，美国巴基斯坦和阿富汗问题特使格罗斯2012年年初时访问卡塔尔，出席了“一系列涉及阿富汗事务的会谈”。综观这种形势，在美国、阿富汗、塔利班三者之间，巴基斯坦是最有“权威”的，巴基斯坦或成为和谈的重要推手。有分析人士指出，2012年2月初，刚刚到访阿富汗的巴基斯坦女外长希娜・哈尔的目的就是在舒缓2011年9月阿富汗前总统拉巴尼遇刺后两国关系的同时，有意参与阿政府与塔利班之间的和谈。

就现实利益来说，巴基斯坦与塔利班开展和谈对其自身也是有利的。首先，巴基斯坦国内面临严峻的经济形势，巴积极参与斡旋阿富汗和平进程，可以作为继续向美国争取资金援助的筹码。据报道，2002—2010年间，美国向巴基斯坦提供了大约133亿美元的军事援助和超过65亿美元的经济援助。其次，巴基斯坦期望在反恐方面同美国加强合作。巴方明白要打击塔利班和盘踞在巴阿边境地区的“基地”组织，自己是美国不可缺少的盟友。与此同时，巴基斯坦也是恐怖主义的受害者，深知恐怖主义和极端主义造成的危害，且为反恐斗争投入了大量人力物力，反恐同样也符合巴基斯坦自身需要。和谈也确实对促进巴基斯坦的和平有重要意义。“巴基斯坦和平研究所”的调查报告显示，2011年巴国内有7107人死于恐怖袭击或战斗，死亡人数连续两年减少。该研究所认为死亡人数减少的主要原因之一，就是巴政府与该组织展开了和平谈判。再次，巴基斯坦希望在阿富汗和解进程中发挥自身作用。作为阿富汗的重要邻国，巴希望能够对阿富汗未来政局走势产生一定影响，避免自己在地区事务中被“边缘化”。据阿联酋《联合报》报道说，2012年1月初，阿富汗塔利班同意在卡塔尔设立办事处，并准备与美国官方进行直接谈判以结束持续10年的阿富汗战争，卡尔扎伊领导的阿富汗政府和巴基斯坦政府感到自己被美国方面边缘化了，于是想打开与塔利班进行和谈的新渠道。报道引用阿富汗外交界消息灵通人士的话说：“巴基斯坦正试图把阿富汗塔利班分成两部分，一部分在卡塔尔与美国方面进行谈判，没有巴基斯坦任何代表参加；另一部分包括支持巴基斯坦的塔利班武装，在沙特设立联络处，在那里进行新的谈判。”《联合报》还报道说，巴基斯坦西部奎达地区的塔利班领导委员会的一位成员披露说：“巴基斯坦和阿富汗两国政府正积极推动阿富汗塔利班在沙特设立联络处，因为两国都认为他们被美国排除在与塔利班进行直接谈判之外。”可见，巴基斯坦有意愿积极参与阿富汗的和平进程。

巴基斯坦参与阿富汗和平进程还有一个有利条件——容易博得塔利班的认同。被美军打击的塔利班，不可能在短期内与美国就某些事项达成协议，而巴基斯坦则不同。在美国发动阿富汗战争前，塔利班在阿的执政地位就已经得到了巴基斯坦当局的认可，无论从地缘上，还是他们之间的情感上，都有着许多相同或相似的地方。就目前塔利班的处境来看，他们基本上已经厌倦了打打杀杀的日子，也需要巴基斯坦站出来调和各方关系。据悉，在过去的一年里，已经有3000多名塔利班武装人员向政府投诚。①

巴基斯坦政府也正在积极敦促塔利班参与阿富汗和平进程。2012年2月24日，巴基斯坦总理吉拉尼呼吁塔利班组织领导人及其他阿富汗反政府组织参与到和平进程中，以结束持续10年的阿富汗战争。吉拉尼说：“现在是掀开阿富汗历史新篇章，缔造和平，给阿富汗带来繁荣的时候了。”阿富汗总统卡尔扎伊也敦促巴基斯坦为阿富汗内部的和解谈判做出努力。巴基斯坦表示将答应阿富汗政府所有的请求，以支持阿富汗的和平进程。据英国《卫报》11月14日报道，巴基斯坦已经同意阿富汗政府的请求，释放7—14名塔利班囚犯，帮助阿富汗总统卡尔扎伊（Hamid Karzai）与塔利班和解。巴基斯坦同意释放的塔利班囚犯是否属于负责与塔利班谈判的阿富汗代表萨拉胡丁·拉巴尼（Salahuddin Rabbani）要求的塔利班高层还不得而知。许多分析家担心，巴基斯坦可能用一些相对不重要的囚犯搪塞阿富汗。巴基斯坦情报官员称，阿富汗要求释放的一名塔利班成员不在获释名单内，即毛拉·阿卜杜·哈尼·巴拉达尔（Mullah Abdul Ghani Baradar），他与卡尔扎伊都来自普什图部落，曾是塔利班高级领导人。此

① “巴基斯坦与塔利班和谈正当时”，人民网，http://military.people.com.cn/GB/172467/17037157.html。

人2010年在卡拉奇被巴基斯坦政府逮捕，此后，阿富汗一直要求巴基斯坦释放巴拉达尔。

这也是阿富汗与美国对巴基斯坦存在战略猜疑的一种表现。巴基斯坦被谴责玩“双面游戏”，一方面给予阿富汗塔利班某些支持，同时又与北约国家建立盟友关系，帮助阿富汗实现安定。巴基斯坦和美国之间也存在许多深层矛盾难消解。巴基斯坦境内所谓武装人员“避风港”问题、巴境内武装人员越界发动袭击问题、美国无人机在巴基斯坦发动空袭问题、与塔利班和解问题等等，美巴在诸多问题上都存在分歧。奥巴马就任总统后，中央情报局在巴境内发动无人机袭击次数增加了4倍。巴军方公开反对美国利用无人机对巴境内的“基地”组织和塔利班武装人员发动袭击，称此举不仅侵犯巴基斯坦主权，而且威胁平民生命安全。因此，巴基斯坦这个阿富汗和平的重要角色到底能在塔利班、美国与阿富汗政府三方斡旋中发挥多大作用，还很难判断。

再者，就谈判本身来讲，也存在许多问题。美塔之间谈什么，如何谈，卡尔扎伊政府如何参与等等，都是问题。历经两年的和平谈判努力，目前却被塔利班评价为“没有任何实质性进展”，阿富汗的和平进程始终处于一种扑朔迷离的状态，其未来如何发展，需持续关注，更需各方切实努力。

但可以肯定的是，恐怖主义作为反人类的存在，必将遭到全世界的共同反对。据“基地”组织前领导人本·拉登死后一年所进行的最新民调显示，从埃及到巴基斯坦的5个伊斯兰教徒居多的国家，大多数人对“基地”这一恐怖组织没有好感。皮尤研究中心（Pew Research Center）最新公布的民调结果显示，埃及、约旦、黎巴嫩、土耳其和巴基斯坦的伊斯兰教徒，大多对“基地”组织持负面印象。持负面看法相对于正面看法的比率，在埃及是71%对21%；约旦是77%对15%；土耳其73%对6%；黎巴嫩98%对2%；巴基斯坦是55%对3%。多年的反恐战争也取得了一定的成绩。据美国国务院反恐活动主任说，奥巴马就任美国总统之后，2/3的“基地”组织领袖已被消灭。美国国务院反恐局局长本杰明说，在阿富汗和巴基斯坦活跃的30名“基地”组织最高领袖，至今已经死了20多人，是总数的2/3。他说，目前最危险的也门和索马里的“基地”组织支派虽然仍有威胁性，但被击垮是迟早的事。我们也有理由相信，如果美国放弃反恐的双重标准，如果全世界能共同努力去铲除恐怖主义存在的根源，促进世界落后地区的社会发展，多一些对不同文明的尊重，恐怖主义终究会成为历史。

（马晓娟）

第七章

国际维和行动问题

对于国际维和行动来说，2012年是个喜忧参半之年。喜的是，联合国东帝汶综合特派团经过6年多的不懈努力，终于完成了安理会赋予的维和使命，在12月31日撤离东帝汶；非盟在索马里的维和行动在这一年也取得显著进展，随着索马里“青年党”武装的势力在索马里主要城市被清除，以及索马里议会和总统的选举产生，索马里正式结束了长达21年的无政府状态。忧的是，联合国叙利亚监督特派团无果而终，叙利亚国内武装冲突未能得到遏制；联合国在达尔富尔和刚果（金）的维和行动进展缓慢，武装冲突持续不断。

本章共分三个部分。第一部分是2012年国际维和行动总揽；第二部分通过对几项有代表性的国际维和行动的解析，回顾2012年主要维和任务区的形势；第三部分展望2013年国际维和行动走向。

一、2012年国际维和行动总揽

（一）2012年国际维和行动分布概况

截至2012年9月30日，世界各地进行中的维和行动共计34项[①]，共

① 数据来源：瑞典斯德哥尔摩国际和平研究“所多边和平行动部署图”（SIPRI Map of Multilateral Peace Operation Deployments），网址：http：books. SIPRI. org/files/misc/SIPRIPKOMAP0912. pdf。根据该来源，截至2012年9月30日，全球多边和平行动的总数为50项。一般来说，“和平行动”包括“维持和平行动”、“建设和平行动”

部署军警人员12.7608万人。2012年，联合国仍然占据国际维和行动的主导地位。在全部34项维和行动中，由联合国主导的维和行动15项①，这一数字虽然少于由其他行为体主导的维和行动的总和（共计19项），但联合国维和行动部署的军警人数达9.6777万人②，而其他行为体所部署的维和军警总数仅有3.0831万人，而且，没有任何一个由单个行为体所主导的维和行动数量能够超过联合国。在其他行为体所部署的19项维和行动中，欧盟9项、临时联盟5项、非盟1项③、北约1项、西非国家经济共同体1项、中非国家经济共同体1项、法国1项④（图表1）。

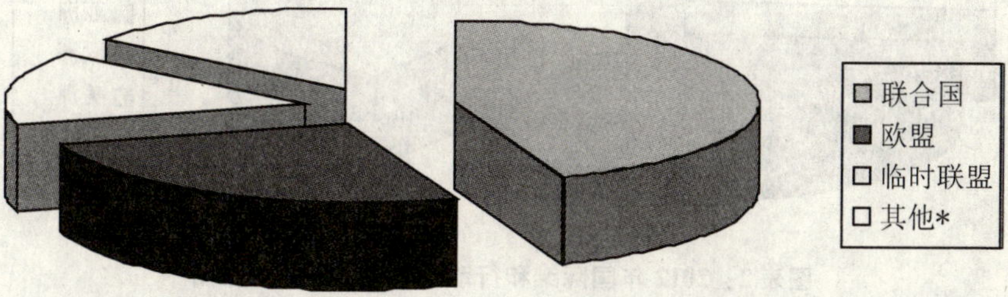

图表1：2012年联合国及其他行为体实施的维和行动数量比例

*包括非盟、北约、西非国家经济共同体、中非国家经济共同体和法国。

与“强制和平行动”。由于本文只反映维持和平行动的情况，笔者根据以下标准对上述50项和平行动进行了取舍：凡联合国开展的维和行动以联合国维和官方网站公布的为准；在其他行为体开展的行动中，将未部署有军事（或警务）人员的行动视为“建设和平行动”，将北约驻阿富汗国际安全援助部队视为“强制和平行动”。

① 这一数字包括非盟/联合国达尔富尔混合行动以及2012年12月31日结束的联合国东帝汶综合特派团，但不包括2012年4月21日开始、8月19日结束的联合国叙利亚监督特派团。

② 这一数字根据注释1提供的数据计算得出，而根据联合国官方网站提供的截至2012年12月31日的数据，联合国维和行动部署的军警总数为9.405万人。

③ 这一数字不包括非盟/联合国达尔富尔混合行动。

④ 这一数字不包括联合国安理会2012年12月20日2085号决议授权部署的由非洲国家主导的马里国际援助团（AFISMA）。从安理会赋予的使命（驱逐占领/盘踞马里北部的叛乱武装）来看，这项行动应属于“强制和平行动”。

2012年，无论是就维和特派团的总数，还是就维和特派团所部署的军警人数而言，非洲仍然是国际维和行动的重点地区。在全部34项维和行动中，有14项部署于非洲，部署军警人员9.1015万人；11项部署于亚洲，部署军警人员1.6264万人；7项部署于欧洲，部署军警人员9905人；1项部署于美洲，部署军警人员1.0105万人；1项部署于大洋洲，部署军警人员319人（图表2）。

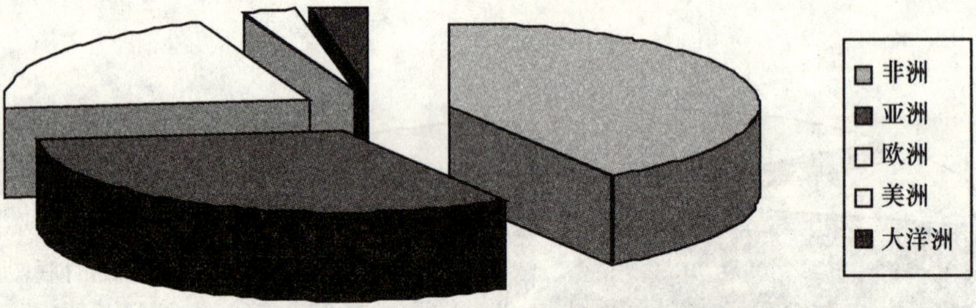

图表2：2012年国际维和行动部署情况地区分布图

截至2012年12月31日，共有114个成员国向联合国维和行动派遣军警人员。派遣军警人员最多的10个国家是：巴基斯坦（8967人）、孟加拉国（8828人）、印度（7839人）、埃塞俄比亚（5857人）、尼日利亚（5441人）、卢旺达（4697人）、尼泊尔（4429）、埃及（3577人）、约旦（3505人）和加纳（2814人）（图表3）。在联合国安理会常任理事国中，中国派遣军警人数最多，共计1869人，在所有出兵国中排名第15，其次是法国（968人，排名第26）、英国（283人，排名第45）、美国（128人，排名第57）和俄罗斯（86人，排名第64）（图表4）①。

① 资料来源：Ranking of Military and Police Contributions to UN Operations。网址：http://www.un.org/en/peacekeeping/contributors/2012/Dec12_2.pdf。

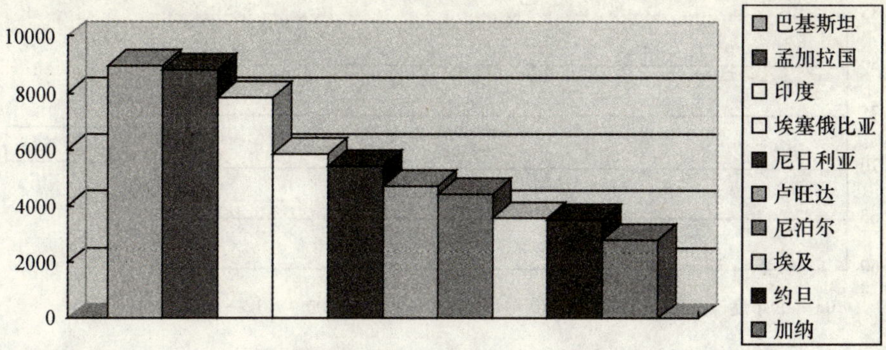

图表 3：2012 年联合国维和行动十大出兵国排名，截至 2012 年 12 月 31 日

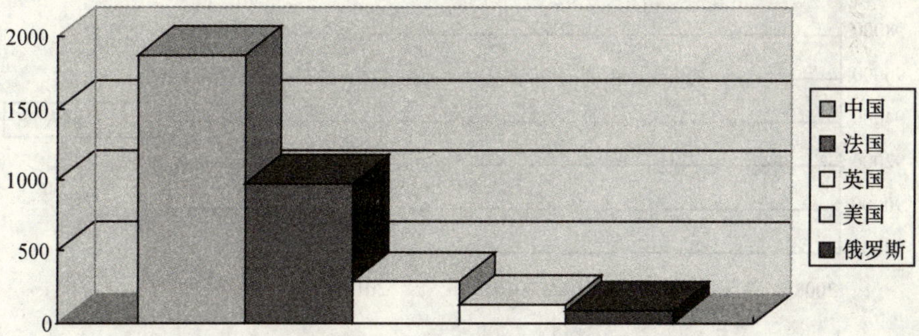

图表 4：2012 年联合国安理会常任理事国向联合国维和行动出兵情况排名，截至 2012 年 12 月 31 日

随着联合国东帝汶综合特派团在 2012 年年终关闭，2013 年，如果没有新的特派团成立，联合国维和特派团总数将降至 14 个，为几年来的最低。2012 年 7 月 1 月—2013 年 6 月 30 日预算年度的联合国维和行动总预算为 73.2 亿美元，比上一年度的 70.6 亿美元有所增加。但与 2009—2010 年度的最高值相比，总体呈下降趋势（图表 5）。联合国维和行动所部署的军警人数减少的事实，也证实了这一趋势。截至 2011 年 12 月，联合国维和行动部署的军警人员总数为 9.9016 万人，而截至 2012 年 12 月 31 日，联合国维和行动所部署的军警人数为 9.405 万人（图表 6）。

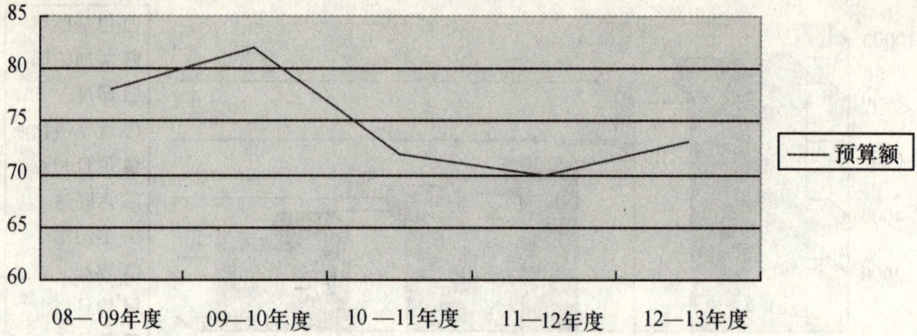

图表 5：近 5 年联合国维和行动预算总额变化情况，单位：亿美元

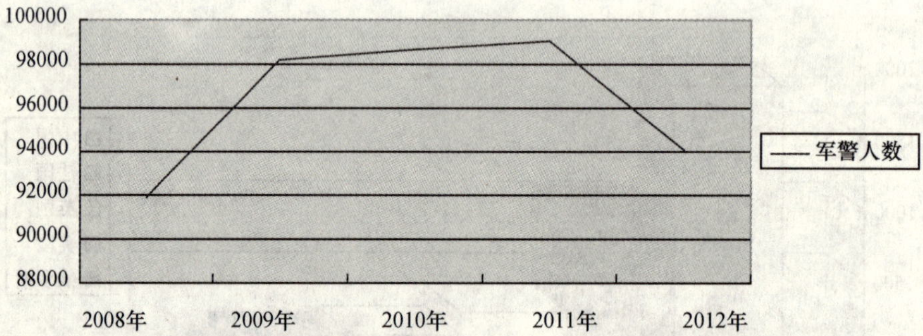

图表 6：近 5 年联合国维和行动部署军警人员总数变化情况

（二）平民保护大行其道

2012 年，叙利亚危机持续发酵，引发人们对武装冲突中平民遭遇的进一步关注。美国以及其他西方国家企图复制 2011 年的“利比亚模式”以武力干预叙利亚危机，但遭到中国和俄罗斯的阻击。而在联合国与阿拉伯联盟联合特使安南调解下部署的联合国叙利亚监督特派团，也由于冲突的持续进行而不得不终止使命，其背后实际上是美国等西方国家对联合国叙利亚监督特派团的不支持以及对叙利亚反对派明目张胆的支持，其目的是为达到其立即更替叙利亚现政权。与此同时，在世界其他地方，特别是在非洲，“联合国刚果（金）稳定特派署”（联刚稳定团）、“非盟/联合国达尔富尔行动”（联非达团）、“联合国科特迪瓦行动”、“非盟索马里特派团”等维和行动正在艰难地履行着保护平民的使命。可以说，平民保护已经成为当今国际维和行动最为重要的使命。

平民保护理论是人道主义干预理论的翻版和进一步发展。20 世纪 90 年代，随着冷战的结束，国家内部冲突一跃成为武装冲突的主要类型，造成大规模平民伤亡和人权侵犯的严重后果。作为个体的人以及作为整体的人类的安全，逐渐取代国家军事安全成为国际社会的主要关切。西方国家开始兴起“人权高于主权”的论调，人道主义干预开始获得市场，并通过联合国维和行动在索马里和前南斯拉夫得到实践，结果造成更大的人道主义灾难。联合国在索马里和前南斯拉夫的过度作为，又直接导致了在卢旺达的不作为，大屠杀悲剧在卢旺达上演。1999 年，北约绕过联合国对科索沃进行的军事干预，使联合国安理会出现分裂，国际社会围绕人道主义干预的争议达到顶峰。时任联合国秘书长科菲·安南直白地表示：“……如果人道主义干预对主权的侵犯确实不可接受，那么，我们应该怎样应对下一个卢旺达和斯雷布雷尼察？怎样应对对于人权的粗暴而又系统的侵犯？这种侵犯违反了我们共同人性的一切规则。”① 面对国际社会的巨大争议，加拿大政府于2000 年9 月在联合国大会宣布，成立“干预与国家主权国际委员会”，授权其就人道主义国际干预的法律、道德、行动及政治等层面的问题提出报告。2001 年 12 月，委员会完成了一份题为《保护的责任》的专题报告。报告认为，国家主权意味着国家应承担责任，保护人民的首要责任在于主权国家自身；如果一个国家的人民正在因内战、叛乱、压迫或者国家失败而遭受严重伤害，而这个国家却不愿或者不能停止和避免这种伤害，那么，保护的责任就应该由国际社会来承担。② 根据《联合国宪章》第 24 条的规定，联合国安理会负有维护国际和平与安全的职责，在为保护人类而授权采取军事干预行动方面，没有任何组织比联合国安理会更好、更合适③。

与此同时，《联合国宪章》赋予的职责以及国际社会的期待也促使联合国安理会采取行动。1999 年 9 月 17 日，联合国安理会通过了第一项旨

---

① 转引自：*The Responsibility to Protect*（保护的责任），Report of the International Commission on International Intervention and State Sovereignty，December 2001，p. VII。

② *The Responsibility to Protect* ，Report of the International Commission on International Intervention and State Sovereignty，December 2001，p. XI.

③ 同注释 8，第 XII 页。

在对武装冲突中的平民进行保护的决议，即1265号决议。决议对武装冲突中平民占伤亡人数的绝大多数这一事实表示关注，表示有意对武装冲突中平民安全遭受肆意侵害的情况采取应对措施，并支持将平民保护纳入联合国维和行动的使命范围[①]。2000年2月，联合国安理会首次给成立于1999年10月的联合国塞拉利昂特派团增加了保护平民的使命[②]。新世纪以来，联合国共计授权部署了15项维和行动，其中11项被安理会赋予了保护平民的使命。在未被赋予保护平民使命的4项维和行动中，有3项行动没有部署联合国维和部队，1项行动虽然部署了联合国维和部队，但处理的是国与国之间的冲突。也就是说，所有处理国家内部冲突并部署了联合国维和部队的维和行动，均被赋予了保护平民的使命。在现有的14项联合国维和行动中[③]，7项新世纪以来部署的联合国维和行动均被赋予保护平民的使命，而另外7项没有这一使命的维和行动除联合国科索沃过渡行政当局外全都部署于冷战期间。目前，超过90%的联合国维和人员部署于负有平民保护使命的维和特派团[④]。由此可见，保护平民已经成为当今联合国维和行动的核心使命。

为了履行保护平民的使命，安理会甚至根据《联合国宪章》第七章的规定，授权有关维和特派团“采取一切必要措施履行其使命”。在以往，这种措辞只有在安理会授权采取强制和平行动时才使用。相应地，联合国维和行动三大指导原则之一的“除自卫外不使用武力”，也被修改为“除自卫和捍卫使命外不使用武力”。于是，一些西方学者别有用心地将维和行动分为两类，即第六章行动和第七章行动。其用意就是要将后者与强制和平行动等同起来，以模糊维持和平行动与强制和平行动之间的界限[⑤]。所以，2011年北约以保护平民为由对利比亚内战进行干预能够取得安理会的授权也就不难理解了。不过，在利比亚问题上，国际社会看清了西方国

---

① 《联合国安理会1265号决议》，S/RES/1265（1999），1999年9月17日。

② 《联合国安理会1289号决议》，S/RES/1289（2000），2000年2月7日。

③ 已不包括2012年12月31日结束的联合国东帝汶综合特派团。

④ Department of Peacekeeping Operations，Department of Field Support，*United Nations Infantry Battalion Manual*，Volume I，August 2012，p. 99.

⑤ 联合国并不认可用第六章和第七章来区分维和行动与强制和平行动，认为区分维和行动与强制和平行动的标准在于安理会赋予的使命、是否遵守维和行动的指导原则以及所采用的交战规则。

家以保护平民为由颠覆他国政权的本质，因此，2012 年，当西方国家想在叙利亚复制“利比亚模式”时，他们的如意算盘并没有得逞。今天，当联合国安理会赋予维和行动保护平民的使命时，我们应该始终坚持联合国维和行动的传统指导原则，否则，维和行动就有可能步入歧途。

（三）维和人员的安全风险居高不下

随着武装冲突的国内化以及保护平民使命在联合国维和行动中地位的不断上升，联合国安理会对武装冲突的应对更加迅速而且有力。这主要体现在联合国对维和行动指导原则的修改。修改后的原则允许联合国维和行动在未取得所有派别同意的情况下即可部署，维和部队虽然要做到公正但不必保持中立，而且，维和部队可以采取一切必要措施履行安理会赋予的使命①。在给平民保护带来积极效果的同时，上述原则的修改及其在实践中的应用，也使维和人员的安全风险迅速上升。近年来，联合国维和人员的伤亡人数呈逐年上升趋势。1948—1990 年的 40 多年间，联合国维和人员的伤亡总数为 851 人，年均约 20 人，1991—2000 年的 10 年间，伤亡人员总数为 860 人，年均 86 人，2001—2012 年伤亡人员总数为 1351 人，年均约 113 人。（图表7）。

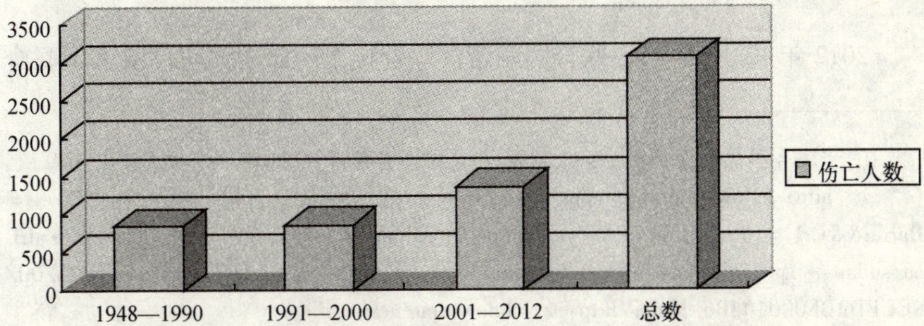

图表 7：1948—2012 年联合国维和人员伤亡人数变化趋势②

---

① Department of Peacekeeping Operations, Department of Field Support, *United Nations Peacekeeping Operations: Principles and Guidelines*, March 2008, pp. 31 – 35。

② 数据来源：Situation Centre, the Department of Peacekeeping Operations, *Fatalities by Year*, up to 30, November 2012。

据分析，联合国维和人员的安全风险主要包括交通意外、恶劣环境带来的伤病、故意袭击、民众不满和突发自然灾害①。在冷战期间，交通意外是联合国维和人员的第一杀手，但自冷战结束以来，尤其是进入新世纪以来，针对维和人员的恶意袭击事件呈迅速上升之势。2012 年，有报道的针对维和人员的恶意袭击事件就发生了多起。据不完全统计，2012 年 1 月、8 月和 10 月，联非达团的维和人员先后四次遭到不明身份武装分子袭击，共造成 7 名维和人员死亡，15 人受伤②。2012 年 6 月 8 日，联合国"科特迪瓦行动"的一支巡逻队遭到袭击，7 名维和人员丧生③。2012 年 7 月 6 日，1 名印度籍维和士兵在刚果（金）政府军与反政府武装的冲突中丧生④。2012 年 12 月 21 日，联合国南苏丹特派团的一架直升机在执行巡逻任务时，被南苏丹军队击落，造成 4 名机组人员全部死亡⑤。据统计，2012 年，仅联合国维和人员就有 93 人因公殉职，使联合国维和人员自 1948 年以来的伤亡总数达到 3062 人⑥。

二、主要维和任务区形势

（一）联合国东帝汶综合特派团完成使命

2012 年 12 月 31 日，联合国东帝汶综合特派团如期关闭，结束了联合

① "联合国维和人员面临五大风险"，《中国青年报》，2012 年 9 月 7 日，第 9 版。

② http://www.un.org/apps/news/story.asp? NewsID = 40997&&Cr = Darfur&&Cr1 = #.UFJMY7KPWys，http://edition.cnn.com/2012/08/12/world/africa/sudan - peacekeeper - killed/index.html，http://news.163.com/12/1004/00/8CUBD2BE00014JB6.html，http://whnews.cn/news。

③ http://www.reuters.com/article/2012/06/08/us - ivorycoast - peacekeepers - idUSBRE8571B420120608。

④ http://www.indianexpress.com/news/indian - peacekeeper - killed - in - congo/971403。

⑤ http://www.aljazeera.com/news/africa/2012/12/20121221173421145463.html。

⑥ http://www.un.org/en/peacekeeping/fatalities/documents/StatsByYear _ 1.pdf，数据截止时间为 2012 年 11 月 30 日。

国维和行动在该国长达13年的存在。13年期间，联合国先后在东帝汶部署了5个特派团（3个维和特派团，2个政治特派团），其过程也并非一帆风顺。

1999年6月，联合国安理会授权成立联合国东帝汶特派团[①]，以协助东帝汶进行"人民磋商运动"（即全民公投）。与此同时，联合国授权部署由澳大利亚主导的国际部队，以恢复和维护东帝汶的法律与秩序。在1999年8月30日举行的"人民磋商运动"中，78.5%的投票者反对在印度尼西亚统治下的特别自治地位，此举为东帝汶独立铺平了道路。

1999年10月，联合国安理会授权成立联合国东帝汶过渡行政当局，以帮助东帝汶实现向完全独立国家的过渡。联合国东帝汶过渡行政当局实际行使着东帝汶在过渡时间的管理职权，包括立法、行政和司法权，并负责向东帝汶人民提供基本的公共服务。该项使命于2002年5月结束。期间，有11万难民从西帝汶回归东帝汶，东帝汶选举成立了国民代表大会，制定了宪法，并根据宪法于2002年4月举行了首次总统选举。随着东帝汶政府的正式成立，东帝汶取得了完全独立地位。联合国东帝汶过渡行政当局完成使命。

2002年5月，联合国安理会授权成立联合国东帝汶支助团，以接替联合国东帝汶过渡行政当局。在联合国东帝汶支助团协助下，东帝汶于2004年5月开始履行对内治安与对外安全的全部职责。2005年2月，联合国东帝汶支助团完成使命。联合国仅在东帝汶保留一个小规模的办事处（政治特派团）以继续为东帝汶提供援助。联合国及东帝汶都以为，东帝汶可以靠自己的翅膀飞行了。

然而，好景不长。2006年4—6月，东帝汶局势再次出现动荡。联合国安理会随即于2006年8月授权成立联合国东帝汶综合特派团，以协助东帝汶消除冲突的后果以及引发冲突的根源，联合国维和行动重返东帝汶。根据联合国安理会赋予的使命，联合国东帝汶综合特派团负责帮助东帝汶稳定局势，培育民主制度，促进人权，培训警察，加强司法制度，提高民众对安全部队的监督力度。在联合国东帝汶综合特派团的协助下，东帝汶于2007年再次成功举行了总统与议会选举；于2009年6月完成了对流离

---

① 联合国将此列为政治特派团，而非维和特派团。

失所人员的安置工作；东帝汶国家警察于2011年3月履行全部警察职责；于2012年4月成功举行第三次总统选举，5月，鲁瓦克就任东帝汶第三任总统；于7月成功举行第三次议会选举；8月古斯芒就任东帝汶总理。东帝汶国家元首和政府首脑在6年多的时间内两次和平顺利交接，表明东帝汶的政治制度建设已经打下了良好的基础，社会治安也基本实现了稳定。联合国和广泛的国际社会不仅将东帝汶扶上了马，而且送了一程又一程，接下来的路就要靠东帝汶人民自己来走了。

（二）索马里结束长达21年的无政府状态

2012年，非盟在索马里的维和行动取得重要进展，其主要标志是，在非盟部队的军事打击下，索马里“青年党”武装被迫从其最后一个据点城市基斯马尤撤离，非盟部队完成了对索马里主要城市的控制。另一方面，2012年9月，索马里议会选举产生索马里正式总统，结束了国家长达21年的无政府状态，索马里历史翻开了新的一页。

2012年是索马里和平进程的关键之年。根据索马里过渡政府2008年与反对派组织所达成的协议，该政府任期应于2011年8月结束，索马里应在此前举行议会和总统选举，产生索马里政府。由于选举准备工作滞后，2011年6月，索过渡政府及议会领导人在乌干达首都坎帕拉签署协议，同意将索马里过渡期限延长1年，索马里议会和总统选举在2012年8月20日之前举行①。

在政治层面，2012年，国际社会加大了对索马里政治进程的支持力度。在1月29日召开的非盟第18届首脑会议上，索马里问题成为大会的焦点议题。与会非洲国家首脑表示全力支持索马里和平进程，确保索马里议会和总统选举顺利举行。2月22日，联合国安理会一致通过决议，决定将非盟索马里特派团的兵力从1.2万人增加到1.7731万人，并授权“采取一切必要措施”减少来自“青年党”及“基地”组织的恐怖主义行动②。

---

① “综述：索马里和平进程进入关键时期”，新华网，http://news.xinhuanet.com/world/2012-01/30/c_111471061.htm。

② 联合国安理会2036号决议，SC/10550，2012年2月22日。

2 月 23 日，索马里问题国际会议在伦敦召开，会议同意为索马里政治进程注入新的动力，支持过渡政府如期结束使命并选出新政府；支持联合国安理会关于将非盟索马里特派团增兵的决议；帮助索马里维持稳定，并发展本国的安全力量①。

在军事层面，增兵后的非盟索马里特派团取得了节节胜利。根据联合国安理会给予非盟索马里特派团增兵的决议，2011 年 10 月出兵索马里的肯尼亚部队被正式纳入非盟索马里特派团编制。2012 年 5 月，非盟索马里特派团肃清了“青年党”武装在摩加迪沙全部 16 个区的势力，索马里首都 20 多年来首次为中央政府所控制。10 月，在非盟索马里特派团中肯尼亚部队的强烈进攻下，索马里“青年党”宣布弃守南部城市基斯马尤，至此，索马里主要城镇全部为非盟维和部队所控制。

非盟维和部队在军事上的胜利为议会和总统选举奠定了坚实的基础。2012 年 8 月，索马里议会宣告成立。9 月 10 日，索马里议会进行总统选举投票，结果，经两轮投票，哈桑·谢赫·马哈茂德在 22 位候选人中胜出当选总统。马哈茂德是索马里 1991 年进入无政府状态以来，第一位由议会选举产生的正式总统，也是近年来在索马里领土上产生的第一位总统，他的当选标志着存在 21 年的索马里无政府状态的结束。

（三）联合国叙利亚监督特派团无果而终

2011 年底，叙利亚总统接受阿盟和平计划，同意阿盟观察团对叙利亚局势进行监督②。但是由于叙利亚政府与反对派之间并没有达成什么政治协议，暴力活动并没有因为阿盟观察团的到来而停止，反对派与西方国家对阿盟观察团的工作也不支持，阿盟观察团的观察使命以失败而告终。

为调解持续进行的叙利亚冲突，2012 年 2 月 23 日，联合国秘书长潘基文和阿盟秘书长阿拉比宣布，任命联合国前秘书长科菲·安南为联合国和阿盟叙利亚问题特使。3 月 16 日，安南就叙利亚问题提出六点和平计

---

① “索马里问题国际会议在伦敦召开”，人民网，http://world.people.com.cn/GB/17204712.html。

② 关于叙利亚危机在 2011 年的事态发展，参见时事出版社《2011 国际安全》第二部分第七章《国际维和行动》，第 104—106 页。

划：①承诺在叙利亚人主导的、包容各方的政治进程中与安南合作，②立即在联合国监督下切实停止一切形式的武装暴力行动，③立即采取步骤实现每天2小时人道主义停火，④加快释放被任意羁押者，⑤确保记者在叙全境的行动自由，⑥尊重法律保障的结社自由与和平示威权利[①]。为了落实安南的“六点计划”，联合国安理会于4月21日通过2043号决议，决定成立联合国叙利亚监督团（以下简称“联叙团”）。根据安理会决议，联叙团的初期任期为90天，初期编制为最多300名军事观察员，其使命是：监督各方停止一切形式的武装暴力活动，监督和支持安南的六点和平计划[②]。

联叙团创造了联合国维和历史上最快部署纪录，至5月30日，联叙团就已经全面开展工作，到6月30日，278名军事观察员到位，分别部署于位于特派团总部的大马士革及其他8个点。联叙团的监督工作集中在主要城镇，各观察员队开展了密集的巡逻活动，并且建立了透明的事件报告制度。然而，联叙团的工作并不顺利。首先，不安全因素以及来自政府军、反对派甚至普通民众的安全警告，使得联合国观察员无法及时进入冲突事件的发生地调查情况。其次，反对派控制地区的民众声称，联叙团巡逻队离开后，他们即遭到政府军的报复，并且批评联叙团未能保护他们的安全。更有甚者，一些民众对联合国观察员持敌视态度。虽然联叙团利用各种机会向民众进行解释，但联合国观察员面临的安全风险持续上升。进入6月，在联合国观察员周围或驻地周围发生的间接枪击事件均有所增加，直接击中观察驻地的枪击事件也发生了多起。6月12日，当联合国观察员试图进入阿尔哈法市（Al Haffah）时，其乘坐的车辆遭到不明群众的阻拦和损坏，随后就有人向联合国观察员开冷枪[③]。

4月中旬到5月初，叙利亚各地的暴力事件有所下降，之后，暴力事件开始回升，到6月中旬，暴力事件反而超过了联叙团部署前的水平。政府军动用步兵、火炮、直升机和装甲部队向反对派控制下的主要城镇发动攻势，反对派采用暗杀和简易炸弹袭击等不对称战术，加强了对政府设施

---

① “叙政府接受安南六点建议，反对派加强整合军事力量”，国际在线，http：//news. xinhuanet. com/world/2012－3/28/C_ 111709962. htm。

② 《联合国安理会2043号决议》，SC/10618，2012年4月21日。

③ “UNSMIS Background”，网址：http：//www. un. org/en/peacekeeping/missions/unsmis/background. shtml。

和高级军官的袭击，从而加快了军事行动的节奏。

由于暴力活动水平居高不下，联叙团失去了继续开展活动的基本条件，6 月中旬，联叙团暂时停止了一切活动，但仍然继续保持了对局势的每日评估，以期能够尽快恢复开展行动。7 月 6 日，联叙团的初期任期届满前夕，秘书长向安理会报告联叙团履行使命的进展情况，承认叙利亚局势迅速恶化，并就联叙团的未来命运提出了联叙团撤离、扩编并增加保护部队、调整工作重心等多种方案[①]。7 月 20 日，联合国安理会通过 2059 号决议，决定再延长联叙团任期 30 天，同时，决议申明，除非秘书长报告认为、安理会确认叙利亚已经停止使用重型武器，暴力水平已经下降到足以允许联叙团观察员履行使命的程度，否则，安理会不会继续延长联叙团的任期[②]。8 月 10 日，秘书长致函安理会，认为上述两项条件均没有达到。8 月 19 日，联叙团终止使命。

联叙团无果而终，表面上看是因为政府军与反对派武装之间的冲突持续不断，联叙团缺乏开展活动的起码条件，叙利亚没有可以“维持”的“和平”。但根本原因还在于，反对派不愿意与联叙团合作，因为其要求巴沙尔立即下台的目标没有达到。公平而论，巴沙尔已经作出了让步，他已经通过公投修改了宪法，删去了 1973 年宪法中“阿拉伯复兴社会党是叙利亚国家与社会领导者”的条款，实行政治多元化；修改了宪法关于总统任期的规定，规定总统任期为 7 年，且只能连任一届。这就是说，他的任期到 2014 年就将结束。[③] 如果到 2014 年叙利亚人民选择放弃他，他就可以下台。但反对派并没有这个耐心，要求他立即下台的条件始终没有变化。究其原因，是一向视叙利亚为“流氓国家””的美国及少数其他西方国家不喜欢巴沙尔政权，必欲令其下台而后快。因此，美国等少数西方国家明里暗里支持并武装反对派，反对派才有与叙政府对抗的底气。美国等少数西方国家在叙利亚问题上明显拉偏架，它们根本不希望联叙团取得成功。叙利亚危机再次充分暴露了美国等少数西方国家在维和问题上以自身

---

① 《联合国秘书长关于安理会 2043 号决议落实情况的报告》，S/2012/523，2012 年 7 月 6 日，第 60 段。

② 《联合国安理会 2059 号决议》，S/RES/2059，2012 年 7 月 20 日。

③ “叙结束修宪公投，现任总统任期或至 2014 年”，网易，http://news.163.com/12/0227/04/7R89K3KE0014JB6.html。

利益为考量采取双重标准的两面派做法。

（四）刚果（金）东部和苏丹达尔富尔地区冲突持续

无论从哪一方面看，联刚稳定团和联非达团都是当今世界两项最大的维和行动。刚果（金）和苏丹在所有维和行动的东道国中面积最大，这两项行动所部署的军警人数达4.0504万人（截至2012年11月30日），占国际维和行动部署军警总数的近30%；2012年7月—2013年6月，联合国为这两项行动拨付的预算开支超过29亿美元，占联合国维和行动总预算开支的近40%。

然而，尽管联合国维和特派团付出了艰苦的努力，2012年，上述两个地区的武装冲突却持续不断。在刚果（金）东部，虽然自联合国刚果（金）特派团2010年7月更名为联刚稳定团以来，联刚稳定团已将兵力重点部署于东部地区，但诸多反政府武装的存在，使刚果（金）东部诸省的安全形势并不稳定，甚至时有恶化。在北基伍省，玛伊玛伊武装在卢旺达民主解放军（FDLR）的支持下，在马西西和瓦利卡莱交界地区向刚果政府军（FARDC）发动攻势。而卢旺达民主解放军则对政府军阵地和村庄发动袭击。政府军还在马西西地区开展针对另一派反政府武装的清剿行动。玛伊玛伊的下属组织在北基伍省的活动还十分活跃。为了保护平民，联刚稳定团与刚果政府军在贝尼地区联合开展针对乌干达联合民主阵线（ADF）以及解放乌干达国民军（NALU）的军事行动。

在南基伍省，联刚稳定团与政府军在卡莱亥等地区开展针对卢旺达民主解放军及其他武装组织的军事行动，迫使卢旺达民主解放军从多个战略要地撤退。

在东方省，乌干达反政府武装圣灵解放军（LRA）经常为抢掠财物而向平民发动袭击。为保护平民，联刚稳定团在圣灵解放军活动地区开展了至少5次单独的军事行动。联刚稳定团还配合政府军在这一地区开展清剿行动。

在达尔富尔，暴力活动的复杂与激烈程度丝毫不亚于刚果（金）东部地区。2012年，达尔富尔地区的暴力活动主要分以下几种类型：一是派别冲突。政府军与反政府武装、亲政府的阿拉伯民兵与反政府武装之间的冲突在大部分月份都有发生。二是部落冲突。不同部族之间常常因为土地、牲畜等原因发生武装冲突，其造成的人员伤亡有时甚至超过派别之间的武装冲突。三是反政府武装及武装犯罪团伙对村庄和流离失所人员营地为获得后勤物资和财物而发动的武装袭击。此外，反政府武装也经常向政府机构发动突然袭击。

达尔富尔武装冲突持续不断的主要原因是政府与反政府派别之间还没有签订全面的和平协议。苏丹政府只在2011年与“解放与平等运动”这一非主流派别签订了和平协议①。包括“正义与平等运动”以及“苏丹解放运动”这两个实力最强的反政府运动在内的多哈和平谈判自2010年底破裂以来一直没有恢复。

由于武装冲突的持续不断，联非达团的地面巡逻与空中后勤运输活动受到很大限制。地面巡逻只能局限于主要村庄与流离失所人员营地，对武装冲突的发生情况难以进行有效的调查，更谈不上遏制。对照衡量标准，联非达团进展甚微。

三、2013年国际维和形势展望

2013年，除刚果（金）东部地区和苏丹达尔富尔地区外，其他维和任务区的形势将总体保持稳定，叙利亚局势的发展对维和行动会产生什么影响目前还不明朗。

2013年，如果不考虑叙利亚因素，国际维和行动的总数将保持稳定。就联合国维和行动而言，在现有的14项维和行动中，有6项是冷战的“遗产”②。这些行动大都是为应对国与国之间的冲突而部署的，冲突的起因主要是领土纠纷。由于领土纠纷的双方很难作出让步，因此冲突的根源难以消除。这些传统的维和行动在新的一年里不可能给我们带来任何“意外”，

① “解放与平等运动”由“正义与平等运动”及“苏丹解放运动”两个派别中的变节分子合并组成，政治与军事势力较弱。

② 即1948年开始的停战监督组织，1949年开始的印巴观察组，1964年开始的塞浦路斯维和部队，1974年开始的脱离接触观察员部队，1978年开始的黎巴嫩临时部队和1991年开始的西撒哈拉公民投票特派团。

它们将会像沉寂的火山那样处于相对平静状态。

在黎巴嫩，部署于黎巴嫩南部地区的联合国黎巴嫩临时部队将调整兵力配置。1978 年部署的这支部队在 2000 年 5 月以色列完成从黎巴嫩的撤军后开始逐步削减，并做好了完全撤出的准备。但 2006 年年中突然爆发的黎巴嫩真主党武装与以色列的冲突，使这支部队的编制实力由冲突前的 3000 多人猛然增加到 1.5 万人，维和部队的使命也增加了解除真主党武装的内容。西方国家希望通过此举打压真主党武装在黎巴嫩南部的势力。经过 6 年的努力，黎巴嫩真主党在南部的势力已经大大削弱，政府军在南部的控制能力大大提高。联黎部队已经制定了调整兵力配置的计划，主要是削减一些并无必要的炮兵、坦克等部队，海上担任武器禁运任务的舰艇也将减少。

叙利亚是值得人们关注的主要冲突地区。对于维和行动来说，一个国家或地区出现冲突，就有可能给维和行动带来机会。就叙利亚问题而言，维和行动的机会在于：一是冲突双方（叙利亚政府与反对派）在国际调解下同意实现停火，并通过政治进程解决双方的分歧。例如，成立过渡政府，甚至是联合过渡政府，过渡期满举行多党民主选举。过渡期间，由联合国维和行动负责监督，甚至由联合国充当过渡行政者。但就目前形势来看，反对派和西方国家要求巴沙尔立即下台的立场没有任何松动，联合国与阿盟联合特使的调解工作也看不出任何进展。叙利亚危机看来只能以一方的胜利而告终，如果是叙利亚政府获胜，那么，危机将暂时解除，维和行动的大门也将关闭。二是反对派获胜，并邀请或同意联合国部署维和行动以帮助其稳定局势，进行能力建设。这种可能性是存在的。还有一种可能性是，反对派虽然取胜了，也希望联合国提供某种帮助，但并不愿意联合国介入很深（或用西方的话说就是留下“重脚印”）。2011 年的利比亚为此提供了最好的注脚。卡扎菲政权被推翻后，联合国希望在利部署维和特派团，以便为利过渡政府提供帮助。但利过渡政府并没有同意。最后，联合国只得向利派出一个小规模的政治特派团，为利过渡政府提供咨询意见。笔者认为，获胜后的叙利亚反对派很可能只希望联合国留下“浅脚印”。

在索马里，虽然非盟维和部队已经肃清了索马里“青年党”在主要城市的势力，索马里政府也已经正式开始运转。但“青年党”势力在农村地区还普遍存在。“青年党”已难以像过去那样向首都等城市发动明目张胆的进攻，暗杀和汽车炸弹等恐怖袭击将成为他们的主要战术。因此，在2013年，非盟维和部队肃清“青年党”在农村地区的势力以及维护主要城市安全稳定的任务依然十分艰巨。

刚果（金）东部地区以及苏丹达尔富尔地区的安全形势仍将十分严峻。“天高皇帝远”的刚果（金）东部地区，存在着多个有国际背景的反政府武装，他们仍有能力向政府军阵地和平民发动袭击，这就决定了政府军对他们的清剿行动也不会放松。另一方面，刚果政府军中有许多是收编的前反政府武装成员，他们在政府军中的处境和地位并不令人满意，兵变和集体开小差的情况经常发生。这些脱离政府军的兵变或开小差人员也是新的不稳定因素。在达尔富尔，由于主要反政府武装回到谈判桌的条件没有改变，全面和平协议的签订在2013年还难以想象。因此，这一地区的冲突仍将持续进行，联非达团的行动还会受到很大限制，针对维和人员和其他国际人士的袭击、绑架、劫车等事件仍难以避免。

（陆建新）

第八章

太空发展与安全问题

在2012年里，国际太空领域延续了2011年的发展态势，呈现出不平衡的发展格局，一些国家企图摆脱和平利用太空的限制，推动太空军事化，发展军事航天系统，给国际太空的安全形势带来负面影响。具体说来：随着美国私营公司“龙”（Dragon）货运飞船的成功发射，美国航天商业化迈上新台阶，在火星等深空探测领域，美国在2012年再次刷新了人类的航天史，使得奥巴马政府的新航天战略得以顺利实施；俄罗斯在经历了多次航天事故之后，开始进行航天工业大规模重组，并制订了《2030年前及未来俄罗斯航天活动发展战略》，力图重振航天业辉煌，保持航天大国地位；中国的“嫦娥二号”刷新了中国空间探索的新高度，“神九”飞船创造了中国载人航天的新历史，中国航天事业已进入稳步、快速发展时期；欧盟各国在2012年首次拥有了大中小三种类型的火箭，“伽利略”卫星导航系统取得新进展等等；日本修改法律为发展军事航天系统铺平道路，并重组政府管理航天项目机构；印度、韩国、朝鲜等国在2012年也有新的尝试，取得了一些成果。除此之外，在我们回顾2012年国际太空安全形势之时，美国的空天飞机“X－37B”在2012年第二次试飞成功和第三次发射格外引人注目，这表明美国空天飞机技术已经相当成熟，鉴于空天飞机所具有的巨大军事价值和潜力，美国此举将打破业已形成的太空战略态势，推动太空军事化进程，对国际太空的安全形势产生巨大影响。

一、不平衡发展态势依旧，竞争更加激烈

由于在航天领域具有举足轻重地位的航天大国俄罗斯还没有完全从2011年来频发航天事故的阴影下走出来，而在2012年把主要精力放在进行航天工业重组、制定航天战略上，缺乏精彩表现，因此也使得2012年国际太空领域还是延续了2011年的不平衡发展态势。此外，日本在2012年修改相关法律为发展军事航天系统铺平道路，为国际太空的安全形势蒙上阴影。

1. 美国奥巴马政府于2010年推出的新航天战略，决定把近地轨道包括国际空间站的运输任务交给私营公司完成，积极推动航天商业化发展，同时改变了“星座计划”中的载人登月，而是把目标放在载人登陆火星上。在2012年里，美国航天新战略得以顺利实施，取得了里程碑式的成果。

2012年5月，美国私营航天公司——太空探索技术公司（Space X）研制的“猎鹰-9”（Falcon-9）火箭第二次把“龙”货运飞船发射升空，并与“国际空间站”成功对接，在完成运送补给的任务后，成功溅落在太平洋海面。这是航天飞机退役后美国首次向“国际空间站”运送货物的验证飞行，由于表现完美，10月其再次升空开始正式履行NASA的运货合同，“龙”飞船此行向空间站运送了约454公斤货物，包括实验器材、备件、空间站宇航员所需的衣服、食品和冰箱，并运回了约759公斤物品。由于目前俄罗斯的“联盟”（TMA）载人飞船仅能从空间站运回重量较轻的小物件，俄罗斯的货运飞船以及欧洲、日本的货运飞船在返回大气层时被烧毁，因此“龙”飞船是唯一能从空间站安全返回地球的货运飞船。这意味着美国面向“国际空间站”的载人航天发展逐步走向商业化途径，为长远的载人航天发展开辟了新道路，使奥巴马政府的航天计划中航天商业化迈上新台阶，美国国家航空航天局（NASA）就可以不必忙于“国际空间站”的运行，也不必过度依赖于俄罗斯、日本、欧洲的飞船，有更多的精力和资金去实现奥巴马政府的航天战略中新的太空探索构想。

“好奇”号（Curiosity Rover）火星车在2012年以崭新方式成功登陆火星，取得不俗成绩。重达1吨的“好奇”号火星车比以往登陆火星的“机遇”号和“勇气”号要重3倍、长2倍，将是迄今为止人类向火星发射的重量最大、科技含量最高的探测器。火星一贯被称为“航天器坟墓”，“好奇”号首次采用空中起重机方式着陆也是迄今最为大胆和冒险的。美国火星探测器“好奇”号按照原定计划，在8月6日成功登陆火星，着陆数分钟后，美国宇航局首次成功收到“好奇”号传回地球的图像。“好奇”号的控制团队表示，“他们已得到想获得的所有数据”①，不久其又发回火星景观的第一张彩色照片。“好奇”号的成功登陆不仅将为后续的机器人火星探测等任务提供重要的技术支撑，还将为未来的载人火星探测打下基础。此外，在2012年，主要用于载人登陆火星的新一代大型火箭“SLS”火箭和“猎户座”（Orion）飞船也取得了重大进展，“SLS”火箭已经进入了初步设计阶段，“SLS”达到这一里程碑距离项目确立还不到10个月。首次“SLS”发射任务将于2017年进行，“猎户座”计划在2014年开展首次飞行试验，“SLS”火箭和“猎户座”飞船可以把人类送入前所未至的太空。这些都标志着以火星为载人航天目的地的奥巴马政府新的航天战略又向前迈进了一步。

除此之外，在代表最高精尖航天技术水平的深空探测领域，美国又再次刷新世界航天记录。“黎明”号（Dawn）探测飞船在2011年完成对太阳系第二大小行星——灶神星的轨道的探测任务后，于2012年9月飞往小行星带唯一的矮行星——谷神星，预计2015年2月将达到，这是人类航天史上第一次同一航天器先后环绕两个天体飞行的情况。美国宇航局所属的1977年发射升空的“旅行者-1”号（Voyager 1）飞船在与“旅行者2”号（Voyager 2）先后对木星、土星、天王星和海王星进行了近距离考察之后，于2012年抵达太阳系边缘一个未知的崭新区域，科学家们认为“这是它在最终进入恒星际空间之前所要穿越的最后一个屏障”②，这表明“旅行者1”号目前已经成为迄今距离最远的人造物体，“距离太阳大约180亿

---

① “美国‘好奇号’探测器登陆火星，已传回地表图像”，凤凰网，http://tech.ifeng.com/discovery/special/mars/content-3/detail_2012_08/06/16586759_0.shtml。

② “美黎明号探测器飞向谷神星，预计2015年抵达”，中国航天科技集团公司网，http://www.spacechina.com/n25/n144/n208/n232/c284102/content.html。

公里，它发出的信号传递到地球需要大约17小时”[①]。在常规发射方面，美国在2012年进行了13次航天发射，成功发射第三颗GPS-2F新型导航卫星、第二颗“先进极高频”卫星等一批先进航天器。

2. 俄罗斯航天部门自2010年12月以来已经连续遭遇7次航天任务失败，损失了8颗卫星、一艘货运飞船和一个火星探测器，特别是在2011年，俄罗斯航天领域频发了5次航天事故，使得俄罗斯的航天工业遭受了巨大的损失，许多航天计划被迫推迟，沉重地打击了俄罗斯的航天工业，使得俄罗斯在航天领域的信誉和航天大国的地位都受到了影响。这些失败可以说是已经不能适应新时代的落后的俄罗斯航天工业体制给航天工业带来的系统性危机的集中爆发。痛定思痛，为了保障和巩固俄罗斯世界航天强国的地位，在2012年俄罗斯政府不仅推出了其航天部门大规模的重组和改革计划，还提出了雄心勃勃的《2030年前及未来俄罗斯航天活动发展战略》，旨在重振俄罗斯航天工业的辉煌。

2012年11月，在俄罗斯总理梅德韦杰夫主持召开的航天领域改革会议上，确定了俄罗斯航天工业改革和重组分两步走的方案，“俄罗斯将首先改组成立若干个相对独立的航天集团，然后再考虑成立国家集团的可能性”[②]。方案提出要加强航天署在航天企业管理体系中的地位，将由俄航天署牵头组建七大航天企业集团：组建俄罗斯航天集团，负责载人航天、国际空间站和航天器研制；组建俄罗斯火箭航天集团，负责火箭发动机和航天器入轨控制系统研制；组建特种航天系统公司负责军用航天器研制；组建战略火箭武器集团，负责洲际导弹和控制系统的研制；组建信息卫星系统集团，负责通信卫星和导航系统的研制；组建俄罗斯航天系统公司，负责地面和轨道无线通信技术及光学电子系统的研制；组建地面和航天基础设施运营中心，负责这些设施的运营。

2012年4月，俄罗斯联邦航天局出台了最新的《2030年前及未来俄罗斯航天活动发展战略》，计划在未来18年及更长的时间里，全面促进俄罗斯在载人航天、深空探测、运载火箭的研制，以及发射场的建设等航天各

---

① “旅行者1号探测器进入未知区域：接近太阳系边缘”，中国航天科技集团公司网，http：//www.spacechina.com/n25/n144/n208/n232/c321730/content.html。

② “俄罗斯航天改革：拒绝一步到位”，俄罗斯新闻网，http：//rusnews.cn/xinwentoushi/20121127/43630597.html。

领域实现飞跃式的发展，从而达到振兴俄罗斯航天产业、保持俄罗斯航天技术的世界先进水平，并巩固俄罗斯在世界航天领域的强国地位的目的。新战略提出三项优先任务：首要任务是对卫星导航、通信及遥感等航天系统和基础设施进行建设与维护，利用其提供的技术及服务来满足俄罗斯国内在社会、经济、科学、国防及国家安全等方面的需求；第二，研制新式、可重复使用运载火箭及更先进、更大容量的载人飞船；第三，制造载人火星探索航天器和新一代轨道站。新战略为俄罗斯航天工业设定了四个发展节点，并确定了相应任务：一是至2015年，将主要致力于其航天能力恢复，充分挖掘俄罗斯现有航天技术能力，继续恢复航天生产，实现和执行此前制定的发展计划；二是至2020年，努力实现月球样本采集、国际合作建设火星研究站及推出新一代重型运载火箭等一系列目标，以巩固俄罗斯航天领域的强国地位；三是至2030年，将启动近地空间利用以及外太空探索研究的大规模项目，如俄罗斯计划已久的载人登月项目和通过载人飞船进行高地球轨道的研究等；四是2030年以后，将在载人登月、登火星及外太空探索研究的大规模项目上取得长足发展，如定期登月飞行、部署月球研究考察站、为俄罗斯全面参与载人登陆火星的国际合作任务做准备等。除此之外，发展战略中还提出了完成以上计划所需资金及来源等。“近些年，俄罗斯时常宣布一些满怀壮志的宇宙探索计划，但此发展战略所提及的登月计划是其首次为载人登月任务立下具体期限。”① 可见，不论是航天工业的重组和改革，还是航天新战略的出台，都表明了俄罗斯重振航天辉煌的决心，可以说是俄罗斯航天的再次出发。

但是，航天工程是一个国家综合实力的体现，它与政治、经济、科技、军事等诸多方面有着千丝万缕的关系，是一个牵涉到决策、研发、管理等方方面面的系统工程。“冰冻三尺非一日之寒”，俄罗斯近一两年频频出现的航天事故可以说是其航天体制后系统性危机的集中爆发，俄罗斯要想走出目前的困境，实现新战略提出的各种目标，恐非易事。尽管如此，和半个世纪前一样，俄罗斯仍然在开发太空以及利用航天成果方面保持着领先地位，在2012年它仍是世界上进行航天发射最多的国家，它的“联

① 赵爽、崔晓梅：“俄罗斯制定2030年前及未来航天发展战略”，《国际太空》，2012年第7期。

盟”号飞船仍是往来于国际空间站接送宇航员的唯一交通工具，发挥着重要的作用。

3. 2012 年，中国共实施 19 次发射任务，发射次数仅次于俄罗斯，且全部成功，将 28 颗航天器送入太空，并圆满完成首次载人交会对接等航天任务。中国航天事业已进入稳步、快速发展时期，美国太空安全专家约瑟夫·弗拉格拉评论说：“令人称道的是中国航天项目并非‘忽冷忽热’，这些项目成本低且执行有序，美国做不到这一点。”①

“嫦娥二号”表现出色，在 2012 年带领中国走向深空探测。“嫦娥二号”卫星于 2010 年 10 月发射，是设计寿命仅 6 个月的月球探测卫星，现“嫦娥二号”不仅在完成既定任务后已经超期服役 26 个多月，而且创造了中国深空探测的历史。12 月 13 日，“嫦娥二号”卫星顺利到达距离地面 700 万公里的、名为“图塔蒂斯”（Toutatis）的小行星附近，在仅有 3.2 公里的地方成功相会，用星载监视相机完美地对“图塔蒂斯”进行了光学成像，这是我们国家第一次对小行星进行探测，也是我们全人类第一次对“图塔蒂斯”小行星进行近距离观测，刷新了中国航天器所能到达的高度，表明中国在深空探测的轨道设计、轨道控制、轨道测量等方面都上了一个新的台阶，标志着中国成为继美国、欧空局和日本之后，第四个探测小行星的国家。此外，在 2012 年初，中国公布的由“嫦娥二号”月球探测器获得的 7 米分辨率、100% 覆盖全月球影像图，是目前国际上已发布的分辨率最高的全月球影像图，是中国探月工程取得的又一重大科学成果，表明中国的月球探测水平有了新的提升。

在 2012 年，中国航天人再次刷新中国载人航天的历史。6 月 16 日，搭乘中国首位女航天员“神九”飞船顺利发射。6 月 18 日，“神九”与“天宫一号”自动控制对接成功，航天员进入“天宫一号”。6 月 24 日，“神九”与“天宫一号”组合体飞行 6 天后分开，然后由航天员驾驶“神九”与“天宫一号”进行手动对接成功。6 月 29 日，“神九”与“天宫一号”分离，3 名航天员与“神九”安全返回地面，任务成功完成。通过实施“神九”任务，中国载人航天史实现多个第一次：第一次实施航天员手

① “美专家说中国航天进步全面且步伐稳健”，新华网，http：//news. xinhuanet. com/mil/2011 - 12/30/c_ 122513322. htm。

控交会对接，验证了飞船手动控制系统；首次实现航天员进入在轨飞行器飞行10余天；第一次完成地面向在轨飞行器进行人员和物资的运输与补给；第一次验证了“天宫一号”各系统支持保障航天员工作和生活的能力；第一次安排女航天员执行任务，填补了中国在女航天员选拔训练、医学监督和保障以及女航天员乘员设备等方面的空白。同时，“神九”此行还完成了一系列科学实验和技术试验，突破了一系列关键技术，取得了一大批宝贵的科研数据，为我国航天载人技术发展奠定了基础，使我国对太空的认识、对载人航天规律特点的认识更加深刻全面。

此外，在2012年7月，中国成功发射“天链一号03星”，卫星顺利进入太空预定轨道。“天链一号03星”将与2008年发射的“01星”、2011年发射的“02星”实现全球组网运行，标志着我国第一代中继卫星系统正式建成，这一系统将使我国载人航天飞行任务的测控覆盖率接近100%，为我国“神舟”飞船以及未来空间实验室、空间站建设提供数据中继和测控服务，还可以为我国中、低轨道资源卫星提供数据中继服务，为航天器发射提供测控支持；新一代大推力运载火箭“长征五号”的发动机在2012年也研制成功，预计将于2014年首飞，该型号火箭的低轨运载能力达到25吨，地球同步转移轨道运载能力达到14吨，可以完成近地轨道卫星、地球同步转移轨道卫星、太阳同步轨道卫星、空间站和月球探测器等各类航天器的发射任务，大幅度提升中国运载火箭的航天运输能力；中国的“北斗”导航系统继2012年初正式开始提供区域服务之外，在2012年又成功发射6颗导航卫星等。

4. 欧盟2012年航天活动的重点还是在2011年的基础上继续拓疆扩土，引人注目的亮点是英国的“云霄塔（Skylon）”空天飞机的研制出现破冰曙光。具体说来：

首先在2012年10月，欧洲“伽利略”全球卫星导航系统第二批两颗卫星成功发射升空，它的发射成功使得太空中有了4颗正式的“伽利略”系统卫星，将可以组成网络，初步发挥地面精确定位的功能，这标志着该系统建设已取得阶段性重要成果。

其次，欧洲小型运载火箭“织女星”（Vega）于2012年1月发射升空，成功填补了欧洲小型运载火箭的空白，加之欧洲已经拥有“阿丽亚娜5”（Ariane 5）型重型运载火箭和从俄罗斯方面获得“联盟”火箭的部分市场经营权，欧洲自此已拥有大中小三种类型的火箭，将有能力满足各类发射需求，包括发射小型地球观测卫星及各类科研卫星、大型自动运载飞船等。

第三，值得一提的是英国“云霄塔”太空飞机的“佩刀”发动机完成了重要技术的关键试验，该发动机将能使飞机在4小时内到达地球的另一端，或直接飞入近地轨道，能在跑道上起飞与着陆，这标志着向研制“云霄塔”太空飞机又迈近一步；除此之外，在2012年欧洲数据中继卫星系统（EDRS）的设计工作已经完成并通过审批，预计在2014年以前投入运行，此外，欧空局还批准了木星“冰月探测”计划，准备探索木星的三颗卫星上存在生命的可能性，计划发射探测器近距离观测太阳的合约等。

5. 日本在2012年仅进行了2次航天发射，但是航天业发展的一些动向和规划值得世人关注，其中最引人注目就是修改相关法律，为日本发展军事航天系统铺平道路，这无疑给未来的国际太空安全形势蒙上了阴影。

6月，日本议会正式通过年初由日本内阁提交的《内阁府设置法》等法律的修正案，三项相关法律中与航天活动相关的内容进行了修正。主要内容是：一是授权内阁府建立一个由首相领导的“宇宙战略室”，取代内阁府“宇宙开发战略本部”，总揽国家航天项目；二是在内阁府设立“宇宙政策委员会”，负责调查审议与航天发展政策相关的重要事项等；三是将《独立行政法人宇宙航空研究开发机构法》“‘限于和平目的’的条款改为‘根据宇宙基本法和平利用的基本理念’”[①]，“限于和平目的”的条文由此被删除，允许日本在符合1967年外层空间条约的前提下，进行军事太空项目研发。法律通过后，日本政府很快进行了调整，7月，“宇宙战略室”正式成立，“宇宙政策委员会”也开始正式行使职能。

除了以上动向之外，面对邻国中国在载人航天领域取得的巨大成就，日本在2012年也开始计划自己的载人航天项目，日本宇宙航空研究开发机构在5月表示，“日本下年度以后将开始研制新一代主力火箭‘H3（暂名）’，新一代主力火箭将具有运载大型卫星和载人太空船的能力，力争在

---

① “综述：日本航天军事色彩渐浓”，新华网，http://news.xinhuanet.com/world/2012-06/25/c_112283355.htm。

2018—2022 年度实施试发射。”① 同时，日本宇航探索局（JAXA）正在推进载人航天飞行计划，将 HTV 作为载人航天器的基础，准备在 2025 年将日本乘员送往太空。

6. 印度一直以来都有着大国梦，而发展航天事业成为航天大国是印度大国梦的重要支撑和组成部分，特别是面对着邻国中国近年来航天业取得的成就，印度更是无法抑制自己大力发展航天业的冲动，几乎每年都有一些雄心勃勃的航天计划出台，但是对于需要强大的高科技水平和雄厚资金支撑的航天业来说，印度的许多航天计划只能落在纸上，明显是“心有余而力不足”。2012 年，印度只进行了两次航天发射，但是有一些发展动向可以关注。

4 月，印度发射了自主研发的第一枚雷达成像卫星“RISAT－1”，印度专家称该卫星重要用于气象观测，并未提及军事用途，“世界各国认为该卫星其实是‘间谍’卫星”②。印度目前拥有世界上最大的遥感卫星群，且分辨率位居世界前列，印度凭借此可以对邻国进行定期侦察，其侦察范围可覆盖整个南亚乃至印度洋地区，但是由于雷达成像等技术能力不足，印度长期无法拥有雷达成像侦察卫星，因而缺乏对印度复杂气象地区实施全天候监视的能力。此次发射的“RISAT－1”与其在 2009 年发射的以色列为其制造的“RISAT－2”卫星组成的雷达卫星星座，弥补了印度这方面的缺憾，使其具有全天候侦察能力，提高了印度军方对复杂气象条件下地区的监控能力。同时该卫星还可侦察和监视攻击印度的弹道导弹，为印度正在构建的弹道导弹防御系统提供空间监视平台，大大延长预警时间，印度的空间能力也必将得到进一步的提升。鉴于印度与巴基斯坦在克什米尔地区不断升温的摩擦和冲突，印度自主研发的这颗雷达卫星的顺利升空对印度来说意义重大。

8 月，印度总理辛格正式确认，印度将在明年启动“火星计划”③，在

---

① “日本开始研制新一代主力火箭，能运载载人太空船”，中国新闻网，http：//www. chinanews. com/gj/2012/05－11/3881165. shtml。

② “印度成功发射雷达成像卫星被疑为间谍卫星”，新浪网，http：//mil. news. sina. com. cn/2012－04－27/0946688939. html。

③ “印度宣布明年启动火星计划，预算层超俄罗斯”，人民网，http：//scitech. people. com. cn/n/2012/0816/c1007－18754711. html。

2012年印度火星轨道器项目完成了任务可行性研究并获得政府批准。该项目计划研制1个火星轨道器，于2013年11月发射，预计2014年9月进入火星轨道，其携带的科学仪器将研究火星气候、地理以及生命的起源、演化及持续性等。此外，印度正在进行金星探测任务的论证，计划2015年5月发射，预计同年10月抵达金星，将研究金星大气层以及类地行星的起源和演变。

7. 韩国、朝鲜等其他国家在2012年也在努力发展本国航天事业，企图实现零的突破，却各有得失。2012年，韩国再次“梦断”“罗老”号(Naro－1)，作为国家实力的体现和国家战略安全的保证，以及与中日等国争夺未来太空制高点的需要，韩国一直十分重视航天技术的发展，并全力推动包括卫星技术、运载火箭技术和发射设施等在内的关键能力，但是，由于种种原因，近十多年来韩国虽然拥有了较为完善的卫星系统和火箭发射基地，但在运载能力等方面仍存在诸多问题，迈向航天大国的步伐举步维艰，面临着“有星无箭发”的尴尬局面。韩国“罗老”号从2002年立项与俄罗斯共同开发火箭技术，其全名为“韩国航天运载器”，由两级火箭组成，一级火箭由俄罗斯制造，二级火箭由韩国制造。“罗老”号于2009年8月和2010年6月，分别进行了第一次和第二次发射，但都未能进入正常轨道，以失败告终。第三次发射从2011年推迟到2012年，但是由于其二级火箭推力控制器出现异常，一再推迟的“罗老”号在2012年的第三次发射又无望实施。

2012年朝鲜分别在4月、12月发射了两枚火箭，其中12月12日利用运载火箭“银河3”号发射“光明星3”号第二号卫星取得了成功，卫星已进入预定轨道，但是美国天文学家认为，“朝鲜卫星的控制和平衡装置出现故障，也没有发回任何信号，种种迹象表明卫星可能已经失败，变成一颗‘死星’。”① 尽管如此，由于发射火箭用的航天技术可以用于发射中远程导弹，所以朝鲜此举表明其可能已经具有中远程导弹的发射能力，因此使得东北亚地区的安全形势更为复杂。此外，如果朝鲜的卫星成为无法控制的“死星”，它就可能与其他卫星相撞，威胁太空安全。

① “美科学家称朝卫星‘已死’，担心与其他卫星相撞”，中国航天科技集团公司，http：//www.spacechina.com/n25/n144/n208/n232/c325271/content.html。

除此之外，在2012年匈牙利、罗马尼亚、波兰、白俄罗斯也拥有了自己的第一颗卫星；哈萨克斯坦正式颁布了《航天活动法》；土耳其政府制定的到2020年实施多项卫星计划的“路线图”，规定把2011年11月成立的航天技术理事会设立为该国首个国家航天局；非洲国家希望成立联合航天局，非洲联盟就成立非洲航天局开展可行性研究；乌克兰政府通过了《2012～2017年国家科学技术太空计划方案草案》；巴基斯坦政府制定的《航天计划2040》是确定的卫星发展和发射计划等等，纷纷表达了发展航天事业的愿望。

二、空天飞机进一步发展，太空军事化进程加速

空天飞机是航空航天飞机的简称，它既可航空（在大气里飞行）又可航天（在太空中飞行），是航空技术与航天技术高度结合的飞行器。空天飞机既具有普通飞机的优势也具有航天飞机、飞船等航天器的优势，与普通飞机相比，它飞行速度很快，可以以每小时5—25马赫[①]的速度在大气层内飞行，地球上任何两个城市间的飞行时间都用不了2个小时，而且可以直接加速进入地球轨道发挥航天器的功能，与航天飞机、飞船等航天器相比，这种飞机能像普通飞机一样水平起飞，它更加便捷和机动，对地面设施要求不高，在普通的大型机场上就能水平起飞和降落，而且使用维护成本低，“据估算，用它发射近地卫星费用只有航天飞机的1/5，而发射地球同步卫星费用则可减少一半。”[②] 因为空天飞机的这些与众不同的特点使得其不仅具有巨大的民用、商业价值，而且具有巨大的军事价值。

首先，空天飞机可以在太空中飞行，而根据现有的国际法等相关法律和公约，太空不属于主权国家领空范围，因此，空天飞机能在战争开始前预先部署在一国领空的上空，而不必冒侵犯别国领空的危险，一旦进入作战状态，便突入大气层，以不低于5倍音速的速度飞行，实施先发制人的打击，而对方几乎没有预警时间，难以防御和反击。空天飞机的这一特点

---

① 1马赫为1倍音速。

② “美军未来战略武器——空天飞机”，止戈网，http://www.zhige.net/html/2011/1201/36753.html。

使世界各国现有的任何防空系统都对它无能为力。

其次，空天飞机速度极快，达5—25马赫，如美国的“X37-B”在全球任意两个城市飞行，所需时间都不会超过2小时，因而具有超强的机动部署能力，可以独自携带核弹头等武器，在很短的时间内对敌发动迅雷不及掩耳的打击，再加之它既可以在大气层中飞行，又可以在大气层外机动变轨，因此轨迹复杂多变、飘忽不定，使之从发现、识别、跟踪，到拦截、摧毁，都远超现代防空系统的能力，使对方难以对它进行有效预警和反击，此外，由于速度快，它还可以在1—2小时之内将突击小分队送到地球的另一面，大大提升全球兵力投送和特种作战能力。

第三，空天飞机能够携带侦察探测设备升空，对海、陆、空、天目标实施侦察监视，与侦察卫星相比，空天飞机可以随时起降，具有更大的灵活性，综合侦察能力更强，获取信息的实时性更好。

第四，空天飞机配置机械臂后，可以在太空中干扰、破坏、甚至捕获他国的卫星，使其无法发挥侦察、监视、导航等功能。此外，在战时通常应设置预备指挥所，避免作战指挥所被摧毁而导致指挥中断，空天飞机提供了一个新选择，可以在战时作为备用指挥所来使用，由于它能像空间站那样在轨道内长期停留，又配备了先进的通讯设备，完全可以胜任一般的作战指挥任务，生存能力远较地面指挥所突出。

正因空天飞机具有目前世界上所有飞行器和航天器所不可比拟的优势和价值，特别是它具有巨大的军事应用潜力和价值，因此空天飞机一直是各航天国家梦想与追逐的对象。

空天飞机的设想始于20世纪80年代，但是由于当时技术水平和经济条件的限制，空天飞机的研发进展非常缓慢。直到20世纪80年代在美苏太空竞赛的背景下，空天飞机研制加速，全球范围内掀起了一股空天飞机热，美国提出了“东方快车”、“X-30”等空天飞机研制计划；苏联提出了“布拉风”、“暴风雪”计划；德国提出了“桑格尔”计划；英国提出了“霍托尔”计划等等，但是由于空天飞机的研发门槛非常高，这些计划不是因失败而放弃，就是停滞不前、进展缓慢。直到美国首架“X-37B”于2010年首次试飞成功，才表明空天飞机技术基本成熟。

更引人注目的是于2011年3月发射升空的美国第二架“X-37B”。按照最初的计划，第二架“X-37B”发射入轨后，将会在轨道上持续运行9

个月的时间，但是到2011年12月实现这一目标后，由于其在轨飞行状态良好，美国延长该机的任务飞行时间，最终第二架“X-37B”的任务飞行时间超过了15个月，“长达468天13小时2分钟，飞行总里程相当于绕地球7000圈”①，最后在2012年6月才顺利返回地面，这一在轨运行时间不仅达到了先前第一架“X-37B”的2倍以上，而且其一次在轨飞行时间也超过了先前美国各架航天飞机的累积在轨飞行时间，取得了惊人的成绩。

2012年12月11日，美国第三次发射“X-37B”执行绝密试飞任务，美国这三次空天飞机的试飞，特别是2012着陆的第二架“X-37B”超长时间试飞成功，表明美国已拥有世界各国梦寐已求的空天飞机雏形。正如斯德哥尔摩国际和平研究所专家香农·凯利（Shannon Kelly）所表示：“它的研制成功乃至服役，将使现有的武器系统等同于最原始的弓箭和长矛。”② 美国此举使其再次在国际太空中具有压倒性优势，打破了国际太空业已形成的战略态势和国际战略力量的平衡，这必将引起其他国家的担忧和效仿，揭起新一轮太空军事化浪潮，严重威胁国际太空的和平与安全。

其他航天国家为了平衡美国这一战略优势，维护自己的国家安全与利益，也必然加大投放，加快研制空天飞机的速度，在2012年，英国等一些航天大国也传来了空天飞机取得进展的消息。11月，英国公布其“云霄塔”空天飞机的“佩刀”发动机完成了重要技术的关键试验，该发动机将能使飞机在4小时内到达地球的另一端，或直接飞入近地轨道，能在跑道上起飞与着陆，这标志着“云霄塔”空天飞机向研制又迈近一步。③

中国的“神龙”空天飞机也在研制之中，由于保密的原因外界对它知之甚少，美国普林斯顿大学“科学与全球安全”项目博士后研究助理马克·格布鲁德（Mark Gblood）认为：“‘神龙’空天飞机是中国为了研制类似于航天飞机或X-37B的载人航空飞船而做出的努力，只是其体积较

---

① “空天作战或拉开序幕：美军X-37B任务综述”，中国航天科技集团公司网，http：//www.spacechina.com/n25/n148/n272/n4791/c275719/content.html。

② “中国专家称现有武器在美空天战机前如同原始长矛”，止戈网，http：//www.zhige.net/html/2011/1028/34347.html。

③ 赵洋：“云霄塔：8小时环游地球”，新浪网，http：//finance.sina.com.cn/chanjing/cyxw/20130114/163214280413.shtml。

航天飞机或 X－37B 无人机小。"[①] 从媒体的报道中，我们获知 2012 年"神龙"次轨轰炸机一举"突破了四大关键技术，火箭发动机取得重大突破"[②]。此外，最引人关注的是中国的空天飞机可能采用的是目前世界上最先进的激光动力系统，它是继核动力系统之后，未来空天动力系统的又一个重要的发展方向，与现有的推进系统相比，激光驱动系统在体积和重量上都拥有相当大的优势，激光驱动空天飞机将拥有可观的载荷，变身为空天侦察机、战斗机甚至轰炸机则更加容易。英国《新科学家》杂志、俄罗斯《NEWSLAND》杂志等媒体揣测，"中国可能已经启动激光驱动空天飞机研发项目。这种空天飞机拥有强劲的动力和可观的载荷，可执行多种任务。由此，中国将力压美国和俄罗斯，在空天装备开发竞争中抢占先机。"[③]

俄罗斯在空天飞机的主要技术——高超音速技术领域仍处于世界领先地位，其在燃料技术、耐高温材料及一体化设计技术等研制空天飞机必需的技术方面取得了重大突破，"已经进入了空天飞机飞行验证阶段"[④]。正如俄罗斯政府官员在 2012 年争论"远景"轰炸机的外形设计方案时，负责国防事务的副总理德米特里·罗戈津所说："我认为我们沿着高超音速技术的道路往前走，我们正朝那个方向前进，没有落后于美国。"此外，日本、印度等国也有自己的空天飞机计划，其中日本已掌握了点火、推力测量、燃料调节和发动机冷却等研发空天飞机的关键技术。

随着第一颗人造地球卫星"斯普特尼克 1 号"的发射升空，人类太空时代宣告到来，太空作为全人类的共同资源理应被和平利用、共同开发，但是随着由美国"X－37B"空天飞机在世界所揭开的空天飞机研制热潮，将打破人类这一美好愿望，揭开太空军事化的进程，"星球大战"将不再只是好莱坞大片中的情节，空天作战离我们并不遥远了。

---

① "美媒体称中国神龙空天飞机挑战美国技术优势"，环球网，http：//mil. huanqiu. com/observation/2012－11/3270854. html。

② "中国'神龙'次轨轰炸机已突破四大关键技术"，凤凰视频网，http：//v. ifeng. com/mil/worldwide/201206/c72907c0－812e－412f－8dba－4172e981b767. shtml。

③ "中国启动激光驱动空天飞机，力压美国和俄罗斯"，21CN 新闻网，http：//news. 21cn. com/world/guojisaomiao/2012/12/20/14099386_ 1. shtml。

④ "X－37B 促世界空天飞机研制热，俄正搞飞行验证"，中国日报网，http：//www. chinadaily. com. cn/hqzx/2013－01/12/content_ 16107794_ 3. htm。

综上所述，2012的年国际太空安全领域既不平衡也不平静，给人们留下太多的思考与担忧，这种大的状态在2013还会持续发展，但是具体究竟会有哪些惊人或精彩的细节，既让人期待也让人忧心重重。在新的一年里，美国第三次发射的“X－37B”将再次书写空天飞机怎样的历史，其私营公司的“天鹅座”（Cygnus）飞船能否顺利首航，“好奇”号会再续怎样的精彩；俄罗斯航天工业在2012年制定的重大改革方案实施进程如何；中国“神舟十号”能否顺利访问“天宫一号”，“嫦娥二号”还能否再次刷新中国航天的新高度，“嫦娥三号”发射和落月巡视勘测任务能否顺利实施；承载着韩国太多梦想的“罗老”号能否在新的一年里顺利升空；印度的火星探测器能否顺利奔向火星等等，都将是2013年在国际太空领域上演的航天大戏。

（陈然然）

第九章

极地竞争问题

随着全球气候变暖以及北极地区适航时代的来临，极地安全日益成为国际社会关注的热点。对北极地区的关注热度又引发国际社会对地球另一端的南极地区安宁的担忧。极地被认为是人类的资源宝库，更关系到全球环境和气候的变化。因此，极地的安全在很大程度将关系到人类自身的安全。在国际社会现有的两极地区制度安排显然很不充分的情况下，如何在确保极地安全的情况下对极地资源和科学价值进行有效科学的规划利用，这成为国际社会在21世纪面临的一个重大课题。

一、北极地区成为国际社会关注的热点

在北极地区问题上的主要国际机制是北极理事会（The Arctic Council），这是一个政府间高层国际论坛。北极理事会根据1996年《渥太华宣言》正式建立，旨在促进北极国家之间的合作、协调和交往，关注北极地区社会及其本地居住者所面对的各种共同问题，特别是该地区的可持续发展与环境保护问题。成员国为加拿大、丹麦（包括格陵兰和法罗群岛）、芬兰、冰岛、挪威、俄罗斯、瑞典、美国。中国、日本、韩国、意大利和欧盟是该组织的特别观察员。目前，中国正申请北极理事会的永久观察员地位。

目前北极航道的商业开发已经进入新的阶段。北极航道由两条航道构成：俄罗斯西伯利亚沿岸的“东北航道”（又称“北方航道”）和加拿大沿岸的“西北航道”。东北航道主要是指从俄罗斯西端的巴伦支海，沿西

伯利亚岸边，向东到太平洋的楚科奇海，直至东北亚的航道。主要穿越北冰洋的5个海域，经过10个海峡。西北航道位于加拿大北极群岛沿岸，东起戴维斯海峡和巴芬湾，向西穿过加拿大北极群岛水域，到达美国阿拉斯加北面波弗特海，连接大西洋和太平洋。

东北航道的开发自2009年即已开始，2011年后商业开发快速升温，也是2012年国际社会关注北极航道的焦点。经由这条航道从欧洲到东亚的距离比经苏伊士运河的航道距离要缩短40%左右。2009年夏季，两艘德国商船实现了从韩国釜山港经过北极东北航道到达荷兰的航行，这是商船首次穿越东北航道，该年从欧洲、俄罗斯诸港取道东北航道到俄罗斯远东、东亚和东南亚诸港的船只数量猛增到34艘。由于经由索马里和南海海域的航线容易受到海盗威胁，因此经由北冰洋的航线对于商船具有相当大的吸引力。近年随着北冰洋海冰面积的持续减少，商业通航的进程肯定将进一步加快。美国国家冰雪数据研究中心数值模拟结果显示，2012年8月下旬，北冰洋地区的海冰面积下降到410万平方公里，创下自1979年开始进行卫星观测以来最低值。① 未来北冰洋海冰减少趋势将不断加剧，至21世纪中叶，北冰洋可能会出现夏季无冰的现象。从现在起到2050年，东北航道的适航时间将从50天增加到90天。② 2012年6月英国《经济学家》杂志关于北极海冰消融的文章指出，自1951年以来，北极气候变暖趋势约是全球平均水平的2倍，其中格陵兰岛的气温平均升高了1.5摄氏度，而同期全球升温平均值为0.7摄氏度。③ 日本宇宙航空研究开发机构2012年10月25日宣布，北冰洋海冰面积截至10月24日已降到421万平方公里，创有观测史以来的最低值。④ 随着夏季海冰的进一步减少，海底资源的勘探难度也会降低。因此，俄罗斯、美国、加拿大等环北极国家纷纷强化在北极地区的军事存在，以争夺该地区日益丰富的自然资源。

---

① “专家详解北极海冰快速‘瘦身’原因”，新华网，http：//news. xinhuanet. com/tech/2012－09/07/c_ 123685085. htm。

② “专访：北极东北航道‘部分通航’时代已到来——访‘雪龙号’船长王建忠”，人民网，http：//politics. people. com. cn/n/2012/0917/c70731－19031337. html。

③ James Astill, “The Melting North,” *The Economist*, June 18, 2012.

④ “北冰洋海冰面积达有观测史以来最小记录”，新华网，http：//news. xinhuanet. com/world/2012－08/25/c_ 123630792. htm。

俄罗斯一直保持着在北极地区的强势力量存在。2012 年俄进一步推进在北极地区的立体性力量部署：一是加强对空间领域的监控。俄联邦航天署计划花费数十亿卢布在北极上空建设专门用于监视该地区的卫星群。2012 年 10 月，俄联邦航天署与俄知名航天企业“拉沃奇金科研生产联合体”签署价值 53 亿卢布（约合 1.7 亿美元）的合同，由该企业负责研制“北极”多功能航天系统的第一批组件为“北极 - M”水文气象和气候监测系统，计划于 2015 年完成。该系统由 2 颗在高椭圆轨道运行的卫星组成，可用于冰情监测、电信电视服务。除“北极 - M”外，该多功能航天系统组件还包括有 2 颗卫星的“北极 - R”冰情及生态监视系统和有 4 颗卫星的“北极 - MS”移动通信和电视广播系统。此举是俄加强对北极资源争夺的有力举措。二是加强地面力量的存在并进一步布局谋势。2012 年 7 月，俄总统普京在白海岸边北德文斯克的北方机械厂出席“弗拉基米尔大公”号战略核潜艇开工仪式的讲话勾勒了俄海军的新格局。普京称俄在 2020 年以前，海军将接收 51 艘现代舰艇、16 艘多用途潜艇和 8 艘“北风之神”级战略核潜艇，打造新一代海军，维护和巩固俄罗斯世界海上强国之一的地位。普京表示，俄罗斯海军是保护国家经济利益的工具，其中也包括北极在内的区域。据称，俄罗斯 2020 年前将向海军投入大约 5 万亿卢布（约合 1555 亿美元）。早在 2011 年 2 月，俄罗斯国防部承诺要组建特种部队“北极旅”，第一支将部署在科拉半岛的佩琴加村。之后俄又在北极地区兴建基础性的边防设施，以提升俄在北极地区的“军事和边防安全”。俄政府宣布，未来 9 年俄将斥资 1340 亿卢布加强北部边境地区建设，并称 2015 年前将在北极地区建立 10 个新的事故救援中心，分别位于摩尔曼斯克、阿尔汉格尔斯克、纳里扬马尔、沃尔库塔、纳德姆、杜金卡、季克西、佩韦克、普罗维杰尼亚湾、阿纳德尔。2011 年 7 月，时任俄罗斯国防部长的谢尔久科夫提出在北极地区建立 2 支特种作战旅的设想，派驻于摩尔曼斯克和阿尔汉格尔斯克等地。2012 年 2 月，俄罗斯陆军总司令亚历山大·波斯尼科夫透露，俄军计划在 2015 年完成组建首支北极地区摩托化步兵旅。8 月，俄罗斯国家安全会议秘书帕特鲁舍夫又称，俄将在北极海上航道沿线地区设立若干军港和边防站。此计划被认为将与 2011 年提出的 10 个事故救援中心相合一，即建立若干具有军民两用用途的基地设施。俄罗斯政治军事分析研究所军事预测中心主任、退役上校阿纳托利·齐加诺克等认为，这些基地应当位于北极航道的中心处，如叶尼塞河、杜金卡河和勒拿河等地，以作为俄北方舰队赶往乌拉尔河、俄太平洋舰队前往泰梅尔湾等地的机动驻扎点和维修点，向军舰提供燃料和弹药补给。[①] 无疑，俄罗斯在北极地区的这种布局计划有着明显的战略意图。三是继续加强俄在沿岸北极地区大陆架与北冰洋权益的宣示。俄罗斯已经投入数百万美元用于海床测绘，以证明罗蒙诺索夫海岭是俄罗斯东西伯利亚大陆的延伸，同时对北冰洋大片海域提出专属经济区主张。不过，北冰洋沿岸其他国家如加拿大、美国、丹麦和挪威等拒绝接受俄方主张。除了宣布对北冰洋海底大部分领土拥有主权外，俄专家甚至计划将北冰洋改名为“俄罗斯冰洋”。[②]

在经济上，俄罗斯为促进北极地区的资源开发和航道利用采取更具有实质性意义的行动。一是推进北极地区的俄罗斯大陆架资源开发活动。自2012 年 4 月起，俄罗斯石油公司相继与美国最大石油公司埃克森美孚、意大利埃尼集团和挪威国家石油公司等美欧石油巨头开展合作，注重引进欧美企业的资金和技术，设立合资企业，推进大陆架开发。据俄罗斯石油公司 2012 年 5 月上任的新总裁（俄罗斯前副总理）伊戈尔・谢钦称，投资总额将达 4500 亿美元左右。再次出任总统的普京数次出席重要的合同签署仪式，表示了对加强在北极地区石油开发的支持。随着俄罗斯主要产油区西伯利亚的石油产量趋于减少，为维持石油产量第一的地位，俄罗斯希望通过开发北极等地区的油田，在 2020 年将石油产量维持在每日 1000 万桶的水平。俄还为北极地区的石油开采提供优惠税收政策，开采税大幅下调，还以北冰洋投资项目为对象推出了免除出口税的原则。[③] 二是俄罗斯在航道开发利用上明显加快步伐。2011 年，俄罗斯一艘载有 12 万吨液化天然气的巨型油轮首次通过北冰洋—白令海峡—太平洋到达亚洲的泰国，只用了 8 天时间，实现了创记录的航运速度。同样，经由此条航道，俄罗斯运往中国的天然气和石油的运输成本将减少三分之一，比通过地

① “俄欲在北极建连串军事基地”，《参考消息》，2012 年 8 月 8 日第 9 版。

② “俄罗斯将在北极建立海军舰艇基地以部署军舰”，新华网，http://news.xinhuanet.com/mil/2012-08/07/c_123542661.htm。

③ “俄罗斯执著开发北极油田”，《日本经济新闻》，2012 年 6 月 4 日。见“日报报道俄罗斯正加紧开发北极油田”，《参考资料》第 29710 期，2012 年 6 月 11 日。

中海和苏伊士运河减少一半左右的运输时间。俄罗期目前是唯一掌握北极东北航道航海资料的国家，其他国家的船舶通行东北航道只能向俄罗斯购买俄文海图，并依赖俄罗斯为通航船舶提供气象、海冰信息和导航服务。俄罗斯声称，东北航道涉及到的冰封区域的海峡属于俄罗斯内水，为其国内交通线的一部分，《联合国海洋法公约》规定的“过境通行”或“无害通过”均不适用。目前，按照俄罗斯法律，外国船只通过“东北航道”时，要事先取得俄罗斯许可，并强制使用俄罗斯的破冰和导航服务、支付高额费用。很大程度上，北冰洋航道的进一步开发利用，将为普京总统新近提出的亚洲战略提供有效的牵引和支撑。可以预计，在俄罗斯同亚洲的距离通过北冰洋真正缩短以后，双方的经济关系也将会有更为实质性的提升。

俄还联合美国在俄北极大陆架勘探油气资源。2011 年 8 月，俄石油公司与美国埃克森美孚公司签署战略伙伴协议。根据协议，两公司共同投资在俄圣彼得堡设立一个北极大陆科研中心。除与美国石油公司联合外，俄 2012 年还与其他一些国家的公司签署共同开发俄北极大陆架的协议，如意大利的埃尼公司和挪威的国家石油公司。由于俄在北极地区占据的巨大地缘优势，显然俄在勘探和开发北极资源方面已经占据了先机。

加拿大一直是北极地区的另一重要大国。加拿大的北极战略包括四项内容，分别是行使北极主权、保护北极环境、促进北极地区社会与经济发展、改进加拿大政府对北极地区的管理。为具体落实其北极战略的实施，加拿大采取了一系列措施：首先是强化主权宣示。为此加拿大在北极地区进行一年一度的领导人视察。2012 年 8 月 20—24 日，加拿大总理第七次视察北极地区，包括加拿大北部的育空地区、西北地区、努纳武特地区和马尼托马省北部，并宣布要对上述地区的经济和社会发展项目予以资金支持。其次是提高保护北极地区权益的能力。加拿大在北极地区每年均进行年度例行性军事演习，而且参演人数呈逐年增长态势。2012 年 8 月 1—26 日，加拿大武装力量第六次在北极地区举行军事演习，参演兵力达 1250 人，超过以往历年演习规模。演习分别在加西北地区和东北哈德逊海峡两地进行。加拿大国防部长麦凯称，此次演习的目的是为了增强加拿大军队在新的地点、新的安全形势和具有挑战性的环境下在北部地区进行军事行动的能力和技巧，以保卫加拿大领土主权。[①] 2010 年后加拿大还与美国定期开展北极军事演习。第三是着眼未来谋取在北极地区更有力的地位，逐步强化在北极地区的军事存在。早在2007 年，加拿大便承诺要在雷索卢特兴建新的军队培训中心，进行极地战争训练，并在巴芬岛北部兴建深水良港。不过，由于2008 年发生的金融危机，加拿大面临着财政紧缩，上述计划暂时没有付诸实施。2012 年，加拿大宣布要在康沃利斯岛设立本国的北极基地，并准备购买先进的无人机以强化该国对其北极地区的监控。加拿大还提出新的造船采购战略。根据该战略，加拿大 2012 年 7 月签署了打造北极近海巡逻舰的初步合同。北极近海巡逻舰项目一旦完成，加拿大皇家海军全年均可在北极及其他近海地区主张并保护加拿大的主权权益，遂行监视、搜索和救援等任务。

美国近年对北极地区的战略关注度由于金融危机的影响有所下降，而且美国在北极地区的存在具有地缘上的制约性。美国在阿拉斯加的兵力存在相对薄弱，在海上力量方面，只有海岸警卫队的少数船只。陆军兵力只有2 个旅，包括 1 个空中机动旅和 1 个摩托化步兵旅。不过，美军在阿拉斯加有一个防空主阵地，有 5 个战斗机中队（2 个 F22A 战斗机中队、1 个 F15S 战斗机中队、2 个 F16S 战斗机中队）以及 1 个远程预警队中队，战机数量达到近百架。美军近年还经常进行北极作战和兵力调动演练。考虑到美国自身具有极大的国际和地区性战略优势，因此，美在北极地区始终是一个极有实力的介入者，并伺机发挥其特别作用。

欧盟对北极地区持续保持关注，不断针对北极地区进行大气监测，收集极地地区气候与环境监测方面的数据。继 2006 年 10 月欧洲航天局发射第一颗极地轨道卫星后，2012 年 9 月欧洲航天局成功发射第二颗极地轨道气象卫星。此卫星工作寿命为 5 年。

其他北极国家如丹麦、挪威等也积极筹划在北极地区的力量态势。北极地区的格陵兰岛和法罗群岛均为丹麦的高度自治区。2009 年丹麦便宣布成立北极地区军事司令部以及能够在北极恶劣气候条件下作战的快速反应部队。2011 年 8 月，丹麦政府正式发布《2011—2020 年丹麦王国北极战略》，2012 年 1 月丹麦新增北极大使职位，并任命霍尔姆为首位北极大使。

---

① “加拿大在北极举行军演”，《人民日报》，2012 年 8 月 4 日。

10月31日丹麦在格陵兰岛首府努克成立北极国防指挥部。丹麦国防部决定将原有的格陵兰岛国防指挥部和法罗群岛国防指挥部合并，成立一个联合北极国防指挥部，以整体指挥丹麦在北极地区的国防任务。新成立的北极国防指挥部由尼尔森少将指挥，编制为40人。

2010年，挪威也将本国指挥部大本营迁入北极圈之内。近年，挪威在北极地区事务上加大了与俄、美等大国的合作。2012年8月，挪威与俄罗斯、美国在北冰洋举行“北方鹰－2012”反恐怖联合海上军事演习。该演习已是继2004、2006、2008年后的第四次。

很大程度上由于对北极航道的价值深有期待，亚洲国家越来越大地表现出对北极事务的关注度。在过去的三年中，日本和韩国已申请北极理事会的永久观察员身份。韩国还是在北极科考方面支出最大的国家之一。日本也积极加强对北极研究的力度和参与北极航道的开发。2011年8月，日本三光汽船株式会社的“三光奥德赛”号货船载着6.6万吨铁矿石成功地完成了从俄罗斯摩尔曼斯克到太平洋的航行。

二、南极地区：主权争议暗流威胁到冰雪大陆安宁

总面积为1400万平方公里的南极洲，只有28万平方公里的土地没有被冰雪覆盖。尽管包括智利和阿根廷在内的7个国家对南极有领土要求，但目前均没有得到国际社会的承认，因此没有任何一个国家对南极享有主权。

《南极条约》及相关议定书禁止各国对南极提出主权主张和开展资源争夺，但各国仍然悄悄瞄准南极大陆开始行动。《南极条约》体系中有关矿物资源活动的两个主要原则是保护南极环境原则和矿物资源暂时冻结原则。1998年生效的《南极环境保护议定书》规定，在未来50年内，任何与科学研究无关的矿物资源活动都须予以禁止。[①] 也就是说，2048年以前，任何国家和组织不允许开采南极的地下资源。虽然《南极条约》体系暂时

---

① 潘敏：“论南极矿物资源制度面临的挑战”，《现代国际关系》，2011年第6期。

冻结了南极地区的资源开发活动，但并没有对2048年之后的资源问题做出明确的规定，如果签约国无法就延长条约期限达成协议，那么这一冻结南极资源开发的条约将于2048年失效，届时各国将围绕南极资源展开新的竞争。这个缺陷也使得不少国家纷纷采取行动，以便最大限度地占有南极的资源。21世纪以来，越来越多的国家将南极科学考察提升到国家战略的层次，并将科学考察的重点转移到资源勘探和调查方面，不断加大对南极考察的资金投入。

智利和阿根廷很早以前就主张对南极大陆的一部分拥有主权，近年对南极的关注度更是大大加强。两国出售的地图和报纸的天气预报栏都标示着“南极领土”。2011年，智利外交部设立南极局。智利总统皮涅拉上任后还首次访问了南极基地。智利南极研究所所长何塞·雷塔马莱斯指出，智利在南极科考中有4条主线：一是符合其国家利益；二是履行智利的相关义务；三是为世界了解南极作出贡献；四是应对气候变化的挑战。无疑，智利希望凭借自身与南极的地理邻近优势发挥在南极的独特战略作用，占据最有利的国际地位。① 2011年，智利完成的南极科考项目是该国47年南极科考历史上最多的，共计完成南极科考项目34个，此外还有52个正在进行的项目。澳大利亚也一直对南极地区保持高度关注，并主张对南极大陆的42%拥有主权，该国安全保障领域的专家不断对澳大利亚的南极政策提出战略性建议，强调其国防当局积极制定相关政策并扩充装备。

英阿矛盾则是2012年南极政治态势的一对主要矛盾。2012年是阿根廷和英国之间的马尔维纳斯群岛/福克兰群岛战争（1982）30周年，该岛离南极大陆较近，是到南极进行探险和科学考察的前进基地和理想的物资中转站，南极地区的政治态势因阿、英之间的马尔维纳斯群岛/福克兰群岛的主权争议而受到影响。阿根廷和英国之间本来在南极大陆的领土权利主张上相互重叠，尽管《南极条约》冻结了各国的领土要求，但并未取消这些领土主张。阿根廷主张拥有主权的南极地区为西经25°到西经74°之间

---

① 通过智利的蓬塔阿雷纳斯乘飞机前往南极用时不到2小时。而且，智利的蓬塔阿雷纳斯和新西兰的克赖斯特彻奇被认为是前往南极的必经之路。据称，目前在南极设立考察基地的28个国家中，有15个国家的科考队员和专家每年均途经智利前往南极。玛丽亚·何塞·冈萨雷斯：“智利在南极全力出击”，（西班牙）《国家报》，2011年3月31日。新华社：《参考资料》第29442期，2011年5月17日。

的地区，这与英国（20°W—80°W）和智利（53°W—90°W）的领土声索主张相互重叠，由此而产生争议。2012 年 12 月 8 日，英国外交及英联邦事务部将一块以前未命名的区域命名为“伊丽莎白皇后号地”（Queen Elizabeth Land），以纪念伊丽莎白二世的“钻石婚”。① 这一区域约为 16.9 万平方英里（43.7 万平方千米），约占英国声称的整个南极领土面积的三分之一，相当于英国面积的 2 倍。英国在 1908 年首次提出对这块南极土地的主权要求。但阿根廷和智利都坚持它们在英国对这些地区主张权利之前便已经拥有权利。12 月 22 日，阿根廷政府还就此次英国政府的单方面命名行为向英国驻阿根廷大使约翰·弗雷曼（John Freeman）表示抗议。无疑，在国际社会正对《南极条约》在冻结各国对南极大陆主权权利要求的长久适用性上心存疑虑之时，英国、阿根廷等国近年在南极大陆不断强化主权的宣示性和实际性行动，加剧了国际社会的担忧，并有可能激发有关国家采取更多的“抢地”行动。

美俄作为《南极条约》的两大原始缔约国，其在南极地区的政策没有出现大的变化，并出现加强合作的迹象。2012 年 9 月，俄罗斯外交部长拉夫罗夫和美国国务卿希拉里·克林顿在出席 2012 年亚太经合组织期间，签署了有关南极合作的《俄美政府间谅解备忘录》和有关加强俄美地区间合作的“联合声明”。美俄间有意加强两国在南极地区的合作，共同开展科研活动。②

三、中国成为参与极地事务的一支重要力量

毫无疑问，极地是人类共同的财富，中国在北极拥有合法的科学和经济权益。北极的气候变暖和环境变化深刻地影响到包括中国在内的全球世界。快速发展的中国的对外经济贸易联系也需要对越来越具备适航条件的

① “The Foreign Secretary has announced that the southern part of British Antarctic Territory has been named Queen Elizabeth Land,” https://www.gov.uk/government/news/queen-elizabeth-land.

② “俄美签署有关南极合作谅解备忘录”，新华网，http://news.xinhuanet.com/world/2012-09/08/c_113006512.htm。

北极地区海上通道予以利用。实际上，2012 年国际社会关注北极地区事务的一个最大特点，便是关注中国在北极地区的作为。作为国际社会一个负责任的大国，中国享有合法关注和参与极地事务的权利和义务，这也有利于更好地规范围绕极地的国际制度安排。事实上，不少极地国家已经认识到，极地不仅仅是其周围国家的事务，极地的事务需要国际社会的共同参与。2011 年 10 月，丹麦驻华大使裴德盛表示，中国“在北极拥有自然合法的经济和科考利益”。2012 年 4 月 16 日，中国外交部副部长宋涛表示，中国是北半球国家，北极地区的自然和社会变化对中国经济社会发展有着重要影响。中国尊重相关国家的主权权益和管辖权，重视北极地区的科学研究和环境保护。中国愿与相关各方在相互尊重和平等的基础上加强合作，为北极地区的和平、稳定和可持续发展作出贡献。4 月 20—27 日，中国国务院总理温家宝对北极沿岸国家冰岛和瑞典进行了正式访问。

中国近年明显加大了对极地的研究力度。中国已经建立的极地战略研究网络包括中国极地研究中心、上海国际问题研究院、复旦大学、同济大学、武汉大学、中国海洋大学等。中国在北极地区已经设立了黄河科学考察站，并进行了 5 次北冰洋科学考察。中国近年也明显加大了对北极地区的战略关注和投入，并提出成为北极理事会永久观察员国的申请。

中国对北极地区的关注主要在于看重北极航道的战略价值。西北航道目前在适航性上尚存在障碍，目前中国有望利用的是北极东北航道。中国 90% 以上的国际贸易需通过海上贸易线路进行。北极航道的通行将极大地减少中国与欧洲之间贸易进出口所需的时间、跨越的距离并大大节省运输成本，而且使得中国对经过苏伊士运河—印度洋—马六甲海峡的常规海上交通航线的依赖大大减少，从而破解“马六甲困境”对中国海上贸易的潜在制约。据统计，2011 年利用北冰洋航线的商船有 26 艘，其中至少有 10 艘的出发或目的港口位于中国。

2012 年 7—9 月，中国“雪龙”号极地科考船两度穿越北冰洋进行首次跨北冰洋调查，成为我国航海史上第一艘穿越北极东北航道的船舶。“雪龙”号船长王建忠指出，从此次航行的实践来看，北极东北航道“部分通航”时代已经到来。此次东北航道航行历时 12 天，航程 3260 海里，所经过海域海冰覆盖范围、厚度都在减少，海冰年轻化趋势明显，全线通航时间超过 40 天。“雪龙”号此次还到访北极国家冰岛。访冰岛期间，中国极地研究中心与冰岛大学签署合作备忘录，计划在冰岛北部建立“中冰联合极光观测台”，冰岛研究中心还将支持位于中国极地研究中心（上海）在上海建立的中国—北欧北极研究中心，这也是中国成立的首个以北极问题为主的国际合作研究中心。

在资源方面，据美国地质调查局推断，北极未探明的石油和天然气各占世界未探明储量的13%和30%。北极地区目前石油产量占世界石油总产量的10%。[①] 能源和资源储量丰富的北极地区将有望为中国提供新的海外资源能源采购地。

在南极地区，自1984年中国首次组织南极科考以来，中国已经在南极建立了长城站、中山站、昆仑站3个科学考察站，成功地组织了28次南极科学考察。2012年11月，中国第29次南极科学考察队从广州出发奔赴南极，执行预计为期162天的科学考察任务。这次科学考察期间，中国科考队将为中国第4个南极科考站选址进行调研，进行昆仑站二期工程建设，同时提高南极考察站的后勤保障能力。

（葛腾飞）

① 参见“希拉里乘船穿越北冰洋，美对北极资源感兴趣”，中国日报网，http://www.chinadaily.com.cn/micro-reading/dzh/2012-06-04/content_6087523.html。

第三部分

主要地区安全形势

世界主要地区安全形势是世界安全形势的构成元素或最基本成分，或直接或间接、或多或少地影响着世界整体安全形势。2012 年世界各主要地区的安全形势虽然不尽相同，但都因其自身存在的问题而出现一些新情况和新问题。其中，无疑中东地区继 2011 年“阿拉伯之春”的持续发酵，成为热点最多、问题最复杂的地区。东北亚地区因领土争端导致国家关系紧张，日本自民党再次执政并沿着一条强硬路线前行。东南亚地区安全形势总体较为稳定，但菲律宾、泰国无法消除的恐怖主义威胁，缅甸爆发的种族冲突以及一些国家频繁发生的自然灾害等，表明该地区的安全仍存在隐患。对于南亚国家而言，2012 年是极为艰难的一年：表现乏力的印度经济、风云诡谲的巴基斯坦政局、此起彼伏的各国民众抗议，以及恐怖主义的威胁不断。与南亚一样，中亚地区尽管安全形势总体稳定，但受国际金融形势前景不明、西亚北非局势持续动荡、阿富汗安全形势变化等诸多不确定因素的影响，“三股势力”、毒品问题、跨国犯罪对地区安全稳定的破坏力有所扩大，外部大国在本地区的博弈竞争也有所发展。非洲大陆的一些国家和地区遭遇动荡，但是在联合国、非政府组织、地区组织和非洲国家自身的努力下，并没有影响和平与稳定在非洲大陆的主导地位。2012 年，独联体迎来了其第三个十年的征程，政治相对稳定，经济缓慢增长，军事合作加强，一体化进程继续向前推进。2012 年，欧盟的安全与防务形势经历了又一个纷繁复杂的年份。在安全与防务领域内采取了一系列新的措施，继续推动相关政策的实施，以加强自身的防务能力建设。

第十章

东北亚地区安全形势

东北亚历来是世界关注的焦点，2012 年也不例外。随着美国亚太“再平衡”战略的深化，美国不仅把更多的军事力量部署在东北亚乃至亚太地区，而且在 2012 年更是强化了与东北亚盟国的关系，军事同盟体系也得到了强化与深化。有美国撑腰，东北亚地区的传统矛盾再一次激化，其中尤其以该地区相关国家的领土、领海争端最为明显，使得相关国家的关系降到了冰点。另外，虽然朝鲜半岛 2012 年没有发生重大的冲突事件，但总体紧张的局面并没有改变。然而，随着朝鲜不断发射“卫星”，东北亚地区以导弹为主的军备竞赛可能呈现加剧之势。

一、美国东北亚同盟体系的强化与拓展，国家关系更加复杂

自 2009 年奥巴马上台以来，美国匆匆地结束了在中东和南亚地区深陷的反恐战争漩涡，积极将其对外战略的中心向亚太地区转移。这不仅是美国自“9·11”事件以来取得反恐战争阶段性胜利后向传统国家安全战略的回归，更是对进入新世纪以来东亚国际形势发展所造成的美国东亚主导地位有可能被边缘化趋势的反思结果。特别是 2009 年日本民主党上台后提出“对等的日美关系”后，美国感到自身在东北亚乃至亚太的主导地位日益受到挑战，加上日益崛起的中国及东亚一体化趋势的发展，美国的危机感明显加强。为此，美国领导人不断强调美国是太平洋国家，美国人民的安全与繁荣和亚洲的安全与繁荣紧密地联系在一起。希拉里称“美国的前

途与亚太地区的前途紧密相连，而这个地区的前途有赖于美国。”① 奥巴马2009年11月14日在东京称自己是首位“心系太平洋的总统”，美国作为太平洋国家，要增强并继续保持在亚洲太平洋地区的“主导地位”。而主导地位的实现很大程度上有赖于美国在战后积极构建的同盟体系，并不断调整和强化这些同盟体系，以适应不断面临的新环境和新挑战。②

随着美国重返东亚战略的不断推进和深化，进入2012年以来，美国多管齐下，试图构建一个以同盟为基础并由美国主导的全方位东北亚安全体系。首先是美日同盟体系的深化。随着东北亚地区国际权力结构的变化和地区安全形势的复杂化，美国主导该地区安全的基石就是它的同盟体系。同盟体系是美国在东北亚存在的基础，因此，巩固美国在东北亚的同盟体系也就顺理成章地成为美国主导东北亚的重要举措。美国先是强化了美日同盟体系。1952年4月28日，《美日安保条约》生效，至2012年正好是条约生效60周年。众所周知，民主党执掌日本政权后，对美关系一度经历了鸠山政权“对等的日美关系”和重视亚洲的“东亚共同体构想”冲击。结果是鸠山最终因此下台，该构想也随之烟消云散。其后，菅直人及野田两届内阁一直极力修复日美关系。而修复的机会终于出现在2012年4月。4月29日至5月2日，野田首相实现了访美，这是2009年2月麻生太郎访美后，日本首相时隔3年零2个月对美国的正式访问，是民主党执政后的首次日美首脑正式会面，也是继2006年之后，日美首脑首次发表联合声明。这次会晤为修复2009年以来相对冷淡的双边关系提供了绝好的契机。

此次会晤后，美日两国联合发表了题为《面向未来的共同愿景》的共同声明。两国再次强调了同盟的必要性，双方认为国际环境正在发生变化，亚太地区面临各种挑战，美日同盟对日本的安全以及这一地区的“和平、安全和经济繁荣”不可或缺。联合声明强调“美日同盟是亚太地区和平与安全保障的基石”，“为了亚太地区和世界的和平与繁荣，将驱使所有能力发挥作用和责任”。两国强调深化两国贸易和投资关系，加强在核安全、清洁能源和网络安全方面的合作，以提高彼此的经济竞争力；双方寻

① “亚洲地区：地区关系因美国加快‘重返亚洲’而复杂化”，新华网，http：//news. xinhuanet. com/world/2010 - 12/26/c_ 12919260. htm。

② “经济危机动摇全球力量对比美国调整战略‘心系太平洋’”，网易，http：//news. 163. com/10/1231/16/6P8BLB3400014AED. html。

求构建一个国际规则和准则得以维护、各国致力于维护地区安全、商业及航行自由不受阻挠以及争端得以和平解决的亚太地区；双方重申两国“全球伙伴”的角色，致力于维护国际和平、安全和人权；致力于加强两国民众之间的交往。①

在安全保障部分则表示，双方“将进一步强化两国防卫合作”，具体包括提升日本新《防卫计划大纲》中提出的“动态防卫力”，以加强冲绳和西南诸岛等地的警戒监视活动，并提及推进美国的重视亚太地区新国防战略。“美国的战略将实现在地理上更加分散、运作上更加抗打击的兵力态势”，为此，双方同意把驻日本冲绳大约 1.9 万名美国海军陆战队官兵中的 9000 人迁至关岛、夏威夷和澳大利亚，并决定把关岛建成一个“战略中心”，“进一步提高美日同盟应对各类突发事件的能力”。②

此次美日两国首脑的会晤，不仅使冷淡的美日关系得到升温，而且美日同盟体系也得到了强化，以《日美联合声明》的形式对深化日美同盟关系进行了再度确认。日本首相野田佳彦会后就标榜“日美同盟已经达到了一个崭新高度”，而奥巴马更是声称：“这份声明是确定今后几十年亚太秩序的文件……美国要主导亚洲太平洋地区。”③ 此后，随着中日钓鱼岛争端的不断激化，给深化美日两国关系和同盟体系提供了一个很好的平台。就在 2012 年 9 月份日本提出钓鱼岛国有化导致中日两国关系急剧下降后，美国国防部长帕内塔在访华之前临时添加了访问日本的行程。他重申了加强美日同盟的必要性，“为了亚太地区的安全保障和繁荣，现在正是应该强化美日关系的时期”，“美日有必要重新认识同盟的作用、责任、能力，在信息安全、宇宙开发、网络安全、导弹防卫等方面深化同盟关系”。④ 11 月份，美国参议院全体会议决定，在 2013 财年“国防授权法案”中加入补充条款，明确规定钓鱼岛适用美国对日防卫义务的《日美安保条约》第

---

① “美日宣布将加强安全和防务合作”，新华网，http：//news. xinhuanet. com/2012－05/01/c_ 123061046. htm。

② 同上。

③ “奥巴马会晤日本首相野田：希望中国遵循国际规则”，环球网，http：//world. huanqiu. com/hot/2012－05/2676945. html。

④ “美国防部长呼吁强化美日同盟”，新华网，http：//news. xinhuanet. com/world/2012－09/17/c_ 113107339. htm。

五条。在美国民主党参议员韦伯看来，这不仅是对美日同盟重要性的强调，也是美国“支持亚太地区重要盟国的强有力的表态”。①

其次，与美日同盟强化的步骤一致，美韩的同盟关系和安保体制在2012年也得到了强化。美韩同盟是美国在东北亚实施安全主导战略的第二根支柱。在日益复杂多变的东北亚局势中，美韩同盟也在不断拓展自身存在的价值和意义，以实施在新环境下的战略职责。以冷战结束为界，美韩同盟从冷战时期的共同阻止朝鲜进攻的战略目标逐渐向韩国李明博总统所称的“共同应对地球村问题的全球同盟发展”的多元性、全方位的目标转型。美韩同盟再定义成全球性的战略同盟，可能是韩国对自身的实力过于自信了，其实美韩同盟从开始就不是一个单纯的双边或区域性质的联盟，而是美国在全球战略布局中维持地区实力均势的工具。从这个意义上说，美韩同盟的作用和功能能发挥多大，在很大程度上依赖于美国的战略需要。近几年来，在美国实施重返东亚和“再平衡”的战略背景下，美韩同盟的战略意义就随着大国力量的重新调整和美国东北亚战略的需要而凸显出来。

近年来，面对朝鲜的核问题和不断发展的导弹威胁，美韩同盟体系在不断调整、不断地得到深化。自李明博总统上台以来，随着“新亚洲外交构想”的推进，美韩两国关系可以说进入了“蜜月期”。2008年，在美国的努力下，韩国正式成为二十国集团峰会的成员国；2009年5月，韩国政府全面加入美国发起的“防扩散安全倡议”；2010年美韩两国签订了自由贸易协定（FTA），从而结束了从2007年两国达成的初步自由贸易协议后长达三年的僵局；2010年美韩两国召开了首次外交部长和国防部长共同参加的“2+2”会谈；2010年韩国向阿富汗派遣了地区重建小组，负责侦查、警备、空中护送等任务。所有这些两国间的密切合作，很大程度上是李明博总统的亲美政策和奥巴马总统对传统盟友和亚洲重视的结果，也因此推动了美韩双边关系近几年的实质性发展和突破。

进入2012年以来，美韩继续深化两国的同盟体系。

---

① “美国参议院确认钓鱼岛适用美日安保条约”，凤凰网，http://news.ifeng.com/mainland/special/diaoyudaozhengduan/content-3/detail_2012_11/30/19719961_0.shtml。

首先是6月14日，美韩第二次外长与防长“2+2”会谈在华盛顿举行。在这次会谈中，韩国和美国一呼一应，配合得相当默契。韩国外交通商部长金星焕在会谈中称，韩国欢迎美国重视亚太地区的政策，美国在亚太地区发挥更大作用有利于地区的和平与稳定。国防部长金宽镇则强调，韩美双方同意加强同盟应对朝鲜网络威胁的能力，韩美联合军演遏制了朝鲜的挑衅，有利于朝鲜半岛的和平与稳定。作为对韩国的回应，美国国防部长帕内塔表示，作为美军亚太“再平衡”战略的一部分，美军将继续在韩国保持强大的军事存在，并通过拓展与日本的三边合作来加强美韩同盟关系。在这次会议上，美韩就深化经济合作、加强战略同盟、应对朝鲜半岛核问题等议题进行了讨论。在安全合作方面，美韩讨论了如何增进各自的导弹防御体系协同行动能力，并决定就网络空间威胁问题举行双边对话。会后发表的联合声明强调，美国将确保韩国有全方位的军事能力来应对朝鲜的挑战，朝鲜的挑衅行为及其谋取核武器和弹道导弹的行动，“对（美韩）同盟、东北亚和国际和平与安全构成严重威胁”，美国重申将动用包括常规和核力量在内的“全部美国军事能力”协防韩国。①

其次，美韩两国第44次安保会议10月24号在美国华盛顿召开。两国针对朝鲜局势、导弹协议修订案的后续措施，以及迁移（驻韩美军基地）等事宜进行了讨论。双方都认为，两国的伙伴关系是东亚稳定的基石，今后要加强在空间以及网络安全等其他方面的合作。同时，两国再次确认了对朝鲜威胁的认定和美国对韩国提供保护的承诺。正如美国国防部长帕内塔所言：“不要弄错的是，美国将会提供给韩国所需要的兵力及军事力量来维持朝鲜半岛的安全。……朝鲜对美韩两国都是严重的威胁，对地区和世界稳定也是一个极大的威胁。……金宽镇与我重新确认，朝鲜的任何进攻或者军事挑衅都将不会受到宽容。”②

可以说，2012年的美韩同盟关系的发展是继续依据2009年两国签订的《美韩同盟未来展望》的图景而展开，即传统的军事同盟关系将被提升到全面性的战略同盟关系，超越朝鲜半岛的界限，发挥地区性和世界性的

① “美韩举行‘2+2’会谈，美将继续在韩保持强大军事存在”，人民网，http://world.people.com.cn/GB/18197586.html。

② “美韩安保会议召开，帕内塔称不容朝鲜再挑衅”，凤凰网，http://news.ifeng.com/world/detail_2012_10/25/18538913_0.shtml。

作用，美韩同盟领域超越军事和安全领域，扩大到包括政治、经济、社会、文化在内的所有领域，其同盟关系将发展为更高层次的伙伴关系。

最后，美国试图构建美日韩三国同盟一体化的东北亚安全秩序蓝图。冷战结束以来，东北亚地区依然延续着以美国为“轴心”的美日、美韩同盟关系，美日和美韩同盟也分别构成了日韩两国各自安全政策的基础。但近年来，美日韩三国基于所谓“共同价值观”，借口“朝鲜威胁”和东北亚紧张局势等，不断加强在安全领域的政策对话与合作关系，美日韩同盟一体化趋势日益显露。

近年来，随着朝鲜核问题和导弹问题的不断发展，韩国和日本开始试着进行某种程度上的军事合作，因为双方都面临着所谓朝鲜的“威胁”。从这个角度讲，日韩双方的政治家在某种程度上都有进一步强化双边安全关系的迫切意愿。尤其是日本，在不断增强军力、加强日美同盟关系的同时，试图以美国为中介形成美日韩三边安全体系和日韩两国某种程度的“同盟”关系。当然，美国也是乐见其成，因为如果韩国和日本两国在军事上能够进行合作，那么美国的亚洲军事战略和亚太战略利益就可能实现最大化和优化。在朝鲜半岛发生紧急情况时，以地面部队为主的驻韩美军和以海军、空军为主的驻日美军就能共同应对。而韩日两国的防务合作如能展开，也可以进一步巩固美日和美韩同盟体系。所以，出于在东北亚地区维持霸权秩序的战略需要，美国也有意推动日韩安全与军事交流。而在以往，美国撮合日韩合作的主要手段之一就是在美日或美韩举行军演时，日韩两国分别以观察员身份参加对方和美国的军演。而当2012年6月，韩国和日本即将签署《军事情报保护协定》时，美国当即表示欢迎自己的两个东北亚盟国结成紧密的关系。但是由于韩国国内历史、领土纠纷以及民族情感等因素的影响下，《军事情报保护协定》也最终搁浅。

既然韩日的军事合作一时还难以达成，美国就又想出了一个促进韩日军事联系和接触的方法，那就是美国联合日本和韩国共同进行军事演习。其实，以前美日韩三国也曾在夏威夷海域以及日本海举行过海上搜救等联合军事训练，但美国并不满足三国在低层次上的军事合作。美国的战略目标是强化三国一同应对危机或冲突的能力。所以，在美国的撮合下，2012年6月21—22日，美日韩三国在朝鲜半岛水域进行了被称为“破冰式”的联合军演。这场联合军演创下了多个第一次：即第一次对外公开宣布；

第一次在半岛南部海域举行三国联合军演；日本海上自卫队第一次深度参与。[①] 这次演习美国出动了“乔治·华盛顿”号核动力航母，日本海上自卫队派出了宙斯盾“雾雨”舰和搭载直升机的大型护卫舰“鞍马”等3艘舰艇参加军演。据称本次军演的目的旨在提升三国的携同作战水平及通信能力，以加强确保海上安全及救灾等领域的合作。[②]

不难看出，美国是有意积极打造美日韩三国走向同盟的一体化努力。金融危机以来，美国经济复苏始终较为脆弱，这客观上限制了美国在东北亚乃至亚太地区的行动力。但是美国又想在亚太继续保持自己的主导地位，所以，美国寄希望于东北亚地区的两个盟国能够合作，这样既可分担美国的安全责任，也可以为建立多边的安全机制寻找磨合点，打造亚洲版“小北约”。而联合军演不仅可以对朝鲜起到“震慑”作用，而且也可以测试一下建立亚洲“小北约”的可能空间。虽然美日韩同盟的一体化将由于日韩两国的矛盾而需要克服重重困难，但是三国的军事合作和联动机制在美国的撮合下可以说已经启动。可以预见，美日韩同盟的一体化趋向，必将对东北亚的和平与安全秩序产生重要影响。

2012年1月，美国公布以“维持美国的全球领导地位”为目标的新军事战略，提出缩减陆军规模，减少在欧洲的军事力量，转而加强在亚太地区的军事存在的“再平衡”政策。6月，美国防部长帕内塔在新加坡“香格里拉对话”会上又提出美亚太新军事战略的四项原则，其中包括增强并调整美军在区内的持久军事存在等内容。到2020年，美国将逐步调整海军军舰在大西洋和太平洋区域的部署分配比例，届时美国在太平洋的军力部署将包括6艘航母，军舰和潜艇的数量也将占美国海军总数的一半以上。可以说，美国进一步增强美日、美韩军事同盟，同时力促美日韩三边同盟的发展，就是美国实施亚太“再平衡”战略的重要步骤之一，但美国也并不想把这种战略的实施被外界赤裸裸地描绘成是针对中国等国家的企图。所以，当美国2012年提出亚太“再平衡”政策以来，美国也需要平衡一下中国的感受。于是9月，美国国防部长帕内塔在访问中国时称，“我们

① “美日韩联合军演，意欲何为”，凤凰网，http://news.ifeng.com/gundong/detail_2012_06/22/15487985_0.shtml。

② “美日韩海军今起在黄海举行首次联合军演”，网易，http://war.163.com/12/0621/14/84HGPLSB00011MTO.html。

的亚太地区再平衡不是为了牵制中国，而是和中国打交道”，“此举是为了创建中美两个亚太国家关系的新模式”，美国的亚太“再平衡”政策“不会全部集中在军事层面，还应该包括不断加强的外交和经济联系”，“我们的‘再平衡’政策的一个基本要素是与中国建立一个建设性的双边关系”。[①] 听其言，还要观其行，虽说美国一再宣称“再平衡”战略不是针对中国设计的，但是美国在东北亚不断深化和拓展的同盟体系也不得不让我们做好两手准备，期望美国在东北亚能继续深化参与程度的同时，又维持与中国的稳定关系，共同塑造东北亚乃至亚太地区的安全秩序。

二、岛屿争端频发，相关国家间关系高度紧张

近年来，东北亚领土争端出现集中爆发和白热化趋势。中日钓鱼岛争端、日韩独岛（日本称“竹岛”）争端、日俄“北方四岛”（俄罗斯称“南千岛群岛”）争端等持续升级，彼此僵持不下，凸现这些问题的敏感性和严峻性。由于领土争端不仅事关国家主权，背后更牵动着巨大的经济和战略利益，加上国内民族主义情绪的涌动和域外大国的暗中干预，令东北亚地区的岛屿争端非常复杂，当事国政府无法作出任何妥协和让步。目前，领土争端成为影响东北亚地区安全和未来地区局势走向的重要因素之一。尤其是进入2012年，领海、岛屿的争端凝聚了世界的目光，并严重影响到相关国家间的关系。

首先是钓鱼岛争端。自2010年9月日本无理冲撞中国渔船并抓捕中国船长后，一而再、再而三地将钓鱼岛问题升级。进入2012年，本应该是中日纪念两国邦交正常化40周年的年份，是两国加深理解、进一步巩固和提升友好关系的机会。但日本政府却作出放纵右翼份子登岛、甚至宣布购买钓鱼岛等岛屿而将其“国有化”等一系列“闹剧”。日本单方面试图改变钓鱼岛现状的企图直接伤害了中国人民的感情，不仅触动中国两岸四地的民间力量奋起“保钓”，也使得中日两国的关系极度紧张。

① “帕内塔释疑亚太‘再平衡’”，凤凰网，http：//finance. ifeng. com/money/roll/20120920/7059514. shtml。

本来中日两国前领导人就钓鱼岛问题早已达成了“搁置争议，共同开发”的原则和默契，并长期以来维持着钓鱼岛的现状。但是进入2012年以来，日本却试图单方面改变钓鱼岛的现状。4月19日，管辖钓鱼岛的冲绳石垣市议会一致通过由国家出钱买下该岛的提议。随后，日本上至政府下至媒体都赞同将这个具有领土纷争的岛屿“国有化”。以此为契机，东京保守派市长石原慎太郎于当月在美国华盛顿提出东京都要“购买”钓鱼岛，并在民间募集了高达13亿日元的购买资金。而日本首相野田佳彦则在7月7日中国抗日战争爆发75周年这个敏感的日子里，表示日本政府正就购买钓鱼岛并实现“国有化”进行综合研究。更为火上浇油的是，日本政府不顾中国的强烈反对，又一次在另一有特殊意义的日子，即9月11号完成了与钓鱼岛所谓的“拥有者”签订“购岛合同”，正式将钓鱼岛及其三个附属小岛收归国有。同时宣布，此后由海上保安厅对这些岛屿进行管理。

无疑，日本企图单方面改变钓鱼岛现状的挑衅极大地伤害了中国人民的感情，也极大地损害了中日两国的关系。对于日本的行为，中国民间和政府都给予了相应的反制措施。中国民间发起了盛大反日游行，抵制日货也成为很多中国人的选择。同时，两岸四地的保钓人士也采取行动赴钓鱼岛宣示主权。8月15日，载有14名香港保钓人士的“启丰二号”船进入钓鱼岛海域，7名保钓人员携带五星红旗、台湾、香港和澳门地区的旗帜登上钓鱼岛。随后，保钓人员遭到日本野蛮抓扣，中国随即对日进行严正交涉，在各方努力下，首批7名保钓人员17日乘飞机顺利返港，第二批7名保钓人士驾驶“启丰二号”于21日抵港。针对中国的民间保钓行动，日本右翼分子随即进一步做出挑衅举动。19日上午，日本国会议员和右翼团体成员150人赴钓鱼岛海域举行所谓“慰灵”活动，其中10名右翼分子非法登上钓鱼岛。

日本宣布钓鱼岛“国有化”后，中国政府立即采取了相应的反制措施。首先，根据《联合国海洋法公约》的精神，并依据《中华人民共和国领海及毗连区法》，中国马上划定并公布了钓鱼岛及其附属岛屿的领海基点基线。这是中国首次公布钓鱼岛及其附属岛屿的领海基线，为中国管辖钓鱼岛提供了法理依据。从此，中国政府的海监船开始在钓鱼岛海域进行常态化的巡航执法。据日本媒体称，自日本宣布钓鱼岛“国有化”以来，中国政府船只21次进入钓鱼岛12海里海域，而2012年共有23次这样的巡逻执法行动。[①] 其次，在海监船正常执法后，中国政府也对民间渔船进入钓鱼岛附近提供了强有力的支持。就在2012年9月16日，东海休渔期结束后的当天，中国政府就明确表示，支持中国东南沿海的1000多艘渔船去东海和钓鱼岛附近捕鱼，坚决维护中国主权和海洋权益、坚决保护中国渔民的生命财产安全。最终，在纪念"南京大屠杀"的12月13日，中国派出了海监B－3837飞机抵达钓鱼岛领空，与正在钓鱼岛领海内巡航的中国海监船编队会合，实现了我国对钓鱼岛的立体巡航，进一步加强了宣示钓鱼岛主权的举措。

其次，就在日本无视中国政府反对，无视中国人民的感情，怂恿右翼分子频频在钓鱼岛制造事端，屡屡挑衅中国的民族情绪时，韩日独岛（日称"竹岛"）之争再次爆发。8月10日13时30分，韩国总统李明博于为了让日本很好地理解"加害者"与"被害者"的立场，登上了日韩争议岛屿独岛，这是韩国总统第一次登上独岛宣誓主权。同时，李明博也对日本在慰安妇和历史问题上的态度表达了强烈不满，要求日本天皇需先向为独立运动而牺牲的韩国人民真心道歉之后再来访问韩国。

与李明博总统登岛行为相呼应的是，在韩国知名歌手金长勋的带领下，40名韩国体育大学游泳俱乐部成员和十多名其他人士13日从庆尚北道蔚珍港下海，游向独岛，以这种特殊方式庆祝"8·15"光复节。紧接着韩国还在独岛上树立了一块高115厘米、宽厚均为30厘米，前后分别用韩语刻有"独岛"和"大韩民国"字样的"守护独岛标志石碑"，这几个字都出自韩国总统李明博之手，侧面还刻了他的署名。日本政府随即宣布召回驻韩国大使，声称要将领土主权争端提交国际法庭，甚至以冻结"日韩穿梭外交"相威胁，[②] 停止首相野田年内访韩计划。日本众议院甚至把韩国对竹岛的实际控制称为"非法占据"，"强烈要求尽快结束"这一状态。这是民主党执政以来首次在公开场合就独岛问题使用"非法占据"这

---

① 此为日本NHK的报道，转引自《环球时报》，2013年1月8日。

② "日韩穿梭外交"是指日韩两国首脑每年互访一次，主要在一种轻松的气氛下在旅游胜地进行比较亲切的随意的交流。

样强烈色彩的词。[①] 但日本也只能对韩国的行为进行谴责而已，韩国的回应则是以独立斗士的心态坚守独岛，韩国总统并没有访问什么“竹岛”，而是访问韩国固有的领土，并把日本首相野田佳彦就独岛等问题写给韩国总统李明博的亲笔信退给日本。

再有，在俄日领土争端上，“北方四岛”（俄称“南千岛群岛”）问题也让日本政府感到非常难堪。2012 年 7 月 3 日，俄罗斯总理梅德韦杰夫登上北方四岛的国后岛宣誓主权。这是梅德韦杰夫自 2010 年 11 月以总统身份登上国后岛，从而成为首位登岛的俄罗斯元首之后，又一次以俄罗斯总理的身份登上北方四岛宣誓主权。随后，俄罗斯太平洋舰队发言人马尔托夫于 8 月 14 日透露，俄太平洋舰队的舰艇编队将于 8 月 25 日至 9 月 17 日期间前往南千岛岛群岛巡航，巡航期间将在日本称为北方四岛的“国后”和“择捉”两岛停靠。本次巡航是为了纪念俄海滨城市鄂霍次克建城 365 周年及二战期间苏联红军解放南千岛群岛和萨哈林岛。[②] 可能更让日本揪心的是，俄罗斯武装力量总参谋长尼古拉·马卡罗夫 8 月 28 日表示，俄罗斯将于 2014 年前加强在南千岛群岛的军事部署，俄军将在南千岛群岛建立两个现代化军事城，并可能部署“堡垒”岸防系统及“BAL”岸基反舰导弹系统。[③] 此外，俄罗斯为了大张旗鼓地显示自己在南千岛群岛的主权和存在，还邀请其他国家参与该地区的经济开发。

2012 年俄罗斯新总统普京执政后，日本希望能和俄罗斯就“北方四岛”问题进行会谈。其实，日本对“北方四岛”一直有比较高的期望，希望俄罗斯能全部归还 4 个岛。2012 年 3 月，野田佳彦首相表示，俄罗斯只归还所占四岛面积 7% 的最小的 2 个岛是不公平的。但是，当日本满怀希望和俄罗斯谈岛屿争端的时候，却迎来了俄罗斯总理登岛的消息。对于俄罗斯一系列对“北方四岛”宣誓主权的行为，日本政府虽提出强烈抗议，但也无可奈何。日本外务省只是召见了俄驻日大使叶夫根尼·阿法纳西耶

---

① “日外相首次称韩‘非法占据’独岛，欲避免被称软弱”，环球网，http://world.huanqiu.com/exclusive/2012-08/3060451.html。

② “俄太平洋舰队舰艇编队确定前往千岛群岛巡航”，http://news.xinhuanet.com/world/2012-08/14/c_112725700.htm。

③ “俄军方将在千岛群岛建立两个现代化军事城”，http://news.xinhuanet.com/world/2012-08/29/c_123643201.htm?anchor=1。

夫，称对俄罗斯总理梅德韦杰夫视察国后岛一事表示遗憾。

上述这些领土争端，都涉及到日本，也就是说，日本与中、俄、韩同时存在着岛屿争端。日本这种四处出击、与周边国家不间断地在领土问题上强化争端的行为，深刻地反映出日本新世纪的战略扩张意识，是其非理性传统思维与大国梦想结合的恶性发作，极大地恶化了东北亚地区的安全局势。

三、朝鲜半岛对峙依旧，导弹问题愈显突出

2012年，对于朝鲜半岛来说，是相对平静的一年，半岛没有发生重大冲突事件，但是总体紧张的局面没有改善。朝鲜的安全环境依旧恶劣，朝核问题依然看不到解决的希望，朝韩两国仍旧处于激烈的对峙状态。在朝鲜核问题隐忍不发的情况下，半岛乃至整个东北亚地区的“卫星”（导弹）发射引发的军备竞赛愈发值得关注。

朝鲜前最高领导人金正日在2011年12月17日突然逝世，两周后，其子金正恩被推举为朝鲜人民军最高司令官，并于2012年4月正式被确认为朝鲜最高领导人。2012年是金正恩执政的第一年，是朝鲜实现“打开强盛大国之门”① 目标的一年，也是朝鲜计划到2020年进入发达国家行列的起步之年。不管“强盛大国”之门是否已经打开，但2012年金正恩执掌的朝鲜，某种程度上仍在传承其“先军政治”的路线，继续坚持独立自主的军事强国之梦。本来，朝鲜自2009年进行了第二次核试验后，自称已在“思想政治强国”的基础上实现了“军事强国”，因此其“强盛大国”之路仅剩下了“经济强国”的目标。所以，从2010年开始，朝鲜的发展战略从“先军政治”的既定方针开始转向“以民生经济为主”的发展方向。但是，金正恩执政后，在经济水平难以达到“打开强盛大国之门”目标的情况下，似乎只剩下军事手段了，故只能暂时再回到先军路线上去，因为新领导人上台总要向国内、国际社会展示自己的存在、树立自己的权威。

---

① “打开强盛大国之门”是朝鲜党和政府在2007年年底提出的口号。朝鲜计划用5年时间克服眼前的经济困难，使经济建设获得一个大飞跃，目标是在已故国家主席金日成诞辰100周年的2012年“打开强盛大国之门”。

正如4月15日金正恩在他的首次公开演讲中说的，朝鲜现在正处于重大的历史时机。朝鲜要永远坚持伟大领袖开创的“自主、先军、社会主义的道路”，争取新的胜利。[①]

金正恩执政后，秉承了既要传承前领导人的政治遗训，又要确立领导权威来巩固自己政权的一贯传统。因此，在2012年，朝鲜首先在党的指导思想上进行了调整。金正恩在其《竭诚拥戴伟大的金正日同志为我们党永远的总书记，出色地完成主体革命事业》一书中，充分肯定了金正日的先军政治路线。在4月召开的朝鲜劳动党第四次党代表会议上，朝鲜把金日成的“主体思想”、金正日的“先军思想”正式定名为“金日成—金正日主义”，并作为劳动党的“唯一指导思想”，作为党的建设和活动的“出发点”和巩固组织思想的“基础”，表明朝鲜将继续执行既定的对内对外政策，而不会另起炉灶，[②] 而这在2012年的半岛南北关系上表现得十分明显。

2012年，金正恩继续遵循着前领导人金正日的对韩政策，坚持不与韩国的李明博政府往来，对峙依然激烈。金正日去世后，韩国总统李明博发出呼吁，在后金正日时代，韩国有机会改善与朝鲜的关系，韩国向朝鲜敞开着“机会之窗”，但也表示将强烈回应朝鲜的挑衅行为。同时，李明博对金正日的去世则拒绝正式哀悼，还阻止社会各界人士访朝吊唁。这不仅使得冰冷的韩朝关系继续僵化，还遭到了朝鲜方面的强烈声讨。朝鲜劳动党机关报《劳动新闻》称：“韩国傀儡们在国丧期间犯下了千秋万代都洗刷不清的大逆不道之罪”，“傀儡们的所作所为是无法容忍的反人伦、反民族的粗暴行动，是进一步激化北南对抗和紧张，破坏我们至高尊严体制的最严重、最恶劣的罪恶行径”。[③] 而4月当韩国仁川某部队在墙上悬挂金正日、金正恩头像并进行涂鸦后，朝鲜则召集10万军民在平壤金日成广场谴

---

① “金正恩发表公开演讲：坚持自主先军社会主义道路”，网易，http://help.3g.163.com/12/0415/10/7V4JEE8T00963VRO.html。

② “朝鲜半岛局势‘不确定’中走过2012，未来走向扑朔迷离”，凤凰网，http://news.ifeng.com/gundong/detail_2012_12/21/20405023_1.shtml。

③ “李明博吁金正恩改善朝韩关系”，新浪网，http://news.sina.com.cn/o/2012-01-03/092323740139.shtml。

责韩国政府，并声明称将实施4分钟特殊行动“铲平李明博政府”。[①] 而2012年朝韩关系最紧张的一次对峙则发生在10月22日，当天“脱北者”团体联盟“朝鲜民主化推进联合会”（简称“朝民联”）计划向朝鲜散发20万张传单。在获知该计划的第一时间，朝鲜军方以“公开通告”的形式将传单散播地临津阁列为“打击目标”，称只要临津阁一带出现小规模的投放活动，西部前线指挥部将不予警告，直接发起无情的军事打击。[②] 这是朝鲜近几年来对韩国的最严厉的警告。为此，韩国军方将西部战线第一军的警戒态势上调至最高级别，处于待命状态的火炮和空军被授命“要对敌人进行大胆果断的反击”。[③] 双方火药味十足，这场一触即发的危机，后来由于韩国政府的管控而使得传单发放的活动没有实施。

而在树立金正恩权威方面，朝鲜首先是从军方人事调整开始，先解除了前总参谋长李英浩的一切职务，10名内阁部长也被撤换。在党内支持力量的协助下，金正恩维持了政权的稳定性，进行了高层的重新洗牌，并打上了自己的烙印。其次，朝鲜为向国际社会展示自己力量和凝聚国内民心，选择了在航空航天事业要有所作为。2012年4月13日和12月12日，朝鲜不顾国际社会的强烈反对，两次发射运载火箭，并最终将一颗“光明星3号”卫星送入太空。按照朝鲜的说法，“光明星3号”是朝鲜依靠自己技术和智慧研制的“主体卫星”，发射“卫星”不仅是秉承金正日的“遗训”，而且使国家的和平航天科技迈上新台阶，为大力推动科技和经济发展提供了重要契机，为发展国家的科技和经济，今后还要继续发射人造地球卫星。[④] 当然，不可否认的是，成功发射第二颗“光明星3号”人造地球卫星，是朝鲜党和人民献给“太阳节”100周年的最大礼物，也是金正恩鼓舞朝鲜士气、维护自己权威和大力显示“先军”朝鲜综合国力的重

---

① “朝鲜：4分钟清扫‘逆贼’李明博政府”，中国新闻周刊网，http：//news.inewsweek.cn/news－24310.html。

② “韩国民间组织将向朝空投传单，朝方反应强硬”，人民网，http：//military.people.com.cn/n/2012/1022/c172467－19342433.html。

③ “传单战致朝鲜半岛局势紧张，韩军进入高警戒状态”，腾讯网，http：//news.qq.com/a/20121022/000011.htm。

④ “朝中社：金正恩领导下，国家工作明显转向改善人民生活”，凤凰网，http：//news.ifeng.com/world/special/jinzhengen/content－3/detail_2012_12/22/20433097_0.shtml?_from_ralated。

要手段，会让金正恩政权今后在内外政策上有更多的牌可打。

不管朝鲜发射的是卫星还是导弹，但凡是具有军事常识的人都知道，军事卫星的发射系统与远程导弹的发射系统并没有实质性的区别，只要拥有了发射卫星的火箭技术，那么朝鲜可以随时将发射卫星的火箭改造成为远程导弹。近几年，朝鲜不断发展远程导弹，加强其中短程导弹的部署，这对韩国无疑也造成了巨大的冲击，特别是自2010年“天安舰事件”和朝鲜“延平岛炮击事件”以来，韩国认为朝鲜对其构成的威胁越来越大，尤其是远程导弹试验对韩国构成了直接威胁。因此，一方面，从2009年开始，韩国也在不断尝试卫星的发射，想挤进世界航天大国的行列。继2009年8月和2010年6月两次“罗老”号卫星发射失败后，2012年又试图于10月进行发射试验，但由于种种原因一再推迟，最后终于在2013年1月发射。另一方面，以应对朝鲜的弹道导弹威胁为由，美韩双方修改了2001年3月达成的韩国导弹不超过300公里的《导弹技术控制机制》协议，[①]美国将韩国导弹射程的限制放宽到了800公里。这使韩国的导弹射程不仅可以覆盖朝鲜的全境，也可以覆盖一部分中国和日本的领土，大大提升了韩国的战略打击能力。当然，战略打击能力的提升也很可能引发东北亚地区相关争端的进一步加剧，进而使东北亚地区稳定的态势进一步恶化。为此，朝鲜2012年10月就韩美新的“导弹政策宣言”宣布：战略导弹部队等朝鲜军队不仅将韩国，且将驻韩美军基地，乃至日本、关岛及美国本土置于“命中打几圈”，朝鲜“对此不再隐瞒”；针对美韩等各种势力做好了一切准备，将“以核回应核，以导弹回应导弹”。[②] 而朝鲜此番言论无疑将极大地刺激日本，并使日本有充分理由借机进一步壮大自己的军事力量。

当然，近几年朝鲜的核与导弹问题不可避免地被美国拿来说事，2012年美国就以朝鲜的导弹威胁为由，以保护盟国的安全为借口，想在亚洲推进美国主导的导弹防御系统。其实，自从美国2001年底退出《反导条约》后，它一直在积极寻求建立反导系统，谋求所谓的“绝对安全”。从最初的国家导弹防御系统（NMD）和战区导弹防御系统（TMD），到以伊朗导

---

① 其实，美韩两国从2010年底就开始商讨弹道导弹的射程问题，2012年在朝鲜发射“卫星”等因素的影响下终于达到了修改导弹射程的目的。

② “朝鲜宣布其导弹能打到美国本土”，新华网，http://news.xinhuanet.com/2012-10/10/c_123802311.htm。

弹威胁为由而在东欧建立的反导系统，美国一直致力于将其覆盖范围从美国本土扩大到盟国。而亚洲一直是美国反导的薄弱环节，目前主要依靠日本及其海基力量。尽管日本的“宙斯盾”反导系统应对朝鲜的所谓“导弹威胁”绰绰有余，[①] 但美国并不感到满足，因为美国的“醉翁之意”不在朝鲜，而是在中俄。为应对东北亚乃至亚太地区的核技术扩散、个别国家弹道导弹和反介入或区域拒止能力所带来的挑战，以及从外层空间、公海到网络空间的威胁，美国迫切希望在亚洲拥有一个强大的防护网。2012年3月26日，美国国防部长助理梅德林·克里顿就透露，为避免未来美国及盟友遭到伊朗和朝鲜的导弹袭击，美国计划在亚洲和中东建立一套类似于欧洲的弹道导弹防御系统，并表示美国将通过两组“三边会谈”在亚洲推进“新反导壁垒”：一组是美日韩，一组是美日澳。推进过程将采用与在欧洲筹建反导系统类似的“分阶段适应方案”。而美军扩大“亚洲导弹防御计划”的重心则是在亚洲南北设立两个强大的部署导弹防御系统最重要组成部分的“X波段”预警雷达。2012年9月，美日两国明确将一个新的X波段雷达部署在日本南部一个岛屿上，与北部青森县日本海一侧津轻市日本航空自卫队车力基地的雷达遥相呼应。[②] 这样，不仅可以提升日本的反导能力，还可以将配备同类型雷达的美军巡洋舰和驱逐舰扩大在太平洋执行导弹防御任务的余地和雷达探测范围。

当然，美国也在试图强化与东北亚另一盟国韩国的反导系统合作。自20世纪90年代美国提出战区导弹防御计划以来，美国一直力图将韩国纳入其导弹防御系统，但基于维护国家安全利益和实现半岛和平稳定的利益需求，韩国多次表示无意参加。不过，在2009年6月签署的《美韩同盟未来展望》中，美国首次承诺向韩国提供“延伸威慑”，具体包括核保护伞、

---

① 日本在1998年朝鲜发射导弹后，不遗余力地强化海基反导能力，并与美国联合开发导弹防御系统。目前日本拥有世界第二、亚洲第一的海基反导能力。最近研制成功的标准-3 Block Ⅱ导弹，其弹体直径加粗，射程更远，拦截能力更强，作战范围达到500公里。标准-3 Block Ⅱ导弹的诞生意味着日本在击落对方火箭或导弹的同时，可以将“目标”赶出国土，把附带的损害大幅降低。

② “美日确定部署反导雷达，增强美军保护日本的能力”，新华网，http://news.xinhuanet.com/world/2012-09/18/c_123727422.htm。

常规武器和导弹防御系统。[1] 在2012年3月美国助理国防部长克里顿表示将在亚洲和中东部署地区性弹道导弹防御系统后，在华盛顿召开的第二届美韩外交部长与国防部长（2+2）会谈上，两国一致同意强化针对朝鲜半岛弹道导弹威胁的“综合防御态势方案”，其实质就是把韩国和驻韩美军独自建立的导弹防御系统进行整合“并轨”。美韩整合导弹防御系统，不仅有利于落实美国的“延伸威慑”战略，也是美国在亚太建立导弹防御系统的重要进展。而在2012年10月的第44次美韩安保会议上，美国更是借朝鲜发射卫星这一事件带来的紧张气氛，“公开要求”韩国应加入美国的全球导弹防御系统。[2] 但韩国政府因担心刺激中国等相关国家，否认了和美国联合搞反导系统的说法，称是开发自己的“韩版反导体系”。

美国与东北亚盟国在导弹防御方面的新合作，对美国的亚太战略以及美日、美韩同盟或许是“积极进展”，但其所带来的负面影响，不可避免地引发了外界的担心。在许多人看来，这种合作不仅可能导致导弹防御技术扩散，给国际军备控制与裁军形势带来负面影响，也会增加东北亚安全和朝鲜核问题的复杂性，加深地区国家之间的战略疑虑，甚至诱发新一轮地区军备竞赛，从而对东北亚地区多边安全机制的构建带来难以估计的消极影响。

就在截稿之时，朝鲜国防委员会2013年1月24日发表声明，谴责联合国安理会涉朝决议，称将进行更高水平的核试验，为保护国家自主权展开“全面对决战”。并宣称：“为守护国家的国防和安全，朝鲜将在反美对决战的新斗争中，不掩饰继续发射各种卫星和运载火箭、进行更高水平核试验的意图，以瞄准宿敌美国。”声明还说，鉴于联合国安理会失去了其公正性和平等性，六方会谈和“9·19”共同声明“不再存在”。以后即使会有为保障朝鲜半岛和地区和平稳定的对话，也不会有讨论朝鲜半岛无核化的对话。声明说：“现在不需要朝鲜半岛无核化，而需要集中力量实现

---

① “美韩反导合作影响地区稳定”，人民网，http://military.people.com.cn/n/2012/0629/c172467-18405537.html。

② “美韩合力打造亚洲反导系统，被指堵到中国家门口”，新浪网，http://mil.news.sina.com.cn/2012-10-26/0734704876.html。

美国等大国无核化。”① 朝鲜此举导致国际社会的强烈不满和高度紧张。显然，如果朝鲜听从国际社会的呼吁，最终放弃第三次核试验，朝鲜半岛局势无疑会朝着积极的方向发展。然而，朝鲜一旦进行第三次核试验，半岛和整个东北亚局势必将因此而变得格外紧张，从而可能成为2013年地区安全形势具有引导性的事件。而就半岛而言，金正恩和朴槿惠这两位半岛的主人将如何处理朝韩双边关系，也将成为半岛未来局势的关键。可以预见的是，朝鲜半岛局势短时间很难得到根本缓和，甚至有激化的危险。而一旦出现激化，必将世界主要大国牵扯进去，从而导致东北亚地区安全局势朝着更为复杂的方向发展。

（董庆安）

① “朝鲜称以后不会有讨论朝鲜半岛无核化对话”，新浪网，http：//news. sina. com. cn/w/2013－01－24/130426113587. shtml。

第十一章

东南亚地区安全形势

2012年，东南亚地区安全形势总体较为稳定，但菲律宾、泰国无法消除的恐怖主义威胁、缅甸爆发的种族冲突以及一些国家频繁发生的自然灾害等，表明该地区的安全仍存在隐患。在推动东盟内部一体化方面，各成员国举行了一系列会议，达成了不少共识，并取得了丰硕成果。在发展与美、俄、印、欧盟等国家及组织的关系上，东盟组织及国家也显得越来越活跃，与中国在政治、经济和军事安全等领域的交流与合作也取得不少实质性成果。但南海争端继续升温，已成为双方安全关系进一步发展的最大障碍。

一、地区安全形势总体稳定，但不稳定因素依然存在

2012年，东南亚大部分国家内部局势保持了稳定，缅甸的民主化转型有所加快，马来西亚国内各党派围绕大选展开竞争。但与此同时，在非传统安全领域，泰国、菲律宾的反恐形势依然严峻，缅甸的种族冲突愈演愈烈，自然灾害在一些国家频频发生。

（一）泰国政局持续动荡不安

2012年以来，泰国英拉政府一直面临着反政府集会及示威活动带来的压力。2月25日，泰国反独裁民主联盟（“红衫军”）在距离首都曼谷不

远的考艾国家公园举行集会，这是“红衫军”沉寂了数月后的首次大规模集会，旨在表明“红衫军”反对2006年9月发生的军事政变、不会接受2007年宪法的坚定态度。泰国前总理他信还通过视频向支持者发表了演说。2006年，泰国发生军事政变，时任总理他信被罢黜并流亡海外。政变后成立的政府在2007年颁布并实施了新宪法，由此引发支持他信的“红衫军”的持续性反对和抗议。

2012年5月下旬，执政的为泰党准备在议会中推动审议“和解法案”，并表决通过宪法修正案第291条。泰国主要反对党民主党和人民民主联盟（“黄衫军”）等一些政治团体认为，所谓“和解法案”，主要是为了给前总理他信洗脱罪名、重返政坛创造机会，而执政党推动表决通过宪法修正案第291条，有可能导致颠覆宪法、改变君主立宪制政体。此后，民主党、人民民主联盟等5个政治团体向泰国宪法法院控告议会，要求裁定“审议和解法案及表决通过宪法修正案第291条”属违宪行为。6月初，宪法法院以7比1绝对多数赞成的表决结果，下令国会暂停对修订宪法第291条的三读表决，致使该修正案的三读表决被暂时搁置。15日，普密蓬·阿杜德国王签署谕令，批准英拉总理关于议会上半年年度会议闭会的申请。

6月24日，“红衫军”在曼谷民主纪念碑附近举行大规模集会，纪念该国国家体制由君主制转变为君主立宪制80周年。“红衫军”主要领导人乍都蓬、纳塔兀、提妲等人参加了集会，并轮番上台发表演讲，表明他们对拟修订宪法第291条的立场。集会的另一个目的是收集约10万名支持弹劾宪法法院7名法官的签名。据曼谷警方称，“红衫军”在集会期间与警方保持了密切合作，为集会的安全和秩序提供了保障，集会现场整体气氛平稳。

11月24日，泰国“保卫暹罗”组织在曼谷五世皇广场举行大规模反政府集会，示威者指责英拉政府是“傀儡政府”，存在贪污腐败以及有关人员对王室不敬等违法或不良行为。其间，示威者与警方发生冲突，互相投掷催泪瓦斯，造成至少82人受伤、138人被拘。“红衫军”的一部分支持者也在曼谷以外的一些府举行集会，反对“保卫暹罗”组织发起的这场反政府集会，并且声称“一旦出现政变或政府失控迹象，将发动示威反击”。在“保卫暹罗”组织的强大压力下，25日，英拉政府不得不在议会再次面对反对派的不信任质询。尽管反对派竭力推动的针对包括英拉在内的4名内阁成员的不信任案投票未获成功，但执政联盟与反对党之间的矛盾依然尖锐，斗争仍在继续。

以上局势表明，泰国社会目前仍处于严重的分裂状态，前总理他信的政治命运成了泰国政治生活中的“一颗定时炸弹”。只要这一问题得不到妥善解决，亲他信势力与反他信势力之间的对抗就不可能消除，泰国政局也就很难恢复稳定。而如果政坛持续动荡，泰国经济也将受到严重拖累。如何破解国内政治僵局，寻找国家稳定的长久之计，是英拉政府目前面临的艰难课题。

（二）缅甸继续推进民主化转型

2012年1月2日，缅甸政府大赦6656名服刑人员。12日，缅甸政府与境内最大的少数民族武装组织——克伦民族联盟领导的克伦民族解放军签署停火协议，从而结束了克伦族反对派与联邦政府长达60多年的对峙与冲突。13日，吴登盛总统签发政令，命令联邦军队除了自卫外不得向任何少数民族叛军发动攻势。同日，政府又释放了651名服刑人员。

4月1日，缅甸举行议会补选，全国共有来自17个政党的150名候选人和7名独立候选人竞选37个联邦议会人民院议席、6个联邦议会民族院议席和2个省邦议席。其中，在各级议会中拥有多数议席的“巩固与发展党”参加了全部45个议席的竞选。昂山素季领导的“全国民主联盟”（NLD，简称“民盟”）参加了44个议席的角逐。这是该党于2011年12月13日获得注册成为合法政党后首次参加全国选举。其他政党也推出了各自的候选人参选。在总计160人角逐的45个补选议席中，民盟最终获得了43席，成为缅甸联邦议会中的第二大政党和最大的反对党，昂山素季当选为联邦议会人民院议员。她的任职将是缅甸民主化进程的重要推动力量。①

4月7日，吴登盛总统与克伦民族联盟的6名代表在内比都举行了历史性的首次会谈，达成了包括逐步实现全国停火、制定和遵守停火协议、建立和平监督机制、计划重新安顿国内流离失所的人民等13点共识，并签

① 李晨阳：“2012年大选之后的中缅关系：挑战与前景”，《和平与发展》，2012年第2期，第29页。

署了和谈纪要。[1] 8月20日，缅甸政府宣布终止对国内出版物的审查制度。9月17日，政府再释放500多名囚犯，11月中旬，又释放了452名犯人。

缅甸现政府推行民主转型的努力，得到了国际社会的欢迎和回报。2012年1月初，澳大利亚政府表示，将把部分缅甸公民从金融和旅游限制名单中删除。2月，欧盟宣布为缅甸提供1.5亿欧元的发展援助。美国的反应尤其引人注目。7月11日，美国正式恢复了与缅甸的大使级外交关系。同一天，奥巴马总统又宣布准许美国公司在缅甸投资，此外，还签署一份豁免令，解除部分对缅制裁，允许世界银行、亚洲开发银行以及国际货币基金组织等国际金融机构在缅开展评估工作，或提供有限的技术援助。这一措施为缅甸获得这些金融机构的贷款及援助铺平了道路。11月19日，奥巴马总统还对缅甸进行了历史性访问，成为首位在任期间出访缅甸的美国总统。美国的这些举措显然旨在鼓励缅甸继续进行变革，并为美国公司在缅甸谋取商业利益，扩大美国在缅甸乃至整个东南亚的影响力。

2012年对缅甸来说是继续变革之年。虽然在民主化道路上取得了新的进展，但由于国内政治矛盾错综复杂，民族冲突未解，其改革进程将充满曲折。

（三）马来西亚选战形势趋于激烈

2013年是马来西亚的大选年。围绕大选，各党派之间展开激烈斗争，尤其是执政党近年来一直面临着国内反对派要求改革选举制度的压力。这种压力到了2012年进一步增大。4月3日，马来西亚国会下议院在反对党一片抗议声中，在未经辩论的情况下，直接通过接纳国会选举改革特别遴选委员会（简称“特改委”）的提呈报告。该报告含有22项建议，其中包括让选举委员会成为独立机构、清理选民册，以及防止选举舞弊等。不过，这份报告最后仍然无法达到“干净与公平选举联盟”（简称“净选盟”）的期望。11日，总理纳吉布宣读了对第十四任最高元首阿卜杜勒·哈利姆·穆阿扎姆·沙阿的委任状，随后，阿卜杜勒·哈利姆正式宣誓就

---

① “亚洲缅甸：缅甸为什么能实行民主改革?”中国政府创新网，http://www.chinainnovations.org/Item.aspx?id=37892。

任国家元首。他是马来西亚历史上两次出任国家元首的苏丹。

4 月 28 日，近 10 万名马来西亚民众在吉隆坡独立广场举行“黄绿大集会”，要求政府在大选之前完成选举改革，以确保选举的公平、公正与干净。集会者还提出了 8 项选改诉求，包括印制准确的选民册、使用不褪色油墨、改善邮寄选票制度、给予参选者至少 21 天的竞选期、自由和公平地使用媒体、强化公共机制、杜绝贪污滥权以及杜绝肮脏政治等。① 这场集会是在“净选盟”主席安美嘉的领导下进行的。民联三党领袖，包括人民公正党实权领袖安瓦尔、民主行动党国会领袖林吉祥、伊斯兰党主席哈迪阿旺，以及吉兰丹州务大臣聂阿兹也率领逾万人参加。集会开始时只是和平示威，后来出现失控，导致示威者与警察发生冲突，防暴队不得不使用催泪弹和高压水龙头强行驱散，结果有至少 388 人被捕，多人受伤。

11 月，纳吉布总理宣布将在 2013 年适当时候举行全国大选，但未确定具体日期。12 月 16 日，民联再一次走上街头，举行“人民崛起”大集会，呼唤人民不要忘记“净选盟”的八大诉求，继续向政府施压，以迫其兑现先前做出的确保选举“干净的”承诺。

目前，在国阵执政下，马来西亚的政局总体保持稳定，经济也呈现较快增长势头。但是，贪腐问题的存在、巫统在国阵内一家独大，以及政府在政策上过度维护马来族利益的做法，一直饱受国内反对党以及非马来族裔的诟病和攻击。在大选来临之际，马来西亚已形成国阵和民联竞相争斗的政治格局，两大阵营都在竭尽所能地争取选民支持。而马来族群内部也出现了分裂，华人族群的选票或许将成为决定谁能最终赢得大选的关键。

（四）菲泰缅国内暴力冲突持续不断

2012 年内，菲政府军继续打击反政府武装“阿布沙耶夫”组织势力，先后击毙 20 多名武装分子，但在 4 月和 7 月的交火中也有 37 名政府军人伤亡。与此同时，菲政府努力与另外 2 支实力较强的反政府武装组织和谈。10 月 15 日，菲律宾政府与菲最大的反政府武装“摩洛伊斯兰解放阵线”

---

① “向政府施压兑现净选承诺，民联号召百万人民大集会”，联合早报网，http：//www. zaobao. com/special/malay/pages/mypol121004a. shtml。

在位于马尼拉的总统府正式签署和平框架协议，以结束双方在菲南部棉兰老地区持续数十年的武装冲突。总统阿基诺三世称，这项协议“将能够最终在棉兰老地区实现真正的和持久的和平”，体现了各方的意见和共同的希望，掀开了历史的新篇章。[①] 根据协议，菲南部将建立名为“邦萨摩洛”的新政治实体。但是，菲政府与菲共“新人民军”和谈的努力未能取得实效。上半年，政府军与“新人民军”多次爆发武装冲突，造成政府军方面至少13名人员伤亡。菲政府曾于2011年2月在挪威首都奥斯陆与菲共旗下的政治组织“全国民主阵线”重启和谈，双方原计划于2012年10月在奥斯陆再度和谈，但由于“全国民主阵线”方面要求菲政府先释放被关押的18名菲共及“新人民军”人员作为复谈条件，而政府方面则予以拒绝，双方之间的和谈再度陷入僵局。菲总统阿基诺三世10月曾表示，菲政府并未放弃同菲共和“新人民军”领导下的“全国民主阵线”达成政治解决方案的努力。他还透露，“全国民主阵线”也在努力恢复与政府的对话。但在11月17日，双方再度发生激烈交火，造成7名政府军士兵和5名反政府武装分子死亡，另有16人受伤。

在泰国，受伊斯兰分离主义运动的影响，南部地区频发暴力袭击事件。上半年，共发生9起恐怖爆炸袭击事件，造成至少25人死亡，600多人受伤。自7月20日斋月开始，南部暴力事件不断升级。8月，在总理英拉的主导下，泰国政府决定建立解决南部问题的行动指挥中心，总部设在曼谷，由副总理育他萨担任主席，协调参与泰南治理的17个部和66个相关单位的工作，以统一行动、提高效率。10月份，泰国南部的陶公府又连续发生7起炸弹袭击和枪击事件，造成数十人伤亡。

在缅甸，若开邦爆发严重的种族—宗教冲突。若开邦主要居住着信奉佛教的若开人，同时还有大量信奉伊斯兰教的罗兴亚人。两个群体间因种种原因关系长期不和。6月上旬，若开邦部分地区发生了严重的族群冲突，并导致暴力骚乱，造成多人死伤，数百间房屋被毁。缅甸政府随即宣布当地进入紧急状态。10月，在若开邦的敏比亚、皎漂等4个镇区又发生骚乱，导致至少89人死亡、136人受伤、超过3.2万人无家可归、5000多所

---

① “菲律宾政府与反政府武装‘摩伊解’正式签署和平框架协议”，新华网，http://news.xinhuanet.com/world/2012-10/15/c_113378662.htm。

房屋被焚毁，另有 8 座宗教建筑被破坏。

（五）菲缅马印尼等国频遭自然灾害袭击

东南亚是各种自然灾害频发的地区。2012 年，该地区多国都不同程度地遭到此类灾害的袭击，并为此而蒙受巨大损失。其中，比较严重的是印尼、菲律宾、缅甸和马来西亚。2012 年 2 月、4 月、8 月、11 月和 12 月，印尼接连发生 6 级以上地震，造成巨大的人员伤亡和财产损失。2 月、5 月、8 月的强降雨造成至少 20 人死亡、10 人失踪、大片房屋被毁、无数人无家可归。7 月底，台风"苏拉"登陆菲律宾，引发持续降雨，造成洪灾，导致 85 人死亡，另有 8 人失踪。洪水迫使 76 万人转移，共有 300 万人受灾。此次洪灾是 2009 年以来最严重的洪灾。联合国世界粮食计划署紧急启动物流和粮食援助，配合菲律宾政府的紧急救援工作。[①] 8 月，缅甸持续强降雨导致南部三角洲地区洪水泛滥，迫使 8.5 万人撤离家园，数万英亩稻田被淹。[②] 11 月，马来西亚柔佛、雪兰莪、霹雳及马六甲、森美兰等州爆发 70 年来最严重水灾，造成至少 5000 多人受灾。自 8 月频遭台风"三巴"、"启德"、"天秤"、"杰拉华"袭击后，12 月 4 日，超强台风"宝霞"登陆菲律宾棉兰老岛东部地区，引发山洪和山体滑坡等灾害，致 1067 人死亡、2666 人受伤，另有 834 人失踪。根据菲律宾国家减灾委员会公布的灾情报告，"宝霞"已致国内至少 624 万人受灾，经济损失高达 344 亿比索（约合 8.39 亿美元）。在国际提供救灾援助方面，21 日，中国驻菲律宾大使马克卿向菲外交部转交中国救灾援助 20 万美元。自台风"宝霞"造成菲中南部地区灾害以来，澳大利亚、日本、美国、加拿大、新西兰等国分别向菲律宾提供了救灾援助。[③]

为有效应对自然灾害等非传统安全威胁，东盟国家之间以及东盟与区

---

① "菲律宾连遭洪水袭击，世界粮食署援助 26 万灾民"，中新网，http://www.chinanews.com/gj/2012/08-14/4104952.shtml。

② "缅甸南部三角洲地区洪水泛滥，8.5 万人撤离家园"，中国新闻网，http://www.dongnanyanet.com/cms/a/dongnanyanews/shehui/2012/0827/2816.html。

③ "台风'宝霞'致死人数或将超过 1500 人"，新华网，http://news.xinhuanet.com/video/2012-12/24/c_124136701.htm。

外国家和组织之间加强了协调与合作。5 月 29 日，第六届东盟国防部长会议在柬埔寨首都金边举行。会议以“增强东盟的整合，建设和谐与安全的共同体”为主题，就包括海上安全、打击恐怖主义和跨境犯罪、应对自然灾害等领域的合作问题进行交流，讨论如何增进区域安全合作，促进东盟政治安全共同体建设。柬埔寨副总理兼国防大臣迪班在会议上指出，非传统安全的破坏程度不亚于战争的破坏，没有任何一个国家，包括能力超强的大国在内，能够单独应对这种不宣而战、突如其来的安全威胁，因此区域合作十分必要。[①] 6 月，中国在石家庄举办了第三届东盟与中日韩(10 +3)武装部队非传统安全论坛，主题集中在东盟与中日韩武装部队抗震救灾应急行动方面，内容涉及参加抗震救援应急准备、投送展开、救援实施等，此外，还进行了名为“救援—2012”的抗震救灾行动桌面推演。

二、东盟一体化进程继续推进，对外交往呈现活跃势头

一年一度的东盟系列峰会是东盟商讨区域合作、推进区内一体化进程的重要渠道和平台。柬埔寨作为 2012 年东盟轮值主席国，成功主持召开了当年的系列峰会，对推动东盟内部一体化进程起到了重要作用。而在对外关系方面，东盟各国和东盟组织都显示出积极活跃的态势。

（一）东盟加快推进一体化和共同体建设

首先，两届东盟峰会的召开，为东盟共同体建设注入了新的内涵和动力。2012 年，东盟先后举行了第 20 和 21 届峰会。两届峰会都是以“东盟：一个共同体，共同的命运”为主题，在深化东盟合作、加快东盟共同体和一体化建设方面达成了一系列成果。第 20 届东盟峰会于 4 月 3—4 日在柬埔寨首都金边召开，重点讨论加快以经济共同体、政治安全共同体和

① “第六届东盟防长会议在柬埔寨举行”，人民网，http://world.people.com.cn/GB/18022564.html。

社会文化共同体为支柱的东盟共同体建设，实现地区互联互通和统一签证，落实《南海各方行为宣言》，以及建立东盟和平与和解机构等问题。会议通过了一系列重要文件，包括重申加快推进东盟共同体建设的《金边宣言》、《金边议程》、第20届东盟峰会《主席声明》、《2015年建立东盟无毒品区宣言》和《东盟全球温和派行动组织概念文件》，内容涉及推动地区经济恢复和可持续发展、加强本地区应对气候变化和防控传染性疾病能力等多个方面。与会各国领导人还就继续推进东盟一体化建设和解决东盟发展过程中面临的问题等达成了重要共识。

11月18—20日在金边举行了第21届东盟峰会。会议议题集中在如何在2015年前加速推进东盟一体化建设、地区互联互通、落实《东盟宪章》确立的各项目标、在全球经济增长乏力背景下推动东盟经济复苏，以及增强东盟内部纠纷协调和解决能力等问题上。此外，峰会还就如何有效应对全球经济危机、自然灾害、气候变化等挑战、加强合作进行了讨论。在此次峰会上，东盟10国领导人签署了历史性的《东盟人权宣言》，启动了旨在维护东盟地区和平与稳定的“和平与和解机构”，并决定在柬埔寨建立东盟地区“排雷行动中心”。东盟领导人强调，会议应该把重点放在经济合作和推进共同体建设上，不应该一直被有争议的政治和安全议题影响，个别国家的诉求不可以影响到东盟的整体利益和一体化进程。①

其次，一系列东盟部长级会议的举行，对东盟一体化进程及成员国之间加强在各领域的合作起到了积极的推动作用。1月11日，东盟10国外长在柬埔寨暹粒市举行会议，就朝鲜半岛问题、缅甸问题、东盟无核区问题以及东盟共同体建设等地区和国际问题进行了讨论。5月29日，第六届东盟国防部长会议在柬埔寨首都金边举行。此次会议以“增强东盟的整合，建设和谐与安全的共同体”为主题，就增进区域安全合作，促进东盟政治安全共同体建设等问题进行了讨论。

7月9—13日，第45届东盟系列外长会议在金边召开。会议期间，多个对话伙伴国表示将加大对东盟共同体建设和区域互联互通的支持，并宣布了一系列对东盟的援助计划。欧盟和英国分别签署了《东南亚友好合作

---

① “东盟秘书长发警告：南海争端或恶化为暴力冲突”，环球网，http://world.huanqiu.com/exclusive/2012-11/3324006.html。

条约》。为了推动“东南亚无核区”的建立，东盟原计划在本届会议期间签署《东南亚无核武器区条约》议定书。但是，由于5个常任理事国没能就此问题达成最终协议，东盟外长会议不得不宣布推迟该文件签署的时间。此外，东盟外长会议还宣布了“东盟关于解决南海问题的6点原则”。

8月27—31日召开的第44届东盟经济部长系列会议旨在讨论东盟经济共同体建设蓝图的进展情况，并就存在问题的解决方向进行磋商，以努力使东盟经济共同体如期在2015年建成。会议还与印度讨论了进一步扩大贸易与投资自由化问题，讨论通过了“东盟与加拿大2012—2015年贸易投资协议”，签署了“东盟与日本10年经济合作战略规划”等。

在11月17日召开的东盟外长会议上，与会各国外长就签署《东盟人权宣言》等议题达成共识，还就继续协商以达成“南海各方行为准则”取得共识。此外，在本届系列峰会期间，东盟还把与美国的伙伴关系提升至“战略伙伴关系”。[①]

再次，一系列东盟与对话伙伴国会议的召开，有效促进了东盟的对外合作。3月1日，第二届东盟和中日韩（10+3）新闻部长会议在马来西亚首都吉隆坡举行。来自东盟10国和中国、日本、韩国主管新闻事务的部长级官员出席会议，就进一步加强媒体合作、促进区域发展、扩大亚洲影响交换了看法。会议还决定第三届东盟与中日韩新闻部长会议将于2014年在缅甸举行。5月3日，第15届东盟与中日韩（10+3）财长和央行行长会议在菲律宾首都马尼拉举行。会议就东亚地区宏观经济形势和区域财经合作等议题展开讨论。7月9—13日，东盟与中日韩外长会议、东盟与中国外长会议、第二届东亚峰会外长会议和第19届东盟地区论坛外长会议相继召开，有力地推动了东盟与对话伙伴国的协调与合作，对于亚太地区保持和平与繁荣起到了重要作用。

11月20日，第七届东亚峰会在柬埔寨首都金边召开。与会的东盟10国和8个对话伙伴国以及亚洲开发银行和国际货币基金组织代表集聚一堂，就东亚合作、互联互通、东亚峰会机制未来发展等议题展开讨论。峰会通过了《东亚峰会金边发展宣言》和《疟疾防控和抗疟药物产生耐药性问题

---

① “东盟外长会议在金边召开”，新华网，http://news.xinhuanet.com/world/2012-11/17/c_113711816.htm。

的声明》。《金边发展宣言》是在中国提出的“金边发展倡议”基础上形成的，核心内容是倡导“均衡、包容、可持续发展”，推动各方交流借鉴发展经验，加强宏观政策协调，促进缩小地区差异，在金融、能源、教育、灾害管理、公共卫生、互联互通六大领域扩大合作。宣言表示支持东盟在东亚峰会的主导作用和在相关区域合作机制中的核心地位，帮助东盟缩小地区发展差距，于2015年建成东盟共同体。

尤其需要指出的是，在此次峰会上，东盟10国与中国、日本、韩国、印度、澳大利亚和新西兰正式启动“区域全面经济伙伴关系”（RCEP）谈判。RCEP是东亚地区经济一体化的最新产物，是东盟国家近年来首次提出，并以东盟为主导的区域经济一体化合作，是成员国间相互开放市场、实施区域经济一体化的组织形式。其目标是消除内部贸易壁垒、创造和完善自由的投资环境、扩大服务贸易，还将涉及知识产权保护、竞争政策等领域，自由化程度将高于目前东盟与这6个国家已经达成的双边自贸协议。

（二）东盟国家的对外交往更趋活跃

1. 缅美关系进一步朝着正常化方向发展

东南亚是美国全球战略的一个重要组成部分。基于对美国在该地区的政治、经济、军事、战略和安全利益的考虑，奥巴马上任后在“重返亚太”战略的指导下不断加强与东南亚的合作关系。2012年7月，美国国务卿希拉里密集访问越南、柬埔寨、老挝。10月，美国宣布将邀请缅甸以观察员身份参加年度性的“金色眼镜蛇”多边联合军事演习。12月，美国宣布准备同缅甸建立“最初步”的军事关系，双方的合作将是非战斗的训练，即为缅甸军人提供人道援助、军事医药和国防“改革”方面的培训。11月，奥巴马总统和希拉里国务卿高调出席第21届东盟系列峰会，之前还访问了泰国、缅甸、柬埔寨。尤其是奥巴马的缅甸之行，是1948年美国与缅甸建交以来美国在任总统对该国的首次访问，同时也是缅甸开始民主化进程以来到访的美国最高级领导人，因而特别引人注目。奥巴马到访期间，与缅甸总统吴登盛举行了双边会谈，还与缅甸反对党领导人昂山素季进行会晤。美缅关系在经历了多年的对立和割裂之后，正在迅速走向正常化。

2. 多数东盟国家继续保持与美国的军事合作

一是在人员交流和防务合作方面，1 月底，美国和菲律宾在华盛顿举行第二次防务对话，主要讨论美国增加在菲军事存在等问题。双方承诺将加强在安全、防务、商业、执法、人权以及救灾等方面的合作。5 月 13 日，美国海军“北卡罗来纳”号核动力潜艇抵达苏比克港，补充物资。4 月 23 日起，美国和越南在越南中部的岘港举行为期 5 天的“非战斗”海军交流活动。6 月 3 日，美国国防部长帕内塔访越，并同越南国防部长冯光青进行会谈。10 月 20 日，美国“乔治・华盛顿”号航母编队现身南海海域，并邀请越南官方人士登舰参观，随后造访菲律宾。24—25 日，美国海军部长雷・马伯斯对马尼拉进行访问，商讨双方在人道主义援助、灾难救援以及海上安全领域展开合作的事宜。

二是频繁举行双边或多边联合军事演习。2 月 7—18 日，“2012 年金色眼镜蛇”军演在泰国举行。这是亚太地区迄今为止最大规模的多国军事演习。参加这一军演的国家有美国、泰国、新加坡、日本、韩国、印度尼西亚和马来西亚。另有多国受邀参与策划，其中包括澳大利亚、法国、加拿大、英国、孟加拉国、意大利、印度、尼泊尔、菲律宾和越南。参加军演的人数达 1.3 万人。联合部队在泰国多个府分别进行两栖作战、防辐射训练、实弹演练、人道主义救援等演练。4 月 16—27 日，菲美举行“肩并肩 2012”联合军演，共有 4500 名美国士兵与 2300 名菲律宾士兵参加。科目包括在巴拉望岛进行的人道主义救援和援助演习、在吕宋岛和巴拉望岛进行的联合训练和实弹演习等。军演首次邀请日本、韩国、澳大利亚、马来西亚、印尼等国军方派出的观察员。7 月 2—10 日，菲美举行 2012 年度“卡拉特”联合海上军事演习，菲军 4 艘海军舰艇与美军 2 艘海军舰艇在菲律宾棉兰老海参与演习，双方投入总兵力为 950 人次。8 月 28 日，美国、菲律宾、文莱、印尼、马来西亚、泰国和新加坡海军开始在马六甲海峡、苏禄海和苏比克湾举行为期 5 天、代号为“东南亚合作与训练”的联合演习。这次联合演习的目的是应对恐怖主义、跨国犯罪和其他“海上威胁”，重点训练实时情报交流、协调侦察行动、跟踪目标船只以及登船搜查等科目。10 月 22 日，美国海军“范德格瑞夫”号护卫舰和救援舰抵达柬埔寨西哈努克港，参加第三次柬美“海上联合战备训练演习”。

三是美国对东盟国家加大武器出售。5 月，菲律宾耗资 4 亿比索（约合943万美元）从美国购进“达拉斯”号汉密尔顿级巡逻舰，以加强菲海上巡逻能力。移交后，该巡逻舰将改名为“艾卡拉兹”号。巡逻舰尚需在美国进行维修，最终将于11月正式移交菲律宾。此外，菲律宾还要求美国提供更多武器装备，如巡逻艇、飞机和雷达系统，以使菲拥有“最低限度的防御系统”。美国还计划扩大部署在东南亚的军事力量，包括在菲律宾部署“X波段雷达”。[①] 另外，美国还将恢复向泰国出售武器和装备，包括战舰和F－16战斗机引擎等。

3. 部分东盟国家与俄罗斯在军事和能源领域的合作得到发展

近年来，俄罗斯日益在东盟地区扮演越来越活跃的角色，尤其在军事和能源领域，其外交力度有增无减。一是扩大对越南的武器出售及援助。1月17日，在俄罗斯专家的协助下，越南第一艘国产军舰正式列编服役。2月15日，俄罗斯军事技术合作局局长米哈伊·德米特里耶夫发表声明说，俄罗斯与越南从2012年起将以俄“天王星”（Uran）反舰导弹为基础联合研制新型巡航导弹，计划仿照俄印联合研制“布拉莫斯”导弹的模式，在越境内成立生产基地。[②] 5月，俄国防产品出口公司再次向越南交付三架最新型的苏－30MK2多用途战斗机。8月27日，俄罗斯世界武器贸易分析中心称，在过去4年（2008—2011年），俄罗斯向越南的军事出口额为18.8亿美元，占俄罗斯总出口额的6.3%，在俄罗斯武器出口对象国中占第5位。从当前订单储备量来看，在今后4年（2012—2015年），越南将跃居前3行列。在未来4年（2012—2015年），俄罗斯对越南的武器出口额将达到24.3亿美元，占俄罗斯出口总额的7.6%（包括当前既定订单额和未来预期直接销售额在内）。[③] 12月，俄罗斯为越南海军建造的首艘“基洛”级常规动力潜艇试航，预计将于2013年8月交付。越南与俄罗斯于2009年12月签订合同，耗资18亿美元从俄罗斯订购了6艘“基洛”级

① “美国拟在日本南部及菲律宾部署X波段反导雷达”，国际在线，http://gb.cri.cn/27824/2012/08/24/6011s3823705.htm。

② “俄越两国计划于今年开始联合研制巡航导弹”，俄新网，http://rusnews.cn/eguoxinwen/eluosi_anquan/20120215/43332727.html。

③ “俄罗斯世界武器贸易分析中心”，中国新闻网，http://www.chinanews.com/mil/2012/08－27/4135538.shtml。

柴电潜艇。余下的5艘潜艇将在2019年底之前全部交付。[①] 7月26日，越南国家主席张晋创访问俄罗斯。其间，他表示，越南未来将加强与俄罗斯的军事合作，并同意向俄提供金兰湾作为物资技术保障站。

二是加强在能源等经济领域的合作。7月27日，俄罗斯总统普京与越南国家主席张晋创会晤，普京表示，俄罗斯将向越南提供总计约100亿美元的贷款，主要用于在越南建设核电站。11月7日，俄罗斯总理梅德韦杰夫访问越南。访问期间，俄罗斯联邦航天署与越南科学技术部签署了开展太空研究的协议。俄能源部与越南工贸部签署了发展可再生能源备忘录。此外，双方还就成立俄越高级工作组达成一致，负责两国投资项目的协调沟通工作。11月20日，俄罗斯外长拉夫罗夫在出席第七届东亚峰会时表示，俄愿积极参与东亚国家经济一体化进程，如果区域全面经济伙伴关系谈判顺利启动，俄将考虑与东盟国家探讨建立"东盟—俄白哈关税同盟"自贸区问题。[②]

三是向马来西亚和印尼等国提供武器及军事技术援助。5月，俄罗斯国防产品出口公司与马来西亚有关部门签署合同，拟向马来西亚空军提供35枚RVV-AE中程空对空导弹，总价约3500万美元。RVV-AE空对空导弹是一种主动雷达制导导弹，采用可折叠的格栅式尾翼，具备多目标攻击和发射后的自控能力，可打击战斗机、攻击机、轰炸机、直升机、运输机和巡航导弹等各种空中目标。同月，俄罗斯和印度尼西亚签署合同，拟为印尼海军陆战队供应37辆俄制BMP-3F步兵战车，合同总价值达2.14亿美元。6月25日，在俄罗斯—印度尼西亚经贸和技术合作会议联合委员会第8次会议结束后，俄罗斯副总理德米特里・罗戈津表示，俄罗斯感兴趣的是帮助印尼发展国防能力，以使印尼有能力威慑任何侵略者或是企图借助武力的讹诈者。[③]

4. 加强与韩日在经济和安全等领域的合作

在与韩国关系方面，一是推动双方经济合作。5月14—15日，韩国总

---

① "俄为越造首艘潜艇试航"，《参考消息》，2012年12月23日，第5版。

② "关税同盟希与东盟建立自贸区"，中国商务部网站，http://www.mofcom.gov.cn/aarticle/i/jyjl/m/201211/20121108444885.html。

③ "俄罗斯副总理：俄有意'武装'印尼"，凤凰网，http://news.ifeng.com/world/detail_2012_06/27/15576969_0.shtml。

统李明博对缅甸进行了国事访问，分别会见了缅甸总统吴登盛和缅甸全国民主联盟领导人昂山素季。这是韩国总统时隔29年再次访问缅甸，主要是改善与缅甸的政治关系，敦促缅甸中断与朝鲜的军事合作，并加强韩缅之间的资源开发与经济合作。两国首脑讨论了加强经贸合作、共享开发经验、增进能源开发合作和人文交流等问题。韩方向缅方承诺，将扩大对缅甸的有偿和无偿援助规模，向缅方传授韩国的经济发展经验等。① 7月10日，韩国与柬、缅、老、越、泰等“湄公河五国”在柬埔寨首都金边举行第二届韩国与湄公河国家外长会议。会议一致同意在基础设施、信息技术、绿色增长、水资源开发、农业与农村发展以及人力资源开发等6个优先领域开展试点项目合作，在2013年举办“湄公河国家和韩国经营论坛”，并决定2014年为“湄公河国家与韩国交流年”。各方还一致同意为2014年的会议建立“湄公河国家与韩国行动计划”，11月19日，李明博相继出席东盟与韩国（10+1）领导人会谈及东盟与中日韩（10+3）领导人会议，讨论加强与东盟国家合作的方案以及加强东亚区域合作的方案。李明博表示韩国将支持“清迈倡议”多边化和“亚洲债券市场”倡议，以确保本地区宏观经济的稳定。② 20日，李明博出席东亚峰会（10+8），表示东亚峰会成员应重点推动应对气候变化及自然灾害，推动地区经济一体化，共同应对世界经济危机等挑战。

二是开展军事合作。6月，菲律宾空军宣布未来2年内将引进韩国产12架TA-50战斗机入门教练机，交付工作预计在2013年完成。7月23日，菲律宾和韩国在马尼拉举行联合军事演习。菲律宾海岸警卫队反恐部队和韩国海岸警卫队特种部队参与演习。此次演习是菲韩两国海岸警卫队在2012年5月于首尔举行的双边会议上决定的，旨在加强两国海上交流，提高应对海上突发事件的合作和协调能力。8月，印度尼西亚国防部正式向韩国订购3艘潜水艇，以加强本国海军的作战能力。

在与日本关系方面，一是加强经济合作。3月，日本与越南签署了8项日元贷款协议。根据协议，日本政府将在2012年向越南提供约1360亿

---

① “李明博访缅甸借机压朝鲜”，人民网，http://world.people.com.cn/GB/157278/17916230.html。

② “东盟与中日韩领导人重申加强10+3合作”，新华网，http://news.xinhuanet.com/world/2012-11/19/c_113727775.htm。

日元贷款，主要用于建设位于首都河内西部的一座高新产业园区的道路、水电供应等基础设施。7月10日，第五届湄公河国家与日本外长会议在柬埔寨首都金边举行。会议通过“湄公河国家与日本行动计划”。据此，参与各方将在湄公河区域在互通互联、共同发展、保护人类与环境安全三个主要领域实施具体合作措施及行动。二是在安全合作方面，5月18日，日本海上自卫队3艘训练舰抵达菲律宾进行访问，以加强两国海上部队的关系。7月2日，日本防卫大臣森本敏在东京与来访的菲律宾国防部长加斯明举行会谈，双方签署了旨在加强海上安全保障等领域合作的防卫合作备忘录。备忘录称，两国将促进双方军队的交流，并推进两国在救灾和联合国维和等领域的信息共享。① 7月14日，日本外相玄叶光一郎访问越南，与越南外交部长范平明举行会谈。双方就加强海上安全合作、由日本协助越南提高海岸警备能力等达成共识。两人还出席了与经济领域相关的“日越合作委员会”会议，并就在越南合作兴建核电站和开采稀土方面达成共识。

5. 与其他西方国家及组织的关系

1月10日，东盟—澳大利亚—新西兰自由贸易协定在印度尼西亚正式生效，印尼成为最后一个加入该协定的东盟成员国。根据协定，澳新两国将取消与印尼之间约90%的关税。3月，菲律宾海军从波兰采购的8架W-3A“猎鹰”直升机中的首批4架正式交付，并正式开始服役。4月11—13日，英国首相卡梅伦分别访问印度尼西亚、马来西亚和缅甸。23日，欧盟27国外长会议做出“实质性减少或全面取消对缅甸制裁”的决定。28日，欧盟在仰光正式开设驻缅甸办事处，以加强与缅甸政府的联系。8月2日，菲律宾国防部长加斯明宣布，菲海军将花费117亿比索（约合2.85亿美元）巨资，从意大利海军购买2艘“西北风级”护卫舰，相关购买合同有望在2013年1月正式签署。10月8—24日，来自五国联防组织（FPDA）5个成员国的武装力量参加在新加坡樟宜指挥与控制中心举行的代号为“苏曼卫士”的军事演习。新加坡、马来西亚、澳大利亚、新西兰和英国5个国家的400名士兵进行联合特遣部队的常规作战与规划

①“日本和菲律宾签署防卫合作备忘录”，新华网，http://news.xinhuanet.com/world/2012-07/02/c_112339028.htm。

演练，此外还包括人道主义救援与赈灾等科目。新加坡三军总长梁建鸿表示，此次演习将加强该组织的行动能力和5个成员国武装力量的互相了解，此外，还有助于提高本地区安全挑战的应对能力以及人道主义救援与赈灾能力。①

三、东盟与中国关系取得新进展，但在安全领域仍存在障碍

2012年，东盟国家与中国在政治、经济和军事安全等领域的交流与合作不断得到拓展与深化。同时，部分东盟国家加速军备建设，拉拢区外大国介入本地区事务，尤其是在南海问题上不断滋事，挑战中国的主权和战略安全利益，触及中国底线。双方关系仍面临一些不容忽视的问题和挑战。

（一）双边和多边高层交流频繁，政治关系不断深化

3月30日至4月2日，国家主席胡锦涛对柬埔寨进行国事访问，与柬埔寨国王西哈莫尼、总理洪森等分别举行会晤。双方发表联合声明，并签署经济技术合作协定等一系列经贸合作文件。4月，全国政协主席贾庆林应邀访问文莱和泰国。6月，中共中央政治局常委、中央纪委书记贺国强率中共代表团对老挝、柬埔寨、马来西亚进行了正式友好访问。7月10—12日，外交部长杨洁篪出席在柬埔寨首都金边举行的东盟与中日韩(10+3)外长会议、东盟与中国（10+1）外长会议、第二届东亚峰会（EAS）外长会议和第19届东盟地区论坛（ARF）外长会议，同各国外长就一系列双边和多边合作问题交换了意见，并开诚布公地阐明了中国在南海等热点问题上的原则立场。8月9—13日，杨洁篪外长应邀访问印度尼西亚、文莱和马来西亚三国。在此期间，杨洁篪还同印尼外长马尔迪共同

① “五国联防组织进行演习”，越南画报，http：//vietnam. vnanet. vn/vnp/zh－CN/13/140/140/39627/default. aspx。

主持了中印尼政府间双边合作联委会第二次会议。9月21日，中共中央政治局常委、中央政法委书记周永康访问新加坡，分别会见新加坡总统陈庆炎、总理李显龙，出席“2012中新社会管理高层论坛”开幕式并发表讲话。11月18—21日，国务院总理温家宝应邀出席在柬埔寨金边举行的第15次中国—东盟（10+1）领导人会议、东盟与中日韩（10+3）合作15周年纪念峰会和第七届东亚峰会。其间，他与柬埔寨总理洪森、印度尼西亚总统苏西洛、马来西亚总理纳吉布等分别举行会谈。会议还发表了《纪念〈南海各方行为宣言〉签署十周年联合声明》、《关于纪念10+3合作15周年的领导人联合声明》、《关于10+3互联互通伙伴关系的领导人声明》等一系列声明。随后，温家宝对柬埔寨、泰国进行了正式访问。

越南、缅甸、马来西亚和新加坡等国家的领导人也多次访华。2月，越南外交部长范平明来华访问；印尼政治法律安全统筹部长苏扬来华参加中国—印度尼西亚副总理级对话机制第三次会议，并与国务委员戴秉国共同主持了会议。会议还决定将该对话机制由两年一次增加为一年一次。3月，印尼总统苏西洛对中国进行国事访问，与胡锦涛主席、温家宝总理等中国领导人分别举行会谈。双方发表了中印联合声明，承诺将中印尼战略伙伴关系提升到更高水平。4月，泰国总理英拉来华访问，并与温家宝总理会晤。双方表示，要认真落实中泰第二份《战略性合作共同行动计划》和《经贸合作五年发展规划》，还同意在地区和国际问题上保持密切的协调，提升双方的“全面战略伙伴关系”。7月，老挝中央书记处书记、中组部部长占西·普西坎率人民革命党中组部代表团访华，并与中共中央政治局委员、中央书记处书记、中组部部长李源潮举行会谈，双方一致认为两国应深化治党治国经验交流，扩大党政干部培训合作。9月2日，新加坡总理李显龙抵达四川成都，对中国进行为期6天的正式访问。20日，菲律宾总统阿基诺三世任命新任内政部长罗哈斯担任特使，率团前来中国出席第九届中国—东盟博览会，并在南宁与中国国家副主席习近平举行了会谈，希望缓和因南海争端引发的紧张关系，但未能达成解决争议的共识。缅甸总统吴登盛、马来西亚副总理毛希丁也都率团参加博览会，并分别与习近平副主席举行会谈。习近平指出，中国—东盟关系是维护亚洲稳定的基石，促进亚洲发展的引擎，中国愿同东盟各个国家共同努力，推动中国—东盟战略伙伴关系在第三个十年取得新的更大发展。

（二）继续扩大经贸往来，夯实战略合作的经济基础

2010 年中国—东盟自贸区的建成，为中国—东盟经贸关系的发展构建了坚实的制度保证。[①] 在此背景下，双边贸易额持续增长，经济一体化程度不断提高。据统计，2012 年上半年，中国与东盟双边贸易额为 1878.2 亿美元，同比增长 9.8%，高于中国外贸平均增速。2012 年 1—10 月，中国与东盟双边贸易额达到 3238.93 亿美元，增长 9.4%。其中，中国对东盟出口 1639.30 亿美元，增长 19.4%；对东盟进口 1599.62 亿美元，增长 0.7%；对东盟逆差 39.68 亿美元，而上年同期逆差额为 211.74 亿美元。东盟继续保持为中国第三大贸易伙伴，仅次于欧盟和美国，同时东盟也是中国第四大出口市场和第二大进口来源地。[②] 其中，马来西亚、泰国和新加坡是中国与东盟贸易中位居前三位的国家。2012 年 9 月在广西南宁举行的第九届中国—东盟博览会和第九届中国—东盟商务与投资峰会，在促进中国与东盟的经贸合作方面也发挥着重要作用。博览会将继续有效落实中国—东盟自贸区相关协定，推动经济发展和实现 2015 年双方贸易额达到 5000 亿美元，以及提高中国对东盟直接投资的目标。

与此同时，中国与东盟的双向投资也在进一步扩大。截至 2012 年上半年，中国与东盟双向投资累计已接近 930 亿美元。中国在东盟投资额已达 188 亿美元，仅 2008 年以后新增投资额就占中国对东盟累计投资总额的 70% 以上。中国对东盟的投资保持快速增长，东盟已成为中国企业海外投资的第一大市场。截至 2012 年 10 月底，中国企业累计在东盟国家签订承包工程合同总额将近 1400 亿美元，完成营业额 917.5 亿美元。中国对东盟的投资领域已扩大到建筑、饭店、电气、矿业和运输等行业。同时，东盟对中国的投资规模也继续扩大。2012 年上半年，东盟对华投资 45.5 亿美元，同比增长 27.5%。截至 2012 年 6 月底，东盟对中国的直接投资已达

① 江瑞平：“全面发展中的中国—东盟经贸关系——纪念中国—东盟对话关系建立 20 周年”，《和平与发展》，2012 年第 1 期，第 51 页。

② “2012 年 1—10 月我对亚洲国家（地区）贸易统计”，中国商务部亚洲司网站，http://yzs.mofcom.gov.cn/aarticle/g/date/v/201211/20121108448688.html。

738 亿美元，占中国吸引外资总额的 6%。①

同时，中国还一直是东南亚次区域经济合作的积极参与者和推动者。7 月 11 日，来自文莱、柬埔寨、中国、老挝、马来西亚、新加坡、泰国和越南的代表组成的“泛北部湾经济合作联合专家组”在广西南宁召开了第五次会议。会议讨论了亚洲开发银行关于制定“泛北部湾经济合作路线图”的建议，以及中方专家提交的《泛北部湾经济合作路线图（大纲）》和泛北部湾经济合作 7 个专项合作规划，并通过了《泛北部湾经济合作联合专家组第五次会议纪要》。12—13 日，第七届泛北部湾经济合作论坛在广西南宁举行。论坛继续秉承“共建中国—东盟新增长极”的宗旨，以“泛北部湾区域经济合作与共同繁荣”为主题，围绕“泛北智库峰会——全球经济再平衡：泛北部湾区域合作与发展”、“泛北城市发展峰会”、“泛北电子信息产业发展峰会”、“中国—马来西亚产业合作峰会”四个峰会专题进行了深入的讨论，就进一步务实推进泛北合作达成了广泛共识。12 月，财政部部长谢旭人出席并主持了在广西南宁举行的大湄公河次区域（GMS）经济合作第 18 次部长级会议。本次会议以“新起点，新发展：巩固 20 年合作成果，提升未来合作水平”为主题，就落实重点领域发展倡议、加强次区域项目投资、完善工作协调机制等议题进行了深入探讨。会议签署了《关于成立区域电力协调中心的政府间谅解备忘录》，并决定成立 GMS 铁路联盟，批准了《GMS 人力资源战略框架及行动计划（2013—2017 年）》，还通过了《实施降低 GMS 地区流动人口感染艾滋病风险备忘录的行动计划》以及与交通和贸易便利化相关的成果文件。

（三）安全领域的交流与合作不断增多，但南海争端仍是最大障碍

1. 国防和军队高层交往保持良好势头

2 月下旬，泰国陆军司令巴育·占奥差访问中国，并与解放军副总长魏凤和举行了会谈。3 月中旬，文莱国防部副部长穆斯塔帕来华，向参加会见的中国国务委员兼国防部长梁光烈介绍了 2013 年文莱主办东盟防长扩

① “商务部中国与东盟经贸合作等方面情况问答实录”，中华人民共和国国务院新闻办公室网站，http://www.scio.gov.cn/xwfbh/xwbfbh/wqfbh/2012/0810/index.htm。

大会议的情况，并征求中方的意见和建议。4 月中旬，中国人民解放军总参谋长陈炳德在京与来访的越南人民军总参谋长杜伯巳进行会谈，双方同意深化在人员培训方面的合作，增加军事院校之间的交流以及提高边海防方面的接触与交往。5 月 27 日，应柬埔寨王国副总理兼国防大臣迪班邀请，国务委员兼国防部长梁光烈赴柬埔寨访问。其间，中柬签署了一项军事合作协议。中方将向柬方提供 1.2 亿元人民币（约合 1900 万美元），用于援建柬埔寨皇家军队所使用的军事医院及军事培训学校，而柬方则将继续调派军事训练人员赴中国。29 日，国防部长梁光烈出席中国与东盟国防部长磋商会议，并以《持续加强互信合作，携手共建和谐亚太》为题作了大会发言，指出“新形势下，中国维护地区和平与稳定的责任决不推卸，坚持走和平发展道路的抉择决不改变，积极推进区域合作的努力决不松懈，坚持和平解决争议的诚意决不放弃，维护国家主权安全的决心也决不动摇”，中国与东盟要“进一步加强对话交流”、“不断增进理解信任”、“深化务实合作”。[①] 6 月，中央军事委员会副主席徐才厚在京会见来访的新加坡国防部长黄永宏；中央军委委员、第二炮兵司令员靖志远应邀访问泰国，分别与泰国国防部长素坤蓬·素旺那达和陆军司令巴育·占奥差举行会谈，并访问和参观泰国有关军事单位。7 月下旬，中国和印尼海军对话机制专家组磋商会在北京举行，双方就该机制的总体框架和技术性问题进行了协商，并就该机制的目的、运作方式、对话内容达成了基本共识。9 月，应越南、缅甸、马来西亚和新加坡国防部邀请，中国人民解放军副总参谋长马晓天率军事代表团赴上述四国访问。出访期间，马晓天分别出席中越国防部第六次防务安全磋商、中马国防部首次防务安全磋商和中新国防部第四次防务政策对话，并对缅甸进行正式友好访问。

2. 军队间的互访和联合演练趋于活跃

4 月 16 日，中国海军“郑和”号远洋航海训练舰从大连启航，执行为期 5 个多月的“和谐使命—郑和舰环球行”任务。该舰作为中国军队的友好使者，在此次出访中总共到访了 11 个国家。4 月 23 日，“郑和”舰抵达越南南部的西贡港，并对越南进行了为期 3 天的友好访问。29 日，该舰访

① “梁光烈出席中国—东盟国防部长磋商会”，新华网，http://news.xinhuanet.com/2012-05/30/c_112066533.htm。

问马来西亚，其间与马来西亚海军“杰巴特”号护卫舰在马六甲海峡举行了编队运动和通信演练。9月3日，该舰抵达印尼泗水，对印尼进行为期4天的友好访问。11日，该舰抵达最后一站斯里巴加湾穆阿拉港，对文莱进行访问。5月11日，中泰两国海军在广东湛江举行了“蓝色突击－2012”中泰海军陆战队联合训练。这是两军继“蓝色突袭－2010”后举行的第二次联合训练。双方约500名参训队员参加，以打击地区恐怖主义组织为背景，分5个阶段进行“联合反恐破袭战斗”综合演练。7月1日，中国和印尼两军在济南举行“利刃2012”反恐演习，双方参加人员各70余人，演习以“特种部队反恐联合训练”为课题，旨在巩固两军“利刃—2012”联训成果，提高两军特种部队的反恐实战能力，促进两军务实交流与合作。28日，越南国防部在河内举行越南人民军各时期赴华留学培训干部代表大会，邀请中国驻越南使馆全体馆员参加。越南国防部长冯光青表示，感谢中国给予越南人民军宝贵的帮助。

3. 非传统安全领域的合作取得新进展

2月16日，“湄公河次区域合作反对拐卖人口进程第三届部长级磋商会议”在越南河内举行。中国、柬埔寨、老挝、缅甸、泰国、越南6国政府代表参加了会议。会议审议通过了湄公河次区域合作反拐第三个区域行动计划，签署了《湄公河次区域合作反对拐卖人口进程第二次联合宣言》。4月25日，在中老两国警方合作下，“金三角”特大武装贩毒集团及“10·5”惨案首犯糯康在老挝被成功抓获。5月10日，糯康被移交中国，开创了中老缅泰四国警方合作的先例。7月6日，中国与柬埔寨等23个国家驻华使馆警务联络官和外交官在京联合召开会议，宣布正式启动“合力—2012”打击跨国毒品犯罪联合行动。各国均表示要进一步加强合作、共同行动，加大联合打击跨国毒品犯罪活动的力度。9—11日，国务委员、公安部部长孟建柱出访老挝、缅甸和泰国，与三国领导人分别举行会谈，共同讨论了“10·5”中国船员湄公河遇害案进展情况，均表示要进一步推进湄公河执法安全合作，尽快签署《湄公河流域执法安全合作协议》。8月2日，孟建柱在北京会见了马来西亚内政部长希沙姆丁，双方签署了《中华人民共和国政府和马来西亚政府关于打击跨国犯罪的合作协议》。28日，中国广西海上搜救中心与越南海上搜救中心首次举办海上搜救应急通信联合演习，此次演习为今后探索中越海上搜救合作新形式、更好地服务东盟海上交通安全奠定了基础。12月2日，中老缅泰湄公河联合巡逻执法在中国云南西双版纳关累港再次启动。这已是自2011年12月以来的第七次联合巡逻执法。四国联合指挥部在新搬迁揭牌的景洪新址召开了联席会议，共同分析评估湄公河航运安全形势。自从四国开展湄公河联合巡逻执法以来，湄公河航运安全形势已经得到明显好转，湄公河国际航运日益繁荣。据统计，9月以来，湄公河国际航运船舶环比增加37.4%，已恢复到“10·5”事件前的航运水平。此外，针对缅甸2012年8月发生严重洪灾、11月马来西亚发生水灾、菲律宾12月遭受超强台风“宝霞”袭击，以及印尼全年连续5个月遭受地震灾害等，中国在抗灾及灾后重建等方面都及时给予这些国家物质上的援助与支持。

4. 南海争端上半年再度升温

但经过努力，紧张局势有所缓和。南海诸岛及其附近海域是中国的固有领土，中国对此拥有无可争辩的主权和管辖权。对于所存在的主权争议，中国历来主张通过争议国之间和平谈判的方式妥善解决，在解决之前，有关各方应保持克制，寻求“搁置争议、共同开发”的过渡性举措，共同维护该海域的和平与稳定。但是，从2009年起，周边个别国家不断挑起事端，区外一些大国也公开介入，扩大矛盾，致使紧张局势持续升温。这种状况在2012年内再度重演。3月，越南6名佛教僧侣前往南沙群岛重修寺庙，以宣示越南对该群岛的所谓主权。6月21日，越南国会审议通过《越南海洋法》，宣布对西沙群岛和南沙群岛拥有主权和管辖权。这种行为完全违背了两国政府达成的共识和《南海各方行为宣言》的精神，不利于南海地区的和平稳定。在油气资源勘探开发方面，越南也是变本加厉，吸引国际石油公司与之合作，尤其是加强与俄罗斯签署南海油气田合作开发协议，并从俄罗斯购买大量军火，用以扩充军备，对抗意图明显。

菲律宾在南海争端上也动作频频。4月8日，菲律宾政府动用2艘军舰，肆意拦截在黄岩岛海域进行正常捕鱼作业的中国8艘渔船，并企图登船搜查，抓扣中国捕鱼人员。针对此种挑衅行动，中国国家海洋局于10日派“中国海监75号”和“中国海监84号”编队及时赶赴该海域，中国渔政部门也派执法船赶往现场，对中国渔船和渔民实施保护。但菲方态度强硬，拒不妥协，由此引发长达2个月之久的“黄岩岛对峙事件”。其间，菲律宾还与美国举行“肩并肩”联合军演，演习地点包括中菲有争议的南海海域。菲律宾还要求美国提供更多武器装备，如巡逻艇、战斗机和雷达系统等，为南海的紧张局势火上浇油。经过中方有理、有力、有节的斗争，6月15日，菲方不得不做出让步，与中国达成妥协，下令撤离军舰，结束对峙。

7月19—20日，第45届东盟外长会议在柬埔寨首都金边召开。其间，菲律宾和越南等大肆炒作南海问题，并执意要求将中菲黄岩岛争端写入联合公报。此举遭到柬埔寨等非争议国的反对。由于意见分歧严重，导致会议自成立以来首次未能发表联合公报。不过，会议最后还是就南海问题达成了六项原则，并予以公布。这六项原则并未直接提及南海目前的纷争，而是敦促有关各方："一、全面落实《南海各方行为宣言》及有关声明；二、落实《南海各方行为宣言》后续行动指针；三、尽快达成《南海地区行为准则》；四、充分遵守普遍公认的国际法原则，包括1982年《联合国海洋法公约》；五、各方继续保持克制，不使用武力；六、依据普遍公认的国际法原则，包括1982年《联合国海洋法公约》，和平解决争端。"①

经过中国与有关各方的共同努力，进入下半年，南海紧张局势出现了一定程度的松动迹象。9月，菲律宾总统阿基诺三世任命新任内政部长罗哈斯担任特使访华，表示希望缓和因南海争端引发的紧张关系。10月，阿基诺总统与中国外交部副部长傅莹举行会谈。双方同意积极开展各层次交往，推进全方位的交流与合作，落实好"2012—2013中菲友好交流年"框架下的各项交流项目，共同推动两国关系健康稳定，向前发展。继黄岩岛对峙事件之后，中菲两国终于恢复正常交往。在11月18日召开的第21届东盟峰会上，与会各国外长一致认为，持续胶着的南海问题不应成为主宰峰会议程的课题，表示有关各方应保持克制，避免出现紧张情势。但是在会后，菲律宾即宣布要主办东盟内部南海声索国四方（菲律宾、越南、文莱、马来西亚）会议，以继续推动通过多边方式解决南海问题。后因未得到马来西亚和文莱的响应，菲律宾的这一倡议被迫取消。这一插曲再次说明，东盟内部在如何处理南海问题上是有分歧的，即使是争端当事国也并

---

① "东盟关于南海问题六项原则公布：不动武"，凤凰网，http://news.ifeng.com/mainland/special/nanhailingtuzhengduan/content-3/detail_2012_07/20/16184102_0.shtml。

非都希望激化矛盾，同中国采取对抗政策。不过，从目前看，菲、越等国的立场并未出现实质性变化，它们仍在采取各种措施强化主权主张，增强所谓的“维权”能力。由于这个原因，南海局势难保实现彻底稳定，未来继续出现紧张局面的可能性不可排除，中国捍卫南海主权、维护南海稳定、防止南海争端影响中国与东盟国家深化睦邻友好关系的任务仍然任重道远。

（梁　超　杨光海）

第十二章

南亚地区安全形势

对于南亚国家而言，2012 年是极为艰难的一年：表现乏力的印度经济、风云诡谲的巴基斯坦政局、此起彼伏的地区各国民众抗议。但困境中也并非没有希望和曙光：陷入经济困局的印度开始了大刀阔斧的新一轮经济改革；在 2011 年一度跌入谷底的巴基斯坦和美国的关系趋于好转；在代价高昂的十年反恐战争后，北约和美国终于确定了 2014 年前从阿富汗撤军的日程表，该地区的安全局势继续呈改观之势，有望走出“越反越恐”的怪圈。本年度，该地区因恐怖主义和各种暴乱而死亡的人数较之 2011 年进一步下降，2011 年为 7419 人，2012 年为 7045 人，这是 2006 年以来的最低值。[①] 尤其值得一提的是，“马拉拉事件”、“黑公交轮奸案”等惨案的发生，引发了全球民众对南亚地区妇女儿童权益的严重关切，推动了南亚国家改善本国妇女儿童生活环境的进程，虽然这种进步是以生命和鲜血为代价的。

一、印度经济改革与发展军力并重，积极拓展外交空间

（一）推动经济改革，破解政经困局

2012 年以来，印度经济滑入慢车道，增速持续放缓。财政和贸易双赤

① “South Asia Fatalities”, http://www.satp.org/satporgtp/southasia/datasheets/Fatalities.html.

字严重，通胀持续高位运行，经济结构存在不平衡缺陷。由于欧美市场需求缩小，印度出口连续数月下滑，贸易逆差不断扩大，也让印度经济雪上加霜。2012 年第一、二、三季度，印度经济分别同比增长 5.3%、5.5% 和 5.3%，其中第一、三季度增幅为 3 年来最低。一些国际金融机构纷纷下调印度本财年经济增长预期。标准普尔和惠誉两大评级机构将印度主权债务评级展望下调至“负面”，为投资级的最低评级“BBB—”。7 月底，印度发生大面积断电事故，覆盖一半以上的国土，直接影响 6 亿多人的生活，是这个南亚国家 11 年来最严重的停电事故。9 月初，印度计划委员会还将该国第十二个“五年计划”（2012—2017 年）的平均经济增速从原来的 9% 降至 8%。糟糕的经济表现使政府频频成为反对党的攻击对象。在雨季议会中，以人民党为首的反对派指责国大党贱卖煤矿，制造“煤炭门”议题，要求总理辛格辞职，给政府造成重压。

如何扭转经济颓势和取信于民成为执政党的最大挑战，改革成为破解政经困局的唯一出路。9 月 14 日，印度“改革之父”、总理曼莫汉·辛格宣布新一轮改革，进一步开放零售、航空和广播电视等多个行业，增加外资在上述行业公司中的持股比例，另外还决定公开向私人资本出售印度斯坦铜业公司、国家铝业公司、矿产和金属交易公司以及印度石油公司等 4 家大型国有企业的股份，以弥补日益攀升的政府财政赤字，避免该国主权信用级别再遭调降。10 月 4 日，印度又宣布提高外资进入本国保险和养老金市场上限。辛格发表全国电视讲话时称，印度正处于一个转折点，若采取适当的改革措施，就会扭转当前不利局面，也能让众多国内外投资者重拾信心；经济改革的目的是为了尽快恢复快速和包容性的经济增长，给大量年轻人带来工作机会，并为教育、医疗、农村发展等提供更多资金支持。有媒体称，上述举措是印度国大党领导的团结进步联盟执政政府自 2009 年开始第二任期以来“迈出最重要、最大的一步”。①

辛格的经济改革得到了国外投资者和舆论的普遍好评。譬如，美国财政部长盖特纳 10 月访印时，对于印度政府的经济改革计划给予了积极评价。盖特纳同时表达了美国希望与印度加强商业联系的意愿，并表示将促

---

① 汪平、赵旭：“印度经济改革面临巨大挑战”，新华网，http://news.xinhuanet.com/fortune/2012-09/15/c_113091228.htm。

进美国企业在帮助发展印度基础设施建设和增加投资方面发挥更大作用。有印度媒体认为，盖特纳此番对印度经济改革计划的赞美之词符合美方利益，对辛格政府也起到了加油打气的作用。

而在印度国内，辛格的新一轮改革遭遇了巨大阻力，反对党和相关利益团体的抗议声此起彼伏。9月20日，印度爆发全国大罢工运动，有5000万商户参加，经济损失总额高达22.5亿美元。在真正的抗议活动背后，实际上还是印度各政党和各政治势力的角逐。反对党、印度第二大党人民党领导人拉杰纳特·辛格表示，人民党强烈反对改革措施，因为这将使国家丧失金融自主权，让农民和中小交易商利益受损。尽管反对声音不断，但印度经济学界和企业界普遍对新措施持乐观态度。而印度政府也仍然坚持推进自己的经济改革。印度财政部长奇丹巴拉姆在接受采访时表示，印度将继续坚定不移地推进经济改革，在已出台的系列改革举措基础上，政府还将推出新的经济改革措施和财政整固措施，以此增加就业并推动经济增长。不少经济学家认为，新一轮改革能够将当前举步维艰的印度经济推向正轨，对其长远发展具有关键意义。

（二）采购研发并重，加强军力建设

虽然经济麻烦重重，但印度大规模的军力建设在2012年得以继续。在本年度，印度按照“适当控制数量，重点加强质量，进一步提高战斗力”的方针，强化军队现代化建设，积极扩充军备，全面提高印军的作战能力，将之作为实现其“世界大国”战略目标的主要手段之一。①

印度的军队现代化建设采购研发并重，以提高其军事能力。印度2012—2013年的国防预算约为390亿美元，同比增长17.6%。其中，超过约159亿美元的军费将用于军购。印度计划在未来10年投入1000亿美元用于军购和军事现代化。2012年，印度军购大单不断。1月，印度政府批准斥资660亿卢比（合12.47亿美元）采购490套法国先进导弹系统来升

① 胡志勇：“印度加速扩充军备，对抗中国?”，中国评论网，http://www.zhgpl.com/crn-webapp/doc/docDetailCreate.jsp?coluid=93&kindid=4910，2012年5月24日。

级51架“幻影-2000”战斗机。印度空军“幻影”战机的升级项目总耗资预计将超过2000亿卢比（合37.8亿美元），而升级计划的完成甚至长达十年。2月，印度决定耗资110亿美元从法国采购126架多功能“阵风”战斗机，这是印军迄今为止最大的一笔军购，也意味着在经过长达5年的酝酿后，印度空军新战斗机选型终于尘埃落定。4月，印度向俄罗斯租借的“猎豹”号核潜艇正式入役，并更名为“查克拉-2”号，这让印度在时隔21年后再度跻身“核潜艇大国俱乐部”。这艘排水量为8000吨的“阿库拉-II”级攻击潜艇租期长达10年，将配备射程300公里的“克卢布-S”型对地巡航导弹和先进鱼雷系统。5月，印度国防部正式批准斥资6.47亿美元从美国购买145门M777轻型榴弹炮。《德干先驱报》援引可靠消息来源的话报道称，这些新型榴弹炮将会被部署到拉达克山区和靠近中印边境的“阿鲁纳恰尔邦”。10月，印度内阁安全委员会批准斥资800亿卢比（合15.68亿美元），从俄罗斯采购约1万枚“因瓦尔”炮射导弹用于装备陆军的T-90坦克，以及200多枚空射型“布拉莫斯”超音速巡航导弹供空军使用。

同时，印度还孜孜不倦地开展国产导弹和火箭技术研发，强化陆海空军建设。3月，印度空军部队开始装备首批本土研发的“阿卡什”防空导弹系统。4月19日，印度成功试射了“烈火-5”型可携带核武器的远程弹道导弹，射程超过了5000公里。印度还着手研制射程在8000公里至1万公里以上的“烈火-6”型弹道导弹。8月15日，印度总理辛格在印度65周年独立日典礼上宣布启动“火星计划”，按照该计划，印度将于2013年9月发射无人飞船。辛格表示，这将是印度科学技术发展史上的又一个飞跃。9月9日，印度成功发射了两颗卫星。至此，印度已累计发射100颗卫星。印度军政界认为，这标志着印度已向太空大国的目标迈进了一大步。10月，印度成功从一艘战舰上试射“布拉莫斯”超音速巡航导弹。印度国防部官员表示，该导弹系统已部署至印度海军和陆军服役；同时，印度正与俄罗斯合作开发该导弹系统，使其配合潜射和空基发射平台。此外，印度还制定了“未来步兵现代化计划”，它由模块化武器、防弹衣以及个人装备、武器瞄准器和手持式目标获取装置、通讯装备，以及便携式电脑5个子系统组成，该军事现代化项目预计将于2020年完成。

在印度孜孜以求的军力建设中，中国成为部分印度人士和媒体大肆宣扬的"参照物"乃至"假想敌"。2月29日到3月3日，印军在靠近中国边境的东北段举行代号为"毁灭"的大规模军事演习。演习区域主要集中在沿布拉马普特拉河流域（其上游为中国境内的雅鲁藏布江）和"阿鲁纳恰尔邦"。参加军演的有印度陆军特种部队以及空军先进的苏-30MKI战斗机等。3月，美印陆军举行代号"备战2012"联合军事演习，以交换双方在特殊地带作战的经验和技能。美军此次除了派出战斗部队以外，还出动了"斯特瑞克"战车与战斗机器人参演，尽管印度官方在发布军演消息时并未提及其他内容，但一些印度媒体又"习惯性"地将此与中国联系起来。印度《加尔各答电讯报》称，这次军演属于未雨绸缪，以防一旦同中国处于敌对状态。印度亚洲通讯社则称，印度已意识到在东北部边境面临中国的威胁。[①]。4月，印度"烈火-5"型导弹发射成功后，印度媒体欢呼雀跃，"印度发射可以打到北京的导弹"成了媒体的公开报道标题，甚至将该导弹冠以"中国杀手"的标签。德国、澳大利亚等西方媒体指出，"导弹秀"将激发印度的强国意识，它的主要动力被怀疑是针对中国的主要城市。印度虽否认这种战争目的，但印度的高调将推动地区的军备热潮。[②] 毋庸置疑，印度加速扩军让邻国感到担忧，只会引发南亚地区的军备竞赛，给南亚地区的安全和稳定带来了不确定的因素。

（三）扩展外交空间，展现大国形象

2012年度，印度继续开展"有声有色"的大国外交，积极扩展外交空间，努力展现新兴大国的形象，为成为世界大国博取声望。

第一，加强与美国在国际事务中的协调，"印太地区"成为双方合作的"战略重心"。对美关系在印度外交中具有特殊地位。本年度，美印两国进一步加强在亚太地区稳定、阿富汗重建与地区反恐、印度洋安全等问题上的协调。5月，美国国务卿希拉里访印，分别与印度总理辛格和国大党主席索尼娅·甘地举行了会谈。希拉里表示，美方认同印度寻求将孟买

① 郭西山、葛元芬："印在中印边境搞军演，誓言消灭'中国入侵者'"，人民网，http://military.people.com.cn/GB/17286554.html，2012年3月4日。

② "烈火5标榜中国杀手？满足印对华竞争优势心理"，环球网，http://mil.huanqiu.com/Observation/2012-04/2642581.html，2012年4月20日。

恐怖袭击案嫌犯绳之以法的努力，美国还向相关案犯发出了高额的悬赏金；美国支持印度在国际事务中发挥更大作用，希望印度作为一个负责任的大国，能够在伊朗核问题上采取更加积极的做法，也就是减少从伊朗的石油进口，督促伊朗方面改变其核政策；希拉里还代表美国商界表达了对于印度市场开放的期待。6 月，美国防长帕内塔访印。美印两国官方称，帕内塔此行旨在提升美印双边防务关系以及加强在阿富汗问题上的合作。10 月上旬，美国财长盖特纳访印，双方重点讨论了有关相互减少贸易和投资障碍、加强经济合作等议题，并探讨了共同打击海外洗钱、逃税和恐怖分子金融网络等方面的问题。10 月底，第三次美日印三边战略对话在印度新德里举行。美印日三边对话机制符合印度增加区域内影响力的战略需求，同时也符合印度一直以来坚持的“向东看”政策。印度国防战略分析研究所研究人员认为，中国在南海争端中的强硬态度以及美国实力的相对下降将促使印日加强与美国的关系。对于与美国日趋紧密的战略合作关系，印度外交界精英比较满意。毋庸置疑，中国力量的增长将促使美印之间安全合作的强化，尽管这一进程将是缓慢而曲折的。

同时，印度还与美国、澳大利亚共同打造“印太”地区（也就是从印度洋到太平洋）概念，鼓吹“印太”地区是全世界的新“战略重心”。不过，在这个空洞的概念下，三国事实上是各取所需。美澳两国决策者都认为，把“印太”地区作为地缘战略重点有助于消除两国的主要对内和对外政策困境，同时保持它们作为伟大强国和中等强国的地位。相比之下，印度虽赞同遵守国际法、航行自由以及和平解决冲突，但印度理想中的“印太”地区架构的决定因素是该国国内经济重组的需要以及继续遵守战略自主的原则。所以，印度只加入了以东盟为中心的“区域全面经济伙伴关系框架”，而不是“跨太平洋战略经济伙伴协定”（TPP）的成员。TPP 的僵化目标不符合印度“在印太地区打造多元、包容性和开放性安全架构”的目标。①

值得一提的是，“中国因素”成为美印关系中绕不过去的议题。西方媒体和印媒在报道美国防长帕内塔 6 月的访印之行时，大多提及此行背后

---

① “外媒：美澳印打造‘印太地区’各有所图”，新华网，http://news.xinhuanet.com/world/2012-12/14/c_124093230.htm。

的“中国因素”。《印度时报》称，美国亚太战略转移旨在“紧盯中国”，而印度将会成为美国在该地区一个“努力的”合作伙伴。[①] 不过，印度国防部长安东尼对外界明确表示，虽然印美建立了全面防务关系，但印度并未制订与华盛顿、东京和堪培拉建立针对中国的三边或四边“战略轴心”这种更为宏大的计划。分析人士普遍认为，印度此举是不想被拖入中美在亚太地区的“大博弈”战场。印度《德干纪事报》就认为，当中美两大巨人在亚太地区争夺霸权时，印度会发现自己身处“困难境地”。也有学者认为，除这方面的考虑外，根本原因在于印度加入美印澳三方安全条约的收益小于（或等于）其所付出的代价以及印度独立自主外交传统的影响。[②]

第二，加强与中国的经贸合作和安全对话，努力避免在中美之间“选边站队”。中国是印度推行大国外交的最重要对象之一。近年来，中印关系时常与美印关系相提并论。在3月26日开幕的首尔核安全峰会上，印度总理辛格被媒体问及“美国是否一直在遏制中国，以及印度是否面临过不得不在中美之间做出抉择的情况”，辛格表示“我们的目标就是与中美两国保持合作关系，我不认为像中国这样强大和充满活力的国家是能够被遏制的”。本年度，中印两国关系总体友好。在3月28—29日举行的“金砖国家”第四次会晤期间，中国国家主席胡锦涛与辛格举行会晤。辛格表示，印度无意也不会参与任何遏制中国的战略；印度承认西藏自治区是中国领土一部分、不允许藏人在印从事反华活动；印方希望同中方一道努力，维护两国边境地区和平安宁，通过友好谈判妥善解决边界问题。这与辛格总理2009年访问藏南地区所发表的讲话“在领土问题上我们将绝不会妥协，继续加强边境防务”形成了鲜明的反差。目前，中国是印度最大的贸易伙伴，印度也跻身中国十大贸易伙伴行列。经贸往来已成为改善中印关系的重要动力之一，是两国间降低猜疑、提高互信的有效手段。11月26日，第二次中印战略经济对话在印度首都新德里举行，双方就加强全面合作、促进双边宏观经济政策沟通与协调、深化和拓展双方在投资、基础设施、高技术、节能环保和能源等领域的务实合作展开对话与交流。会议

---

① 廖政军、葛元芬、柳玉鹏：“美印提升双边关系‘平衡中国’，许诺售印最好武器”，人民网，http://military.people.com.cn/GB/18101016.html，2012年6月7日。

② 彭念：“印度为何拒绝美印澳三边安全关系?”，中国评论新闻网，http://www.chinareviewnews.com，2012年2月1日。

期间，双方签署了联合研究、铁路、软件、工业能效等部门间的合作备忘录和总额为48 亿美元的企业间双向投资意向协议。有印度学者指出，持续的经济和贸易合作加深了印中两国的和解。

然而，中印边境争端持续存在以及印度海军强化南海存在等事件也表明，2010 年以来印度对华立场表现出的强硬一面并未改变。截至2012 年12 月2 日，中印为解决边界问题已举行了15 轮特别代表谈判，达成有关共识，不过双方离最终解决边界问题的目标还相去甚远。印度喜马偕尔邦首席部长普雷姆·库马尔·杜马尔曾致函辛格总理，提请后者关注“中国屡次侵入”印度领土的行为，并且要求辛格采取步骤加强该邦中印边界附近的基础设施网络建设。[①] 12 月初，印度国家安全顾问希夫尚卡尔·梅农访华，与中国国务委员戴秉国就边界争议等问题进行会谈。戴秉国表示，中印双边关系不应受到“杂音”的干扰，并提出进一步合作以实现共同发展。12 月3 日，印度海军司令乔希表示，中国日益增长的海军力量是“令人担忧的一个重要原因”，印度不会直接介入南海纠纷，但如果有必要，印度将会向该地区部署军队保护印度利益，譬如印度公司在南海部分区域的石油勘探活动。印度学者认为乔希的表态虽然略显“姗姗来迟”，但却意在维护印度在南海的利益。对此，中国外交部表示中方反对在南海争议海域进行单方面的油气勘探开发活动，希望有关国家尊重中国的主张、立场和权益。

第三，印度致力于在国际多边机制中扮演更重要的角色。3 月28—29 日，“金砖国家”领导人第四次会晤在印度首都新德里举行，会后发表了《德里宣言》和行动计划。此次峰会对印度可谓意义重大，是印度向世界展示自身新兴大国形象的有利时机。分析人士指出，本次会晤一方面大大推动了“金砖国家”之间的务实合作，强化了“金砖国家”合作机制维护新兴国家和发展中国家利益的特征，另一方面积极参与全球经济治理，进一步拓展了“金砖国家”之间的合作领域。4 月14 日，印度常驻联合国代表辛格·普里在华盛顿举行的有关安理会改革的谈判上要求把安理会成员国的数量增加到25 个，印度认为进行反映当今世界现实的安理会改革非常

---

① “印地方官要辛格关注‘中国入侵’”，新华网，http://news.xinhuanet.com/world/2012-03/27/c_122885306.htm，2012 年3 月27 日。

必要。11月初，第12次环印度洋地区合作联盟部长理事会会议于在印度举行。会议发表了《古尔冈公报》，海事安全将成为今后的合作重点，同时美国也成为新对话伙伴国。来自20个成员国的政府代表及专家围绕海事安全、打击海盗、贸易投资便利化等方面展开了讨论。印度媒体评论称，当前印度洋地区地缘战略重要性日益凸显，区域内经济联系更加紧密。在此背景下，印度发挥积极主动作用，促进环印联盟成员国之间的“合作地区主义”，以期将其打造成具有更大影响的国际多边机制。

二、巴基斯坦安全形势依然严峻，国内政局风云诡谲

（一）安全形势依然严峻

2012年，巴基斯坦安全形势依旧严峻，遭受了2003年以来最严重的平民伤亡（总计3007人）。据南亚反恐网的统计，其士兵和军人伤亡数量也是2003年以来的第三位（总计732人）。此外，巴本年度的反恐成绩是三年来最差的。在本年度，巴基斯坦仅歼灭2472名恐怖分子/叛乱分子，而此前三年，它分别歼灭了2800（2011）、5170（2010）和8389（2009）名。[①] 不过鼓舞人心的消息是，本年度发生的人体炸弹袭击事件也出现下降趋势。在2012年，只发生39起人体炸弹袭击事件，共有365人丧生，而此前三年的数量是41（2011）、49（2010）和76（2009）起，分别有628、1167和949人丧生。[②] 2012年，造成重大人员伤亡的恐怖袭击事件包括：

1月18日，巴塔利班声称对一名替“美国之音”撰稿的记者姆卡拉姆·汗·阿提夫遇害事件负责，并警告在未来还将对其他替美国效力的人员实施袭击。

① “Annual Fatalities in Terrorist Violence in Pakistan, 2003 - 2013”, http: //www. satp. org/satporgtp/countries/pakistan/database/casualties. html.

② “Suicide Squad Attack in Pakistan”, http: //www. satp. org/satporgtp/countries/pakistan/database/Fidayeenattack. html.

2月17日，巴联邦直辖部落地区帕拉齐纳市场的一座清真寺附近，一名自杀炸弹袭击者引爆炸弹，导致至少39名什叶派信徒丧生，另有26人受伤。

3月2日，巴联邦直辖部落地区拉赫山谷一座清真寺的周五祈祷会上，自杀式炸弹袭击导致23人丧生，另有20人受伤。

3月11日，巴白沙瓦地区的一个葬礼现场遭到自杀式炸弹袭击，导致17人丧生，另有32人受伤。

3月23日，巴西北部巴拉市发生自杀式爆炸袭击，造成至少13名武装分子死亡。同日，巴西南部俾路支省和西南部兹霍布地区均有检查站均遭到持枪武装分子的袭击，造成至少7名巴士兵死亡，另有多人受伤。

4月2日，巴西北部古勒姆部落地区一个出租车站遭到炸弹袭击，造成至少1人死亡，另有13人受伤。

4月14日，巴西南部城市奎达连续发生3起枪击事件，造成至少9人死亡，另有8人受伤。

4月15日，武装分子对巴西北部本努特区的一座监狱发动袭击，造成384名犯人逃跑。

4月29日，巴西北部开伯尔部落地区发生汽车炸弹袭击事件，造成至少3人死亡，另有20人受伤。

5月1日，巴西南部城市奎达发生一起路边炸弹袭击事件，造成至少5人死亡、9人受伤。

5月2日，巴南部信德省至少发生19次以国有银行ATM取款机和铁路为目标的炸弹袭击事件，造成6人受伤，其中包括2名警察。

5月3日，巴西北部巴焦尔部落地区发生两起爆炸事件，造成至少5人死亡、3人受伤。次日，该地区发生一起自杀式炸弹袭击事件，造成至少11人死亡、40多人受伤。

5月4日，巴联邦直辖部落地区的一个集市遭遇自杀式炸弹袭击，导致至少29人丧生，其中包括4名警察，另有超过73人受伤。

5月12日，巴基斯坦白沙瓦发生一起针对警车的遥控炸弹爆炸，造成1名警察死亡及12人受伤，其中包括5名警察。

5月14日，巴准军事部队的一个车队在西南部城市奎达遭遇炸弹袭击，造成至少3人死亡、28人受伤。

6月8日，巴基斯坦白沙瓦一辆满载政府雇员的巴士遭到炸弹袭击，导致至少21人死亡，超过40人受伤。

6月28日，巴基斯坦奎达市一辆满载来自伊朗的朝圣者的巴士遭到自杀式炸弹袭击，导致至少14人死亡，超过30人受伤。

7月21日，在巴联邦直辖部落地区，一个亲政府军事指挥官的住所遭遇自杀式汽车炸弹袭击，导致至少9人死亡，超过13人受伤。

8月18日，在巴基斯坦奎达市发生一起自杀式汽车炸弹袭击，导致6人死亡，其中5名为安全官员。

9月10日，巴联邦直辖部落地区帕拉齐纳一处繁荣的市场遭遇自杀式炸弹袭击，导致至少15名什叶派信徒丧生，另有40人受伤。

10月13日，巴开伯尔地区一个亲政府和平机构遭遇自杀式汽车炸弹袭击，导致18名平民丧生、40人受伤。

11月21日，巴基斯坦拉瓦尔品第的一个哀悼会现场遭遇自杀式炸弹袭击，导致至少20个哀悼者丧生，超过30人受伤。

在12月的穆斯林传统“阿舒拉节”期间，巴塔利班坦对该国的什叶派信徒发动5起袭击，造成至少30人丧生，约百人受伤。

12月15日，巴基斯坦白沙瓦的一座国际机场遭汽车炸弹以及持有火箭和爆炸物的武装分子攻击，造成至少10人死亡，另有40多人受伤，机场被迫关闭，塔利班组织声称对此事负责。

12月27日，巴塔利班组织对白沙瓦三处检查站发动袭击，有2名警察被打死，另有23名警察被绑架。29日，被绑架的23名警察除1人逃生，另有1人受重伤外，其余21人全部遇难。

12月30日，一支载有40多名什叶派穆斯林的车队在途经巴西南部默斯东地区时遭遇一辆满载炸药汽车的袭击，造成至少20人死亡、25人受伤。①

本年度，巴基斯坦当局继续对“巴塔”等极端主义组织实施打击。2月，巴当局出动飞机空袭该国西北部落地区一处武装分子藏身据点，打死至少15名武装分子。3月，巴总统扎尔达里在议会联席会议上发表演讲指

---

① “Suicide Squad Attack in Pakistan”, http://www.satp.org/satporgtp/countries/pakistan/database/Fidayeenattack.html.

出，巴将继续致力于打击武装分子和恐怖主义势力。3月12日起，巴安全部队在靠近阿富汗边境的开伯尔部落地区与武装分子激战。截至3月18日，已有至少51名武装人员和4名安全部队士兵丧生，多人受伤。8月14日，巴安全部队在西北部清除一处塔利班据点时与武装分子发生枪战，23名武装分子被击毙，3名士兵牺牲。10月，巴执法部门在南部城市卡拉奇挫败多起恐怖袭击图谋，逮捕了非法的极端穆斯林武装组织“坚格维军”的7名成员，并起获了包括火箭弹、手榴弹、自杀式背心以及炸药在内的大量武器。

与此同时，“巴塔”组织内部也在发生分化。3月4日，“巴塔”运动最高委员会举行会议，该组织领导人哈基姆拉·马哈苏德解除了其助手、巴塔利班二号人物毛拉法基尔·穆罕穆德的职务。这一事件显示该运动上层的矛盾似乎到了不可调和的程度。2009年该运动领导人贝图拉·马哈苏德被美军无人机炸死后，内部关于权力之争持续不断。毛拉法基尔的势力不可小视，他被解除职务将加速巴基斯坦塔利班内部权力争夺和分裂。

本年度，巴基斯坦的经济乏善可陈，由于行政和司法的纠缠、能源危机、不良的治安状况、基础设施短缺和不稳定的经济政策，导致巴基斯坦2011—2012财年的外资直接投资（FDI）同比急剧下降50%，食品出口额同比下降6.03%，下降至42.37亿美元。在巴基斯坦尚未摆脱2011年严重洪灾的阴影之际，自然灾害又一次“眷顾”了这个国家。2012年4月7日，巴基斯坦北部锡亚琴冰川地区发生严重雪崩，位于该地区的一座军营遭到雪崩重创。这是有史以来巴军方在该地区遭遇的最严重的雪崩事件，导致140死亡，其中包括129名巴基斯坦军人。雪崩发生后，中国、美国配合巴基斯坦全力搜寻被埋人员。美国派出了救援队，中国人民解放军向巴军提供了一批用于搜寻雪崩遇难者遗体的技术装备，并派出了技术专家赴伊斯兰堡进行技术指导。但最终仅找到数具遗体。为安抚遇难者亲属，所有遇难军人被授予烈士称号。据悉，锡亚琴冰川海拔达6700米，号称“全球海拔最高”的军事基地。由于锡亚琴的军事形势关系到克什米尔全局，印巴对该地区存在领土争议。目前，印度控制了其中大部分地区，而巴基斯坦则控制了其中较低的山峰。双方均在锡亚琴冰川驻扎数千名士兵。由于锡亚琴冰川空气稀薄、海拔过高，冬季气温可低达零下60摄氏度，不适于人类居住，给养装备运输困难。双方每年都有许多士兵因冻饿而死，非战斗减员不断增加。4月18日，巴陆军参谋长卡亚尼将军到锡亚琴冰川地区视察雪崩搜救工作时，呼吁跟印度谈判，解决两国在这个地区的主权争端。卡亚尼表示，巴印两国和平共存，对人民的福祉很重要。

（二）国内政局风云诡谲

2012年的巴基斯坦政局可以用“风云诡谲”和“变化莫测”来形容，行政当局和司法机构之间的角力已近白热化，执政党和军方之间的矛盾也逐渐浮出水面。6月22日，拉贾·尔韦兹·阿什拉夫宣誓就任巴基斯坦第25任总理，原总理吉拉尼被迫辞职。风暴的原由要追溯到2011年10月的所谓“备忘录门”事件，即一名美籍巴裔商人向美军参联会主席麦克·马伦提交备忘录，请他提防巴国兵变。这事引起巴国军方的警惕，调查发现备忘录的起草人是前巴国驻美大使胡赛因·哈恰尼，巴国总统扎尔达里则有幕后主使者之嫌。事发后，巴国政府将哈恰尼大使撤换，但军方仍然抓住案件不放，并且起诉至最高法院。法院要总理吉拉尼启动调查扎尔达里总统十多年前贪污并向瑞士银行洗钱的旧案，总理拒不执行，法院于4月宣布总理有“蔑视法庭”罪，又于6月19日取消吉拉尼国会议员资格，罢免其总理职务。本来，巴国最高法院院长不能自行立案来调查国家元首（总统）贪污，也无权罢免得到国会信任的政府总理。但执政党人民党由于内外交困，决定不与法院对抗，让吉拉尼辞去总理一职，并最终提名该党秘书长阿什拉夫为总理候选人，6月22日国会通过阿什拉夫为巴国新任总理。

印度资深政治家纳雅尔分析说，吉拉尼的去职是由最高法院操作、不同于“兵变”的“民变”。巴基斯坦的一位退休报人形容该国目前政局是“倒退到未来”，他所说的“倒退”就是从现在的“民主”政治又回到军人专政。巴国舆论甚至出现“软兵变”的说法。有分析家指出：虽然陆军总长卡亚尼在这次“动乱”中并未公开露面，但如果他坚决支持现今执政的由人民党领导的联合政府，后者处境不会如此尴尬的。据称，卡亚尼和巴基斯坦人民党领导人之间之所以不和，是由于后者一度想把三军情报局从其羽翼下抢走以削弱他的权势，所以并不排除“软兵变”向“硬兵变”

转化的可能性。[①]

当前巴国政局动荡是毋庸讳言的。前总理吉拉尼因为拒绝执行最高法院命令致函给瑞士当局调查总统洗钱案而下台，而新任总理阿什拉夫处境同样艰难。有分析人士指出："当前阿什拉夫就面临三个问题：第一，司法机关会要求阿什拉夫提出对现总统扎尔达里的指控，而阿什拉夫所在的巴基斯坦人民党不会允许这样的事情发生；第二，反对党、正义运动党和穆斯林联盟强烈要求重新举行国民议会选举并提前举行总统选举；第三，巴基斯坦民众对该国面临的经济危机日益感到不安。"[②]

履新不足一月，7月12日，阿什拉夫即接到最高法院同样的"致函命令"。巴执政党人民党以总统享有豁免权为由拒绝致函瑞士当局。8月，巴最高法院要求阿什拉夫就其涉嫌"蔑视法庭"的指控亲自出庭受审。巴基斯坦政治分析人士古尔认为，阿什拉夫被传唤一事表明，巴国司法系统与政府的长期博弈仍在继续。"基本上来说这是（政府和司法系统之间）对抗的继续。我认为这出肥皂剧今后还会继续发酵。我想解决的办法很大程度上取决于政府能不能找到一个中间办法，既能服从最高法院的命令，又不会因为这样做而损害某些人的利益。"[③] 瑞士方面数年前曾审理过针对扎尔达里的腐败指控，但在巴时任总统穆沙拉夫2007年颁布"全国和解令"后，相关指控被撤销。但巴最高法院2009年宣布"全国和解令"无效。如果相关部门执行最高法院裁决，和解令的受益者将再次面临指控。

（二）美巴关系趋于好转，印巴关系、中巴关系保持稳定

2012年，伴随美国阿富汗撤军步伐的加快，美国对巴基斯坦以示好和安抚为主。鉴于北约联军准备在2014年从阿富汗撤出战斗部队，美国在本年度致力于消除巴阿边界地区的不稳定因素。为保证经由巴基斯坦通往阿富汗的北约部队供应通道畅通，并争取巴在阿富汗和平进程中发挥积极作

---

① 黄绮淑："美国担忧巴基斯坦政局动荡"，《联合早报》，2012年6月26日版。

② "巴基斯坦总理：新官上任捏把汗"，新华网，http://news.xinhuanet.com/world/2012-06/25/c_123324327.html，2012年6月25日。

③ 黄彪："巴基斯坦总理被最高法院传唤出庭，被控藐视法庭"，人民网，http://world.people.com.cn/n/2012/0809/c1002-18699697.html，2012年8月9日。

用，美国努力消除此前两国间诸多不快之事的负面影响。

在2011年，因美国击毙本·拉登、无人机跨境空袭案等诸多事件，美巴关系呈急剧恶化之势。进入2012年后，这些负面影响仍在发酵。巴方通过国民议会、正式会议、街头抗议和新闻舆论等种种方式表达强烈不满。2月20日，有数以万计的民众走上巴首都伊斯兰堡的街头，抗议巴政府欲与美国建立联系。3月19日，巴基斯坦议会举行特别会议，商讨与美国关系的新准则问题。是否允许美国无人机在巴境内进行打击行动是此次特别会议的主要议程之一。4月6日，数百名巴基斯坦社会活动人士走上街头，号召发动圣战，并焚烧美国国旗，抗议美国悬赏1000万美元捉拿巴基斯坦“虔诚军”创办人赛义德。5月2日，巴亲塔利班伊斯兰政党的1500多名支持者在巴西南部城市奎达举行抗议集会，谴责美国杀死“基地”组织前领导人本·拉登。2012年5月下旬，巴国判处向美国提供本·拉登情报的军医阿富利迪33年徒刑，这被美国政界认为是“报复”行为。2011年11月造成24死、13伤的北约越境空袭案一直被巴政府和军方视为奇耻大辱。由于美国拒绝为炸死巴军惨案道歉，巴国一直没有开放通往阿富汗的北约部队供应通道。巴政府设立专门委员会要求美国为此次越境空袭事件无条件道歉。6月中旬，美国国防部助理部长彼得·赖维带着具体建议访巴，想与巴国军方恢复友好关系，但巴陆军参谋长卡亚尼拒绝会见。

伴随美国阿富汗撤军步伐的加快，美国对巴基斯坦的态度也呈温和之态。3月27日，美国总统奥巴马与巴总理吉拉尼在首尔核峰会的间隙举行了会谈。这是自美军在巴境内击毙“基地”组织前领导人本·拉登导致双边关系恶化以来，两国举行的最高级别领导人会晤。5月，巴总统扎尔达里应邀参加在美国芝加哥举行的北约峰会。美国会参议员、参议院情报特别委员会主席戴安娜·范斯坦表示，阿富汗和北约能够击败阿富汗塔利班，但需要巴基斯坦提供更多协助。在6月21—22日喀布尔的一家星级酒店遭“哈卡尼网络”袭击后，美国军方扬言要越境打击“哈卡尼网络”，国务卿希拉里则发表电视讲话重申美巴友谊重要性。希拉里表示，在20世纪80年代苏军败离阿富汗后，美国长期不关心巴基斯坦是当今美巴关系不能改善的原因。新任美国驻巴基斯坦大使理查德·奥尔森表示，同巴基斯坦合作一起压缩“哈卡尼网络”的生存空间将是他的首要任务。

由于美方的安抚，北约越境空袭案在本年度获最终解决，美巴两国在阿富汗问题上开展更为有效的合作。为了给计划中的撤军做好后勤保障，美国与巴方进行了密集接触，最终在7月底签署了一项期待已久的谅解备忘录：美国对越境空袭事件进行道歉，并根据联盟支持基金向巴基斯坦提供11亿美元，以补偿巴基斯坦在其境内打击恐怖分子而带来的损失；巴方保持北约供应通道的畅通。两国的协议有效期至2015年年底。北约运输线问题的解决使巴美克服了当前双边关系上最大的障碍，有利于两国在阿富汗问题上开展更为有效的合作。7月8日，美国、阿富汗和巴基斯坦三国外长在东京召开会议，三国确认了将为实现阿政府与塔利班的和平谈判而进行合作，美巴两国将共同支持由阿政府主导的与塔利班进行的和平谈判。有舆论认为，巴基斯坦能够对推动阿富汗塔利班加入阿和平进程产生关键性作用。但目前的问题是，巴美在阿未来政治走向问题上的构想仍存在很大差异。[①] 12月10日，美国国防部发布一份评估报告称，尽管美国与巴基斯坦之间的紧张关系有所舒缓，但巴方一直以来都允许激进武装分子在巴“避风”，这对阿富汗的安全构成威胁。

印巴关系在2012年继续呈缓和之势。4月8日，巴总统扎尔达里访印，并与印度总理曼莫汉·辛格举行会谈。这是一次“私人访问”，但两国均高度关注，这也是巴国家元首自2005年来首次访问印度。4月13日，印度商业和工业部长阿南德·夏尔马宣布印度将允许巴方在印度直接投资。巴基斯坦同意给予印度最惠国待遇，印度也允准从巴进口更多商品。为了增进两国民众的交流，印巴两国还展开“板球外交”，印度宣布允许巴球迷来印观看板球比赛，这是2008年孟买袭击案以来的首次。9月，印度外长克里希纳访巴，与巴总统、总理和外长分别举行了会谈。巴总统扎尔达里表示，寻求以和平方式解决两国间悬而未决的问题，确保地区的长久和平稳定对印巴两国至关重要。两国外交部长级会谈回顾过去一年半时间内两国在所有争议问题上的双边关系的进展，包括和平、安全和建立信任措施、克什米尔、锡亚琴冰川、塞·克里克湾、签证制度及经济合作等问题都是会谈议程的重要内容。双方还签署了新的签证制度协议。根据新的签证制度，两国放宽了对商人的签证限制，他们可以获得一年内多次入

① “美国谋划阿富汗后2014时代”，《人民日报》，2012年7月9日版。

境的签证并免除警方报告单，此外，被允许访问的城市数量也有所增加。新的签证制度中还引入了团体旅游签证的新形式，10—50人的游客可以获得有效期为30天的团体旅游签证，由两国的注册旅行社负责管理。当然，总体缓和中也不乏一些不谐的音符。如4月3日，巴基斯坦以非法进入巴水域为由逮捕了23名印度渔民并扣留了4艘印度船只。

2012年是中巴关系的丰收年。两国高层保持密切往来。中国国家领导人李长春成功访问巴基斯坦，受到巴政府和人民的热情接待，有力地推进了两国战略合作伙伴关系全面发展。巴总统扎尔达里于6月出席了上海合作组织北京峰会并访华，阿什拉夫总理于9月赴华出席在天津举行的达沃斯世界经济论坛年会，两次访问均取得圆满成功。扎尔达里访华期间与胡锦涛主席举行了会谈。胡主席就推动中巴双边关系发展提出加强战略沟通和合作、深化经贸务实合作、加强执法安全合作、密切人文交往和加强多边协调5点建议。扎尔达里表示，巴方期待着继续加强两国交往和合作，保持密切高层互访，巩固民间友好；巴方欢迎中国企业扩大在巴投资，希望双方加大能源合作，保障巴经济发展和民生改善；巴方将继续在涉及中国核心利益的问题上坚定支持中方，严厉打击恐怖主义活动；巴方希望同中方加强在重大地区问题上的协调和配合，共同维护地区和平稳定。① 阿什拉夫总理访华期间与温家宝总理举行了会谈。双方讨论了防卫合作、基础设施发展、能源、农业和银行业等一系列问题。两国再次确认了进一步加强贸易和防卫关系的决心。中巴各领域务实合作，扎实推进，成果丰硕，在国际地区事务中密切沟通协调，相互支持。中巴全方位合作更加枝繁叶茂，全天候友谊更加深入人心。②

① 廖雷："胡锦涛同巴基斯坦总统扎尔达里举行会谈"，人民网，http://politics.people.com.cn/GB/1024/18111424.html，2012年6月7日。

② "刘健大使通过国际台广播向巴基斯坦听众发表的新年贺词"，中华人民共和国驻巴基斯坦大使馆网站，http://www.fmprc.gov.cn/ce/cepk/chn/zbgx/t1002277.htm，2012年1月2日。

三、阿富汗撤军前景难测，民主和妇女儿童权益问题受到全球关注

（一）北约和美军确定从阿富汗撤军的日程表

进入2012年以来，美国和阿富汗之间的关系可谓状况不断。1月，一段驻阿美军虐尸的视频在网上疯传；2月底，阿富汗北部一美军基地发生焚烧《古兰经》事件，引起阿富汗多个城市爆发抗议示威活动，造成包括4名美国军人在内的至少30人死亡、200多人受伤；3月11日，美军士兵罗伯特·贝尔斯被指控枪杀了16名睡梦中的阿富汗平民。阿富汗人民的反美情绪日益激烈，大规模的抗议游行和针对美军士兵的袭击事件接连不断。尽管美国总统奥巴马一再道歉“灭火”，然而，美国国防部长帕内塔3月15日访阿时所面对的仍是近在咫尺的爆炸、严厉的谴责和愤怒的抗议人群。甚至被视为美国“傀儡”的阿富汗总统卡尔扎伊也要求美方把驻阿士兵撤出村庄哨所，重新安置到各处基地，并希望阿方在2013年提前接管全国防务。《纽约时报》援引一位欧洲外交人员的话说：“历史上从未有哪个超级政权在花费如此巨大、派兵如此之多后，对一个国家总统的言行拥有如此之小的影响。”而美国广播公司和《华盛顿邮报》联合进行的民调显示，60%的美国公民认为阿富汗战争的耗费不值得。①

面对高昂的战争支出和阿富汗民众的反美浪潮，在2012年5月的北约芝加哥峰会上，美国和北约确认将在2013年年中向阿富汗政府移交安全事务，并于2014年年底撤出全部作战部队。为了给撤军做好铺垫，美国展开一系列外交活动。从7月4日以致歉的形式与巴基斯坦妥协，重新打开北约运输线，到7月7日希拉里·克林顿正式宣布将阿富汗确定为美国“重要非北约盟国”，再到7月8日举行的阿富汗重建问题国际会议，美试图从后勤保障、军事以及资金等方面，保障阿富汗向后2014时代顺利过渡。

① 张红：“阿富汗总统称美国和塔利班是‘魔鬼’”，《人民日报（海外版）》，2012年3月20日版。

把阿富汗确定为美国“重要非北约盟国”是《美阿战略伙伴协议》的一部分。希拉里国务卿表示，此举“表明了美国对阿富汗未来的承诺”。有分析认为，美国此举能缓解因北约2014年撤军而导致的外界对阿自立能力的顾虑，另外从客观上讲，美国十多年来在阿投入了大量人力、物力和财力，不愿看到因驻军离开而使阿重新陷入混乱。据悉，因成为美“重要非北约盟国”，阿富汗在获得美国军事装备以及军事培训方面可享受特殊待遇，还可以获得在军事规划以及军备采购和租赁等方面的支持。希拉里承认美国确有长期在阿驻军的打算，并称这为阿富汗国民军提供了塔利班所不具有的空中打击和侦察优势。但有分析人士指出，美方不愿从根本上增强阿国民军自身的空军建设，目的就是不让阿军队获得充分自立，造成阿在国防领域对美国长期依赖，为美国长期在阿驻军提供借口。

2012年7月8日，阿富汗重建问题国际会议在通过《东京宣言》后闭幕。美国国务卿希拉里、联合国秘书长潘基文、阿富汗总统卡尔扎伊等约80个国家和国际组织的代表出席了会议。《东京宣言》把北约部队2014年底撤出阿富汗后的10年定位为“变革的10年”，重点是实施对阿援助。为实现阿富汗的可持续发展，国际社会和阿富汗政府“互相负有责任”。国际社会承诺继续提供援助，阿方则承诺致力于推进民主化。国际社会在2015年之前将提供160亿美元，以支持阿富汗的复兴和开发。为防止阿富汗再度成为恐怖组织的温床，国际社会将为阿治安部队提供训练和装备支持；阿将出台防止腐败的对策和举行公平选举。宣言规定，为了检验支援国与阿富汗之间达成的协议能否实施，今后每两年将举办一次部长级会议。①

事实上，阿富汗的安全形势依旧严峻。就在重建问题国际会议闭幕的当天，阿富汗坎大哈省连续发生3起路边炸弹爆炸事件，造成至少24名平民丧生，另外，阿南部赫尔曼德省穆萨堡地区的一个检查站也遭塔利班武装袭击，在交火中共有22名武装人员被打死，另有5名警察死亡。虽然如此，北约撤军的大幕仍在2012年9月拉开。此后，美军提前完成了年内撤出2.3万人的阶段性撤军计划，目前驻军规模为6.6万人。11月，驻阿美

---

① 牟宗琮、刘军国：“美国谋划阿富汗后2014时代”，《人民日报》，2012年7月9日版。

军司令约翰·艾伦向五角大楼提交了2014年后美国在阿驻军规模建议。据《华尔街日报》报道称，五角大楼将于2012年底前把修订后的方案上呈奥巴马总统。根据艾伦的建议，2014年战事结束后，驻阿美军规模将在6000人到1.5万人之间。奥巴马政府高层官员倾向于艾伦建议的中间方案，即1万人左右。有关驻阿美军的初步建议数据表明，奥巴马政府倾向于规模较小的长期驻军，认为这样既有利于减轻美军的财政支出压力，也更容易被阿方接受。但有防务问题专家指出，美国至少需要保留3万人以上的驻军才能满足培训阿安全部队和维持阿局势稳定的需要。如果驻军规模仅在1万人至1.5万人之间，美军将只能专注于反恐任务，无力培训阿安全部队，这与阿政府的期待不符。在保留美国驻军问题上，阿富汗政府比伊拉克政府态度更"积极"，但以美军必须服从阿司法管辖为前提。就2014年后驻阿美军地位问题，美阿双方已于11月15日在喀布尔启动谈判，并希望在2013年5月前达成协议。阿方虽在部队培训与后勤保障等方面对美方需求较大，但能否在司法管辖权问题上做出妥协，还将面临国内民意的考验。

在确定2014年后驻军人数后，奥巴马政府将着手解决撤军步调问题。美政府与军方对此存在分歧，白宫倾向于在2013年年初就加快撤军进程，而驻阿美军司令艾伦则希望在2013年作战季结束前一直保留现有的6.6万人规模。虽然尽快结束阿富汗战争早已是美国公众的普遍期待，但如何确保2014年后阿局势稳定和美国的持久影响力，则是摆在奥巴马政府面前的一道难题。奥巴马在终结伊拉克战争时未留下驻军，此后伊局势的动荡以及美国影响力的削弱导致其受到批评。①

另一方面，阿富汗并没有变得稳定和安全，恐怖袭击不断，塔利班大有卷土重来之势。自2001年美国发动阿富汗反恐战争以来，迄今大约有3200名北约驻阿部队人员死亡，其中超过2100人是美国军人。10月7日，在阿富汗战争进入第12个年头之际，塔利班发表声明，嘲笑美国在阿富汗的军事行动，称北约组织成员国因战败而逃离阿富汗。塔利班声称挫败"美国和北约盟国的军事力量和无数策略"，他们"正带着耻辱逃离阿富

① "美国谋划后阿富汗战略，或将在阿保留1万驻军"，《光明日报》，2012年11月29日版。

汗，正挣扎着提供某种辩解”。声明说，美国及北约“以所谓给阿富汗带来和平、繁荣和发展为借口，发动专横的侵略”，而失败令美国得到“惩戒性的历史教训”。据美国《陆军时报》称，塔利班甚至将美国从阿富汗撤军比作20世纪70年代从越南撤军，称这是“先宣布胜利然后逃跑”的战略。①

（二）马尔代夫的民主之殇

本年度，度假“天堂”马尔代夫发生了闪电般的权力更迭，该国首位民选总统穆罕默德·纳希德被迫去职，该国的民主化道路变得模糊不清。2月7日，在首都马累，数百名抗议者在国防部大厦前示威，军方和警察奉命进行驱散。然而，警察突然倒戈，同示威者一起控制了马尔代夫国家广播公司，并播放节目号召民众走上街头推翻总统纳希德。纳希德在2008年的总统选举中击败时任总统加尧姆。在加尧姆长达30年的执政期间，纳希德曾被捕27次，有“民主斗士”之称。下午，纳希德发表电视讲话，宣布辞去总统之位。纳希德在讲话中称：“在当前形势下，如果我辞职，将有利于国家。我不打算铁腕治国，我会辞去总统职务。我不想伤害马尔代夫人民。”随后，按照宪法规定，马副总统穆罕默德·瓦希德·哈桑接任，马尔代夫在一天内实现了权力交接。此前，马尔代夫曾经历了几周的民众示威。纳希德的传媒顾问保罗·罗伯特称：“看上去，这是一场偶然的政变，实际上是反对派领导人在安全部队的支持下精心策划的结果。”而马军方发言人则坚决否认这是政变，并表示，纳希德当天自行来到国防军总部就是否应该辞职“寻求建议”，军方则建议他“主动辞职”。各方不一的说法让马尔代夫政变陷入“罗生门”。

辞职后的纳希德仍积极图谋复职。辞职后的次日，他率领数百名支持者举行反政府示威，吁求立刻复职。前来驱散人群的警方动用了催泪瓦斯，示威活动升级成骚乱。随后，马累的示威冲突蔓延，马尔代夫多个岛屿上的警察局遭到冲击，多座大楼被焚烧。警方发表声明称，纳希德及其

---

① “塔利班‘电贺’阿战进入第12年”，新华网，http://news.xinhuanet.com/mil/2012-10/09/c_123796831.htm，2012年10月9日。

领导的民主党煽动“恐怖主义”，导致大量私人财产和公共设施受损。随后，马国一家刑事法庭对纳希德发出了逮捕令。对此，纳希德公开表示不会离开马尔代夫，并誓言要带领自己的政党在新选举中取得胜利。而警察也拒绝执行逮捕令。国际组织“马尔代夫之友”的创始人戴夫·哈丁汉姆认为，“他们担心如果纳希德入狱将会让局面更加难以掌控。届时，西方国家或者印度可能会进行干涉”。纳希德呼吁国际社会进行干预，不要承认马新政府。但是，马国新任国防部长表示，军方依据宪法支持新任总统瓦希德。2月11日，纳希德在马累表示，新政府违法；16日，他再次呼吁提前举行大选。新总统瓦希德对此表示，目前局势尚不稳定，如果现在就匆忙提前选举，势必会引发更多骚乱。

有分析人士认为，马尔代夫政变是由多重深层次原因造成的。一方面，纳希德的执政基础比较薄弱。纳希德所领导的民主党在议会中处于少数地位，他的多项改革因此饱受议会阻力，支持率下滑。其次，纳希德的一系列改革措施操之过急。新的汇率政策使得马国货币兑换美元迅速贬值，马国基本生活物资都靠进口，民众生活成本提高；新的税收政策又得罪了国内大量的富有阶层，屡遭批判。此外，马尔代夫奉行伊斯兰教，一些宗教势力对纳希德未能有效维护伊斯兰教传统表示不满。[①] 对于此次政变，美国《新闻周刊》评论称，这个岛国自2008年纳希德上台以来，经历了翻天覆地的变化，然而该国民主化路程依然充满艰辛和曲折。

（三）妇女儿童权益

在2012年，因为“马西事件”、“马拉拉事件”以及“黑公交轮奸案”等一系列恶性事件的发生，南亚次大陆的妇女儿童权益问题不仅在南亚国家内部激发了巨大的社会风潮，也引发了国际社会广泛的关注。

巴基斯坦发生的“马西事件”和“马拉拉事件”反映了塔利班等激进伊斯兰势力对妇女儿童权利的剥夺。8月，11岁的巴基斯坦智障女孩马西因涉嫌焚烧《古兰经》遭逮捕，随后被关押在一所成人监狱长达三周。在巴基斯坦内外抗议下，马西在9月获得保释。经警方查证，是一名传教士

---

① 冯中豪：“马尔代夫政局哗变全程回顾”，《新京报》，2012年2月19日版。

诬蔑马西，此人曾把焚烧过的《古兰经》交给警方，作为马西的罪证。该传教士随后被捕，罪名是亵渎《古兰经》和篡改证据。11 月 20 日，巴高等法院推翻了对马西的所有控罪。如果说“马西事件”的影响主要局限在巴基斯坦国内，“马拉拉事件”的冲击则要广泛而深远得多。10 月 9 日，14 岁的巴基斯坦女孩马拉拉·优素福扎伊被巴塔利班武装分子枪击。马拉拉以积极呼吁受教育权和妇女权利而闻名。她曾在 BBC 乌尔都语网站发表博文，揭露巴塔利班武装焚烧女子学校和恐吓平民的暴行，引起国际社会的广泛关注，她此后积极致力于倡导儿童权利、特别是女童受教育的权利，并在 2011 年获得了联合国“国际儿童和平奖”提名和巴基斯坦首届“国家青年和平奖”。为此，巴塔利班多次向她发出威胁。巴塔利班早在 2008 年 12 月就正式表示，不允许女子到学校上学，并摧毁或烧毁了数百所女子学校。枪击事件发生后，巴塔利班运动发言人伊沙努哈·伊萨表示，“她亲西方，抨击塔利班，而且把奥巴马称为她理想中的领导人”。联合国秘书长潘基文发表声明，对枪击事件予以强烈谴责，对马拉拉为推动巴国女童教育所做的努力表示赞赏，并表示支持巴政府和人民对抗暴力极端主义的努力。联合国儿童基金会也发表声明，呼吁保护巴国儿童在安全环境中接受教育的权利。巴总统扎尔达里、总理阿什拉夫、陆军参谋长卡亚尼、反对党领导人、巴基斯坦各党派议员，以及社会各界人士纷纷对此次袭击事件予以谴责。巴国内掀起了为马拉拉组织的大规模的抗议活动，军队对塔利班的打击得到了很大的支持。与此同时，印度分析人士说，马拉拉代表为女童争取接受教育的运动正在得到整个地区的支持。幸运的是，经过国际社会的紧急救护，马拉拉已奇迹般地从死亡线挣脱。为表彰马拉拉的勇敢和对教育的贡献，联合国宣布将每年的 11 月 10 日定为“马拉拉日”，包括美国总统奥巴马在内的世界各国领导人也纷纷向她致敬和祝福。

2012 年年底的“黑公交轮奸案”犹如一面透镜，折射出崛起大国印度的一些社会痼疾，如妇女地位低下、法律有欠完善等。12 月 16 日，印度一名 23 岁的女大学生在新德里一辆“黑公交”上惨遭 5 名歹徒轮奸，震惊印度全国，引发国内各界的强烈愤慨。此次惨案再次引发了人们对新德里女性安全问题的关注，印度媒体也在反思印度大都市为何强奸案频发。据印度国家犯罪统计局的数据显示，新德里 2012 年至今已发生强奸案 635

起，以至于被印度媒体冠上“强奸之都”的恶名。连续几日，印度多地掀起大规模反性暴力游行，抗议不安全治安。上万名学生走上街头游行抗议，要求警方尽快将所有歹徒绳之于法；印度妇女和儿童也在新德里举行抗议，呼吁保障妇女安全。迫于巨大的社会压力，印度总理辛格召见了内政部长及相关负责人，要求尽快彻查这起轮奸事件。印度国大党主席索尼娅·甘地也表示，政府将还受害者和民众一个公道。[①] 这起惨绝人寰的“黑公交轮奸案”还在尼泊尔、斯里兰卡、巴基斯坦和孟加拉国等南亚国家引起大规模抗议示威。上述国家均为针对女性的性犯罪案件高发国，许多民众参与集会，要求政府改善本国的妇女安全环境。

（胡二杰）

① “‘公交轮奸案’震惊印度”，人民网，http://acftu.people.com.cn/n/2012/1221/c67502-19967133.html，2012年12月21日。

第十三章

中亚地区安全形势

2012年，中亚安全形势总体稳定，中亚各国（哈萨克斯坦、乌兹别克斯坦、吉尔吉斯斯坦、塔吉克斯坦和土库曼斯坦）国内政局基本可控，经济社会有所发展，地区安全合作日益深化。与此同时，受国际金融形势前景不明、西亚北非局势持续动荡、阿富汗安全形势变化等诸多不确定因素的影响，"三股势力"、毒品问题、跨国犯罪对地区安全稳定的破坏力有所扩大，外部大国在本地区的博弈竞争也有所发展。

一、中亚各国政治形势相对稳定

中亚各国独立以来，由于地缘战略位置特殊，民族宗教关系复杂，地区各国发展的差距拉大，资源分布和财富分配不平衡，加之时常深陷大国纷争的漩涡，中亚地区各国国内冲突频发，政局动荡。从20世纪90年代的塔吉克斯坦内战、"三股恶势力"的蔓延与合流，到21世纪前10年的大国地缘政治"游戏"、乌兹别克斯坦的"安集延事件"、吉尔吉斯斯坦两次导致政权易主的大骚乱，都引起了国际社会的极大关注和深切担忧。

2012年，中亚国家在陆续进入选举年的情况下，政局保持了相对稳定。2月土库曼斯坦进行总统大选，哈萨克斯坦、吉尔吉斯斯坦等国也相继举行了国家或地方议会选举，选举过程不仅相对平稳，结果对于执政当局也大多有利。中亚各国选举的成功举行表明，各国国内政治领域中不稳定因素虽依然存在，但中亚各国政治局势较前些年有明显好转。国内政治局面的大体稳定，为中亚各国积极解决民生问题、缓解国内政治分歧、避免极端势力和社会矛盾破坏稳定大局创造了前提条件。

2012 年哈萨克斯坦政治与安全局势总体保持稳定。总统纳扎尔巴耶夫推行的各项政策继续得到民众认可，政治与经济改革逐步推进，综合国力稳步增长，民众支持率较高，执政地位无人能够撼动。但同时哈政局也存在一些不稳定因素，一是政党改革与接班人问题引人关注。纳扎尔巴耶夫已年满 72 岁，虽目前健康状况良好，但由于年事已高，不排除突发健康问题的可能性。纳扎尔巴耶夫至今也仍未明确接班人，身后出现各种政治力量激烈交锋，造成国内政局震荡的可能性较大。二是局部安全局势有所恶化。2011 年 12 月，哈西部石油重镇扎瑙津爆发了自哈独立以来最大规模的骚乱，骚乱蔓延至曼吉斯陶州首府阿克套市等地。哈政府不得不在上述地区实施为期 20 天的紧急状态以平息冲突。三是政府腐败问题依然突出，贫富差距加大，油气资源带来的巨额财富分配问题已经引发部分民众不满，虽然这些问题短期内不会掀起大的风波，但如长期无法得到有效解决，在长期内将成为政局不稳的重大隐患。

2012 年吉尔吉斯斯坦政局基本维持稳定。进入新世纪以来，吉尔吉斯斯坦国内政局长期不稳。但自 2011 年 10 月成功举行选举、阿坦巴耶夫当选吉总统以来，吉尔吉斯斯坦政局大体保持了稳定。尽管 2012 年 8 月吉尊严党和祖国党因不满总理巴巴诺夫的工作、宣布退出执政联盟曾一度引发政坛危机，但阿坦巴耶夫总统很快便宣布解散以巴巴诺夫为首的吉政府，并授权社会民主党组建新的议会执政联盟。[①] 经协商，9 月 6 日吉议会批准然托罗·萨特巴尔季耶夫为政府新总理，吉此轮政治危机得到解决。[②] 值得注意的是，虽然 2012 年吉基本保持了国内政局的大体平稳，但 2010 年爆发的全国性骚乱的后遗症依然存在，骚乱对吉国内社会造成的深刻裂痕有待弥合，南北对立的情况依然严峻，吉政府迫切需要在国内严厉打击和有效控制宗教极端主义的同时，采取切实措施，进一步加强民族团结、处理好民族关系，实现国内社会稳定健康的发展。

2012 年土库曼斯坦继续保持稳定发展。在 2 月举行的总统选举中，现

---

① “吉尔吉斯斯坦议会执政联盟宣告解”，新华网，http：//news. xinhuanet. com/2012－08/22/c_ 112813465. htm。

② “吉尔吉斯斯坦议会批准萨特巴尔季耶夫为吉政府新总理”，中国日报网，http：//www. chinadaily. com. cn/micro－reading/dzh/2012－09－06/content_ 6926035. html。

任总统别尔穆哈多夫优势明显，赢得了97%的选票，成功连任。别尔穆哈多夫就任以来，继承了已故的尼亚佐夫总统确立的方针政策，继续实施免费教育和医疗以及对水电气消费的国家补贴政策，推行放松新闻管控、加强教育投入、增大基础设施投资、推动经济转型等一系列政策，在受到土民众欢迎的同时，土社会和经济也得到稳定发展，国家面貌得到明显改善，土国际地位不断提升。

2012 年乌兹别克斯坦保持平稳有序发展。总统卡里莫夫对国内政局保持控制力，在维持对分裂主义、极端主义和恐怖主义等“三股势力”高压态势同时，继续推行一系列促进经济发展、社会转型的方针政策，乌经济增长稳健，社会发展平稳有序。在12月7日举行的宪法日庆祝大会上，总统卡里莫夫宣布将2013 年确定为“幸福昌盛年”，乌兹别克斯坦预计将继续保持稳定发展势头。①

2012 年塔吉克斯坦国内安全形势值得引起关注。6 月，塔吉克斯坦总统拉赫蒙的妹夫在首都杜尚别遭武装袭击身亡。7 月，塔政府军在东部的戈尔诺 - 巴达赫尚自治州首府霍罗格及其郊区展开行动清剿当地非法武装时，与长年盘距在该地区的非法武装发生激烈交火，造成 1 名平民和 17 名强力机构人员死亡、40 名强力机构人员受伤。同时，有 30 名非法武装成员被击毙、41 名非法武装成员被捕。塔最高检察院指控参与武装冲突的非法武装成员私藏武器。② 当前，塔国内社会福利、能源短缺、劳动力流失、政府腐败等问题较为突出，政府与反对派的矛盾短期内也难以调和，这些都严重制约了经济发展，社会稳定和国家安全也受到相应威胁。

综合来看，中亚国家目前在国内政局方面存在的安全风险主要在于：虽然各国领导人保持了高度权威，掌控政局能力强，但一些领导人年高多病，存在出现意外的可能性；同时政权交接不明朗，未来权力交接是否能够平稳有序值得重视；三是总统权力过于集中，权力核心集团对其他政治派别打压力度过大，容易引发政治冲突，并被外部势力所利用和介入；还

---

① “乌兹别克斯坦宣布2013 年为‘幸福昌盛年’”，中国网，http：//news. china. com. cn/live/2012 - 12/10/content_ 17591939. htm。

② “塔吉克斯坦称不再起诉自愿上缴武器的非法武装成员”，新华网，http：//news. xinhuanet. com/world/2012 - 12/27/c_ 124153203. htm。

有就是法制建设不健全，法律意识淡薄，腐败盛行，社会分化严重，容易引发国内民众的不满情绪。

二、地区安全合作日益深化

2012年是上海合作组织成立11周年。11年来，尽管国际局势复杂多变，但上合组织总体发展势头良好，各领域合作成果显著，已成为本地区发展最迅速、影响最广泛的国际组织之一，在维护地区稳定、促进成员国共同发展方面发挥着日益重要的作用。

2012年上海合作组织继续保持积极发展的良好势头。4月，上海合作组织成员国国防部长会议在中国北京举行，与会各国国防部长针对当前国际和地区形势以及上合组织防务安全合作等问题进行了广泛的讨论，并就加强军事信任措施、共同打击恐怖主义及其他地区安全挑战与威胁达成了一致意见。[①] 6月，上海合作组织成员国峰会在北京召开，成员国元首签署了《上合组织成员国元首关于构建持久和平、共同繁荣地区的宣言》等10个文件，全面阐述了上合组织对国际、地区和成员国间合作的重要立场，描绘了上合组织未来10年发展与合作的蓝图，体现了上合组织不断创新、积极拓展、融化合作、面向未来的广阔发展前景。成员国一致认为，应以此次北京峰会为契机，在总结前十年的经验、分析国际地区形势变化的基础上，确立上海合作组织未来发展的目标，部署新十年合作举措，进一步释放政治、安全、人文、外交合作潜力，更有效地维护地区稳定，促进共同发展，更好地满足成员国人民的需求。[②] 同月，上合组织“和平使命－2012”联合反恐军演在塔吉克斯坦举行，哈萨克斯坦、中国、吉尔吉斯斯坦、俄罗斯、塔吉克斯坦共派出2000多名官兵参演，军演对于共同提高成员国武装力量的训练水平和合作水平、有力震慑“三股势力”、维护地区

---

① “上海合作组织成员国国防部长会议在京召开”，新华网，http://news.xinhuanet.com/world/2012-04/24/c_111836306.htm。

② “新华时评：一次具有里程碑意义的峰会”，环球网，http://world.huanqiu.com/hot/2012-06/2797590.html。

和平与稳定具有重要意义。[①] 12 月，上海合作组织成员国总理第 11 次会议在吉尔吉斯斯坦比什凯克举行。与会领导人积极评价上合组织的合作成就和广阔前景，发表了《上海合作组织成员国政府首脑（总理）理事会会议联合公报》等文件，为上合组织下一步发展指明了方向。[②] 上合组织成立 11 年来，其发展成就充分证明，该组织已经成为维护中亚地区安全稳定、促进经济发展的战略依托。

尽管上合组织成立以来为促进地区和谐、发展和国际关系民主化作出重要贡献，但由于各成员国内部各种不稳定、不确定、不安全的因素也在增多，上合组织面临的挑战也更加复杂多元。未来各成员国应更加持之以恒地团结互信，深化务实合作，加强战略协作，大力实践和传播互信、互利、平等、协商、尊重多样文明、谋求共同发展的“上海精神”，牢牢把握机遇，齐心协力，开辟更加广阔的合作前景；加强团结、互信、互助，在涉及地区安全、稳定的重大问题上密切沟通协调，切实尊重各国自主选择的发展道路，以长远和战略的眼光谋划共同发展，以更加坚定的决心、更加有力的措施增强本区域的整体实力和可持续发展能力，进一步加强内部机制建设、对外交往和在安全、经济、人文等领域的务实合作，推动国际秩序向更加公正合理的方向发展，为促进地区安全与世界和平做出更多贡献。这些都是上合组织不断发展壮大的宝贵经验，也是本地区国家应对错综复杂的国际形势，战胜危机和挑战的正确道路。

三、中亚各国平衡外交政策更加务实

大国因素始终是影响中亚国家地区稳定的重要因素之一。自独立以来，中亚国家就确立了全方位的外交政策，希望与各方交好，特别是希望得到大国的支持与帮助，满足自己在安全和发展等方面的需求。但中亚国家不希望大国插手本国内政，更不希望成为大国交易的牺牲品。因此，从

① “‘和平使命－2012’联合军演拉开帷幕”，中国网，http://www.china.com.cn/military/txt/2012－06/08/content_25593648.htm。

② “上海合作组织成员国总理第十一次会议开幕”，新华网，http://news.xinhuanet.com/world/2012－12/05/c_113917200.htm。

中亚各国的外交特点上看，中亚五国始终奉行多边平衡的外交政策。但由于中亚国家与大国之间的关系不对称，处于相对弱势，而大国在中亚的政策各有侧重，因此中亚国家与大国的关系呈现出不同的形态。

总的来说，中亚国家与俄罗斯传统联系最为密切，沟通机制最多，对俄罗斯依赖最多，对俄政策也最为纠结。中亚国家与俄罗斯在选择政治道路方面有很多共同语言，在安全和经济方面不得不倚重俄罗斯，同时又不愿意被其控制。与此同时，中亚国家也希望在发展过程中得到西方、特别是美国的支持，但也惧怕西方在本国扶持反对派和非政府组织以及搞“颜色革命”。中亚国家与中国的关系在经济领域表现最为突出。随着中国对中亚的投资日益增加，双方的经济联系日益密切。当前，中亚国家在生存的问题上倚重俄罗斯，在大国关系中看重美国的全球地位，在发展的问题上借重中国。从长远来看，中亚国家的外交始终寻求多边平衡，但就某个时段看，中亚国家的外交经常根据优先利益的变化而呈现出不稳定性。

总的来看，2012 年哈萨克斯坦、吉尔吉斯斯坦与俄罗斯的关系进一步加强。乌兹别克斯坦与西方的关系进一步拉近。塔吉克斯坦在与美国拉近关系的同时，不得不在一些问题上对俄罗斯做出妥协。土库曼斯坦力求突破俄罗斯的天然气运输垄断，与欧盟、中国、伊朗、印度等各方探讨出口或扩大出口天然气的可能。当然，中亚各国当前的外交选择并不代表其外交战略的长远走势，中亚国家与某个大国接近的同时并不放弃与其他方向接近或者从其他方向获得好处的努力，这就是中亚国家长期以来所坚持的全方位外交。当大国在中亚的力量格局发生变化时，中亚国家的利益天平自然将发生移动，届时中亚国家的外交必将做出新的调整。

四、中亚地区大国博弈呈现新态势

中亚地区与中国、俄罗斯、伊朗相邻，扼东西南北的交通“要冲”，石油天然气储量丰富，战略地位重要，对世界上的主要国家来说，这里都具有不同寻常的经济和安全价值。苏联解体后，中亚逐渐沦为俄、美等国际力量争斗的“角逐场”。20 世纪 90 年代，俄罗斯控制着中亚地区的军事政治形势，美国及其欧洲盟国只能通过经济和军事渗透方式来扩大其在中亚各国的影响。“9・11”事件后，美国借反恐之机驻军中亚，从而开始与俄罗斯争夺中亚事务的主导权。吉尔吉斯斯坦发生的“郁金香革命”、安集延事件，乌兹别克斯坦驱逐美国驻军、美国资助有关国家修建绕过俄罗斯的巴库－杰伊汉输油管道等，无不反映出俄美两国在中亚的地缘政治角逐。美国的中亚战略主要目的就是通过推动中亚各国进一步“开放”并“融入”国际社会，彻底结束俄罗斯在中亚的传统支配作用。而俄罗斯一向将中亚视为其绝对势力范围，对美国等西方势力进入中亚极为警惕。可以预见，外部大国、特别是美俄两国在中亚的争夺仍将是一场拉锯战，未来将呈互有攻守、互有得失的长期胶着状态，中亚地区仍将长期维持大国力量相互竞争、相互制衡的总体格局。

2012年，外部大国在中亚地区的争夺态势有所加剧。为了更好地控制这一地区，美国通过各种举措，利用中亚国家之间的矛盾拉拢一些国家，加大对中亚地区的渗透力度。目前，美国在中亚已设置了5个军事基地，驻军总数已达6000人左右。俄罗斯战略文化基金会网站最近刊载一篇题为《中亚将面临什么?》的文章警告，美国打算将在阿使用的部分军备转移至中亚地区前苏联共和国，美军已就此与塔吉克斯坦、吉尔吉斯斯坦和乌兹别克斯坦谈判，中亚的前景变得“愈发不确定和堪忧”。[①] 7月，在美国拉拢下，乌兹别克斯坦宣布退出由俄罗斯主导的集体安全组织，同时争取获得美国的军事援助，使俄罗斯措手不及。

2012年俄罗斯依然倚重通过上合组织、独联体、独联体集体安全条约组织和欧亚经济共同体等诸多一体化的工具，保持在中亚地区的影响力，建立其主导的战略联盟。普京上任后年内两访哈萨克斯坦，并依次到访其他中亚诸国，在一些国家以援建水电站、放松劳动移民要求等条件换取延长军事基地使用期限。2012年11月，俄罗斯与吉尔吉斯斯坦签署协议，将俄罗斯在吉的空军基地的租借期限延长20年。而吉表示，其租借给美国的玛纳斯空军基地在2014年期满后将改建为民用中转中心，不会再成为其他任何国家的基地。[②]

---

① “美国楔入中亚战略‘用心良苦’”，新华网，http://news.xinhuanet.com/world/2012-07/08/c_112385832.htm。

② “吉准备将美国空军基地转为民用转运中心”，新华网，http://news.xinhuanet.com/2012-03/14/c_122830876.htm。

未来的若干年内，俄美之间的争斗仍是中亚国际关系的主流。但无论是过去、现在，还是未来，没有任何力量能够在中亚形成霸权。多种力量此消彼长、相互之间构成动态均衡将是中亚地区力量格局的常态。中国没有控制中亚的野心，在中亚的利益是有限的，中国在中亚的行动将服从于中国外交的全局。中国将始终不渝走和平发展道路，奉行互利共赢的开放战略，坚持与邻为善、以邻为伴，努力使自身发展更好惠及周边国家，永远做中亚地区各国的可靠朋友和真诚伙伴。

五、地区安全形势呈现新的复杂性

（一）“三股势力”活动有所活跃

中亚地区各国经济较为落后，社会问题突出，族际矛盾未得到有效解决，为极端主义的发展提供了条件。另外，阿富汗的极端宗教势力和恐怖主义武装组织长期谋求利用地缘优势渗入中亚，中亚各国与阿富汗接壤的边境地带成为极端宗教势力和恐怖主义武装组织常来常往的通道。特别是随着美军及北约部队从阿富汗撤军步伐的逐步加快，阿富汗未来安全形势发展的不确定性显著增强，阿富汗塔利班、“基地”组织势力以及活跃于阿富汗的中亚宗教极端势力正在扩充力量，利用美撤军减轻军事压力的有利时机，加快从阿富汗向中亚地区的回流步伐，抓紧建立恐怖训练营地，巩固和扩大立足范围，伺机制造事端，中亚地区各国恐怖组织和宗教极端组织活动有所活跃，对地区安全的威胁正在逐步加大。一些恐怖组织和极端组织以中亚为活动中心，活动区域由俄罗斯高加索地区，一直延伸到巴基斯坦和阿富汗，其活动痕迹由点连线，俄罗斯—中亚—南亚的恐怖主义和极端组织活动“新月”弧线更加明显。

2012年恐怖主义、分裂主义、极端主义在中亚地区继续发展，包括“乌兹别克斯坦伊斯兰运动”、“伊扎布特”、“东突厥斯坦伊斯兰运动”、“伊斯兰圣战联盟”、“吉尔吉斯斯坦社会”、“哈里发战士”等在内的中亚地区宗教极端势力趋于活跃。他们加大对中亚国家政局的介入，加快从阿富汗、巴基斯坦向中亚地区的回流，尝试在边境地区和偏远山区建立新的恐怖训练营地，加强宗教极端思想宣传，多次制造针对中亚各国军警机构的暴力恐怖袭击行动。

2012 年，潜伏于塔吉克斯坦北部的宗教极端组织开始在偏远农村大肆从事煽动性宗教宣传和恐怖袭击活动。2011 年 12 月和 2012 年 1 月，塔先后对近百名“乌兹别克斯坦伊斯兰运动”组织成员展开审判，涉案人员涉嫌杀人、有组织犯罪和制造恐怖袭击。

2012 年 1 月，吉尔吉斯斯坦内务部破获“正义统治军”恐怖组织，击毙恐怖嫌犯 2 人、逮捕 11 人。该组织于去年吉南部地区发生骚乱后成立，已在吉组织先后实施了 7 次恐怖袭击事件。

2012 年哈萨克斯坦共侦破了 112 起恐怖主义和极端主义犯罪，制止了 24 起恐怖犯罪活动，取缔了 15 家被认定为恐怖组织的外国机构，搜集到 190 份涉及机构和个人从事洗钱以及为恐怖主义提供资金的材料，其中 110 份材料被有关机构认定属实并采取了相应措施。为加大对恐怖主义和极端主义犯罪的打击力度，哈萨克斯坦总检察院正在拟定黑名单，那些为恐怖主义提供资金支持的组织将进入这一黑名单。12 月，哈国家安全委员会副主席阿布季卡济莫夫表示，恐怖组织“哈里发战士”的活动已对哈构成了现实威胁，哈正在采取一系列措施、包括在全国各地成立隶属于国家安全委员会反恐中心的地区反恐委员会等，有效打击恐怖组织“哈里发战士”的活动，而最近两年来在哈西部地区发生的部分恐怖袭击事件，也是隐匿在阿富汗和巴基斯坦交界地区的该组织成员所为。①

随着全球信息网络化的发展，2012 年网络恐怖主义正在成为中亚地区安全的新威胁。网络恐怖主义是指一些组织或个人利用网络并以网络为攻击目标，从事恐怖活动的行为，是恐怖主义向信息技术领域扩张的产物。借助网络，恐怖分子不仅将信息技术用作武器来进行破坏，而且还在网上招兵买马，谣言惑众，蛊惑人心，并通过网络来实现管理、指挥和联络。近年中东国家尤其是沙特和科威特对中亚各国、特别是哈萨克斯坦的伊斯兰组织和清真寺支持力度加大，伊斯兰极端主义在中亚国家传播迅速，尤其是借助互联网在年轻人中传播广泛，破坏力惊人。2012 年，仅哈萨克斯

① “哈萨克斯坦官员称‘哈里发战士’威胁哈安全”，中新网，http://www.chinanews.com/gj/2012/12-05/4382219.shtml。

坦就一次性屏蔽了51个散播极端主义言论的境外网站，这些网站大肆灌输“圣战”、“复仇”等宗教极端思想，号召发起恐怖袭击活动，有的还图文并茂地介绍如何制作爆炸装置、如何实施恐怖袭击和躲避警方追缉等，对维护经济发展、社会稳定和居民安全构成极大威胁。①

总的来看，2012年中亚地区出现的大部分恐怖袭击事件造成的危害不大，社会影响有限。像“乌伊运”这样的传统宗教极端组织并没有制造大规模的恐怖袭击，“伊斯兰解放党”也在谋求非暴力化，从而正式进入政坛。但是，中亚的恐怖主义和宗教极端主义已呈常态化趋势，未来将进入增长期，在吉、塔、哈等国仍会继续发展，短期内不会消除。这也与中亚各国独立20年来，由于体制和政策的问题，反恐机制落后、人员不足、装备陈旧、地方安全部门力量较弱、预警能力不强有关。

（二）毒品等跨国犯罪问题日益突出

毒品走私等跨国犯罪活动长期困扰中亚国家。值得关注的是，毒品等跨国犯罪问题与地区安全形势、特别是与阿富汗的局势密切相关。阿富汗是全球毒品生产国，极端势力和恐怖分子利用毒品贩运筹措资金，国际犯罪集团利用极端势力和恐怖活动搅乱中亚的边境防卫，保证“毒品运输走廊”的畅通。近年来，随着美等北约国家部队从阿富汗撤军步伐的加快，中亚各国、特别是与阿富汗接壤的塔吉克斯坦和吉尔吉斯斯坦面临的毒品走私犯罪的威胁增大。日益猖獗的毒品贩运活动给中亚国家带来了极大的危害，对中亚国家的经济发展、社会安定和人民福祉构成了严重的威胁。

2012年塔吉克斯坦面临的毒品威胁严峻。5月，塔海关在首都杜尚别机场查获了黑市价值550万美元的冰毒，这是塔独立以来查获的最大一批走私毒品。12月，塔吉克斯坦在和阿富汗警方的一次联合行动中在塔阿边境地区共逮捕了13名毒品走私者，缴获400多公斤的毒品。面对愈发严峻的形势，塔吉克斯坦总统拉赫蒙称，2014年北约军队如期撤离阿富汗后，中亚地区的安全形势将更加令人忧虑。拉赫蒙表示，塔吉克斯坦一向都是

① “哈萨克斯坦屏蔽51个宣扬宗教极端主义的境外网站”，新华网，http：//news. xinhuanet. com/world/2011－09/04/c_ 121963203. htm。

阿富汗鸦片向俄罗斯和欧洲地区走私的重要途径，特别是塔吉克斯坦与阿富汗间1300多公里的边界线，大部分地段人迹罕至，边境守卫工作难度很大。他表示，塔方虽多年以来坚持不懈地重拳打击毒品走私，但在北约部队撤离阿富汗后，塔方的禁毒责任将会“骤然增加”。塔内务部长拉希莫夫也呼吁国际社会协助塔吉克斯坦对塔阿边境地带的管控，以便打击恐怖主义、极端主义和阿富汗毒品扩散。塔内务部证实，2012上半年仅从塔阿边境地区没收的毒品就占到该国境内非法毒品交易总量的一半以上(56.4%)。①

哈萨克斯坦是阿富汗毒品运往欧洲的主要通道之一。2012年哈萨克斯坦内务部门在全国范围内展开了代号为“罂粟2012”的专项缉毒行动，目的是发现和切断毒品生产的源头、在全国范围内摧毁阿富汗毒品走私的通道，发现和打击境内毒品走私团伙。在这次专项行动中，哈内务部共查获20吨毒品，发现1307起毒品犯罪活动，其中包括53起贩卖大宗毒品活动和29起毒品走私活动，同时破获5个有组织犯罪团伙。②

2012年吉尔吉斯斯坦反毒形势也不容乐观。6月，吉内务部门在其开展的专项缉毒行动中先后查处52起涉毒案件，共缴获了133公斤的毒品。吉内务部门称，吉尔吉斯坦2012年头5个月就已缴获各类毒品近7吨。③日益猖獗的毒品贩运活动给中亚国家带来了极大的危害，对中亚国家的经济发展、社会安定和人民福祉构成了严重的威胁。

(三) 地区国家间资源争夺有所加剧

中亚的自然资源比较丰富，但分布非常不平衡，造成了中亚国家经济发展潜力的巨大差异，也是引发国家间矛盾和冲突的隐患。近些年来“能源安全”和“水资源安全”的问题越来越突出。作为油气输出国的哈萨克

---

① “塔吉克斯坦请求国际社会协助守护与阿富汗接壤边境”，俄新网，http://rusnews.cn/guoji_anquan/20120721/43506563.html。

② “哈萨克斯坦半年内共查获20吨毒品”，新华网，http://news.xinhuanet.com/world/2012-11/03/c_123908613.htm?prolongation=1。

③ “吉尔吉斯斯坦内务部缴获逾百公斤毒品”，新华网，http://news.xinhuanet.com/world/2012-06/26/c_123328753.htm。

斯坦、土库曼斯坦和乌兹别克斯坦不愿意向邻国吉尔吉斯斯坦、塔吉克斯坦提供能源，因为吉、塔两国没有足够的外汇来支付进口油气的高昂费用，致使吉、塔经常发生能源危机，以至于影响了国家关系。在此背景下，乌兹别克斯坦、吉尔吉斯斯坦、塔吉克斯坦之间在跨境运输、矿产开发、能源、生态等问题上口角不断，严重阻碍了地区合作甚至国家间关系的正常发展。

中亚各国资源争夺的矛盾焦点更多地集中在水资源的利用问题上。中亚跨境河流上游国家（塔吉克斯坦和吉尔吉斯斯坦）与下游国家（哈萨克斯坦、乌兹别克斯坦和土库曼斯坦）在水资源分配问题上始终争执不下。上游的塔吉克斯坦和吉尔吉斯斯坦坚持建设大型水电站，要多截水以谋取经济利益，下游的乌兹别克斯坦和哈萨克斯坦国力相对较强，立场强硬，特别是乌兹别克斯坦不断向塔、吉发出警告，甚至采取经济封锁等手段进行威胁，导致矛盾升级。其中，乌兹别克斯坦与塔吉克斯坦在修建罗贡水电站等问题上越吵越凶，双边紧张关系从政府层面蔓延到底层民众，影响到民族关系。乌兹别克斯坦和塔吉克斯坦边境地区都发生过针对对方的小规模民众抗议活动。历史上乌兹别克人和吉尔吉斯人为争水发生过械斗，如果上下游国家不能达成协议，更大规模的冲突有可能在未来出现。2012年3月，哈萨克斯坦总统纳扎尔巴耶夫在阿斯塔纳会见驻哈外交使团领导时，曾提议中亚国家在平等互利的基础上共同解决存在争议的水资源管理问题。[①] 尽管如此，中亚国家在水资源分配上的政策立场仍有较大差距，在水资源上的争夺短期内不会得到根本解决。

（四）中亚边境问题趋向严重

长期以来，中亚各国边境存在争议，而乌塔、乌吉、吉哈、吉塔的边境矛盾更是明显。2012年塔吉克斯坦媒体称，乌兹别克斯坦在两国边境陈兵布防，引起塔边境居民的恐慌。在吉塔边境地区，类似检查汽车之类的小事都可能引发数百人的冲突。吉哈边界也不平静。哈萨克斯坦边防士兵

① “哈萨克斯坦总统：中亚国共同解决水资源问题”，中国日报网，http://www.chinadaily.com.cn/hqcj/gjcj/2012-03-05/content_5321097.html。

与吉尔吉斯斯坦居民关系紧张，经常殴打吉方居民，拿走他们的私人物品和撕掉他们的护照。吉塔边境地区发生过执法部门与当地居民的人数众多的冲突。

另外，中亚国家的边境防御问题越来越突出。塔吉克斯坦与阿富汗的边境线总长1344公里，由于大部分处于地势复杂的山地，以及边防力量较弱，导致防守非常疏松。吉尔吉斯斯坦边境线总长4671公里，但边防军只有6800人，按国际标准，每名边防士兵需要守卫1.4公里。但吉尔吉斯斯坦边防线每名士兵要负责30—40公里，在一些高山地区达到50—60公里。边境防御力量的薄弱导致恐怖分子、宗教极端分子和国际犯罪团伙能够轻松进入中亚国家，严重削弱了政府维持本国安全的能力。

中亚安全正在变成一个“综合性问题”。独立20年后，中亚国家虽已经度过了最困难的时期，但长年以来积累的诸多问题也在逐渐显现，政治制度的缺陷、经济发展中存在的问题、社会矛盾的激化，这些与安全形势缠绕在一起，互为因果，相互影响。近年外部因素对中亚的影响有所减弱，但新的地区内的不稳定因素却呈不断增长之势。未来一年中亚国家将面临阿富汗安全形势变化等重大事件的影响，同时还将受困于国内贫困、黑社会势力增长、经济发展缓慢等难题，地区安全形势将会更加复杂。与此同时，地区各国、特别是哈萨克斯坦与乌兹别克斯坦地区领袖地位的争夺也将继续发展，彼此矛盾呈上升的势头，在重要的地区性问题和国际问题上缺乏协调，地区一体化进程没有实质性进展，分化趋势明显。在新的历史形势下，如何积极稳妥地处理地区国际关系问题和国内政治、经济问题，保持国内社会健康稳定发展，将考验中亚各国领导人的智慧。

（葛汉文）

第十四章

中东地区安全形势

2012年，中东安全形势持续动荡，国际和地区政治博弈，地区格局深度调整，新旧政权更替引发的各种矛盾碰撞，传统热点仍高温不退。年内，地处中东中心的叙利亚成为中东乱局的焦点，总统巴沙尔拒不交权，而反对派却誓要夺权，双方对抗引发的危机外溢效应开始显现；在埃及，以穆斯林兄弟会为代表的伊斯兰势力登上了权力制高点，然而解放广场的人潮并未随之停止涌动，暴力和流血常伴随示威游行发生；当美国等西方国家以“正义”之名，通过武力颠覆卡扎菲政权后，利比亚并未出现如其所愿的局面；巴勒斯坦历史性获得联合国观察员国地位，却对实质性的处境改善及巴以争端的根本解决帮助有限，特别是巴以争端在2012年年末再次升级更是让双方付出惨重代价；伊朗核问题可谓喜忧参半，政治对话轨道得以机制性延续，但矛盾双方缺乏互信，制裁、军演、动武威胁等不和谐因素与谈判背道而行。与此同时，美国、欧盟和俄罗斯的地区影响力出现消长。其中，美国中东战略利益继续受到冲击，传统盟友经历动荡调整，对美政策不确定性增加；欧盟借利比亚战争之势，继续在叙利亚等地区事务中发挥先锋作用；俄罗斯虽积极争取发言权，但其地区旧友日益减少，影响范围趋于缩小。

一、叙利亚安全局势持续恶化，巴沙尔政权岌岌可危

2012年，地处中东中心的叙利亚未能避开中东乱局的多米诺效应。叙

利亚虽是地中海东岸的弹丸小国，但地缘地位凸出，自古以来是波斯帝国、阿拉伯世界、土耳其奥斯曼帝国和地中海西方势力角逐的战略要地。叙利亚是东西方力量格局中的平衡点，对于大马士革的控制，关乎各方利益，甚至一定程度上关系到谁能主宰21世纪的欧亚大陆，因此斗争异常激烈。自2011年3月中旬以来，叙利亚爆发反政府骚乱，并迅速演变为反对派组织与政府军的武装冲突，导致安全形势急剧恶化。对此，美国和主要欧洲国家领导人不仅强烈支持反对派，甚至还同时明确要求叙利亚总统巴沙尔·阿萨德下台，出重手推动叙利亚的政权更迭。然而，事态的发展似乎并不如西方所愿，总统巴沙尔拒不交权，整体情况交织复杂。叙利亚破局的关键，既取决于巴沙尔政权的防御和调整能力，也取决于国际力量介入的决心和程度。

2012年1月22日，阿拉伯国家联盟（阿盟）外长会议敦促叙利亚总统巴沙尔向第一副总统移交所有权力，并在两个月内建立由政府和反对派双方参与的国民团结政府。根据倡议，新政府将由一位获得双方同意的人选领导，在阿拉伯国家和国际社会的监督下实施阿拉伯倡议；新政府致力于恢复叙利亚的安全和稳定、重新组建警察系统以维护社会稳定、设立独立机构调查针对叙利亚平民的暴力事件、举行议会和总统选举等；新政府将在三个月内完成制宪委员会的筹建工作，进而制定新的宪法草案交由全民公决。① 实际上，阿盟提出的新倡议是按照也门模式解决叙利亚危机。该倡议是介于叙反对派要求打倒叙现政权和叙政府关于以武力方式解决叛乱之间的一个和平解决危机的折中方案，但在当前的叙利亚国内外现实条件下，新倡议显然短期内难以实现。1月27日，摩洛哥代表阿拉伯联盟向安理会提交了一份由法国、英国、德国及有关阿拉伯国家等共同起草的涉叙决议草案。此后，安理会就这一草案进行了多轮磋商。2月2日安理会在摩洛哥提交的草案基础上形成了一份新的草案。草案虽删除了要求叙利亚总统巴沙尔交权等内容，但仍保留了“全力支持”阿盟新倡议等内容。2月4日，联合国安理会就叙利亚问题决议草案进行表决，俄罗斯和中国对决议草案投了否决票，决议草案未能获得通过。这是继2011年10月4

① 田栋栋、陈聪：“阿盟敦促叙利亚总统向第一副总统移交权力”，新华网，http：//news. xinhuanet. com/world/2012－01/23/c_ 111458257. htm。

日中俄共同否决涉叙决议草案后，安理会有关叙利亚决议草案再次未能获得通过。[①]

在安理会未能通过涉叙决议草案后，有关国家把目光转向了联合国大会。2月16日，联大投票通过了一项有关叙利亚问题的决议。有关国家急于通过这一决议，其目的是要进一步加大对叙利亚政府的政治压力，以推动在这一独立主权国家实现“政权更迭”。从内容上看，联大当天通过的决议与2月4日在联合国安理会被俄罗斯和中国否决的那份决议草案非常相似：“全面支持”阿盟有关涉叙利亚问题的倡议，“强烈谴责”叙政府镇压反对派的行动。[②] 通过外部势力强行推动叙利亚“政权更迭”，不符合《联合国宪章》的宗旨和原则，也不符合国际关系的基本准则，因此受到俄罗斯和中国等国家的强烈反对。由于联大决议对各联合国会员国没有法律约束力，这一决议只具有一定的政治影响和象征意义。

在以美国为首的西方国家的大力推动下，“叙利亚之友”国际会议2月24日在突尼斯召开，60多个国家和地区组织以及叙利亚反对派被邀请与会，但叙利亚政府没有被邀请。[③] 大会闭幕时发表的主席声明强调，突尼斯“叙利亚之友”会议反对任何形式的军事干涉，并表示支持政治解决叙利亚危机。作为本次大会的执行主席，突尼斯外长阿卜杜勒－萨拉姆在大会结束后宣布，大会承认“叙利亚全国委员会”是叙利亚人民的合法代表，但“不是唯一的代表”。他强调，大会的主要目的是“声援叙利亚人民”，而为此所做出的一切努力“都是为了避免已经在其他阿拉伯国家宣告失败的军事干涉悲剧在叙利亚重演”。[④]

在叙利亚局势僵持不下之际，联合国和阿盟于2月23日任命前联合国秘书长科菲·安南作为叙利亚问题特使，斡旋叙利亚问题。3月21日，联合国安理会通过了一份有关叙利亚问题的主席声明，强调安理会全力支持

---

① “中俄阐述否决涉叙利亚决议草案原因”，凤凰网，http://finance.ifeng.com/stock/roll/20120205/5535212.shtml。

② 顾震球：“联大决议加大对叙利亚政治压力”，新华网，http://news.xinhuanet.com/world/2012－02/17/c_111537660.htm。

③ 安国章：“美国承认叙全国委员会为叙利亚人民合法代表”，人民网，http://world.people.com.cn/GB/1029/42355/17217622.html。

④ “叙利亚之友大会声明反对任何对叙军事干涉”，新华网，http://news.xinhuanet.com/world/2012－02/25/c_111568123.htm。

安南向叙利亚当局提交的六点建议：承诺在叙利亚人主导的、包容各方的政治进程中与安南合作；要求各方停止战斗，立即在联合国监督下切实停止一切形式的武装暴力行为；立即采取步骤，实现每天两小时的人道主义停火，并通过有效机制协调每天停火的确切时间和办法；加快释放被任意羁押者；确保记者在叙全境的行动自由；尊重法律保障的结社自由与和平示威权利。安理会通过主席声明后，联合国秘书长潘基文、美国国务卿希拉里·克林顿以及俄罗斯、英国和德国等国常驻联合国代表均表示欢迎。中国常驻联合国代表李保东会后表示，安理会通过的主席声明反映了安理会团结一致的声音，是朝着政治解决叙利亚问题的方向迈出的积极一步。[①] 3月27日，叙利亚政府通过官方通讯社表示，接受联合国和阿盟叙利亚危机联合特使安南提出的六点和平建议，同意停火。对于叙政府的这一决定，叙利亚反对派反应不一。叙利亚反对派成员雷米·贾马赫说，“阿萨德只是想赢得时间，我对他能否落实和平建议表示怀疑。”但另一位反对派成员巴斯马·卡德马尼表示，“我们欢迎政府军停止暴力和接受和平建议，我们希望这是引领叙利亚走向和平的契机”。[②]

根据叙利亚危机联合特使安南的计划，叙利亚政府军和反对派武装于4月12日开始实施停火。随后，叙利亚危机联合特使安南要求联合国安理会授权派遣一个观察团先遣组立即前往叙利亚，与叙政府和反对派武装建立联系，并报告各方的停火落实情况。14日，联合国安理会一致通过决议，向叙利亚部署一个监督特派团先遣队，该先遣队将由最多30名不带武器的军事观察员组成。[③] 4月15日，联合国叙利亚监督特派团先遣队的6名成员抵达叙利亚首都大马士革，开始在叙利亚执行监督冲突双方停火的任务。19日，安南的发言人表示，联合国和叙利亚达成协议，确定在叙利亚部署观察员监督停火的规则并作出初步安排。随后，联合国秘书长潘基文表示，他已根据安理会第2042号决议的要求，正式请求安理会建立联合

① 孙宇挺：“安理会通过叙利亚问题主席声明，未涉政权更迭等”，中国新闻网，http：//www.chinanews.com/gj/2012/03－21/3762667.shtml。

② “叙利亚政府同意停火接受安南和平建议”，中国新闻网，http：//www.chinanews.com/gj/2012/03－27/3777471.shtml。

③ “安理会向叙利亚派出30名不带武器军事观察员”，腾讯网，http：//news.qq.com/a/20120415/000002.htm。

国叙利亚监督特派团，以便监测所有各方停止一切武装暴力的情况，并监测特使安南提出的6点建议的执行情况。[①] 21日，联合国安理会一致通过决议，决定设立联合国叙利亚监督团（联叙监督团），初期部署300名非武装军事观察员，最初任期为90天。决议决定，监督团的任务是监测叙利亚所有各方停止一切形式的武装暴力并支持充分执行叙利亚危机联合特使安南的六点建议，要求叙利亚政府和联合国秘书长毫不拖延地缔结一份《特派团地位协定》。决议呼吁叙利亚所有各方，包括反对派，立即停止一切形式的所有武装暴力。[②]

5月25日"胡拉惨案"发生后，持续15个月的叙利亚动荡局势进一步恶化。此次事件让联合特使科菲·安南关于叙利亚局势的六点建议遭遇危机。6月4日，叙反对派武装"叙利亚自由军"说，他们不再遵守安南的六点建议，将重新向政府军发动攻击。此后，政府军与反政府武装在数个地区发生激烈交火，双方使用了重型武器以及空中火力，导致叙当局与反对派之间的武装冲突再次出现升级，其严重程度已达到4月初停火计划实行前的水平。联合国秘书长潘基文、联合国阿盟叙利亚问题联合特使安南以及联合国叙利亚监督团分别发表声明对此表示严重关切，呼吁叙境内各方立即停止流血和冲突。6月7日，联合国秘书长潘基文称，叙利亚爆发全面内战的危险正在不断增加，他强调叙利亚陷入全面内战的威胁即将来临。潘基文说，叙政府军和反对派之间已持续逾一年的暴力至今仍没有消减的迹象，叙利亚爆发内战的危险正在迫近。[③] 6月26日，叙利亚总统巴沙尔·阿萨德首次表示叙利亚已处于战争状态，国家需要动员各方面力量全力应对，并要求刚刚改组的内阁全力以赴赢得战争胜利。[④] 7月2日，叙利亚总统巴沙尔·阿萨德签署国家反恐法令，加强打击恐怖主义的力度。显然，巴沙尔此时颁布反恐法令，意在继续加强对武装恐怖分子的打

---

① "联合国与叙利亚就派遣观察员达成协议，叙政府支持"，中国新闻网，http：//www. chinanews. com/gj/2012/04－20/3833179. shtml。

② 危玮、林琼："安理会决定设立联合国叙利亚监督团，初期部署300人"，中国新闻网，http：//www. chinanews. com/gj/2012/04－22/3836846. shtml。

③ "联合国秘书长称叙利亚可能很快陷入全面内战"，中国新闻网，http：//www. chinanews. com/gj/2012/06－08/3947861. shtml。

④ "叙总统说国家处于战争状态，国际社会呼吁和平解决"，新华网，http：//news. xinhuanet. com/world/2012－06/27/c_ 112300798. htm。

击力度，争取主动，维护政权稳定。[①]

6月28日，联合国阿盟联合特使安南提议叙利亚组建民族联合政府，俄罗斯及其他大国对安南的这一提议表示支持。据报道，安南提议的民族联合政府可包括阿萨德政府、反对派成员和其他成员，但将排除“可能对政治过渡造成危害或是影响和解与稳定的力量”。[②] 但是，叙利亚反对派组织表示，他们不会接受国际特使安南提出的叙利亚政治过渡计划，除非是计划明确要求叙利亚总统阿萨德在联合政府组成前下台。[③] 6月30日，在日内瓦举行的叙利亚问题“行动小组”外长会议上，各方就叙利亚建立‘过渡管理机构’达成一致。联合国安理会五个常任理事国以及土耳其、伊拉克、科威特和卡塔尔的外长，联合国秘书长潘基文、阿盟秘书长阿拉比、欧盟外交和安全政策高级代表阿什顿也应安南的邀请出席会议。会议通过公报，支持安南“六点建议”和安理会有关决议的实施，就由叙利亚人民主导过渡的指导方针和原则达成一致，其中包括在叙利亚成立“过渡管理机构”。公报重申坚持叙利亚问题的政治解决方向，尊重叙利亚的独立、主权、统一和领土完整，政治过渡进程应由叙利亚人民主导。安南并在会后举行的记者会上表示，这是“富有成果的一天”。他希望能在一年内看到有关叙利亚建立过渡管理机构的实质性进展。[④] 不过，叙利亚官方媒体和反对派一致批评此次会议“失败”，叙反对派表明不会接受会议所达成的方案。[⑤]

8月2日，联合国秘书长潘基文发表声明，宣布联合国－阿拉伯国家联盟（阿盟）叙利亚危机联合特使安南辞职。当日，安南在日内瓦表示，在国际社会对叙利亚问题缺乏共识的状况下，他无法有效督促叙政府和反

---

① 姜铁英：“叙利亚颁布国家反恐法令，加强打击恐怖主义”，中国新闻网，http://www.chinanews.com/gj/2012/07-02/4002301.shtml。

② “安南提议叙利亚组建民族联合政府，俄等大国支持”，中国新闻网，http://www.chinanews.com/gj/2012/06-28/3991954.shtml。

③ “叙利亚反对派称不接受安南计划，除非阿萨德下台”，新华网，http://news.xinhuanet.com/world/2012-06/28/c_112312457.htm。

④ 孙宇挺：“各方就叙利亚建立‘过渡管理机构’达成一致”，中国新闻网，http://www.chinanews.com/gj/2012/07-01/3998810.shtml。

⑤ “叙利亚反对派拒绝与政府成立过渡管理机构方案”，中国新闻网，http://www.chinanews.com/gj/2012/07-02/3999434.shtml。

对派采取必要措施开启和平进程。联合国安理会未能就叙利亚问题达成一致，加之叙政府、反对派非但未严格执行他为实现和平提出的六点建议，反而使冲突不断升级，执行斡旋任务的条件已不复存在。[①] 对此，叙利亚政府和反对派分别做出反应。叙利亚外交部2日发表声明称，对于安南辞去特使职务，叙方深表遗憾。声明强调，叙政府一直致力于执行安南提出的解决叙利亚危机的六点和平建议，通过政治对话的方式解决叙利亚危机。另一方面，叙国内最大的反对派政党联合组织“叙利亚全国民主变革力量民族协调机构”总协调员哈桑·阿卜杜·阿济姆说，安南的离任意味着和平建议宣告失败，其主要原因是叙利亚政府与反对派武装之间一直冲突不断。他说，政治解决叙利亚危机的希望已经非常渺茫，叙利亚将陷入全面的内战。[②]

8月3日，联合国大会举行会议，表决由阿拉伯国家联盟提交的新叙利亚决议草案，结果以133票赞成、12票反对、31票弃权获得通过，但联合国大会的决议并无法律强制性。该草案指责叙利亚政府使用重型武器，对叙利亚的人权状况表示严重关切，呼吁叙利亚在各方共识基础上，成立一个“过渡性管理机构”，举行自由选举。由于部分阿盟成员和拉美国家的反对，阿盟在最新的决议草案中，放弃了呼吁总统巴沙尔下台及加大对叙利亚制裁的明确要求。叙利亚驻联合国代表在投票前表示，该决议草案缺乏客观性，会发出错误信号，干涉独立国家内政，严重破坏了不干涉主权原则，呼吁各国投反对票。[③]

8月17日，联合国秘书长副发言人德尔布埃在纽约联合国总部宣布，阿尔及利亚前外长拉赫达尔·卜拉希米[④]被任命为联合国－阿拉伯国家联

---

① “叙利亚危机特使安南宣布辞职，调停努力失败”，腾讯网，http://news.qq.com/a/20120803/000467.htm。

② 同上。

③ 张杰、谢亚宏、焦翔、王恬：“联大通过叙利亚决议草案，舆论认为冲突还将持续”，腾讯网，http://news.qq.com/a/20120804/000078.htm。

④ 现年78岁的卜拉希米是一名资深外交官。1991年6月至1993年2月，他曾担任阿尔及利亚外交部长。此后直到2005年退休，卜拉希米一直为联合国系统工作。他曾于2001年10月至2004年12月期间任联合国秘书长驻阿富汗特别代表，并于2004年1月被任命为联合国副秘书长级特别顾问，向秘书长提供有关预防和解决冲突的有关建议。

盟（阿盟）叙利亚危机联合特别代表，接替原联合国－阿盟叙利亚危机联合特使安南的工作。[①] 然而三天后，联合国叙利亚观察团撤出叙利亚，表明联合国此次维和行动以失败而告终。不过，联合国新任叙利亚问题特使卜拉希米正草拟一份计划，考虑组建一支由3000名士兵组成的维和部队进入叙利亚，以为将来叙利亚休战维持治安。作为经验丰富的外交官，卜拉希米最近几周悄悄地试探了那些愿意为维和部队提供士兵的国家。预计，卜拉希米将从参与联合国驻黎巴嫩南部临时部队（联黎部队）的国家中寻找支持。[②]

随着叙利亚政府与反对派的对峙不断升级，反对派在西方支持下也逐步由弱变强，力量不断上升。11月11日，经过十几个小时的讨价还价，叙各反对派就组建一个新的政治实体初步“达成原则一致”，该政治实体名为“叙利亚反对派和革命力量全国联盟”。这个新政治实体“横空出世”，看似不在美国等西方国家给出的建议方案之内，实则“是叙反对派屈服于美国压力做出的选择”。卡塔尔和沙特是叙反对派的重要支持者，它们一直向叙反对派施加压力，要求其彻底整顿自身结构，美国认为“叙利亚全国委员会”已经失去与国内反对派武装的联系，成为为流亡人士说话的机构。因而，反对派的新联盟意义重大，它有望进一步推动叙利亚过渡政府机构的成立以及巴沙尔政权的倒台。[③] 目前，美国等西方大国、欧盟及海合会都已承认“全国联盟”是叙利亚人民的代表。虽然得到西方承认，但“全国联盟”在叙利亚国内的权威性却受到挑战。11月19日，叙利亚阿勒颇的武装分子发布视频，宣称拒绝听命于“全国联盟”，并扬言要建伊斯兰国家。美联社称，这一举动表明叙利亚反对派内部的激烈斗争，“事实上，在反对巴沙尔的整个过程中，反对派都一直受困于内部分歧”。伊斯兰武装分子发布视频抵制“全国联盟”的举动表明在该组织力图争取西方信任、获取更多武器来源的背景下，叙利亚反对派内部对下一

① “阿尔及利亚前外长出任联合国叙利亚问题特使”，中国新闻网，http://www.chinanews.com/gj/2012/08-18/4116334.shtml。

② “联合国特使拟组建3000名维和部队进入叙利亚”，中国日报网，http://www.chinadaily.com.cn/hqgj/jryw/2012-10-14/content_7233737.html。

③ “叙反对派结成新联盟，国内战场却陷入被动局面”，中国新闻网，http://www.chinanews.com/gj/2012/11-12/4319298.shtml。

步行动走势和方向存在斗争。①

叙利亚危机自2011年3月爆发以来，不断升级演变，从示威到暴力不断加剧，成为更加值得关注的热点问题。与西亚北非动荡中突尼斯、埃及、利比亚和也门相比，叙利亚危机中展现的各种矛盾交集最为复杂：宗教与世俗，教派与部族，威权与暴力。从叙利亚国内看，政府与反对派的力量演变至关重要。目前，叙利亚政府仍占上风，其30万军队未伤筋动骨，西方经济制裁未能一下子致叙于死地，更何况巴沙尔政权尚能得到一些国家的外援。反对派由于得到西方和本地区一些国家的支持，其力量不断上升，但“自由军”要强大到与政府军展开战略决战尚需时日。必须承认，接二连三出现的高官和将军叛逃事件，显示巴沙尔政权的组织控制力与凝聚力在下降。简言之，双方的力量对比正在发生前所未有的变化。从国际上看，西方和本地区一些国家出于种种考虑，图谋通过外部干涉实现政权更迭，但俄罗斯等国则坚持认为，主权平等、不干涉内政是一条不容跨越的红线，故接连否决西方提出的联合国安理会有关决议。显然，外来军事干预是另一个重要变数。现阶段，西方慎言动武，主要因为：一是叙军队战斗力没有从根本上削弱，武力推翻现政权的难度较大；二是叙反对派内部矛盾丛生，力量不统一；三是国际社会和中东地区均存在反对动武的声音。当下，美国与西方通过扶持反对派，静观局势变化。若僵局未破，奥巴马连任后后，白宫的谨慎态度可能发生改变。② 应该看到，现阶段，叙利亚危机已经引发了深重的人道主义灾难，早日结束战乱与暴力事关叙利亚人民的福祉，而政治解决与民族和解是叙利亚问题的最好出路。

二、埃及穆兄会登上权力制高点，新总统扩权引发局势动荡

2012年，以穆斯林兄弟会为代表的伊斯兰势力登上了埃及的权力制高

① “叙激进派扬言建伊斯兰国家，阿勒颇武装拒绝听命”，环球网，http://world.huanqiu.com/exclusive/2012-11/3296206.html。

② “新华网：叙双方力量对比正在发生前所未有变化”，腾讯网，http://news.qq.com/a/20120720/000298.htm。

点，穆尔西当选埃及历史上首位非军人总统。然而解放广场的人潮并未随之停止涌动，穆尔西总统的扩权行动引发埃及新一轮的动荡，暴力和流血常伴随示威游行发生。

1月21日，埃及人民议会（议会下院）选举结果揭晓，穆斯林兄弟会（简称“穆兄会”）[①] 的自由与正义党独占鳌头，赢得235席，占议会总席位的47.2%，成为下院第一大党。[②] 此次人民议会选举总体得到主要政党和民众以及国际社会普遍认可。23日，人民议会举行首次会议，自由与正义党总书记穆罕默德·萨阿德·卡塔特尼[③]当选为议长。两天后，埃及武装部队最高委员会主席坦塔维宣布，将立法权移交给新选出的人民议会（议会下院），并期待6月底选出新总统。次日，坦塔维又宣布从25日起解除实行30年的全境紧急状态。[④] 在穆巴拉克下野后，埃及军方暂时执政，解除紧急状态是释放善意的信号，希望缓和民众不满情绪。当日，坦塔维再次承诺向文官政府移交权力，此后军队将继续履行保家卫国的责任。不过，对一些埃及民众而言，最关心的议题之一是军方何时能够真正把权力移交给文官政府。[⑤]

5月23—24日，埃及举行穆巴拉克下台后的首次总统选举，共有12名候选人参选。首轮过后，没有一名候选人赢得超过50%的选票，得票数位居前两位的穆尔西和沙菲克携手进入决胜轮。决胜轮投票于5月16日开始，17日结束。投票结束后，穆尔西和沙菲克先后自行宣布胜选。官方选

---

① 1928年成立的穆兄会，自1954年起处于非法状态。穆巴拉克政权2011年2月倒台后，其活动公开化，并获批组建了自由与正义党。经过80多年的经营，穆兄会在全国城乡遍布网络，通过建学校和搞慈善等活动获得大量社会支持。

② “埃及军方向刚选出的议会移交立法权，新议长诞生”，中国网络电视台，http://news.cntv.cn/20120124/113257.shtml。

③ 卡塔特尼现年60岁，1984年获理科博士学位，曾任埃及南部明亚大学微生物学教授。20世纪70年代末，他在穆兄会开始重返政坛时加入这一组织。2011年1月底埃及动荡期间，他和其他两名穆兄会的领导人曾遭安全部队短暂拘押。获释后，他被穆兄会授权组建政党。自由与正义党成立后，他担任总书记和执行局高级成员。

④ 埃及前总统萨达特1981年遇刺，埃及进入紧急状态并多次延长有效期。围绕紧急状态法的争议由来已久。武装部队最高委员会2011年3月宣布，议会选举前废止这项法律。内阁2011年8月声明，启动解除紧急状态的程序。

⑤ “埃及紧急状态实施30年后废止，军方再次承诺交权”，《京华时报》，搜狐网，http://news.sohu.com/20120126/n332970296.shtml。

票统计结果原定21日公布，但由于两名候选人相互投诉对方舞弊，总统选举委员会以需要时间调查为由推迟公布计票结果。直至6月24日，埃及最高总统选举委员会主席苏尔坦才最终宣布，“穆兄会”候选人穆尔西①成功赢得总统选举决胜轮，成为前总统穆巴拉克下台后的首任埃及总统。据苏尔坦称，决胜轮投票率为51.8%，穆尔西得票率为51.7%，他的对手前总理沙菲克获得48.3%的选票。

穆尔西当选总统，打破了埃及自1952年以来总统均由军方人士担任的传统，也意味着具有宗教色彩的“穆兄会”80多年来首次掌管国家最高权力。6月30日，埃及当选总统穆尔西在法院院长苏尔坦的主持下宣誓就职。随后，穆尔西还出席了军方举行的一场阅兵仪式，武装部队总司令坦塔维把一个象征权力的“国家盾牌”交给穆尔西。这象征着军方兑现了在6月底向民选总统交权的承诺。虽然穆尔西顺利就职，但是未来等待他的确是巨大的挑战。首先，军方虽然已经交权，但是并不意味着过渡期就此结束，维护国家的安全稳定显然还需军方的大力配合。另外，军方暂时还保留立法权，未来一个时期穆尔西必须与军方就宪法制定、议会选举等事宜尽快达成一致，否则又将造成不稳定因素。其次，埃及在经历了一年多的动荡局势之后，社会治安状况下滑，经济发展深受影响，可以说冰冻三尺非一日之寒，穆尔西要按照此前竞选时所作的承诺，在短时间内要使民众感受到生活的改善难度巨大，同时也是对穆尔西背后的“穆兄会”执政智慧的一大考验。②

7月8日，埃及新总统穆尔西签发法令，要求此前被军方解散的人民议会重启，但在最高宪法法院和军方的抵制下，仅过4天便悄然收回成命。不过，穆尔西不甘成为弱势总统，采取了一系列措施削弱军方权力：一是以西奈半岛袭击事件为借口，削掉军中大佬权力，解除国防部长坦塔维和

---

① 1951年8月出生于埃及北部尼罗河三角洲的东部省，曾获得开罗大学工程学学士和硕士学位。1982年获得美国南加利福尼亚大学工程学博士学位，此后分别在加利福尼亚州州立大学和埃及东部省宰加济格大学任教。2000年当选埃及人民议会议员。2005年成为穆兄会指导局（最高决策机构）成员。2011年4月底，他从穆兄会指导局辞职，负责组建自由与正义党并任党主席。穆尔西在前总统穆巴拉克时期曾两次被监禁。

② 戴贝：“埃及当选总统穆尔西宣誓就职，军方向其移交权力”，搜狐网，http://news.sohu.com/20120701/n346974216.shtml。

总参谋长阿南的职务，并任命新的国防部长及参谋长。此外，穆尔西还解除了海军、防空军和空军高官的职务；二是修宪除枷锁。在对军队领导层大洗牌的同时，穆尔西还废除了军方发布的旨在限制总统权力的宪法补充声明，并发布新声明规定，如果现有制宪委员会因故不能完成任务，总统将在 15 天内任命新的制宪委员会，起草新宪法；三是找帮手，扫障碍。在与军方的前一回合较量中，穆尔西因没能获得最高宪法法院的支持而棋败一招。这次穆尔西任命最高上诉法院副院长马哈茂德・马基为副总统，拉拢意图不言自明。埃及一些媒体把穆尔西的举动描述为“革命”，称此举旨在结束武装部队最高委员会的权力。①

然而，自首位民选总统穆尔西 6 月底就职以来，埃及政坛乱象丛生，虽然他果断解决了军队分权问题，但恢复人民议会和免除总检察长职务的两道命令因遭到强烈反对而被迫收回，国家仍处在没有人民议会和制宪委员会分裂严重，迟迟无法敲定新宪法，甚至面临解散的危险状况中。在这种情况下，穆尔西总统发布了新宪法声明。该声明规定：总统有权任命总检察长；在新宪法颁布和新议会选出前，总统发布的所有总统令、宪法声明、法令及决定都是最终决定，任何方面无权更改；对穆巴拉克时代的政要及涉嫌在 2011 年 1 月爆发革命以来杀害示威民众和进行恐怖活动的人重新进行调查和审判；将制宪委员会工作期限延长至 2012 年 2 月 12 日，任何司法部门无权解散协商会议和制宪委员会。新宪法声明引发司法当局和反对派抗议及民众示威。最高司法委员会认定声明是“对司法独立和法治史无前例的侵犯”。国际原子能机构前总干事、反对派主要领导人巴拉迪把穆尔西称作“新法老”和“独裁者”，称除非穆尔西废除这一政令，否则不会与他对话。11 月 25 日，埃及总统府发表声明称，总统穆尔西不久前公布的新宪法声明是临时措施，并非永久有效。总统府在声明中强调，新宪法声明只是一个临时措施，它不是为了“集中权力”，相反，是为了向民选议会移交权力，并避免任何损害两个民选机构（议会上院和制宪委员会）的行为，同时，新宪法声明的公布也是为了保护司法公平，防止司法政治化。声明说，新宪法声明是为了完成埃及人民的愿望，以及确保成

①“埃及总统‘三招’释兵权，军队是否俯首认输未定”，光明网，http://mil.gmw.cn/2012-08/16/content_4810282_2.htm。

功实现民主过渡进程。总统将与埃及所有政治派别举行全国对话，以期各派别弥合分歧，对正在起草的宪法草案达成共识。声明还说，应该对那些腐败和犯罪的前政权官员追究法律责任。①

12月8日，埃及总统穆尔西在总统府与部分反对派人士进行会谈。但是，埃及主要反对派政党联盟“国家拯救阵线”以“彻底取消宪法声明、推迟宪法公投等”作为参加会谈条件，没有参加当日会谈。② 在随后举行的新闻发布会上，埃及总统发言人宣布废除引发广泛争议的“宪法声明”，但仍将按原计划于本月15日举行新宪法公投。埃及全国划分成两个部分进行宪法草案公投，在第一阶段举行后一个星期再举行另一次公投。首都开罗以及亚历山大等地区在第一阶段进行公投，其余一半地区是在22日。正式公投结果将在第二次公投举行之后公布。此次公投尽管遭到反对派的强烈抗议，并引发持续好几个星期的示威行动，但总统穆尔西还是执意按期举行。12月26日据俄新网消息，埃及选举委员会负责人萨米尔·阿布·马蒂对全民公投进行最终总结时表示，63.8%的埃及人支持新宪法。在拥有投票权的5000多万埃及公民中，有1700多万人投票。目前，埃及人已经通过新宪法，未来数月将举行新的议会选举，随着新议会的组建，国家体系建设将结束。③

然而，以“埃及救国阵线”领袖为代表的埃及反对派表示，打算1月25日在开罗举行大规模抗议，口号是取消新宪法。2011年初，埃及推翻了统治国家30年的穆巴拉克政权，“穆兄会”先后在人民议会和协商会议选举中得势，其总统候选人穆尔西当选总统，“成为革命的最大受益者”。一些世俗政党和反“穆兄会”力量认为，“‘穆兄会’窃取了革命成果”，是埃及新的“法老”和“独裁者”。因此，他们希望通过人民议会重新选举和制定新宪法对“穆兄会”及总统的权力与影响实施限制，这是目前双方冲突的最根本原因，也是今后一个时期双方政治博弈较量的重点。在埃及

① 李姝莛、田栋栋：“埃及总统府宣布新宪法声明是临时措施”，新华网，http://news.xinhuanet.com/2012-11/26/c_124000195.htm。

② 刘睿：“埃及总统坚持按期宪法公投”，人民网，http://world.people.com.cn/n/2012/1210/c57507-19846358.html。

③ 覃博雅：“63.8%的埃及人支持新宪法，反对派将大规模示威”，人民网，http://world.people.com.cn/n/2012/1226/c1002-20023866.html。

旧政权被推翻和新政权建立的过程中，各种社会政治、经济诉求矛盾凸显，人们对打破旧的国家机器、建立新的国家管理体制有着共同的要求，但对如何实现这些要求却有着不同的看法和意见。现在，埃及再次站在了十字路口，如何化解目前的危机，既是对执政当局也是对全体埃及民众的考验。①

三、“后卡扎菲时代”危机四伏，利比亚国家重建步履维艰

在“后卡扎菲时代”的利比亚，政治生态脆弱不堪，主要表现是政治进程一波三折，安全形势持续恶化，国家建设步履维艰。

7月7日，利比亚的国民议会选举是结束卡扎菲统治后的首次选举，也是利比亚43年来的首次选举。此次选举投票率达60%，约有170万人参与了投票。4月17日，利比亚最高选举委员会宣布最终结果，自由派的“全国力量联盟”获得39席，占党派候选人席位的48.8%，大幅领先位列第二的“穆兄会”的“公正与建设党”的17席。“全国力量联盟”由前过渡委执行委员会主席贾布里勒领导，是一个由58个党派组成的联盟，共有70个党派候选人和100个独立候选人参加选举。与埃及、突尼斯等国的选举不同，伊斯兰势力并没有取得胜利。利比亚民众渴望建设一个开放的新型国家，所以饱受战乱的他们把票投给了更具包容性的“全国力量联盟”，而非宗教色彩浓厚的“穆兄会”。② 虽说“全国力量联盟”的席位超过其他党派，但也难以形成一党独大局面。贾布里勒在7月8日的新闻发布会上，号召各党派联合起来共同组建新政府。这种包容的态度虽说大受欢迎，但新政权面临的诸多问题却不是喊喊话那么简单。首先，推翻卡扎菲后，民间武装拥兵自重，如何收服民间武装并确保社会秩序正常运转是个难题。其次，如何妥善解决部落和地域矛盾，也将考验未来政府。在利

---

① “新宪法声明乱了埃及，两股势力积蓄力量迎博弈冲突”，人民网，http://world.people.com.cn/n/2012/1126/c1002－19693529.html。

② “利比亚：议会接权能够稳定局势吗?”，人民网，http://world.people.com.cn/n/2012/0803/c1002－18662009.html。

比亚境内地区，部族隔阂依旧，包括“革命大本营”班加西和首都的黎波里都不同程度存在画地为牢、各行其是的现象。东部有些部落貌合神离，甚至呼吁实行联邦制。最难的是如何重建经济并进行利益分配，尤其是东部的石油资源收入分配问题。

9月12日，利比亚国民议会经两轮投票选举现过渡政府副总理穆斯塔法·阿布·沙古尔为新政府总理。共有8名候选人参加新政府总理角逐，在国民议会议员进行的第一轮8进2的投票中，“全国力量联盟”主席贾布里勒与沙古尔分别以86票和以55票入围。在第二轮投票中，沙古尔以96比94仅仅两票的微弱优势战胜贾布里勒。然而，10月7日，利比亚国民议会187名议员以125票的多数，投票否定了沙古尔向利比亚国民议会提交的新政府成员名单，而沙古尔也被迫辞去总理职务。根据利比亚之前公布的宪法修正案，政府总理应该在10—15日内选出内阁成员，否则将被免职。此前，沙古尔已经推迟过一次组建新政府。当日，沙古尔在国民议会上发表讲话称，自己是国家选出来的政府领导，不会屈服于各政治力量的压力，他的责任是带领利比亚人民建立新的利比亚。[①] 沙古尔组阁的失败，反映了利比亚激烈的党派利益和地区利益之争。

10月14日，利比亚国民议会通过投票选举阿里·扎伊丹为新临时政府总理。当天共有4名候选人争夺总理一职，最终“全国力量联盟”支持的阿里·扎伊丹以93票比85票战胜“公正与建设党”支持的穆罕默德·哈拉里，当选利比亚临时政府总理。11月14日，利比亚首次选举产生的新政府正式宣誓就职。但27个部长职位中，当天在就职典礼上宣誓的只有20人，还有7个部长职位因各种原因悬空，其中包括外交部长和内政部长。此前，包括利比亚内政部长在内的3名部长人选已被驳回，而包括外交部长在内的另外4名部长人选则正在接受调查。这些未能就职的部长中，有的与前卡扎非政权有瓜葛，有的存在其他严重问题。

新当选总理阿里·扎伊丹指出，利比亚当前最主要的任务是实现国家和解。然而，和解谈何容易。新政府掣肘众多，组建联合政府要取悦国民议会各党派代表；前政权的支持者和反对者像仇人一样对立敌视；武装团

---

① “利比亚新政府成员名单被议会否决”，人民网，http://world.people.com.cn/n/2012/1008/c1002-19185520.html。

体陷入“解放”荣誉，拒绝解除武装；物价飞涨，经济重建步履维艰；等等。以美国为首的北约战机的轰炸结束了长达42年的卡扎菲政权统治，但却没能给民众带来他们所期盼的安宁，利比亚的民主变得愈发遥远甚至在走向倒退。

四、伊核问题谈判艰难重启，未取得实质性进展

自2011年10月起，以美国为首的西方国家就与伊朗接连过招：西方指责伊朗发展核武器，伊朗就宣布已自主研制出天然铀燃料棒；西方渲染对伊动武，伊朗就连续进行大规模军演，甚至威胁封锁霍尔木兹海峡；西方对伊朗进行暗杀、侦查等“暗战”，伊朗就“捕获”美无人机、曝光美以间谍。

进入2012年，美国更是调动巨大资源，派多名高官出访，游说日本、土耳其等国减少进口伊朗石油，甚至将阿联酋、新加坡等国三家公司列入制裁名单，明显是要“杀鸡儆猴”。伊朗80%的财政收入来自石油出口，美国是瞄准了伊朗的弱点、痛下狠手。应该说，伊朗正面临着空前的经济、政治和军事压力，而美国誓要孤立伊朗，将其对外关系一一拆散。在此严峻形势下，伊朗总统艾哈迈迪·内贾德于1月8—13日高调访问了委内瑞拉、尼加拉瓜、古巴和厄瓜多尔等拉美四国。远走拉美，希望从“铁哥们”那里得到支持。内贾德此行发出了、也收获了大量反美言辞。在委内瑞拉，内贾德表示美国指责伊朗发展核武完全是无稽之谈。在古巴，他认为资本主义日薄西山、行将破产，应在公正基础上建立世界新秩序。在厄瓜多尔，他坚称制裁与石油禁运对伊朗无效，拉丁美洲不再是美国“后院”。这些言论与拉美民族主义领袖们的思维一拍即合，得到了他们的点头称许。应该看到，伊朗与一些拉美国家的利益契合点是反美，但要把这种共同利益扩大、落实，还不能仅仅停留于言辞上。如果想避免反美流于表象，其相互间的经济合作也许是一个突破口。①

---

① 秦天：“内贾德兵行险招斗美国”，人民网，http://world.people.com.cn/GB/157278/17018557.html。

4月14日，美国、英国、法国、俄罗斯、中国、德国“伊朗核问题六国”与伊朗在伊斯坦布尔进行了对话。与15个月前无果而终的上一轮对话不同，伊朗这一次“表现诚意”，没有回避核议题，同意进一步对话；六国则没有提及全面封冻伊朗浓缩铀活动。在上一轮对话中，双方正是在这两个关键议题上互不相让，导致对话戛然而止。然而，美国、以色列的官员对伊朗核谈判重启疑虑仍存。美国国务院发言人马克·托纳此前表示，伊朗核问题谈判是解决伊核争端的一个良好开端，但美国不会因此就放松对伊朗的严厉制裁。[①] 5月13—14日，伊朗与国际原子能机构（IAEA）在奥地利首都维也纳重启核谈判，以此作为5月23日伊朗与六国巴格达谈判的前站。此次谈判焦点主要集中在两方面，其一，双方讨论伊朗有关提供核项目信息的条件；其二，国际原子能机构寻求伊朗帕钦军事基地的造访权。然而，由于该机构与伊朗方面就视察帕钦（Parchin）军事基地一事产生分歧，[②] 国际原子能机构未能在核谈判上与伊朗达成一致。[③] 6月8日，双方就允许国际原子能机构对伊朗可疑设施开展核查的谈判再度无果而终。[④] 6月23—24日，“伊核问题六国”与伊朗在巴格达再次举行会谈，双方提出了各自建议并进行了深入讨论，谈判虽未实现突破，但也未陷于破裂。在23日的会谈中，六国代表团向伊朗提出了一份新的方案，其中包括一条，即西方向伊朗提供医疗用放射性同位素以及核安全领域的合作，作为交换第一步，伊朗停止纯度为20%的铀浓缩活动。伊朗代表团也提出了一个新的包含“五点建议”的方案，其中既包含核问题，也包含与核无关的其它国际问题。伊朗的方案是设想通过“分步走”的方式解决争端，同时强调了西方必须与伊朗采取同步的行动。巴格达伊核会谈

---

① “伊核谈判重启，评论称六方谈判将进入实质阶段”，人民网，http://world.people.com.cn/GB/157278/17880412.html。

② 此前，伊朗驻IAEA大使苏丹尼耶（Ali - Asghar Soltanieh）表示，伊朗愿意准许IAEA观察员进入帕钦基地检查，但必须是双方就伊朗与该机构为合作态度达成一致的前提下。但是，天野之弥要求立即进入帕钦基地检查和不给该任务划定清楚时限的做法，似乎是为了便于美国及其盟友继续指责伊朗拒绝与IAEA合作。

③ “伊朗与IAEA就视察军事基地产生分歧，核谈蒙阴影”，人民网，http://world.people.com.cn/GB/157278/17884318.html。

④ 刘钢：“国际原子能机构与伊朗谈判再度无果而终”，人民网，http://world.people.com.cn/GB/157278/18126525.html。

的举行，体现了国际社会通过谈判而不是诉诸武力解决伊核问题的意愿。[①] 之后，6 月 19 日在莫斯科举行的为期两天的伊朗核问题会谈依然未能取得实质进展，但各方同意在伊斯坦布尔举行专家级别会谈。此轮伊核问题莫斯科会谈未能取得实质进展，主要是因为双方均认为对方作出的妥协不够，不符合自己的期望。[②]

7 月 12 日，美国对伊朗发起新一轮制裁，试图通过加大施压力度来说服德黑兰慎重考虑外界怀疑它正在开展的核武器计划。美国财政部说，本次行动旨在防止伊朗规避国际制裁，包括石油禁运制裁，做法是曝光若干实际上为伊朗政府工作的幌子公司、运输船和银行。被点名制裁的实体中有 4 家隶属于伊朗国家油轮公司或伊朗国家石油公司的幌子公司，它们是：瑞士石油国际贸易公司、香港国际贸易公司、努尔能源（马来西亚）有限公司以及石油能源国际贸易公司。财政部还将 20 家伊朗金融机构列入了黑名单。[③] 为了逼迫伊朗在核问题上让步，美国总统奥巴马 7 月 31 日宣布对伊朗能源和石化部门采取额外制裁措施，随后美国国会参众两院又于 8 月 1 日通过更严厉的对伊制裁新举措，寻求进一步抑制伊朗石油出口。至此，美国国会和白宫自 2010 年 6 月以来已对伊朗实施七轮制裁。舆论认为，奥巴马选择此时再次出手制裁伊朗，与他推行的“制裁加外交”双轨政策相关，也与大选年政治密不可分。

对于美以的不断施压，伊朗多次强硬表态，称如果美国和以色列对伊朗核设施发动军事打击，伊朗将毫不犹豫地予以回击。伊朗最高领袖哈梅内伊表示，伊朗不会在制裁压力下放弃自身的核政策，他还强调伊朗内部要加强团结，努力克服制裁带来的困难。[④] 伊朗国防部长艾哈迈德 · 瓦希迪 8 月 4 日宣布，伊朗成功试射国产第四代“征服者 - 110”型地对地导弹。这款新型导弹射程超过 300 公里，精确度高，具有先进制导及控制系

---

① 罗来安：“伊核问题巴格达会谈无果而终，下一轮会谈将在莫斯科举行”，凤凰网，http：//news. ifeng. com/gundong/detail_ 2012_ 05/25/14801819_ 0. shtml。

② 罗来安：“伊核问题莫斯科会谈结束，将继续举行专家级别会谈”，人民网，http：//world. people. com. cn/GB/157278/18241952. html。

③ “美国对伊朗发起新一轮制裁”，人民网，http：//world. people. com. cn/n/2012/0714/c157278 - 18516837. html。

④ 牟宗琮：“伊朗称不放弃既定核政策”，人民网，http：//world. people. com. cn/n/2012/0727/c1002 - 18609736. html。

统。此前，作为伊朗武装力量精锐的“伊斯兰革命卫队”在7月初举行了为期3天的军事演习，成功试射多款导弹。伊朗还始终不忘手中的一张王牌——全球石油战略运输通道霍尔木兹海峡。伊朗海军司令萨亚里8月6日说，伊朗完全控制着该海峡。他告诫波斯湾周边的阿拉伯国家与美国保持距离，称地区安全只能通过地区国家间的合作实现。显然，伊朗频繁举行军演和试射导弹，目的是警告美国和以色列不要轻举妄动，一旦伊朗受到打击，伊方有可能会封锁霍尔木兹海峡，造成世界能源危机。①

年内，伊朗核问题可谓喜忧参半。喜的是经过三轮“6+1”会谈，政治对话轨道得以机制性延续，铀浓缩等关键问题首次进入谈判范围并展开细节性商讨；忧的是矛盾双方缺乏互信，制裁、军演、动武威胁等不和谐因素与谈判背道而行。伊核问题的矛盾，根源在于美伊两国矛盾：美国意图控制包括伊朗在内的整个地区，而伊朗也想发挥地区大国影响力。此外，伊核问题的一个重要变量是以色列。对以色列而言，伊朗发展核武器是不可容忍的安全底线，因而对伊动武意愿强烈。如果按照以色列总理内塔尼亚胡的判断，伊朗离造出核武器还剩6—7个月的时间，那么，未来以色列和美国如何应对伊核问题十分值得关注。

五、巴以爆发新一轮武装冲突，巴勒斯坦立国取得历史性进展

年内，历经磨难的巴勒斯坦历史性获得联合国观察员国地位，向建国目标又迈出了坚实一步，但这却使其处境未能有实质性改善，也无法根本解决积怨已久的巴以争端。2012年末，巴以争端再次升级为加沙地带的武装冲突，让双方均付出了惨重代价。

（一）巴勒斯坦内部矛盾难以调和

自从2011年底开始，“巴勒斯坦伊斯兰抵抗运动”（哈马斯）和“巴

① 袁震宇、易爱军、杜源江、郝方甲：“伊朗核问题：危险暗流加速涌动”，人民网，http://world.people.com.cn/n/2012/0808/c1002-18696200.html。

勒斯坦民族解放运动”（法塔赫）的领导人就开始就如何落实此前双方达成的民族和解协议、如何共同组建联合政府、如何筹备巴勒斯坦大选等“一系列重大问题”进行会谈。[①] 2月6日，法塔赫与哈马斯在卡塔尔首都多哈就组建联合过渡政府等问题达成协议。根据这份协议，阿巴斯将就任巴勒斯坦临时政府元首。[②] 然而。哈马斯内部就组建联合政府存在严重分歧，并未正式向阿巴斯表示同意结束内部纷争、组建联合政府。哈马斯在加沙地带的主要领导人扎哈尔甚至表示，哈马斯与法塔赫达成的组建联合政府的协议是一个“错误”，称该协议使哈马斯陷入危机。[③] 5月3日，法塔赫官员与哈马斯领导人梅沙尔（Khaled Meshaal）在开罗举行会谈，但在组建巴勒斯坦民族统一政府的问题上仍未取得进展。

与此同时，“巴勒斯坦伊斯兰抵抗运动”（哈马斯）和“伊斯兰圣战组织”（杰哈德）也就有关合并事宜展开谈判。1月18日，哈马斯领导人哈尼亚在加沙正式宣布，将与杰哈德“融为一体”，两者成立一个统一的组织共同应对挑战。同一天，杰哈德领导人穆罕默德·辛迪立即表示欢迎和支持这一建议。哈马斯寻求与杰哈德联合，因为他们有一个共同的目标，那就是对抗以色列、解放巴勒斯坦人民、收复被占领土。这两个组织如果合二为一，不但将改变巴政坛格局，还会波及巴以关系走向及地区局势发展，其影响和意义都非同寻常。哈马斯与法塔赫的不和，导致巴勒斯坦整体力量被削弱。以色列以此为由认为法塔赫政权并不能代表全体巴勒斯坦人民，因此巴当局在谈判中总是处于劣势。所以，哈马斯寻求与杰哈德联合，是为了增强巴勒斯坦的整体力量。这两个组织联合后，增强了巴政治和军事力量，给以色列方面更大压力，有助于解决巴以问题，也会推动联合国安理会对巴勒斯坦问题相关措施的出台和实施。[④]

10月，巴勒斯坦举行了6年来首次地方议会和行政机构领导人选举。

---

① 黄培昭：“法塔赫与哈马斯举行系列会谈”，人民网，http://world.people.com.cn/GB/16668111.html。

② “法塔赫与哈马斯高官会谈，未就建统一政府达一致”，人民网，http://world.people.com.cn/GB/157278/17803267.html。

③ “巴勒斯坦两大派别领导人推迟组建联合政府会谈”，人民网，http://world.people.com.cn/GB/157278/17213859.html。

④ 黄培昭、刘睿：“巴勒斯坦两大激进组织走向联合”，人民网，http://world.people.com.cn/GB/16928425.html。

由于遭到哈马斯的抵制，此次选举仅在约旦河西岸举行，不包括加沙地带。这意味着选举只在法塔赫、独立派人士以及3个巴勒斯坦组织代表之间展开。21日，巴勒斯坦选举官员公布了约旦河西岸选举非正式结果，巴民族权力机构主席阿巴斯领导的法塔赫在11个主要地区中的6个胜出。法塔赫原本希望20日的投票能恢复其政治合法性，但由于主要对手哈马斯没有参加选举，选举结果被世界舆论认为意义不大。宣布获胜后，阿巴斯强调，希望与哈马斯达成协定，以便在不久后进行总统和立法机构选举。值得注意的是，这场选举的总体投票率相对较低，只达到55%，比2006年议会选举与2004、2005年的地方选举投票率都要低。据卡塔尔半岛电视台网站10月21日报道，哈马斯发表声明称，他们不承认约旦河西岸的选举结果。①

（二）巴以冲突持续激化

年初，巴以双方都曾在复杂而微妙的形势下释放一定的诚意和善意，以期推动双方关系走出僵局，为恢复谈判做铺垫。为了摆脱在巴以问题上的被动局面，4月17日，阿巴斯通过巴过渡政府总理法耶兹给内塔尼亚胡带去信函，陈述恢复和谈的条件，要求以方做出回应，意图为恢复谈判营造积极气氛。阿巴斯致信内塔尼亚胡之举被中东媒体形象地比喻为“投石问路”，即通过书信的方式试探以色列，如果以方反应积极，则说明和谈还有希望；如果以色列拒绝或者反应冷淡，则和谈前景渺茫。在收到巴方信件的第七天，内塔尼亚胡就做出了积极回应。他在4月24日强调说，支持巴方建立一个“领土连贯”的国家，这是以色列总理第一次做出类似表态，这让巴方感到欣慰。而以色列媒体指责内塔尼亚胡“向巴方让步太多”，一些右翼势力更是呼吁阻止内塔尼亚胡的“疯狂举动”。5月12日，阿巴斯在其位于拉姆安拉的办公室会见了以色列政府高级代表团，并接受了一封由以方代表团递交的以色列政府致阿巴斯的回信。双方还罕见地签署了一份共同声明，表明了双方致力于实现和平

① 葛元芬：“巴勒斯坦6年首次举行地方选举”，人民网，http://world.people.com.cn/n/2012/1022/c1002-19338401.html。

的决心。然而，要给制约巴以关系的一系列障碍找到妥善解决方法并非易事。

11 月 10 日，巴勒斯坦加沙地带武装组织和以色列军队爆发新一轮冲突。当天早些时候，加沙地带武装人员袭击一支以军巡逻队，造成至少 4 名以军士兵受伤。随后，以军坦克向加沙城、南部汉尤尼斯两地多处目标发射炮弹，造成 4 名巴勒斯坦人死亡，另有 36 名巴勒斯坦人受伤。① 以色列国防军 11 月 14 日宣布对加沙地带武装发起代号为“防务之柱”的大规模军事行动。以色列战机当天对加沙地带多处目标发起十多轮轰炸，造成包括哈马斯下属武装派别“卡桑旅”领导人艾哈迈德·贾巴里在内的 6 人死亡，另有 40 多人受伤。贾巴里是自 2008 年底以色列对加沙地带发动“铸铅行动”以来，被以军“定点清除”的哈马斯最高级别领导人，他也是 2006 年哈马斯绑架以色列士兵吉拉德·沙利特行动的主要策划者之一。以军随后在一份声明中说，以军在实施此次打击中与安全情报部门密切配合，对哈马斯目标进行了“外科手术式”的军事行动，重创了哈马斯指挥和控制系统。以国防部长巴拉克称此次军事行动目的有三：一是对加沙地带的火箭弹发射网络进行摧毁式打击；二是对哈马斯和其他武装派别予以痛击；三是最大程度减少以色列本土可能遭到的袭击。

除了对以南部近日遭哈马斯密集火箭弹袭击予以强力反击外，内塔尼亚胡政府之所以此时升级对加沙地带的军事打击规模，恐怕也有影响 2013 年初选举的考量。以军此次对加沙地带发起的军事行动，与 2008 年年底对加沙地带发动的“铸铅行动”背景十分相似，即都发生在以色列国内即将举行议会选举的前夕。以色列新一届议会选举将于 2013 年 1 月 22 日举行。以《国土报》分析文章指出，在选举前“清除”贾巴里，对内塔尼亚胡和巴拉克的意义犹如美军击毙本·拉登之于奥巴马。以色列南部遭火箭弹袭击并非始自最近几天，内塔尼亚胡和巴拉克选择在选举前发动军事行动，有助于在“战时”状态下凝聚民众对现政府的向心力，通过对“恐怖分子”的强硬姿态争取更多民众的选票。相比加沙地

① “巴以爆发新一轮冲突，缘起加沙武装袭击以巡逻队”，腾讯网，http://news.qq.com/a/20121119/000484.htm。

带武装和民众的巨大伤亡，以色列得益于军事优势，在“铸铅行动”中伤亡极小，因而内塔尼亚胡不必担心军事行动造成的伤亡影响选情。根据“铸铅行动”对选情的影响，此次“防务之柱”军事行动或将增加内塔尼亚胡竞选的胜算。①

11 月 21 日，在埃及政府斡旋下，以色列与包括哈马斯在内的巴各武装派别当天在开罗达成停火协议。随后，埃及外交部长阿姆鲁在开罗宣布，巴以双方将于当晚实现停火。当晚，以色列总理内塔尼亚胡也宣布，以军代号为“防卫之柱”的军事行动于 21 日结束，停火协议于当地时间 21 日晚 9 时生效，还强调停火是以色列的正确选择，并对积极促成巴以停火的美国国务卿希拉里·克林顿和埃及政府表示感谢。在历时 8 天的“防卫之柱”军事行动中，以色列空军打击了加沙境内的约 1500 个目标，造成了 130 名巴勒斯坦人丧生，1100 多人受伤。与此同时，约有 1500 枚火箭弹从加沙地区射向以色列境内，其中 420 枚被以军“铁穹”导弹拦截系统拦截，火箭弹袭击导致以方 5 人丧生，其中包括 1 名以军士兵。②

（三）巴勒斯坦成为联合国观察员国

阿巴斯 2011 年 9 月向联合国秘书长潘基文提交入联申请，寻求巴勒斯坦成为联合国会员国。这一努力遭美国和以色列阻挠，没有成功。2012 年 7 月，巴勒斯坦民族权力机构主席马哈茂德·阿巴斯说，如果无法立即与以色列开始和平对话，巴方将重启寻求成为联合国会员国的努力。③ 7 月 22 日，阿拉伯国家联盟（阿盟）下属的阿拉伯和平倡议委员会在卡塔尔首都多哈召开会议，表决支持巴勒斯坦寻求成为联合国观察员国

---

① “以军大规模进攻加沙有以色列大选因素”，腾讯网，http://news.qq.com/a/20121119/000447.htm。

② 郁玮、孟博：“以色列总理强调停火是以色列正确选择”，人民网，http://world.people.com.cn/n/2012/1122/c1002-19656148.html。

③ “巴勒斯坦再提‘入联’”，人民网，http://world.people.com.cn/n/2012/0709/c157278-18470034.html。

的申请。①

11 月 29 日，联合国大会压倒性地通过了一项将巴勒斯坦从联合国“观察员实体”升格为“观察员国”的决议。巴民族权力机构主席马哈茂德 · 阿巴斯在大会投票前发表讲话说，这是“拯救两国方案的最后一搏”。距 1947 年联大在纽约成功通过决议在巴勒斯坦建立一个犹太国家和一个阿拉伯国家 65 周年之后，联大以 138 票赞成、9 票反对、41 票弃权的结果最终承认了巴勒斯坦国。这是法塔赫通过外交途径争取巴勒斯坦建国战略取得的罕见胜利。遭受了重大外交挫折的美国和以色列反对这项决议，法国和西班牙则投了赞成票。投票结果赋予了巴勒斯坦和梵蒂冈同等的地位，但是，或许更重要的是，巴勒斯坦人因此可以进入其他联合国机构，如国际刑事法院，从而可以对以色列提起诉讼。巴勒斯坦民族权力机构主席阿巴斯说，我们来这里不是为了谋求剥夺多年前建立的一个国家的合法地位，这个国家就是以色列；而是为了承认眼下必须获得独立的一个国家的合法地位，这个国家就是巴勒斯坦。哈马斯高级官员艾哈迈德 · 优素福对法新社表示：“这是巴勒斯坦解放和回归路上的新胜利，我们对自己表示庆祝。”美国曾多次表示，这不是结束巴以冲突的正确途径。美国国务院发言人维多利亚 · 纽兰周三在一份简报中说：“这项决议不会令巴勒斯坦距离独立国家更近。这对于他们建立独立国家毫无帮助，却可能令环境变得更困难。”②

奥巴马执政以来，也曾想在推动中东和平进程方面有所建树，但力不从心。2009 年 1 月 20 日奥巴马宣誓就职两天后就提名米切尔担任中东问题特使，宣称中东和平是美国的“国家安全优先任务”。两年后的 2011 年 5 月，米切尔以超出当初承诺的两年服务期为由辞职，但实际上是因为他多次前往中东穿梭斡旋，都未取得成效。中东和平进程不但没有取得重大进展，巴以关系反而更趋紧张。奥巴马原本想在 2011 年 9 月达成中东和平协议，也完全成了一厢情愿。2012 年 11 月 4 日以巴爆发新一轮武装冲突后，奥巴马刚刚赢得连任，就面临着美国所谓的“财政悬崖”和美军高级

---

① 张梦旭：“阿盟支持巴勒斯坦成为联合国观察员国”，人民网，http://world.people.com.cn/n/2012/0724/c1002-18582933.html。

② “巴勒斯坦升格为联合国观察员国”，人民网，http://world.people.com.cn/n/2012/1201/c157278-19758718.html。

将领接二连三曝出性丑闻，令奥巴马几乎无力顾及突然爆发了的以巴冲突。如今，巴以虽然停火，但互信已降到几乎是最低点。而美国对中东的影响也在下降，暂时无力推动新一轮中东和谈，奥巴马在第二任期能否有所作为，还有待观察。①

（周 辉）

① “斡旋以巴停火：埃及抢了美国的风头”，人民网，http：//world. people. com. cn/n/2012/1123/c1002－19676821. html。

第十五章

非洲地区安全形势

2012年，非洲大陆的一些国家和地区遭遇动荡，非洲仍然存在一些热点，但是在联合国、非政府组织、地区组织和非洲国家自身的努力下，并没有影响和平与稳定在非洲大陆的主导地位。非洲一体化进程进一步加快，经济全球化有力地推动了非洲大陆一体化的进程和速度。传统大国和新兴国家继续在非洲进行拓展其自身利益的活动，但是中非关系的发展依然保持良好势头，发展迅速，引人瞩目。总体来说，2012年的非洲安全形势总体良好，和平与发展依然是非洲大陆的主旋律。

一、非洲局势总体平稳

2012年，非洲大陆总体上呈现和平与稳定的局面，虽然存在着一些不稳定因素，并且出现局部地区或者国家的动荡，但从总体观察，和平与稳定仍然是非洲大陆的主流。中国外长杨洁篪2012年7月在评论非洲大陆形势时指出："非洲总体保持和平、稳定、发展局面，但不稳定不确定因素也在增多。实现长治久安、加快自主发展、推进联合自强、促进国际合作，是非洲各国人民的共同愿望。"① 他的看法符合非洲大陆的总体安全形势。

首先，非洲国家领导人和人民对于和平与稳定的重要性已经达成共

① "杨洁篪谈中非合作论坛"，中华人民共和国驻刚果民主民主共和国大使馆，http：//cd. chineseembassy. org/chn/xwdt/t953759. htm。

识。非洲大陆独立后，由于历史和现实的原因，战争和冲突不断。政局动荡给非洲国家带来了严重冲击，直接妨碍了非洲国家的发展。进入21世纪，非洲国家领导人和人民深刻认识到保持和平、稳定的重要意义，并且采取了有力措施。早在2010年，非盟就把该年定为“非洲和平安全年”，意在警示非洲人民珍惜和平环境。非洲联盟和平与安全委员会委员长拉姆丹·拉马姆拉指出：“从这些年的情况来看，非洲国家发生内战的次数正呈现下降趋势”，“在经历了多年的战乱之后，非洲大陆作为一个整体，正在踏上政治稳定之路，那些遭受过战争侵害的国家，也正在逐渐恢复宪法秩序。”[①] 杨洁篪外长在结束了2012年初的非洲之行后指出：“求稳定、谋发展、促团结始终是非洲国家的根本诉求。……非洲国家十分珍惜来之不易的和平与稳定局面，正在集中精力发展经济，改善民生，谋求联合自强、自主解决本地区问题的愿望更加强烈。”[②]

其次，非洲大陆和次区域组织都制定必要的制度，防范和处理动荡和冲突的发生。非洲联盟在其宪章中明确宣布：“认识到冲突是阻碍非洲社会经济发展的主要因素，必须把和平、安全、稳定作为非洲发展与统一的先决条件。”[③] 为了维护非洲的和平与稳定，非盟建立了和平与安全委员会。该委员会的主要职能是：预防和阻止争端、冲突以及任何可能导致种族灭绝和反人道暴行的发生；一旦发生冲突，就应该进行干预，并且努力恢复和平。此外，非盟还提出“良政”的要求，建立了“互查机制”，并且积极推行自主维和行动。在次区域层面，也建立了相应的地区安全机制。这样，大陆和次区域两级构建了完整的安全机制。近几年的实践表明（比如解决马达加斯加、几内亚比绍等国的动乱），这样的安全机制发挥了重要作用，使得非洲的安全在一定程度上得到了制度保证。

再次，局部地区出现的动荡和冲突，对于非洲大陆整体稳定没有产生根本的影响。2012年非洲局部地区出现了冲突和战争，没有对非洲大陆的

① “非盟委员长：利比亚危机并没改变非洲政局稳定大趋势”，新华网，http://news.xinhuanet.com/world/2011-06/30/c_121607867.htm。

② “中国外长杨洁篪接受采访谈非洲三国之行（全文）”，中国新闻网，http://www.chinanews.com/gn/2012/01-06/3585854.shtml。

③ *Constitutive Act of the African Union*, http://www.africaunion.org/en/home.asp/.

整体稳定构成威胁。相反，在非盟、各次区域组织的积极干预下，热点逐步降温，形势朝着和平的方向转化。以马里政变为例，政变发生后，政变军人陷入了孤立之中。在国内，马里非洲团结正义党、共和民主联盟等10个主要党派签署联合声明，强烈谴责军人政变。声明称“政变使马里民主进程严重倒退”，并要求立即恢复宪政。政变军人在军队内部也没有得到足够支持，甚至没有高级军官出面支持政变军人。① 在国际上，“西共体”先后发表两份声明，强烈谴责政变军人推翻合法政府，呼吁政变者立即还政于政府，使国家恢复宪治。非盟宣布终止马里的成员国资格，要求迅速在马里恢复宪法秩序。在各方压力下，政变军方宣布恢复宪政、还政于民。马里的例子告诉我们，非洲各族人心思安，希望迅速发展经济，提高生活水平。因此，动荡和冲突不得人心。从这个角度出发，动荡和冲突逆民意而动，不可能产生根本性影响。

从总体看，非洲大陆的不稳定因素没有从根本上消失。因此，还不时会引发局部地区的动荡，有时还表现得十分激烈。但是，和平和稳定在非洲大陆依然占据主要地位。2012年6月12日，澳大利亚智库“经济与和平研究所”发布《2012年全球和平指数》指出，尽管叙利亚冲突升级、欧洲骚乱不断，2012年世界和平指数仍达近三年最高水平，除了中东和平局势恶化外，其他地区国家都在进步，非洲进步最为显著。令人高兴的是，撒哈拉以南非洲地区首次摘掉了“全球最不和平地区”的帽子。②

二、非洲安全也面临更多挑战

在非洲整体平稳的形势下，我们还应该看到，2012年，撒哈拉以南非洲地区的安全形势愈趋复杂。东非、西非恐怖主义威胁加剧，一些国家治安形势急剧恶化，国家内部冲突和邻国间冲突频发，海盗活动在新的地区出现。复杂的安全形势无疑为曾饱受战乱之苦的非洲的未来蒙上了一层

① “马里政变前路迷茫”，中国军网，http：//chn. chinamil. com. cn/jwjj/2012－03/26/content_ 4819270. htm。

② “2012全球和平指数：几内亚比绍第96位”，中华人民共和国商务部网站，http：//www. mofcom. gov. cn/aarticle/i/jyjl/k/201206/20120608193279. html。

阴影。

第一，恐怖主义威胁加剧。北非地区的局势从2011年开始一直动荡不止，“基地”组织及其北非分支等极端势力趁机在该地区大肆扩张，并逐渐向南渗透。西非的马里和东非的索马里及其附近区域的恐怖主义威胁逐渐加剧，从非洲西北部萨赫勒地区到北非，再延伸到东非的“不稳定之弧”正逐渐形成。

地处西非的马里东北部和尼日尔、阿尔及利亚接壤，属于萨赫勒地区的一部分。由于政府军缺乏控制力，近年来马里北部已成为恐怖主义的避风港。在马里北部活动的恐怖主义组织走私毒品、武器，贩卖人口，甚至破坏当地著名历史遗产。虽然国际社会一致谴责这些恐怖主义组织，并计划派出国际维和力量进行武装干预，但相关各方至今仍未达成实质协议，何时出兵仍未有期。

而在大陆另一端的东非，长期盘踞索马里的“索马里青年党”仍然威胁着东非的安全。所幸国际社会采取军事行动对“索马里青年党”进行了严厉打击，并支持索马里进行了首次大选，选出了总统和议会。然而，在2012年下半年被逐出摩加迪沙和基斯马尤等战略重镇后，“索马里青年党”化整为零继续抵抗，部分成员还渗透到邻国肯尼亚进行报复袭击。仅肯尼亚首都内罗毕和重要港口城市蒙巴萨就发生多起爆炸袭击事件，一些外国游客和人道救援人员甚至遭到绑架。

除了“不稳定之弧”的两端，靠近中部非洲的尼日利亚2012年也饱受恐怖组织的袭扰。宗教极端组织“博科圣地”发动了多起针对平民的恐怖袭击，极大地影响了尼日利亚北部的安全局势。据统计，2012年前9个月，至少有815人在“博科圣地”发起的275起恐怖袭击中丧生，死亡人数比前两年的总和还多。① 更令人担忧的是，马里的“伊斯兰马格里布基地组织”与“索马里青年党”、“博科圣地”组织相互联系的趋势愈发明显。据报道，“博科圣地”近年来的发展壮大，与“伊斯兰马格里布基地组织”的援助和培训有很大关系。

第二，部族传统冲突恶化。非洲曾受西方国家殖民统治多年，殖民统

---

① “尼日利亚宣布对‘博科圣地’开战”，人民网，http://world.people.com.cn/GB/16962145.html。

治留下的后遗症至今依然存在。西方国家随意划分边境，造成同一部族分属多国、有世仇的部族同属一国的情况，使非洲多年来一直无法平息部族冲突。

2012 年，较大的部族冲突在刚果（金）、肯尼亚和马达加斯加都有发生。其中刚果（金）与卢旺达之间的图西族与胡图族的矛盾，演变成了刚果（金）政府军与叛军之间的武装冲突。在刚果（金）境内的图西族武装曾和政府达成协议，接受收编。2012 年由于政局变化，图西族武装于 4 月发生哗变，自称“3 月 23 日运动”（M23）。M23 叛军在和刚果（金）政府军对抗中并不落下风，11 月甚至攻占了北基武省重镇戈马。此次由部族冲突演变而来的军事冲突导致大量难民流离失所。据联合国人道主义事务协调办公室统计，截至 5 月 31 日，来自刚果（金）东部的难民人数已超过 200 万，比 2011 年底超出 30 多万。[①] 虽然 M23 叛军已经撤离戈马，但冲突的根本解决仍然遥遥无期。

2012 年苏丹和南苏丹爆发了军事冲突，双方主要在含有丰富石油资源的南苏丹犹尼提省以及苏丹南科尔多凡省一带交战。在国际社会干预下，双方同意进行和谈，局势趋于缓和，但是矛盾还没有根本解决。

在东非的马达加斯加和肯尼亚，部族冲突更多是以争抢水源和牲畜为目的。2012 年 8 月底，马达加斯南部地区曾因偷牛引发冲突，导致百余人死亡。同样在 8 月，肯尼亚东南塔纳河流域发生了持续一个月的部族冲突，造成 118 人死亡，1 万多人无家可归。部落冲突数百年来在非洲从未停息，而当双方使用的武器从大刀长矛变成冲锋枪手榴弹之后，后果就更加严重。

在马里，北方图阿雷格族分裂武装于年初发动叛乱，以武力控制了北方三个大区，并于 2012 年 4 月 6 日成立“阿扎瓦德独立国”，“伊斯兰马格里布基地组织”等恐怖和极端力量也借机在北方扩充势力。马里国内的动乱引发了部分军人于 2012 年 3 月发动政变，杜尔政府被推翻。经非盟和西共体多轮调解，马里于 4 月下旬成立过渡政府，5 月下旬正式进入为期

① “刚果（金）东部冲突的外溢效应”，搜狐网，http://roll.sohu.com/20120612/n345349636.shtml。

一年的过渡期。[①]

第三，宗教冲突和海盗问题依旧。随着与宗教极端势力有关的恐怖主义在非洲蔓延，宗教冲突也有所抬头。为了报复政府和军队的镇压，极端势力选择对基督教机构进行武力袭击。部分基督教教众也采取了报复行动，双方积怨渐深。

在肯尼亚，“索马里青年党”也频繁对基督教教堂发动恐怖袭击，仅下半年就有5次袭击，造成重大伤亡。而肯尼亚蒙巴萨8月发生的伊斯兰神职人员被杀事件，则引发众多伊斯兰教徒上街游行，8座基督教教堂被烧毁，3名警察被打死。[②] 在尼日利亚，“博科圣地”多次用炸弹袭击教堂，造成重大伤亡。“博科圣地”建立于2002年，意为“西方教育的罪恶”。它仿效阿富汗塔利班，主张在尼日利亚实行宗教法律；一些成员据信与“基地”有关联。尼政府2009年开始对其清剿后，该组织不断在全国发动恐怖袭击。打击“博科圣地”给尼日利亚背上了沉重的经济负担，尼日利亚政府2012年安排9210亿奈拉（约合55亿美元，几乎占国家全部预算的20%）安全开销。[③]

此外，海盗问题仍未根绝，反而出现在新的热点地区。在国际社会的共同努力下，亚丁湾和索马里海域的海盗活动有所收敛，当地海盗的赎金收入大幅减少。近年来，西非几内亚湾海域由于海盗活动不断升级，已成为世界上最危险的海域之一。几内亚湾逐渐出现了以油轮和货船为主要目标的海盗活动，尼日利亚、贝宁等国的海域成为新的海盗活动热点地区。2012年上半年在那里发生了32起事件，包括5起劫持事件。[④] 国际海事局已经发布警告，把几内亚湾列为新的海盗重点活动区域，提醒过往商船保持高度警惕。国际海事权威保险机构——英国“劳埃德市场协会”将西非几内亚湾尼日利亚和贝宁附近海域的海盗威胁等级提升到与索马里

① “非洲联盟和平与安全委员会关于马里的公报”，南非对外政策倡议网，http://www.safpi.org/new。

② “肯尼亚蒙巴萨连发暴力示威，一警察在骚乱中殉职”，新华网，http://news.xinhuanet.com/world/2012-08/30/c_123648042.htm。

③ “尼日利亚宣布对‘博科圣地’开战”，人民网，http://world.people.com.cn/GB/16962145.html。

④ “几内亚湾海盗风险上升”，中国水运网，http://www.zgsyb.com/GB/Article/ShowArticle.asp?ArticleID=173868。

相同的级别。

三、非洲一体化进程加速

非洲大陆的一体化，已经经历了百年历史。一个多世纪以来，实现非洲大陆一体化始终是非洲人民的追求目标。早在20世纪初，非洲民族主义（泛非主义）先驱就号召非洲各族团结起来，推翻殖民统治，建立统一的“非洲民族国家”、“非洲强国”和“非洲帝国”。[①] 非洲国家独立后，非洲统一组织作为“泛非主义”的载体，努力推动非洲统一进程；进入21世纪，非盟替代非统，继续为建立“非洲合众国”而努力。“20世纪90年代以来，维护非洲大陆的和平、安全与稳定，促进非洲经济与社会的全面发展，并在此基础上最终实现‘非洲复兴’，成为当时非洲历史发展赋予非洲一体化最为重要的历史使命。但非洲一体化的理想预期与实际效果之间存在着巨大差距，政治热忱与现实困境之间也存在强烈反差，这是非洲区域化进程不可回避的现实，也是当前非洲发展必须设法解决的头等大事。”[②] 非盟委员会前主席科纳雷指出：“如果不实施一体化，非洲就没有未来。”[③] 幸运的是，非洲一体化进程在2012年明显加速。

一体化有助于非洲大陆的发展。由于历史的原因，非洲国家众多，彼此分隔，资源分布不均，且经济发展很不平衡，在经济全球化的冲击下，非洲已经呈现边缘化的趋势。一体化有助于推动非洲国家之间的贸易和投资，改善经济和产业结构，发掘经济增长潜力，促进非洲国家互利共赢。此外，一体化能够聚集和合理利用非洲大陆的资源，集合各国的经济力量，从而提升非洲大陆的实力和国际地位。

殖民统治给非洲国家留下了许多冲突的隐患，诸如民族矛盾和边界纠纷等。长期以来，这些矛盾和纠纷常常触发动荡和战乱，从而制约非洲国

---

① Edward Blyden, *African Service to the World*, p. 74.

② 罗建波：“全球化时代的非洲一体化：理想、现实与出路”，载《现代国际关系》，2006年第8期。

③ “非盟呼吁非洲各国致力于团结与统一”，中国军网，http：//www.chinamil.com.cn/site1/xwpdxw/2008－01/28/content_ 1104178.htm。

家经济社会发展。一体化有利于克服非洲国家当今存在的民族、边界和其他矛盾。无疑可以加强非洲大陆的团结，巩固非洲大陆的和平与稳定。

鉴于上述原因，非洲国家采取各种措施，积极推动一体化进程。

第一，在政治上，非洲国家加强团结合作，发挥集体力量，共同解决非洲大陆的安全问题。2011 年北非等地发生的动乱，对非洲大陆的安全提出了新的挑战。2012 年，非盟召开了第 18 届（1 月）和第 19 届首脑会议（7 月）。两届首脑会议对于非洲国家共同应对安全问题，都给予高度关注。在第 18 届非盟首脑会议上，非盟委员会主席让·平总结了 2011 年非洲安全问题，他指出："科特迪瓦大选后政治危机的妥善解决、南苏丹顺利公投、一些北非国家在动荡后实现政权过渡，都表明非盟在危机处理中继续保持领导能力。不过，非洲实现和平与稳定的道路依旧漫长，非盟在促进和平、尤其是防范冲突方面应该更加主动。"① 非盟委员会副主席姆温查同样提及这个话题，他认为，北非的动荡和西方国家的经济危机，导致全球政治经济格局发生了巨大的变化。非盟必须调整自己，以便积极有效地应对这些变化。而如何在非洲局势发生深刻变化的情况下，及时采取有效措施加以应对，并依靠非洲自己的力量，用非洲的方式解决非洲的问题，是本届会议的重要议题。非盟轮值主席、贝宁总统亚伊在首脑会议后举行的新闻发布会上说："非洲大陆从未在如此短的时间内经历如此多的冲突与动荡，非盟及其成员国必须增强自主危机处理能力，为经济发展创造有利条件。我们对这一挑战有清醒认识，并将竭尽全力。"②

在第 19 届非盟首脑会议上，非盟委员会主席让·平指出，非洲大陆一些局部冲突阻碍了非洲区内贸易发展，非盟将为南北苏丹、马里以及刚果（金）东部等地区冲突的解决提供大力支持。会议发布声明，支持维护马里主权与领土完整，对马里北部不断加剧的恐怖主义威胁表示担忧，认为马里军方对国家政治的干预是不可容忍的，要求政变军人立即解散"民主复兴和国家重建全国委员会"，组建更有代表性的过渡政府。公报对破坏刚果（金）东部稳定的"3 月 23 日运动"表示强烈谴责，呼吁刚果（金）

① "第 18 届非盟首脑会议开幕"，搜狐网，http://roll.sohu.com/20120130/n333151763.shtml。

② "第 18 届非盟首脑会议 31 日在埃塞俄比亚首都闭幕"，和讯网，http://new.hexun.com/2012-01-31/137614578.html。

与卢旺达方面积极展开对话，加强合作。关于苏丹与南苏丹的冲突，会议希望两国从大局出发，不再诉诸武力，通过谈判与协商解决纷争。[①]

新当选的非盟委员会主席德拉米尼·祖马表示，非盟委员会的主要任务之一就是加强非盟和平与安全理事会的作用，使其能够有效应对非洲安全问题。她表示将确保非洲54个国家同舟共济，努力解决非洲大陆的问题。“我们需要为非洲问题找到非洲的解决办法，这应该是集体的责任”；“我们最终要看到一个和平、繁荣的非洲，虽然这个目标现在尚不能实现，但是每个非洲人都应该为此做出贡献。”她还强调说，她上任后的工作重点之一就是通过改革提高非盟在处理地区冲突时的领导能力。她说，非盟在解决地区冲突时反应迟钝，如果不进行改革将无法适应形势的发展。[②]

值得一提的是，在2012年马里和几内亚比绍出现政局动荡后，非洲国家都采用集体的力量，如非盟和西非经济共同体积极介入，进行了多轮调解。最终使局势得以缓和。这些例子说明，在维护非洲大陆安全问题上，非洲国家呈现出团结合作的态势，越来越依靠集体的力量，用非洲人自己的办法解决问题，而且取得了很好的效果。

第二，非洲大陆经济一体化进程加快。经济一体化是非洲一体化的基础，要实现非洲一体化，经济一体化是重要的内容和基础。以目前的水平衡量，非洲尚处于经济一体化初级阶段。因为各种原因，比如关税壁垒、基础设施条件等，非洲大陆内部的商品流通困难重重。根据西非贸易中心发布的研究报告，运输一个集装箱的交易费用，从加纳首都阿克拉到700公里外的尼日利亚拉各斯，是从英国伦敦运到拉各斯的三倍。在非洲国家外贸总额中，区内贸易仅占10%—12%，而非洲与欧洲之间的贸易额占比高达40%。实际上，非洲国家间的贸易具有巨大的发展空间。非盟副主席姆温查表示，如果非洲国家间取消贸易瓶颈并减少官僚程序以促进非洲内部贸易，整个非洲每年可增加340亿美元收入。2017

---

① Assembly/AU/Dec. 432 (xix), Decision on the Report of the Peace and Security Council on its Activities and the State of Peace and Security in Africa, http://www.au.int/resources.

② “第19届非洲联盟首脑会议指引非洲发展”，中国新闻网，http://www.chinanews.com/gj/2012/07-15/4033509.shtml。

年非洲自由贸易区建成后，非洲国家间的贸易份额将有望提高到非洲贸易总额的25%—30%。①

非洲大陆的现实使非洲国家认识到推进经济一体化的重要性和紧迫性。2012年，在非洲国家的努力下，非洲的经济一体化进程明显加快。

首先，在非洲大陆层面。2012年召开的两届非盟首脑会议使用了同一个主题：促进非洲区内贸易。可见经济一体化已经成为非盟首脑会议的关注重心。第18届首脑会议为了打破区内贸易的瓶颈，通过了《关于非洲发展基础设施计划的决议》；而为了促进区内贸易、深化市场一体化，更好地融入全球经济，这届首脑会议还通过了《关于鼓励非洲区内贸易和建立非洲自由贸易区的决议》，第19届非盟首脑会议又重申了这个决议。非洲国家设定了在2017年前建成非洲自由贸易区的目标，并提出了可根据实际进展加以调整的"四步走"路线图和时间表。

其次，在次区域层面。各次区域经济合作组织也加快了次区域经济一体化的步伐，尤其在促进区内贸易以及基础设施建设方面令人瞩目。"南部非洲发展共同体地区基础设施建设总体"规划日前已出台。它包括3个"五年计划"（2012—2027）的跨国界基础设施网络建设目标，总投资将达5000亿美元。"东共体"除了提出了肯尼亚拉穆港—南苏丹—埃塞俄比亚交通走廊、坦桑尼亚和乌干达等国的铁路网等重大基础设施建设项目之外，在贸易、金融、旅游、税收等领域也积极推进一体化。此外，"东非共同体"五国央行已起草了关于统一银行业监管标准的草案，为建立货币同盟做准备。"西共体"决定加快有关人员与货物流通，以及一体化机构组织法的实施。"中部非洲经济与货币共同体"制定了2025年远景发展目标，该共同体届时将建立起一体化程度较高的经济区，各成员国将发展为新兴工业化国家。

一体化既是非洲人民的理想，又符合历史发展潮流。2012年非洲大陆在一体化进程中的进展，从一个侧面折射了非洲前进的步伐。

---

① "第18届非盟首脑会议呼吁加快非洲经济一体化进程"，中华人民共和国驻埃塞俄比亚使馆商参处网站，http：//spzx. foodl. com/show_ 1455694. htm。

四、非洲国际战略地位稳步提升

随着非洲联合自强，用“一个声音说话”的趋势不断加强，其国际战略地位大幅提升，已经成为国际舞台上一支不可小视的重要政治力量。此外，非洲丰富的自然资源及巨大的市场潜力也从一个侧面加强了非洲的战略重要性，已引起国际社会的广泛重视。2012 年，传统大国与新兴国家继续发展对非关系，非洲的国际战略地位不断提升，特别是中非关系快速发展，令世人瞩目。

第一，中非关系步入全面深化的新阶段。第五届中非合作论坛的召开不但是 2012 年中非关系中的一件大事，而且为以后三年的中非关系指明了方向。第五届中非合作论坛，中非双方围绕“继往开来，开创中非新型战略伙伴关系新局面”的会议主题，全面回顾了中非合作论坛成立 12 年来中非关系发展取得的成就，并且对今后三年做出具体规划。会议发表了《中非合作论坛第五届部长级会议北京宣言》和《中非合作论坛第五届部长级会议——北京行动计划（2013—2015 年）》两个成果文件。

在第五届中非合作论坛上，为了进一步拓宽中非关系，胡锦涛主席提出了五个重点领域：第一，扩大投资和融资领域合作，为非洲可持续发展提供助力。第二，继续扩大对非援助，让发展成果惠及非洲民众。第三，支持非洲一体化建设，帮助非洲提高整体发展能力。第四，增进中非民间友好，为中非共同发展奠定坚实民意基础。第五，促进非洲和平稳定，为非洲发展创造安全环境。胡锦涛主席提出的五个重点领域，反映了中非关系正在上升到一个新的高度，中非合作逐步从非洲国家层面扩大到次区域和非洲大陆的层面。近年来，非洲国家为了避免因为经济全球化而出现的边缘化，加快了一体化进程。经济一体化已成为非洲大陆发展的重要趋势。值得一提的是，中国已经在第五届中非合作论坛上明确宣布支持非洲一体化建设，并且将同非方建立“非洲跨国区域基础设施建设合作伙伴关系”，鼓励有实力的中国企业和金融机构参与非洲跨国跨区域基础设施建设。2012 年中非合作关系中的新走向，表明中非关系的发展与时俱进，不断攀登新的高度，必将成为当今世界国际关系的典范。

第二，美欧加快对非合作步伐。尽管美国经济上没有摆脱金融危机的阴影，欧洲又陷入债务危机，但是它们并没有放松向非洲挺进的步伐，而是继续加紧扩大对非洲的影响。2012 年 6 月，美国白宫公布了“撒哈拉以南非洲新战略”。新战略融合了奥巴马自 2009 年 1 月就任总统以来所推出的诸多倡议，确定了四大战略目标，即强化这一地区的民主机构建设；促进经济、贸易和投资领域的发展；推动和平与安全；促进机遇和发展。新战略突出强调发展对非经贸关系和挖掘非洲市场的巨大潜力。奥巴马解释说，在未来，非洲对国际社会、尤其是美国的“安全和繁荣”越来越重要，“美国认为非洲对于非洲、美国以及我们的人民和经济而言是一个机遇和希望日益增多的地区，我们相信世界下一个经济取得重大成功的事例会发生在非洲”。[①] 2012 年 7 月，美国国务卿希拉里对塞内加尔、南苏丹、乌干达、肯尼亚、马拉维和南非等 6 个非洲国家进行了为期 11 天的访问，落实美国对非战略。美国《华尔街日报》称，美国将大量金钱用于在非开展军事、卫生等援助，而中国却在全力争夺非洲市场。针对这一形势，美两党国会议员联合提出新的对非贸易法案，建议放宽美国进出口银行贷款的限制条件，以期同中国的优惠贷款竞争；充分发挥美国在能源、基础设施、农业、电信等领域的竞争优势，同时利用好颇为活跃的在美非裔中小企业这一资源，加大对非洲市场的开拓等。

欧盟也不甘落后。2012 年欧盟与毛里求斯、马达加斯加、塞舌尔和津巴布韦四国签订的“临时经济伙伴协定”正式生效。这项协定赋予上述四国免关税和无配额出口到欧盟市场的权利；同样，未来 15 年内，这四国也将逐渐向欧盟开放市场。协定鼓励非洲区域一体化的加强和与欧盟伙伴关系的发展。应该指出，早在 2002 年，欧盟与非洲国家就正式启动了“经济合作伙伴协定”谈判，但是十余年来，除了少数非洲国家签署临时协定外，大多数国家仍在观望之中。十分明显，上述四个国家的签约，进一步推动了欧盟与非洲的合作，有利于欧盟实现更大的经济和政治利益。2012 年 10 月，法国总统奥朗德先后访问了塞内加尔和刚果（金），并出席了在刚果（金）首都金沙萨举行的第 14 届法语国家首脑会议。这是奥朗德就

① “美国公布对撒哈拉以南非洲新战略”，新华网，http://news.xinhuanet.com/mil/2012-06/15/c_123289143.htm。

职近6个月来首次访问非洲。他竭力拉拢非洲国家："法国同非洲对未来拥有共同的认识，在国际谈判中你们是我们的第一伙伴，我们是你们的第一盟友。"①

2012年3月，英国图洛公司在肯尼亚图尔卡纳湖发现石油，挪威国家石油公司在坦桑尼亚发现10亿桶油当量的气田，意大利埃尼公司在莫桑比克近海发现大规模天然气田。随着东非在世界能源版图中的地位上升，欧美企业纷纷加快进入步伐，英国天然气公司计划在坦桑尼亚投资200亿美元进行天然气勘探和开采，美国阿纳达科石油公司计划投资18亿美元在莫桑比克兴建天然气液化厂和出口终端。随着中东地缘政治风险持续上升，东非可能成为国际能源巨头角逐的新战场。②

第三，新兴国家同样加快了进入非洲的步伐。2012年5月，印度总统帕蒂尔对南非进行访问。这次访问表明印度加强与非洲关系的决心，印度和南非领导人强调要加强两国贸易合作，表示争取在2014年使两国贸易额达到140亿美元。10月，第三届韩国—非洲论坛开幕，论坛发表了《首尔宣言2012》和《合作行动计划》，内容包括韩国扩大对非洲的官方援助方针和通过非盟推进与非洲各个地区合作等内容，并且宣布韩国在非盟本部设立非洲公务员培训中心等具体援助方案。

五、2013年非洲安全形势展望

总的来说，撒哈拉以南非洲地区多数国家2012年政局整体平稳，可持续发展以及区域经济一体化正成为该地区发展的新方向。另一方面，恐怖主义在东非西非抬头，部分国家内部以及国家之间武装冲突频发。因此，2013年非洲安全形势不会有太大动荡，但也面临严峻的考验。

2013年，撒哈拉以南非洲地区还将面临比较严峻的安全形势。首先是现有的安全危机在短时间内难以得到彻底解决；其次是非洲国家安全保障机制相对脆弱，不安定因素较多，可能会引发新的安全危机。索马里、马

① "奥朗德就任后首次访问非洲意在加强法国影响"，《人民日报》，2012年10月15日。

② "焦点关注：东非油气业大有可为"，《中国能源报》，2013年1月9日。

里、刚果（金）东部、尼日利亚北部等是非洲安全形势最不容乐观的几个地方，主要原因是反政府武装势力强大、活动猖獗，与政府军冲突不断；同时反政府武装分子还通过自杀式爆炸、手榴弹袭击等恐怖手段，威胁平民安全。政权更迭也经常会引发一些国家局势动荡。2007 年肯尼亚总统选举后曾爆发全国性骚乱，造成1000 多人死亡。[①] 而2013 年3 月，肯尼亚将再次迎来总统大选，这对其安全形势来说又是一次不小的考验。

经济方面，虽然全球经济形势整体状况不佳，新兴经济体增长趋缓，但非洲地区近些年来表现良好。在全球经济发展前景充满不确定性的背景下，非洲经济近年来却保持了较快增长势头。据统计，2011 年撒哈拉以南非洲地区国内生产总值增长率为 4.9%，2012 年将超过 5%。过去 10 年间，在全球范围内 10 个增长最快的经济体中，有 6 个是非洲国家。而在2011—2015 年，全球经济发展最快的 10 个国家中，预计将有 7 个来自非洲。2013 年，撒哈拉以南非洲地区经济发展的潜力依然十分巨大。根据世界银行的预测，2013 年这一地区国内生产总值或将增长 5.6%。[②] 越来越多的非洲国家意识到，单枪匹马的力量终究有限，应该发挥合力与区域优势，国家之间进行充分的合作与互补，推动区域一体化的实现成为大势所趋。而世界各国越来越重视与非洲的经贸合作，这将会有助于非洲在世界贸易中扮演更加重要的角色。

2013 年，肯尼亚、津巴布韦等非洲国家将迎来大选；第五届“金砖国家”峰会将于3 月在南非德班举行；世界经济论坛非洲峰会将于5 月在南非开普敦召开。肯尼亚等国的大选结果目前还难以预测，但可以肯定的是，这些国家的人民都希望政局稳定、经济发展，非洲经济已经受不起动荡所带来的冲击。

（杨　凯）

---

① “新闻分析：透视肯尼亚选举骚乱”，新华网，http：//news. xinhuanet. com/newscenter/2008 -01/03/content_ 7360443. htm。

② “非洲经济迈入转型关键期”，新华网，http：//news. xinhuanet. com/world/2012 -05/16/c_ 123136930. htm。

第十六章

欧盟安全与防务形势

2012年，欧盟（European Union）的安全与防务形势经历了又一个纷繁复杂的年份。影响欧盟安全与防务的因素很多，经济危机尤其引人注目；而欧盟也在安全与防务领域内采取了一系列新的措施，继续推动相关政策的实施以加强自身的防务能力建设。随着欧盟周边地区安全热点问题的此消彼长，欧盟还启动或开展了一些新的安全与防务维和行动，借以促进周边地区的安全稳定及世界和平。[①] 与此同时，大部分欧盟成员国与联盟遥相呼应，也在积极推动本国武装力量的改革或转型，并推出了各种形式、各具特色的双边或多边防务合作。这也构成了2012年欧盟安全与防务形势的一个重要层面。

一、欧盟在经济危机中继续推进防务能力建设

冷战结束后，欧盟便集中力量发展成员国共同的外交与安全防务政策，以最终实现欧洲政治联盟的伟大理想。这一理想最早蕴含在让·莫内、斯皮内利等"一体化之父"们的头脑里，后来由于一系列原因，欧洲政治与安全防务一体化进程远远地落到了经济领域后面。直到1991年《马斯特里赫特条约》出台，欧盟才有了自己的共同外交和安全政策，而直到1999年，欧盟才有了自己的防务政策。欧盟的防务一体化建设始终受

① 鉴于欧洲联盟在促进欧洲以及世界其他地区的和平、繁荣与发展事业中所作的突出贡献，挪威诺贝尔委员会将2012年度"诺贝尔和平奖"颁发给欧盟。

到一系列困难和负面因素的制约，而自 2008 年底国际金融危机及其随后引发的欧洲主权债务危机爆发后，财政难题又成了当前影响欧盟安全与防务发展的最重要因素之一。

2012 年，欧盟仍在与经济危机和债务危机作斗争，短期内彻底走出危机的前景并不乐观，而危机对欧盟防务政策要方面的深层次影响正在不断展现。由于欧盟早在危机前就已经建立起了日渐完善的安全防务机制（2000 年建立政治与安全委员会、军事委员会、军事参谋部；2004 年建立欧洲防务局），并出台了比较成熟的安全与防务战略（2003 年制定《欧洲安全战略》［*European Security Strategy*］），因此，2009 年开始不断加剧的经济和金融债务危机主要是对欧盟的防务能力建设层面产生了重大影响：防务预算和开支的持续缩减，正在对欧盟及其成员国防务产业的投入（investment）、研发（R&D）以及采购（procurement）造成釜底抽薪的效果，而这一局面的直接后果就是欧洲防务能力的普遍下降。

在成员国层面上，特别是从 2010—2012 年，经济危机已经导致了各国防务预算的实质性削减。不过削减的程度在欧洲各国有所不同，其中德国的防务预算保持了相对稳定，而法国和西班牙则已经作出了更大程度的削减。2010 年，英国计划在四年内把防务预算削减 7.5%，但实际上降幅可能会更大。[①] 而大部分其他欧盟成员国削减防务预算的幅度都在 10 – 30% 之间。[②] 整个来看，几乎所有欧盟成员国（只有波兰是个显著的例外）都不同程度减少了国家用于防务支出的预算比重，而这一趋势在未来的几年里将很有可能继续下去。这意味着欧盟国家降低了在防务和军备采购上的投入，例如，减少需要购买的武器装备的数量或是推迟购买时间，甚至有的采购计划已经被彻底取消了。不但削减防务预算的举动无论在计划还是实施阶段都是在国家的基础上进行的，而且各成员国在作出预算决定的时

① Clara Marina O'Donnell（ed.），The Implications of Military Spending Cuts for NATO's Largest Members，Washington，Brookings Institution，July 2012（Analysis Paper），http：//www. brookings. edu/research/papers/2012/07/military – spending – nato – odonnell.

② House of Lords European Union Committee，European Defence Capabilities：lessons from the past，signposts for the future，London，The Stationery Office Limited，May 2012（HL Paper 292），http：//www. publications. parliament. uk/pa/ld201012/ldselect/ldeucom/292/292. pdf.

候很少相互交流信息，也没有采取彼此间有效的协调行动以防止欧洲某些特定的军事能力就因为缺乏资金而丧失。由此带来的风险是，由于缺少相互协调的政策决定，欧盟作为一个整体可能从此失去它某些关键性的军事防御能力。①

针对经济金融危机背景下由财政问题造成的防务能力严重衰退甚至丧失的潜在可能性，欧盟与成员国携手采取措施加以应对。在欧盟层面，2012 年前后欧盟通过两大途径确保欧洲防务能力的继续保持以及向前推进，即继续实施欧盟委员会（European Commission）关于防务市场一体化建设的两条重要的指导性方针，以及通过赋予并加强欧洲防务局（European Defence Agency）更高的法律权威和职能地位，以切实推进增强欧洲国家防务能力的一系列具体计划。在这些计划当中，最重要的首推“集中与分享”（Pooling and Sharing，P & S）计划。

欧盟委员会于 2009 年首次对欧盟的军备市场和成员国的防务支出进行了直接干预。通过出台两条被称为“防务一揽子建议”（defence package）的指导性方针，欧盟委员会开始影响到成员国管理防务采购的做法。其中第一条方针旨在提高防务采购的标准以及欧洲防务市场的竞争力，因此限制了可以免受欧盟单一市场规则②管理的商品的范围，即把更多防务产品纳入到了单一市场的范围。而第二条方针则推动了防务产品、技术以及咨询服务在欧盟内部的自由流动，因为它减少或放松了成员国政府官僚机构以前对这个过程施加的控制。从 2009—2012 年，这两条方针已经产生了影响深远的重大效果，它们不仅提高了欧洲防务市场的一体化水平，而且对作为市场核心的防务采购的运作方式本身也产生了实质性的改变。不过，这些方针的实际影响力仍然取决于欧盟成员国把它们吸收进国内立法的的意愿，而直到 2012 年，成员国政府依然倾向于以国家为基础保留尽可能多的军事能力，因此大部分防务采购还是在国内市场进行，成员国也更加青

① Christian Mölling and Sophie - Charlotte Brune, The Impact of the Financial Crisis on European Defence, Brussels, European Parliament, May 2011 (Policy Department External Policies Study), http: //www. europarl. europa. eu/committees/en/studiesdownload. html? languageDocument = EN&file = 40671.

② 《欧洲联盟运行条约》（*Treaty of the Functioning of the European Union*）第 296 款。

睐于本国的防务产品供应商。

通过《里斯本条约》在法律上的增强，欧洲防务局如今已经成为欧盟推动防务能力发展的先锋。2012 年前后，欧洲防务局主要通过两大途经提升欧盟的安全防务能力：首先，防务局于 2012 年 7 月制定了一部新的防务局法规（Agency Statute）并获得了欧洲理事会的批准。根据新法规的精神，欧洲防务局的首要职责是支持欧盟理事会以及成员国种种提高欧盟危机管理能力的努力和工作，并协助支撑欧盟的共同安全与防务政策。据此，欧洲防务局被赋予了范围广泛的任务，其中重要的有：确定欧洲武装力量对展开行动的需求并推动相关行动以满足这些需求；确定并实施相关措施以加强欧洲的防务工业基础；为欧盟制定关于防务能力和军备的相关政策提供帮助；在欧盟理事会评估欧洲的军事能力时，提供专业性的帮助等等。总的看来，新法规厘清了欧洲防务局在防务采购合作等事项上的任务范围，并通过把防务局与欧盟其他机构更紧密地联系起来，从而强化了防务局的角色和作用。其次，欧洲防务局与欧洲其他的相关机构或组织签署了一系列协定，以提高彼此的协调与合作。2010 年，欧盟委员会、欧洲防务局与欧洲航天局（European Space Agency）三家联合签署了一份“欧洲框架合作”（European Framework Cooperation）计划，目标是使三个机构的研究活动彼此同步并相互补充，同时允许多方使用研究成果。2011 年，欧洲防务局与欧洲航天局签署了一份关于相互合作的行政协议，从而在两大机构间建立了一种结构性的合作关系。而这一关系大大有助于彼此行动的协调，特别是在关于欧洲的航天资产、欧洲危机管理能力的发展以及共同安全与防务政策本身的发展方面，防务局与航天局形成了程度越来越高的默契。2012 年 7 月，欧洲防务局又与欧洲联合军备合作组织（Organisation for Joint Armament Cooperation，OCCAR）签署了一项合作协定，该协定允许合作组织在防务局的框架内管理得到成员国同意的防务采购计划，并展望了在两个机构之间共享信息的前景。

除了欧盟主要相关负责机构的职能性工作以外，联盟还于 2012 年前后启动了一系列推进防务能力发展的全局性方案。其中，“集中与分享”计划占据了最重要的位置。欧洲防务局负责具体实施“集中与分享”计划，该计划目前已经成了该机构日常工作的核心内容。[①] 2010年9月在比利时根特（Ghent）举行的欧盟成员国防长会议敲定了一项新的欧洲防务合作计划，冠名为“集中与分享”。通过该计划，欧盟成员国共同提供防务资源并共享防务领域内的成果，从而实现防务资源的优化配置以及效益的最大化。欧洲防务局在欧盟授权下负责发展该计划的相关概念并推出具体计划项目。至2012年，该计划的实施进入了一个高潮，欧盟于3月肯定了防务局在这项工作上取得的阶段性成果并要求其继续推动。“集中与分享”计划当前的重点项目包括：一、统合空中加油能力。欧洲军事力量在这方面与世界先进水平的差距通过2011年的利比亚行动得到了进一步的暴露，当时欧洲国家严重依赖于美国的支持。这种局面的出现很大程度上是因为欧洲军队装备的加油机种类琳琅满目，处于高度分散的状态，在行动中投入了大批不同型号以及厂家系列的机型。针对这个问题，欧盟各国防长在2012年3月共同签署了一份政治宣言，承诺将在“集中与分享”的这个领域内继续付诸努力。欧洲防务局对该项目的支持将包括从采购到部署加油机的各个环节。二、建立模块化的多国战场医疗机构。欧盟各国高度重视对战场环境中军人的保护，特别是德国专门在联邦国防军内部设立了军事医疗这一大分支。2012年3月，欧盟成员国签署了一项意向宣言书，承诺将在2014年建成一所战场医疗训练中心。近年来，“集中与分享”计划重点发展的项目还包括建立一个欧洲卫星通信采购中心，以及发展海上监视能力，而这是由14个成员国参与的项目。此外在2012年1月，爱尔兰领衔的一个项目负责评估由11个国家参与的海军跨国联合训练，意图通过减少重复和浪费来提高欧盟国家军费使用的效率。在“集中与分享”计划中尤其值得一提的是，由欧洲防务局组织发起的空军联合训练与演习已经取得了高度成功并将继续展开，该项目在2012年后将吸纳更多的成员国参与，并将把参训机型扩大到既包括固定翼飞机又包括旋转翼飞机等等。这一理想大国继续推动防务量发展成员国共同的外交与安全防务政策。

---

① “Pooling and Sharing”, http://www.eda.europa.eu/aboutus/Whatwedo/pooling-and-sharing.

二、欧盟展开新的安全与防务行动

从2003欧盟在马其顿发起自己的首次安全防务行动（“协和”行动，Concordia），同年晚些时候在刚果民主共和国发起第一次在非洲大陆上的欧盟安全防务行动（“阿特米斯”行动，Artemis）至今，欧盟已经展开了28次安全防务使命，其中成功地完成了近20次。欧盟防务力量10年的行动足迹遍布欧、亚、非三大洲的许多地区和国家，既积累了日益丰富的经验，也汲取了一些重要教训。2012年，欧盟在继续实施已有防务行动的同时，把关注重点更多地投向了非洲大陆，特别是从西非的大西洋沿岸到东非的印度洋沿岸之间的地带（这一区域被称为“萨赫尔地区”，Sahel。其地理和人文特点是从北非地中海地区向中非热带雨林地区的过渡，多荒漠与稀树草原，以及适应此环境的显著的游牧生活方式）。2012年，在与各所在国和地区组织协商并合作的基础上，欧盟分别在尼日尔、“非洲之角”、南苏丹以及马里发起了新一轮安全防务行动。

2012年，欧盟在西非国家尼日尔发起了一场新的在共同安全与防务政策（CSDP）框架内的民事安全行动，代号“EUCAP SAHEL Niger”。该行动旨在通过一种有效而协调的方式，提高尼日尔国家安全力量（包括宪兵Gendarmerie、国民警察Police nationale、国民卫队Garde nationale等部分）打击恐怖主义和有组织犯罪的能力。其最终目标是为了提高尼日尔以及整个萨赫尔地区的政治稳定与安全、治理水平以及社会凝聚力。欧盟外交与安全政策高级代表阿什顿（Catherine Ashton）就该行动指出：“在利比亚发生的冲突的后果以及不断增多的恐怖主义行径急剧推升了萨赫尔地区的不安全水平。这一新行动将有助于加强当地与恐怖主义和有组织犯罪作斗争的能力。欧洲专家将训练尼日尔的安全力量，以提高他们对本国领土的控制并促进地区安全合作。”① 欧盟之所以发起该行动，根本原因是萨赫尔地区关乎欧洲的安全利益。欧洲与萨赫尔地区在历史上有着长期交往，殖

① “Green light for civilian CSDP mission to assist in fighting terrorism in the Sahel”, PRESSE 305, 11999/12, Council of the European Union, Brussels, 16 July 2012.

民主义时代的活动更是加强了双方之间的联系纽带，如今在欧洲多个国家都有萨赫尔地区移民的聚居区。在安全问题日益全球化的今天，要解决欧洲面临的有组织犯罪、能源安全以及非法移民等问题，很多方面都需要与萨赫尔地区国家展开合作。为此，欧盟理事会于2011年3月通过了一项关于促进萨赫尔地区安全与发展的全面战略。在此战略基础上，欧盟于2012年7月正式发起了“EUCAP SAHEL Niger”行动。行动的基本任务包括：训练、协助尼日尔安全部门的相关能力并为他们提供顾问和咨询，特别是协助不同的安全部门实施其安全战略；支持在打击恐怖主义和有组织犯罪方面的地区合作，并协助尼日尔在法治精神的前提下发展相应的处罚程序；此外，行动还将确定尼日尔安全领域内的具体目标，以使欧盟的财政援助具有更加明确的针对性。等等。该行动的最初期限为2年。

“非洲之角”位于萨赫尔地区的东端。2012年7月，欧盟在“非洲之角”发起了一场目标为“在非洲之角和西印度洋建立地区海上能力”的安全行动，代号为“EUCAP NESTOR”。这场共同安全与防务政策框架内新的民事安全行动是为了提高“非洲之角”与西印度洋沿岸5个国家（吉布提、索马里、肯尼亚、坦桑尼亚、塞舌尔）的海上安全能力。在实施过程中，该行动将与欧盟既有的两个行动即欧盟海军“阿塔兰特”行动（EUNAVFOR Atalanta）和欧盟在索马里的训练行动（EUTM Somalia）保持最大程度上的协调。EUCAP NESTOR由两大部分组成并将实现两大目标：第一，加强索马里的执法部门。欧盟最初把行动重点放在该国的蓬特兰（Puntland）和索马里兰（Somaliland）两个地区，而行动的重点科目是支持当地发展海上巡逻警察以及司法部门的力量。第二，加强吉布提、肯尼亚和塞舌尔三国对海上航线上的治安能力，并将尽快把支持的范围延伸到坦桑尼亚。欧盟EUCAP NESTOR行动的一大特点是其全面性与互补性，就像欧盟其他许多安全防务行动那样。该行动与海军“阿塔兰特”行动以及索马里训练行动一起构成了一揽子任务框架，都是为了支持欧盟对“非洲之角”乃至整个印度洋海域的宏观战略。EUCAP NESTOR行动同时具有明显的灵活性和适应性，将在以上5个不同国家的不同部门或地区实施“因地制宜”原则下的具体项目。但总的来看，这些项目都有一个共同的指向，即实现EUCAP NESTOR行动的职能。其基本内容包括：向国际社会共同维护海上安全的事业提供具有针对性的专门贡献；防止并震慑海盗集团扰乱正常的世界海上贸易运输；为建立地区海上安全能力作出贡献，其具体手段是使地区国家通过有效的海上治理，提高其控制本国领海以及专属经济区的能力；使地区国家有能力依靠自身力量应对海盗问题。等等。该行动的最初期限亦为2年。

南苏丹是非洲最年轻的国家，经过与苏丹的长期内部纷争以后实现了独立建国。2012年6月18日，欧盟理事会批准了在南苏丹展开一项新的共同安全与防务政策框架内的民事行动，代号为“EUAVSEC South Sudan”。该行动是应南苏丹政府请求而发起的。因为经过长期战乱，独立后的南苏丹无论在经济、政治还是社会民生方面都极为脆弱。该国位于非洲内陆，基础设施落后，国内为数不多的主要公路网络在雨季基本上处于无法利用状态，因此位于首都朱巴（Juba）的机场就成了南苏丹交通特别是国际人员和物质往来的关键性枢纽。然而朱巴机场过去只是苏丹国内的一般性机场，本身条件也比较落后，不仅无力承担作为首都机场的大规模航运任务，而且屡屡受到有组织犯罪、人口贩卖以及恐怖主义等不安全因素的影响。在此情况下，提升朱巴机场的安全状态就成了顺利实施国际援助以帮助南苏丹重建的关键一步。欧盟“EUAVSEC South Sudan”行动的主要内容包括：通过提供咨询、技术援助以及训练机场安全执法力量等手段，直接提高朱巴机场的安全管理水平；通过协调等手段，确保机场航空运输的安全；行动将重点关注对于机场安全使用具有优先价值的区域，并帮助南苏丹方面加强对机场周边邻近地区的统一化管理；行动还将帮助朱巴机场提高国际航运吞吐能力，使其尽快达到《芝加哥国际民用航空公约》（Chicago Convention on International Civil Aviation）设定的标准，因为南苏丹已于最近加入该公约。2012年9月，64名欧盟专家已经部署到位，行动期限为19个月。

欧盟2012年最新的一场安全防务行动是在12月发起的在西非国家马里的训练任务，代号为“EUTM Mali”。其目标为对训练和重新组建马里政府军队提供帮助，这样做是为了提高马里军队在民选政府的领导下，保护并维持该国领土完整的能力。马里早前发生政变后，该国北部地区逐渐落入到了恐怖主义和伊斯兰极端主义势力手中。叛军不仅割据一方，而且不断向南方扩展力量，对马里和整个西非的安全构成了越来越大的威胁。欧盟外交与安全政策高级代表阿什顿表示：“恐怖主义团伙在马里北部的存在，不仅对萨赫尔地区，而且对北非和欧洲的安全构成了威胁。欧洲将动用一切手段，在与地区和国际伙伴合作的基础上，帮助马里恢复法治并使其民选政府有能力将主权施于整个国家。”[①] 11月，欧盟成员国外交和国防部长们在布鲁塞尔举行会议，研究商讨向马里派遣250名军事人员以帮助马里训练军队等事宜。EUTM Mali 行动的主要内容包括：训练马里军队营（battalion）一级作战单位及其相关的战场支援和战场服务分队；在国际人道主义法的框架内保护平民和人权。此外，行动还将提高马里军队的后勤支援能力以及指挥链。为了实现这些直接目标，欧盟还将帮助马里军方提高人力资源管理及其训练水平。值得注意的是，该行动目前没有设定确切的期限，而是将根据马里国内局势的发展而定，在此过程中欧盟将与西非共同体密切协调配合。但是欧盟人员不会卷入直接的战场行动。与欧盟这一安全防务行动密切相关的是，法国在欧盟介入马里局势的过程中充当了急先锋的角色。2013年1月11日，在经过事先周密的准备与协调后，法国从位于乍得的军用机场出动战机空袭了马里国内受极端主义势力控制的北部地区。马里叛军遭受了严重的人员伤亡，而法军也有一名士兵阵亡。[②] 此一行动标志着法国对马里局势干预的升级。

三、欧盟成员国继续推动防务力量改革

除了欧盟框架内的防务建设以外，其成员国也在2012年展开或继续进行了一系列影响深远的防务力量转型工作。其中，主要成员国尤其是德、法、英三国的做法不仅起到了示范和表率作用，而且体现了欧洲防务力量中长期建设和转型发展的一般性趋势与总体特点。

德国是欧盟第一大国，其防务力量包括军工产业和技术实力也在欧洲名列前茅。德国武装力量曾经是冷战期间北约常规防御力量的支柱，但也

① “EU prepares mission to train Malian army”, *PRESSE* 512, 17395/12, Council of the European Union, Brussels, 10 December 2012.

② “Officer: Troops from Nigeria, Senegal, France back Malian Army”, Agence France - Presse, Jan. 11, 2013, *DefenseNews*, http://www.defensenews.com/apps/pbcs.dll/article?AID=2013301110014.

由此背上了沉重的历史负担。冷战结束以及重新统一后，德国历届政府均致力于对联邦国防军进行改革。最近一次重大改革方略出台于2011年5月。当时由新任国防部长托马斯·德·梅齐埃主持向外宣布了德国的《防务政策指南》。该指南作为改革的纲领性文件，直到2012年底一直在指导着德国军事改革计划的实施。实际上通过这份战略性文件，新的德国防务领导机构向外界表明了军事改革的延续性，即德·梅齐埃将沿着其前任古滕贝格确定的改革措施继续推进。德国武装力量改革的三大特点如下：首先是通过大幅度削减员额并最终取消沿用了多年的募兵制，以建立一支小巧机动、灵活精干的武装力量。根据改革计划，德国从2011年起将用6—8年的时间重组其武装力量。这个过程的核心内容是组建一支规模更小却更加精干、全部由志愿兵组成的军事力量。当2011年该项计划宣布时，德军总员额为约22万人，其中18.8万人为职业军人。德国的目标是把军队削减到18.5万人，其中17万为职业军人，5000人到1.5万人为短期的志愿者。2011年7月1日义务兵役制被彻底取消，这一变化大大有利于德军的重新整编。2012年，裁减员额并重组军队的过程继续推进，并取得了阶段性成果。其次是广度优先于深度，即让德军尽量保持最大覆盖范围的防务能力，以适度降低德军进行防务行动的持久能力以及同时展开多个军事行动的能力。德国武装力量领导机构作出这一选择主要是基于这样的考虑，即德国和欧洲的安全环境仍然存在着不确定性，这就需要保持一支灵活且具有应变能力的军事实力。另一方面，德国政府认为像本国这样具有相当规模并拥有巨大经济实力的国家，必须保持全方位的军事行动能力，以便在像北约这样的国际组织内施展政治影响力。尽管国防部认为德军未来最可能的任务是展开危机管理行动，但是依然强调德军必须拥有进行高强度作战的实力。第三是明显地加强了德军的机动远征力量，同时在与之配套的武器装备购置上进行调整。德国于2012年确定的目标是同时维持1万人规模的部队展开海外行动。为此在新的陆军构成当中，作战步兵的能力将得到加强，而指挥和后勤支援的规模将被缩小。届时德军将拥有8个作战旅（比目前少3个），其中6个将能够在海外行动中随时彼此替换。与此同时，为了适应海外机动作战的现实需要，德国大幅度削减了原计划装备中不适合海外作战任务的某些武器，如“豹2”型主战坦克的拥有量将从350减少到225辆；“旋风”式战机将从185架减少到85架等等。

战后法国拥有一支在欧洲乃至全世界都声名显赫的防务力量，这主要是因为“戴高乐主义”对法国的巨大影响。法国把建立一支强大的武装力量不仅视为国家安全的保障，而且把它作为体现大国地位、发挥政治与外交影响力的重要工具。冷战结束后的历届法国政府仍然秉持了“戴高乐主义”的基本原则，努力保持一支强有力的国家军队，对于这一点法国政坛始终存在着“左右共识”。正因如此，尽管面临着全欧范围内经济危机的严峻挑战，法国近年来仍然保持着相当雄心勃勃的防务计划：它成功地维护了自己独立核威慑力量的地位；不断推动着武装力量的职业化进程；在加速对其军事能力实施现代化的同时，法国还在世界范围内的一系列地区冲突中部署了自己的武装力量。然而2009年以来的经济金融危机毕竟既深且巨，法国也难逃财力吃紧的困境。实际上萨科齐总统在任期间就针对国家的经济形势，相应地调整了防务计划并制定了一系列改革方案，其中2008年出版的《国防战略白皮书》集中反映了这些变化。2012年特别是在奥朗德总统上任后，法国推动防务改革的总体路线并没有变化。总的来看，其防务力量改革重点表现在下列四个方面：

第一，在国防预算方面，法国与其他绝大多数欧盟国家一样削减了用于防务支出的份额，但是与英国、意大利、西班牙等国相比，法国预算的降幅比较小（但与德国相比，法国的财力依然更加紧张）。1988年法国将其国内生产总值的3.6%用于武装力量，到2012年，这一比例降至了接近2%（不包括1.6%的军人退休金）。在1988年前后，法国国防预算最高曾经达到财政支出的14%，而在2012年，这一比例已不到10%。然而凭借着每年400多亿欧元的支出，法国依然位列世界军费开支前五名以及欧洲前两名（与英国不分伯仲）。根据斯德哥尔摩国际和平研究所（SIPRI）报告，就实际购买力而言，从2002—2012年，法国国防预算仅减少了0.6%。

第二，法国近年来也在通过压缩员额对武装力量展开结构性调整。法军的职业化进程开始于1995年，迄今已经实施了多轮人员裁减（2012年时法军总员额已不到1995年的50%）。到2012年底，法军共有22万人，其中海军3.9万人，空军5.1万人，陆军10.7万人。法国国防部认识到削减员额是结构调整的必要前提，然而在不断裁减的压力下，三大军种均坦言在维持目前军事干预行动的数量和水平的前提下，他们已无法承受进一步的员额裁减。因此，在“质”和“量”之间如何把握适当的平衡，将是法国武装力量结构改革下一步的重点之一。

第三，法国防务力量改革延续了1995年以来的做法，即不断为三军更新关键性的军事能力和装备平台。“勒克莱尔”（Leclerc）主战坦克、先进装甲步兵战斗车（ACV）、“虎”式（Tiger）攻击直升机、“地平线”级（Horizon）驱逐舰、“阵风”（Rafale）战斗机、“夏尔·戴高乐”号（Charles－de－Gaulle）航空母舰等装备纷纷于近年装备法国军队。至2012年底，这些装备已经在法军中颇具数量规模并形成了一定的战斗力，其中部分已经经过了实战检验（如法国在2011年利比亚内战中投入了“夏尔·戴高乐”号航空母舰和“阵风”（Rafale）战斗机等等）。

第四，法国在海外军事干预方面总体上保持了积极姿态，但在具体行动安排方面有所取舍和调整。2011年底至2012年初，法国曾同时在三个海外热点地区部署了防务行动力量，即阿富汗、利比亚和科特迪瓦。此外法国还参与了在欧盟、北约以及联合国旗帜下展开的一系列维和行动，向波罗的海国家、乍得、印度洋地区、科索沃以及黎巴嫩等派出了各类军事人员。然而这些行动价格不菲，光是在2011年度就消耗了法国近10亿欧元的防务预算，对人员调整和装备采购造成了比较大的压力。鉴于此，法国对行动安排作出新的调整，并于2012年6月宣布从阿富汗撤军，本年12月底全部撤完。[①] 与此同时，法国更加重视与自己地理上更接近的非洲部分地区的安全形势。在法国及部分其他成员国的大力推动下，欧盟安全防务机制于2012年重点研究了西非地区的安全状态并作出重要决定，其中包括为马里共和国训练军队以打击控制其北方地区的极端主义势力和叛军。法国率先干预马里局势，于2013年1月出动空军打击了该国北部的军事目标。

与德、法两国相比，英国无论是在防务力量改革的背景和条件抑或改革的方式与重点上，都有自己的特点。相对于上述两国，英国防务改革的环境更加严峻，任务也更加紧迫。持续至今的经济金融危机同样席

① “France to Begin Afghanistan Withdrawal in July”, Agence France－Presse, Jun. 9, 2012, DefenseNews, http: //www. defensenews. com/apps/pbcs. dll/article? AID = 2012306090003.

卷了英国（甚至不亚于对欧元区国家的打击），对英国的国防安全而言，最沉重的莫过于十分严苛的预算紧缩：2010年以保守党为主的联合政府上台后，曾经宣布将在4年内把防务预算削减7.5%，但实际上根据至2012年以来的趋势，这一降幅很可能会高达25%。因此，英国面临着比德、法更严峻得多的改革环境。在此基础上，一向青睐实用主义原则的英国制定了分两步走推动防务力量改革的计划：第一步，短期目标是在2014年北约完全从阿富汗撤军之前，继续尽力支持北约在那里的安全防务行动（这一点与法国的处理不同）。第二步，中长期目标是着眼于2020年，即在阿富汗行动以及经济危机过后，重建英国的防务力量。而要做到这一点，英国政府要求假设在阿富汗之后，英军在应对一场危机的同时将不再卷入另一场军事行动。只有这样做，英国才能以有限的预算实现在2020年重建国防力量的繁重任务。可以说，从2010年至今包括2012年，是英国大刀阔斧展开防务改革的早期和关键性阶段。这一改革对三军提出的要求各有不同，而在2012年，是英国陆军率先行动，通过全面检视自身状况后出台了具有战略指导意义的《陆军2020》（*Army* 2020）文件（英国防部2012年7月版），使其成为该年度英国防务改革的最大看点。陆军目前员额为10.4万人，计划到2015年削减到9万，2020年8.3万人。在陆军减少的情况下，英国国防义勇军（Territorial Army）将增加到3万人。与此同时，英国将逐步撤回驻扎在德国的陆军部队（共约2万人），其中一半将在2015年回到英国。在装备方面，陆军明显加快了“轻便型”步伐：至2012年，英国已经决定减少在编的118辆“挑战者”（Challenger）型主战坦克和大批AS90自行火炮，与此同时，适合类似“阿富汗行动”等小规模作战的装备将适量增加。2012年前后，皇家海军也在深刻转型当中。除了在经费方面与陆军一样面临着预算不断压缩的难题，关键性或者说支柱性装备的缺位是海军面临的最突出的问题。近年来，随着传奇式的“海鹞”（Harrier）式战机退出现役，英国皇家海军搭载固定翼战机的航空母舰出现了严重的断档。作为替代机型，英国已经决定购买“F-35”联合打击战斗机（JSF），防务大臣哈蒙德（Philip Hammond）于2012年5月宣布了这一决定。但是由于预算紧张，新机型投入服役估计最早也将从2020年开始，而大部分新战机则将在2025—2030年为海军装备到位。2012年，海军的其他主力水面舰艇数量也受到了削减，驱逐舰和护卫舰从22艘降至19艘。两栖攻击能力也受到了削弱，如今英国海军能够投入作战的两栖部队规模已经不足一个整编旅。潜艇部队的情况要好一点。新型“机敏”（Astute）级核潜艇正在取代老式的“特拉法尔加”（Trafalgar）级成为海军水下打击力量的中坚，但是为了与其他4艘正在建造中的新型核动力弹道导弹潜艇协调一致，“机敏”级的入役进度已经被放缓了。由此一来，在“特拉法尔加”级退役后至2020年之前，海军水下力量的行动能力也将出现暂时的低谷。与海陆两军相比，经济和财政危机使皇家空军面临的压力更大，其主要装备几乎遭到了全面削减。政府已经决定让“鹞”（Harrier）式和“旋风”（Tornado）式战机退出现役，其目的既是为了节省经费，也是为了把部分空军基地转用于从德国撤回本土的陆军部队。但由此一来，空军拥有的快速喷气机型将从4种减少到2种。取代它们的是欧洲战斗机“台风”（Typhoons）以及联合打击战斗机（JSF），但是受制于经费，1998年就决定采购的230架“台风”式战斗机被削减到了160架，JSF则从150架降至138架。尽管如此，英国国内依然有声音呼吁把JSF的采购量减少到50架，以便为新型航空母舰腾出足够的舰载机。除了战斗机以外，空军的运输机、侦察机、巡逻机、直升机等也都有不同程度地削减。英国空军正面临着战后最严峻的战斗力下滑时期。在三军战斗力普遍衰退的情况下，英国挽回防务力量颓势的手段除了精简兵力，在北约、欧盟等框架内参与多边合作之外，还包括了与法国等盟国的军事合作，在这个方向，海军处在了比较领先的地位。

除了成员国各自内部对军事力量的调整之外，各国之间日益频繁的双边或多边防务合作也是它们推动防务转型的重要方面。近几年比较重要的例子包括：2010年11月法国与英国签署的一项联合声明及其相关协定，制定了一揽子联合防务采购计划，其中包括在无人飞行器（UAS）等新军事能力方面的研发投入，以及在导弹、潜艇、卫星通讯等领域的合作。德国与意大利也在2011年11月签署了一份意向书以进行防务采购合作，其领域包括无人飞行器、潜艇技术、远程精确制导武器以及飞行员培训等等。随后，德、意两国的防务工业协会又在2011年12月签署了一项合作协定，要求双方在无人地面车辆系统、制导弹药、卫星和导弹方面展开合作。① 除了这些防务产业和技术合作以外，到2012年，各种双边或多边联合军事力量的组建与训练在欧洲已经蔚然成风：法国、德国和波兰组成的“魏玛三角”（Weimar Triangle）正在塑造欧洲大陆防务力量合作的新支柱，其“魏玛战斗群”的磁吸效应逐渐体现；以瑞典领头的北欧战斗群涵盖了大部分斯堪的纳维亚国家（丹麦除外）；“维谢格拉德（Visegrad）集团”的联合防务力量包括了来自波兰、捷克共和国、斯洛伐克以及匈牙利的军队；而“比荷卢集团”则由三个低地国家的防务力量组成。这些小范围的多边合作框架在促进与欧洲军事能力有关的后勤和训练方面发挥了积极作用。例如荷兰与比利时已经完全把它们海军舰只的维护和水兵训练工作集中到了一起，同时又不影响各自对本国舰队的作战指挥和日常管理。

（孔 刚）

① Tom Kington and Albrecht Müller, “Italy, Germany Make Their Own Pacts”, in DefenseNews, 19 December 2011, http://www.defensenews.com/article/20111219/DEFFEAT04/112190321.

第十七章

独联体地区安全形势

2012年，独联体迎来了其第三个10年的征程，阿什哈巴德元首峰会的召开标志着独联体国家一体化进程继续向前推进。在政治形势与地区关系方面，独联体地区社会政治形势基本稳定。俄罗斯顺利举行总统大选，梅普王车易位；亚美尼亚、白俄罗斯与乌克兰举行议会选举，国内政治力量重新整合；纳卡问题和毒品泛滥仍是独联体地区的重大安全隐患。在地区经济方面，多数独联体国家经济继续保持缓慢增长，经济一体化取得新进展。独联体自由贸易区协议正式生效，俄罗斯成为世贸组织成员，“俄白哈统一经济空间”启动。在军事安全方面，集体安全条约组织成员国继续加强军事合作，定期举行联合演习；俄罗斯不断加大军事投入，更新武器装备；乌兹别克斯坦再次退出集安组织。在对外关系方面，俄罗斯在加强能源外交的同时，积极拓展和强化对外军事交流与合作；俄美在欧洲反导问题上的矛盾与较量依旧；白俄罗斯、乌克兰与欧盟关系中的对抗性突出；俄、中亚国家与中国关系保持积极发展态势。

一、独联体部分国家顺利举行总统和议会选举，地区社会政治形势总体稳定

2012年，俄罗斯、土库曼斯坦顺利举行了总统选举，亚美尼亚、白俄罗斯、乌克兰顺利举行了议会选举，各国国内政治力量重新组合。独联体元首和政府首脑峰会继续加强和推动地区一体化进程。纳卡争端和毒品泛滥仍是独联体地区的重大安全隐患。

（一）普京再次当选俄总统，加快实施俄大国复兴战略

2012年3月4日，俄罗斯举行了独立后的第六次总统选举。共有5位候选人参加，分别为：俄总理普京，俄共中央执行委员会主席、俄国家杜马共产党党团领导人久加诺夫，公正俄罗斯党领导人米罗诺夫，俄罗斯自由民主党主席、俄国家杜马副主席日里诺夫斯基，以及无党籍人士普罗霍罗夫。根据俄联邦中央选举委员会的统计数据，普京得票率为63.6%，久加诺夫为17.18%，普罗霍罗夫为7.98%，日里诺夫斯基为6.22%，米罗诺夫为3.85%。[1]

俄最高权力平稳交接。5月7日，普京在克里姆林宫宣誓就职，任期6年。5月8日，国家杜马批准前总统梅德韦杰夫出任政府总理。随后，普京签署了任命梅德韦杰夫为总理的总统令。至此，俄最高权力平稳地实现了“王车易位”，梅德韦杰夫也成为俄罗斯独立以来第二位从前总统转任总理的人物。在此次选举中普京虽然在第一轮胜出，但与其2004年总统大选71.31%的得票率相比仍有不小的差距，再加上选前俄国内数次大规模“倒普”示威活动，使得普京第三个总统任期的国内执政环境较之以往更加严峻。

普京在选前连续发表了7篇文章来阐述自己的竞选纲领。他在文中强调要保持国家稳定，严厉打击腐败；建立创新经济，改善投资环境，实现经济现代化；关注民生，将投入1700亿美元改善民生；未来10年将投入7700亿美元巨额资金，推进军队和国防工业现代化。普京还阐述了他对俄罗斯外交政策及国际事务的观点，提出独联体是俄罗斯外交发展的优先方向。12月12日，普京发表了其第三个总统任期内的第一份国情咨文。普京在文中表示将会履行自己在总统竞选期间做出的承诺，并强调未来几年对俄罗斯将是决定性的，当前最为重要的是要建设一个强大繁荣的俄罗斯。他还指出了国内腐败造成的危害以及人口减少所带来的威胁，重申

---

① *О результатах выборов Президента Российской Федерации*，http：//www.cikrf.ru/law/decree_ of_ cec/2012/03/07/Zp12893.html.

"外国势力不要插手俄罗斯政治，不要对俄罗斯民主指手画脚"，[①] 加大对西伯利亚和远东地区的开发，同时在俄国内加大打击非法移民的力度并将征收奢侈品税。

1. 俄新一届政府组成，新设远东发展部

5 月 21 日，普京签署命令，任命了由梅德韦杰夫领导的新一届政府成员。俄罗斯新政府的结构保留了"部—署—局"三级，即 20 个部级单位、25 个联邦署级单位和 34 个联邦局级单位。第一副总理为舒瓦洛夫，副总理包括苏尔科夫、科扎克、罗戈津、德沃尔科维奇、戈洛杰茨与赫洛波宁，政府办公厅主任为苏尔科夫。各部部长分别为：经济发展部部长别洛乌索夫、国防部长谢尔久科夫、外交部长拉夫罗夫、财政部长西卢阿诺夫、能源部长诺瓦克、内务部长科罗科利采夫、紧急情况部部长普奇科夫、体育部长穆特科、教育科学部部长利瓦诺夫、远东发展部部长伊沙耶夫、通讯与大众传媒部部长尼基福罗夫、劳动和社会保障部部长托皮林、交通运输部部长索科洛夫、文化部长梅金斯基、自然资源部部长东斯科伊、工业贸易部部长曼图罗夫、地区发展部部长戈沃伦、卫生部部长斯克沃尔佐娃、司法部长科诺瓦洛夫、开放政府联络部部长阿贝佐夫、农业部长费奥多罗夫。[②] 上一届政府中只有 12 人留任原职，新政府中有一多半的人为新面孔，并且呈现出了年轻化的趋势。

新政府进行了结构调整，新增了"远东发展部"和"开放政府联络部"，并将"卫生和社会发展部"拆分成了"卫生部"和"劳动和社会保障部"。远东发展部的成立，表明俄罗斯对亚太地区的日趋关注以及对西伯利亚和远东地区进行开发的迫切需要。该部总部位于哈巴罗夫斯克，在莫斯科设有远东地区发展部驻莫代表处，主要负责与联邦各部委及国家杜马沟通协调，部长伊沙耶夫同时也是俄总统驻远东联邦区全权代表。近年来，俄联邦政府不断加大对远东地区的投入，制定了《2025 年前远东和贝加尔地区社会经济发展战略》、《西伯利亚地区社会经济发展十年战略》等一系列扶植计划。伊沙耶夫表示，2015 年前俄政府将拨款 3.3 万亿卢布，

---

① *Послание Президента Федеральному Собранию*, http: /kremlin. ru/news//17118.

② "俄公布新政府成员名单"，俄新网，http: //rusnews. cn/eguoxinwen/eluosi_neizheng/20120521/43445479. html。

用于推动落实目前正在远东地区实施的投资项目，而2020年前对远东地区的投资将超过9万亿卢布。[①] 11月，远东发展部向俄外经银行提交了远东地区发展项目清单，列入了92个优先发展项目，项目总金额达5万亿卢布，希望从外经银行获得部分融资，其中大型基础设施项目35个，能源项目30个。[②] 远东及外贝加尔地区国家发展规划也将于2013年第一季度末提交俄联邦政府审议。这一系列举措体现出了俄政府发展远东的决心，普京总统亲自督促远东发展部要提高效率、加快落实，并表示可能会成立远东发展国家集团。对于俄罗斯而言，开发远东不仅仅是一项地区发展政策，更是国家发展重心的平衡与调整。

2. 俄加大反腐力度，一批高官相继落马

腐败一直是困扰俄罗斯社会发展的一大难题。据俄罗斯媒体披露，“目前，俄罗斯官员腐败平均每次收受贿赂金额已经攀升到了2.7万卢布(约合人民币7000元)，比三年前激增了近3倍，而且受贿案件数量达到4.9万件，比过去增长了26%，其中有3.5万个案件已经触及了刑法”。[③] 俄总统普京在圣彼得堡经济论坛上发表声明称：“诚实和公正的私有化将斩断权力和私有财产之间的纽带。腐败对我国发展来说，是最大的威胁，比石油价格波动带来的风险更大。”[④] 在普京等国家领导人的支持下，2012年，俄罗斯再次掀起“反腐风暴”。

10月，俄侦查部门因国防服务公司出售名下不动产、土地和股份时存在欺诈行为，进行了5起刑事立案。[⑤] 11月6日，普京表示：“鉴于国防部的情况，为了创造条件客观调查各种问题，我决定解除谢尔久科夫担任的

---

① *Ишаев*: *Дальневосточники должны получать больше*, *чем остальная Россия*, 2012-05-30, http: //deita.ru/interview/dalnij-vostok_30.05.2012_813915_ishaev-dalnevostochniki-dolzhny-poluchat-bolshe-chem-ostalnaja-rossija.html.

② “俄远东优先发展项目投资总额达5万亿卢布”，驻俄罗斯大使馆经商参处，http: //ru.mofcom.gov.cn/aarticle/jmxw/201211/20121108444881.html。

③ “俄罗斯：腐败是一种生活方式”，中国新闻周刊网，http: //insight.inewsweek.cn/report-7238-page-1.html。

④ “普京：对于俄罗斯经济腐败比油价波动更具威胁”，俄新网，http: //rusnews.cn/eguoxinwen/eluosi_caijing/20120621/43476983.html。

⑤ “反腐败背景下的俄罗斯国防部长易人”，俄新网，http: //rusnews.cn/xinwentoushi/20121109/43614645.html。

职务。”[①] 普京同时任命了莫斯科州州长绍伊古接任国防部长一职。11 月 10 日，前地区发展部副部长、刚刚担任彼尔姆边疆区政府主席的帕诺夫被内务部逮捕。他涉嫌在亚太经合组织峰会场馆建设中以权谋私，操控竞标，从而侵吞联邦预算拨款，其总额达到 9330 万卢布。11 月 19 日，俄罗斯航天署署长波波夫金宣布，解除负责“格洛纳斯”卫星导航系统建设的俄航天系统公司总经理乌尔利契奇的职务，原因是该公司非法挪用 65 亿卢布资金。短短一个月内，包括国防部长在内的多名高官纷纷落马，这让俄罗斯的许多官员感到惶恐，也让广大的俄罗斯民众感受到了政府打击腐败的力度。12 月 20 日，普京在新闻发布会上再次表示：“反腐工作应当有条不紊和坚定不移地进行。需要加大处罚力度，并争取使任何腐败行为都受到惩处。”[②] 当然，这场“反腐风暴”能够持续多长时间仍然未知，但在“透明国际”公布的 2012 年“腐败感指数排行榜”上，在 176 个参评国家中，俄罗斯排名第 133 位，这个排名较前两年（2011 年为第 143 位，2010 年为第 154 位）[③] 已经有了一定的提升，最终是否能够消除腐败这个“顽疾”，还要看俄政府下一步的行动。

3. 俄罗斯加大对北极地区的开发力度

4 月，时任俄政府总理普京在大陆架油气田开发会议上宣布，未来俄北极地区大陆架油气田开发项目将免征出口关税。该举措将在未来 30 年内为俄带来约 5000 亿美元的投资。8 月，俄政府决定修订北极大陆架开发规划草案，研究允许非国有公司参与这一规划的可能性。此前仅有俄罗斯石油和俄罗斯天然气工业公司两家国有公司被允许参与北极大陆架开发，俄政府认为为加快开发进程，仅靠国有公司的力量或许不足。

除了政策上的强化外，俄政府也在基础设施建设等方面对北极加大了投入力度。远东地区北部未来三年内将建立四个紧急救援中心，它们的主要任务是确保俄联邦北极地区居民和领土安全。新的救援中心将建立在远

---

① *Шойгу назначен министром обороны вместо Сердюкова*, http: //ria. ru/politics/20121106/909667683. html.

② “普京主张加大力度惩处腐败官员”，俄新网，http: //rusnews. cn/eguoxinwen/eluosi_ anquan/20121220/43651390. html。

③ *Corruption Perceptions Index* 2012, http: //www. transparency. org/cpi2012/results.

东联邦区最北边的四个居民点：季克西（雅库特）、佩韦克、普罗维杰尼亚和阿纳德尔（楚科奇）。初步估计，每个救援中心内将有40—65人工作。救援中心的责任区域约为200公里。每个救援中心将由搜救队、爆破救援队和潜水救援队组成。①

为维护本国在北极的利益，俄罗斯还计划打造2支国防部作战旅，部队可能部署在摩尔曼斯克、阿尔汉格尔斯克或其它地方。俄联邦陆军准备在2015年成立第一支北极摩托化步兵旅，目前已经为即将在北极服役的俄士兵们设计了新型防寒保暖制服。② 俄海军还计划在北极建立舰艇基地。俄罗斯原子能公司、工业贸易部、联合造船集团公司和财政部也已商定开始建设新一代系列核动力破冰船计划，破冰船试航预计在2017年。目前，波罗的海造船厂已开始为Atomflot公司容量为60兆瓦的首艘多功能核动力破冰船切割金属，该船造价369.6亿卢布。③ 这一系列举措都着力加强俄在北极的地位并且意在增加北极海路的用途。

俄国内恐怖活动数量有所减少。2012年俄罗斯共发生了260多起恐怖主义犯罪，与2010年的779起和2011年的365起相比明显减少。期间，俄特工部门共阻止了92起恐怖主义犯罪。④ 10月5日，俄国家反恐委员会代表索科洛夫表示："最近5年来，恐怖主义活动的比例每年都下降10—15%。恐怖主义是个病毒，如果体质弱，就会被感染，我们观察到恐怖主义方面的犯罪和袭击在减少，但宣传极端主义和恐怖主义的信息政策在北高加索地区仍很活跃。"⑤ 北高加索地区一直是俄国内恐怖主义活动的重灾区，近年来，该地区的恐怖袭击数量正在稳步下降。2012年，在北高加索地区共消灭313个匪帮成员，其中43名匪帮头目；抓获479名武装分子及

---

① "俄将在远东北极地区建立四个救援中心"，俄新网，http：//rusnews. cn/eguoxinwen/eluosi_ shehui/20120404/43395229. html。

② *Арктические бригады к северным рубежам*，http：//www. interfax. ru/politics/txt. asp？ id =232024。

③ "俄副总理：俄将加强在北极地位并增加北方海路用途"，俄新网，http：//rusnews. cn/eguoxinwen/eluosi_ caijing/20121102/43608504. html。

④ С начала года спецслужбы предотвратили 92 теракта，http：//www. utro. ru/articles/2012/12/11/1089019. shtml.

⑤ "俄国家反恐委员会：北高加索恐怖袭击数量稳步下降"，俄新网，http：//rusnews. cn/eguoxinwen/eluosi_ anquan/20121005/43581994. html。

其帮凶，包括国际恐怖机构分部成员；预防了78起恐怖犯罪，消灭了380个匪徒使用的基地，还没收了1000多支枪械和超过1吨炸弹。[①]

（二）独联体地区其他国家选举顺利完成，国内政治力量重新组合

土库曼斯坦举行总统大选。2月12日，土库曼斯坦举行了总统大选，包括时任总统别尔德穆哈梅多夫在内的8名候选人参加了选举，选民投票率为96.28%[②]。土库曼斯坦中央选举委员会统计结果显示，选前呼声最高的别尔德穆哈梅多夫得票率为97.14%，顺利蝉联下任总统。选举共设有2300名观察员，由63人组成的独联体观察团对此次大选进行了监督。[③] 独联体执委会主席、大选观察团团长列别杰夫在新闻发布会上表示，选举组织水平高、公开透明，符合公认的民主标准。2月17日，别尔德穆哈梅多夫宣誓就职，18日开始组建新内阁。在新内阁中，别尔德穆哈梅多夫保留了大部分原内阁成员，新面孔仅为：邮电部部长奥韦佐夫·巴·奥、铁道部部长阿纳梅列多夫·拜·古、电力和工业部部长阿尔特科夫·梅·列、文化部部长玛梅多娃·贡·阿以及教育部部长玛梅多娃·古·萨。

吉尔吉斯斯坦重组执政联盟，萨特巴尔季耶夫当选总理。在经历了2010年的大规模骚乱和2011年的总统选举后，吉尔吉斯斯坦国内局势趋于稳定，但国内各派政治力量间仍存有较大分歧。根据2010年的选举结果，吉尔吉斯斯坦5个党派进入议会，分别是社会民主党、故乡党、共和国党、祖国党和尊严党。2012年9月3日，吉尔吉斯斯坦议会五党之中的社会民主党、祖国党和尊严党签署协议，正式组成执政联盟（议会多数同盟），同时还与共和党及故乡党部分议员签署了战略合作协议，商定共同议政和统一立场，从而使支持执政联盟的议员总数达到了2/3。执政联盟协议规定，三党共同推举现任总统办公厅主任萨特巴尔季耶夫为唯一总理

---

① “俄国家反恐委员会：北高加索一年消灭300多武装分子”，俄新网，http://rusnews.cn/eguoxinwen/eluosi_anquan/20121018/43595404.html。

② *В Туркменистане состоялись выборы Президента*, http://www.turkmenistan.gov.tm/?id=757.

③ *Туркменистан: выборы президента*, http://www.interfax.ru/politics/txt.asp?id=230582.

候选人，保留三党在原四党执政联盟时期所分配的政府副总理和部长职位，剥夺原共和国党在政府中分配的职位并交由新总理自主安排。此外，执政联盟还商定，议长将继续由热恩别科夫担任，执政联盟主席由尊严党主席库洛夫担任①。9月5日，吉尔吉斯斯坦议会通过新政府组成人员名单，原总统办公厅主任然托罗・萨特巴尔季耶夫当选政府总理。

亚美尼亚举行新一届议会选举。亚美尼亚议会实行一院制，共设131个席位，其中90个席位通过选举产生，41个席位由地方推举产生。在5月6日举行的新一届议会选举中，共有8个政党和一个政党联盟角逐议会90个议席。亚美尼亚中央选举委员会公布的数据显示，萨尔基相领导的“亚美尼亚共和国党”的得票率为44.05%，该党最大执政伙伴“繁荣亚美尼亚党”得票率位居第二，为30.20%。鉴此，“亚美尼亚共和国党”在新一届议会中的席位超过了70个，成为议会最大党团。②

白俄罗斯举行议会下院选举。白俄罗斯第五届国民会议代表院（议会下院）选举于9月23日进行，选民投票率为74.61%。白俄罗斯中央选举委员会公布的数据显示，共有293名候选人角逐此届白俄罗斯议会下院110个议员席位，其中109个选区均成功选出了新一届议会下院议员，只有戈梅利州的一个选区没有候选人获得过半选票。按照多数制原则，这个选区将再次举行选举。③ 此次议会选举受到了国际社会的密切关注，来自独联体和欧安组织的800多名观察员和白俄罗斯国内1.6万名观察员对选举过程进行了监督。各方对此次选举的结果看法不同，独联体观察员称选举自由、公开、合法，欧安组织观察员则认为选举不透明、不民主，欧盟更是对此次选举进行了严厉批评，认为白俄罗斯的选举不符合国际标准。这为本来就脆弱的白欧关系又蒙上了一层阴影。

乌克兰举行议会选举。10月28日，乌克兰举行了最高拉达（议会）

---

① “吉尔吉斯重新组成执政联盟”，驻吉尔吉斯使馆经商参处，http://kg.mofcom.gov.cn/aarticle/jmxw/201209/20120908324662.html。

② “‘亚美尼亚共和国党’再次赢得议会最大党团地位”，新华网，http://news.xinhuanet.com/world/2012-05/07/c_111903464.htm。

③ *Сообщение центральной комиссии об итогах выборов депутатов палаты представителей националь-ного собрания Республики Беларусь пятого созыва*, http://www.rec.gov.by/Elections-PP5.

选举，选民投票率为57.98%，共选出450名议员，任期5年。在本次议会大选中乌克兰首次采用了混合票制，一半选票（225席）通过全国名单投票，由得票率超过5%的政党按得票比例分配；另一半选票从全国225个选区按一票制选出。乌克兰中央选举委员会公布的数据显示，执政党“地区党”获得了30%的选票，反对党“祖国党”得票率为25.54%，“突击党”以13.96%的得票率位居第三，乌克兰共产党和“自由党”分别以13.18%和10.44%的得票率分别位居第四和第五。其余政党没有获得进入最高拉达所需的5%选票。[①] 11月10日，乌克兰中央选举委员宣布了以党派名单分配半数席位的选举结果，“地区党”获得72席、“祖国党”62席、“突击党”34席、乌共产党32席、“自由党”25席。亲亚努科维奇总统的“地区党”在此次选举中占据优势，由拳击冠军维塔利·克利奇科领导的“突击党”成为新议会中的重要力量，而极右翼民族主义者的“自由党”首次进入议会，这些因素为乌克兰国内政治格局的走向增添了不确定因素。

（三）独联体国家元首和政府首脑峰会继续加强和推动区域合作

2012年，土库曼斯坦担任独联体轮值主席国。5月30日，独联体国家政府首脑理事会会议在土库曼斯坦首都阿什哈巴德举行。各国政府首脑就独联体内部的金融市场、能源电力、科技创新、工业、水文气象、体育等领域合作进行了探讨，确定了《独联体国家金融服务市场自由化公约》及其他一系列条约、协议。《独联体国家金融服务市场自由化公约》为制定独联体金融服务市场发展战略及其实施措施奠定了基础，并成为其应对国际危机合作的补充机制。[②] 9月28日，独联体国家政府首脑理事会第二次会议在乌克兰的雅尔塔举行。会议重点探讨了在通信、信息、金融和教育、创新等领域加强合作等问题，决定有关各国在2012年底前完成加入自由贸易区协议的国内批准程序，切实推动独联体自由贸易区尽快发挥

① *Вибори народних депутатів України 28 жовтня 2012 року*, http://www.cvk.gov.ua/pls/vnd2012/wp300?PT001F01=900。

② “独联体国家政府首脑理事会会议举行”，人民网，http://world.people.com.cn/GB/57507/18031329.html。

作用。

12月5日，独联体国家元首理事会会议在阿什哈巴德举行。俄罗斯、亚美尼亚、白俄罗斯、哈萨克斯坦、乌兹别克斯坦、土库曼斯坦、乌克兰以及塔吉克斯坦八国总统、阿塞拜疆及摩尔多瓦两国总理、吉尔吉斯斯坦外交部长参加了会议，各国元首签订了进一步发展全面合作的宣言以及促进独联体内部合作的一揽子文件。其中包括：组建独联体一体化货币市场的合作协议、在成员国有关部门教学机构培养反恐专家的合作协议、为打击恐怖主义和极端主义的主管机关提供物质技术保障的合作协议以及独联体联合防空系统未来发展方向等文件。与此同时，各国元首还决定成立独联体国家金融情报部门负责人理事会，并宣布2013年为“独联体生态文化和环境保护年”。① 此次会议上各国元首共签署了20份文件，涵盖了经济、安全、文化等各领域，这为独联体国家进一步深化和拓展合作打下了良好的基础，也为独联体的未来发展指明了方向。自2013年1月1日起，白俄罗斯将担任独联体轮值主席国。②

（四）纳卡争端和毒品泛滥仍是独联体地区的重大安全隐患

1. 亚美尼亚和阿塞拜疆围绕纳卡问题的冲突持续不断

纳卡问题由来已久。1991年，南高加索的纳戈尔诺－卡拉巴赫地区宣布从阿塞拜疆独立，至今已有21年之久。由此引发的武装冲突持续到1994年5月12日，期间阿塞拜疆一直试图保留卡拉巴赫，但后来失去了对纳戈尔诺－卡拉巴赫的统治权，导致阿亚两国不断交恶。俄罗斯一直在阿塞拜疆与亚美尼亚两国间进行调解，但收效甚微。2012年6月初，阿塞拜疆与亚美尼亚再次爆发武装冲突。6月4日，亚美尼亚国防部新闻处表示，“阿塞拜疆军人闯入塔武什省别尔达万和奇纳里村附近的亚军阵地，造成3名亚美尼亚军人丧生”。紧接着，阿塞拜疆国防部新闻处于6月5日发布消息称，该国5名军人在与亚美尼亚军人的冲突中丧生，后者试图闯

① *Саммит СНГ в Ашхабаде*, http: //ria. ru/trend/CIS_ meeting_ 05122012/.

② *Председательство в СНГ с* 1 *января перейдет к Белоруссии*, http: //ria. ru/politics/20121205/913542946. html.

入阿亚边境的阿军阵地。一伙亚美尼亚军人5日早上试图闯入驻扎在哈萨克区阿沙加阿斯基帕拉村的阿军阵地，在遭到损失后不得不撤退。4名阿塞拜疆空军军人在冲突中丧生，还有一名士兵因亚方在哈萨克区无名高地的阵地开火被烧死。[①]

不断升级的事件引起了国际社会的广泛关注。美国国务卿希拉里·克林顿表示："我请求双方采取必要的和平步骤，而不是战争步骤。卡拉巴赫冲突不应该通过军事途径解决，这一问题需要解决。解决时间很久前就到了。"[②] 然而，和解的呼声并没有使阿塞拜疆与亚美尼亚消除对纳卡问题的争执以及相互间的敌视，纳卡问题仍将是独联体地区主要不稳定因素之一。

2. 毒品泛滥长期困扰独联体地区，各国携手重拳出击

塔利班政权垮台后，阿富汗罂粟种植和鸦片贸易大增，目前阿富汗已成为世界上鸦片生产和贩运的第一大国。作为与阿富汗接壤的地区，毒品问题也一直困扰着独联体各国，通过吉尔吉斯斯坦境内运送毒品的路线是世界上最大的毒品运输渠道之一，被称为"北方之路"，经该渠道阿富汗所产的硬毒品通过中亚流入俄罗斯、中国和欧洲。目前，独联体地区内贩毒及吸毒形势极为严峻，并且毒品犯罪往往还与极端主义和恐怖主义有着千丝万缕的联系，如不加管控将导致地区不稳定。2011年，俄罗斯缉毒警察共制止了1万多起毒品交易，共查获毒品约63吨，与2010年相比增加了30.4%。[③] 2012年10月，吉尔吉斯斯坦国家安全总局和俄罗斯联邦安全总局的工作人员取缔一条从塔吉克斯坦经吉国向俄运输毒品的国际渠道。

独联体地区毒品走私的严峻性与跨国性，使有关各国不得不联合起来以重拳进行打击。2012年6月初，集安组织缉毒机关开始在远东实施"通道—东方"国际缉毒行动。行动的主要目的是打击从中国和阿富汗向集安

① "阿塞拜疆国防部称5名士兵在阿亚边境的冲突中丧生"，俄新网，http://rusnews.cn/guojiyaowen/guoji_cis/20120605/43460331.html。

② "克林顿对亚美尼亚和阿塞拜疆边界冲突升级表示不安"，俄新网，http://rusnews.cn/guojiyaowen/guoji_anquan/20120606/43462535.html。

③ "俄麻醉品监管总局去年共查获60多吨毒品"，俄新网，http://rusnews.cn/eguoxinwen/eluosi_anquan/20120311/43367893.html。

组织成员国境内走私毒品、精神药物和易制毒化学品。此外，演习中还采取措施制止地下毒品实验室运作，打击洗钱，没收非法贩卖的武器、弹药和炸药。集安组织计划与上海合作组织共同加强对该地区贩毒的打击，来自中国、阿富汗和蒙古国的代表首次作为观察员参与了此次行动。9月27日，俄罗斯、阿富汗、巴基斯坦及塔吉克斯坦四国缉毒部门负责人在杜尚别通过了2013—2017年缉毒路线图。该路线图包括四个部分，即打击毒品威胁、预防吸毒成瘾、吸毒康复医疗措施和国际合作。四方会晤后还通过了一份联合声明，声明中强调："阿富汗毒品给地区造成更加严峻的威胁，需要加强合作，制定打击非法贩卖阿富汗毒品（种植、生产和需求）和走私流入阿富汗制毒前体化学品的新综合措施。"[①] 这些举措的实施在一定程度上遏制了毒品在独联体地区的蔓延，但由于贩毒集团的活动日趋网络化、国际化，与毒品犯罪进行的斗争仍将长期持续。

二、独联体国家经济缓慢增长，经济一体化进程有所推进

独联体地区在经历2011年的整体恢复性增长之后，2012年经济发展基本回到了危机前的水平，发展速度趋于稳定，只有个别国家经济出现负增长。根据独联体跨国统计委员会的数据，2012年1—10月独联体各成员国国内生产总值的增长速度分别为：阿塞拜疆为1%，亚美尼亚为9.3%，白俄罗斯为2.2%，哈萨克斯坦为5.2%，吉尔吉斯斯坦为-4.3%，摩尔多瓦为0.8%，俄罗斯为3.9%，塔吉克斯坦为7.5%，土库曼斯坦为11.1%，乌兹别克斯坦为8.2%，乌克兰为-1.3%，整个独联体地区的国内生产总值增速为4%。[②] 2012年1—10月独联体各成员国消费品价格指数分别为：阿塞拜疆为-1.9%，亚美尼亚为-0.3%，白俄罗斯为

① "俄阿巴塔四国通过一份缉毒路线图"，俄新网，http://rusnews.cn/eguoxinwen/eluosi_anquan/20120928/43574771.html。

② *Основные социально-экономические показатели стран Содружества Независимых Государств в январе-октябре* 2012 *года*, http://www.cisstat.com/rus/cont_rel.htm.

18.1%，哈萨克斯坦为4.6%，吉尔吉斯斯坦为5%，摩尔多瓦为3%，俄罗斯为5.6%，塔吉克斯坦为6.1%，土库曼斯坦为1.1%，乌兹别克斯坦与上年度持平，乌克兰为-0.3%，整个独联体地区的平均消费品价格指数为4.5%。①

（一）独联体区域合作取得新进展

独联体自由贸易区协议开始生效。2011年10月18日，在圣彼得堡召开的独联体政府首脑会议签署了关于建立独联体自由贸易区的协议。共有8个国家在自贸区协议上签字，包括俄罗斯、白俄罗斯、乌克兰、哈萨克斯坦、亚美尼亚、吉尔吉斯斯坦、摩尔多瓦和塔吉克斯坦。该条约取代了独联体国家于1994年签署的自由贸易区条约，它将为消除成员国间的贸易壁垒、推动独联体国家的经贸合作进一步发展注入新的活力。

2012年9月20日，独联体自贸区协议在俄罗斯、白俄罗斯、乌克兰三国生效实施，10月17日在亚美尼亚生效实施，12月8日在哈萨克斯坦正式实施，12月9日在摩尔多瓦批准生效。目前，8个签署国中只有吉尔吉斯和塔吉克斯坦还未批准该协议。在9月举行的独联体国家政府首脑雅尔塔会议上，批准了接纳乌兹别克斯坦加入独联体自由贸易区的决定。俄独联体执行委员会第一副主席卡尔昆表示，独联体自贸区协议将于2013年初完全生效。②

独联体自贸区协议的生效对于促进区域内部经济合作与发展意义重大，有助于提高各国经济竞争力和各国融入世界贸易组织。协议规定：简化独联体各国之间经贸关系的法律基础，修改独联体空间内有关自由贸易制度的一系列多边和双边文件，协议各方彼此不征收关税和其他等同措施。随着协议的正式生效，独联体国家的经济一体化水平将迈上一个新的台阶。

---

① *Основные социально - экономические показатели стран Содружества Независимых Государств в январе - октябре* 2012 *года*, http://www.cisstat.com/rus/cont_rel.htm.

② "独联体自贸区协议将于2013年生效"，驻俄罗斯使馆经商参处，http://ru.mofcom.gov.cn/aarticle/jmxw/201210/20121008 394314.html。

“俄白哈统一经济空间”正式启动。2010 年 1 月 1 日，俄白哈三国关税同盟投入运行，同年 7 月三国实现对外关税的统一。从 2011 年 7 月起，三国取消了相互之间的海关。11 月，三国签署系列文件，决定从 2012 年开始从关税同盟过渡到“统一经济空间”。2011 年 12 月 19 日，三国签署了启动“统一经济空间”的一揽子协议。2012 年 1 月 1 日，俄罗斯、白俄罗斯和哈萨克斯坦三国正式启动“统一经济空间”。同时，负责三国一体化进程的超国家机构——欧亚经济委员会也同时投入运行。三国一体化的目标是在 2015 年前建立欧亚经济联盟。吉尔吉斯斯坦已申请加入俄白哈关税同盟，塔吉克斯坦也表达了加入关税同盟的意愿。

“俄白哈统一经济空间”的启动以及欧亚经济委员会的运转，意味着三国经济一体化进程从关税同盟过渡到更高阶段。但独联体国家经济水平和市场化程度参差不齐，这制约了一体化的深入开展，作为综合实力最强的俄罗斯首当其冲成为拉动该进程的助推器。对于经济一体化未来的发展，普京于 12 月 19 日在莫斯科召开的欧亚经济共同体国家间委员会会议上已做出规划，他表示各国政府要在 2013 年 5 月前通过欧亚经济联盟的组建计划，有关组建欧亚经济联盟的协议要在 2014 年 5 月前获得批准，要竭尽所能在 2015 年 1 月 1 日前组建欧亚经济联盟。①

（二）俄罗斯摆脱经济危机的影响，入世后机遇与挑战并存

2008 年以来的经济危机造成俄国内经济衰退，2011 年俄开始逐步实现经济的恢复性增长。2012 年 4 月，俄总理普京表示，年初俄罗斯国内生产总值水平已超过危机前水平，摆脱了 2008—2010 年经济危机造成的衰退影响。②

俄联邦国家统计局公布的数据显示，2011 年俄罗斯的国内生产总值为 54.58 万亿卢布，而 2012 年前三季度俄国内生产总值为 44.01 万亿卢布。2012 年前三季度俄国内消费价格指数较 2011 年同期分别增长了 3.9%、

---

① *План по созданию Евразийского экономического союза примут к маю* 2013 *г*, http://ria.ru/economy/20121219/915508643.html.

② “2012 年初俄 GDP 总值超危机前水平”，驻俄罗斯使馆经商参处，http://ru.mofcom.gov.cn/aarticle/jmxw/201204/20120408064899.html。

3.8%、6%。[①] 根据独联体跨国统计委员会公布的数据，2012 年 1—10 月，俄罗斯国内生产总值的增长速度为 3.9%。[②] 在其他宏观经济数据方面，2012 年 1—10 月，俄罗斯外贸顺差达 1646 亿美元，固定资产投资同比增长 8.4%，工业生产同比增长 2.7%，其中加工制造业同比增长 4.4%。截至 12 月 7 日，俄国际储备达 5273 亿美元，与年初相比大涨。国家债务水平处于历史低位，约为国内生产总值的 10%。[③] 对于 2012 年的经济状况，普京表示虽然俄国内生产总值与上年 4.3% 的增幅相比有所放缓，但考虑到世界经济复苏不振，这一增速已令人满意。

2011 年，俄总统梅德韦杰夫提出了"新一轮私有化"改革计划，希望此举能够吸引更多外国投资，提高俄企业的经济效率，优化企业结构，增强企业活力。2012 年 6 月，俄罗斯政府批准了 2012—2013 年和 2016 年前的大型资产私有化计划，预计 2016 年前国家将完全退出外贸银行、现代商船公司、农机租赁公司、国外石油公司（Zarubezhneft）、俄罗斯水电公司、国际统一电力系统集团公司（InterRAO - UES）、舍列梅季耶沃机场、俄罗斯国际航空公司（Aeroflot）、俄罗斯农业银行和阿尔罗萨钻石公司的资本。[④] 根据俄罗斯经济发展部的统计，2012 年 10 月至 2015 年底国有资产私有化将带来 3.128 万亿卢布。目前，650 亿卢布的资产已在出售中，另有 2.598 万亿卢布资产的私有化正在筹备中，还有 4650 亿卢布资产的私有化问题正处于研究中。[⑤]

"新一轮私有化"引来了外界及俄国内的种种议论与阻力，对此俄总理梅德韦杰夫明确表态："我们不希望看到在国家监控之下的经济，这是

---

① *Валовой внутренний продукт*, http://www.gks.ru/wps/wcm/connect/rosstat/rosstatsite/main/account/#.

② *Основные социально - экономические показатели стран Содружества Независимых Государств в январе - октябре* 2012 *года*, http://www.cisstat.com/rus/cont_rel.htm.

③ "普京积极评价今年俄社会经济发展"，新华网，http://news.xinhuanet.com/2012-12/20/c_114102537.htm。

④ "俄政府制定 2012—2013 年和 2016 年前私有化计划"，俄新网，http://rusnews.cn/eguoxinwen/eluosi_caijing/20120622/43478086.html。

⑤ "2016 年前俄将从资产私有化进程获 3 万亿卢布收入"，俄新网，http://rusnews.cn/eguoxinwen/eluosi_caijing/20121025/43602376.html。

死路一条，尽管出现危机以及各国存在的种种恶化情况，但我希望，我们不会走上这条道路。继续执行私有化方针对我国来说极为重要，这不是为了联邦预算获取资金，因为我们的资金够用，但私有化是某种风向标。在我看来，这正是未来5—7年经济发展模式的关键。我们应该提出正确的风向标，我们应该以正确的方式向全世界解释自己希望看到的经济。”[①]可见，俄罗斯高层领导对“新一轮私有化”抱有极高的期望，然而，对于俄罗斯经济来说，最重要的问题还是调整经济结构，要彻底摆脱严重依赖石油、天然气等能源出口的经济模式。

2011年12月16日，俄入世议定书在日内瓦召开的世贸组织第八次部长会议上获得批准。2012年7月10日，俄国家杜马（议会上院）审议批准该议定书，7月18日，俄联邦委员会（议会下院）审议通过，7月21日，俄总统普京签署相关法案，8月22日，俄罗斯入世议定书正式生效。俄结束18年的入世长跑，成为世贸组织第156位成员。

俄入世后有4项贸易限制措施可立即解除，其中包括与欧盟的钢铁贸易限制、与吉尔吉斯斯坦的酒类贸易限制、与美国的卫星服务限制和与乌克兰的保险服务限制。在总共需要解除的96项限制措施中，75%属于商品贸易限制。与俄存在商品和服务贸易争端的国家包括：欧盟（24项限制措施）、中国（11项）、乌克兰（11项）、美国（10项）、印度（8项）和巴西（6项）。[②]这些限制的解除有利于俄罗斯进一步融入国际金融贸易体系中，但俄罗斯也必须降低自己的市场准入条件，入世后三年内俄平均进口关税将从9.5%降至6%，其中2013年关税收入将减少1880亿卢布，2014年减少2570亿卢布。[③]第一批降税商品只涉及全部降税商品的10%，主要是肉类、奶制品、水果、蔬菜以及汽车，其它90%的进口关税税率仍维持在目前水平。

加入世界贸易组织对于俄罗斯来说是机遇与挑战并存。一方面，入世

---

① *Курс на приватизацию должен быть продолжен, заявил Медведев*, http://ria.ru/economy/20121014/774169202.html.

② “俄入世后首批4项贸易限制措施可自动解除”，驻俄罗斯使馆经商参处，http://ru.mofcom.gov.cn/aarticle/jmxw/201206/20120608169123.html。

③ “俄经济发展部部长称入世将促进俄经济增长”，驻俄罗斯使馆经商参处，http://ru.mofcom.gov.cn/aarticle/jmxw/201207/20120708250897.html。

将刺激俄经济增长，如市场准入门槛降低将为 GDP 带来 0.9% 的增长率，贸易服务自由化将促进 GDP 增长 2.4%，外资将大幅增加，总额将占 GDP 的 11%；① 另一方面，入世后开放市场、降低或取消关税、减少国家补贴、允许外国公司参与国家采购竞标，这将使部分国内企业破产、加剧失业，对于俄罗斯而言这也是一种严峻的挑战。如何利用好入世带来的机遇并尽力避免其不利影响，是摆在普京面前的一大考验。目前还有 31 个国家正在进行入世谈判，包括独联体中的哈萨克斯坦、白俄罗斯、乌兹别克斯坦、塔吉克斯坦、阿塞拜疆等国。其中，哈萨克斯坦将于 2013 年上半年结束加入世贸组织的谈判。

三、独联体地区军事安全形势总体稳定，军事合作稳步发展

2012 年独联体地区总体军事安全形势平稳，未出现大规模局部战乱与地区局势动荡，阿塞拜疆与亚美尼亚边境等地爆发了小规模武装冲突。独联体国家在加强本国军事力量建设的同时，也在逐步推动着集体安全条约组织向前发展，并加强了各国间的军事合作。独联体国家军队参谋长委员会会议与独联体成员国国防部长理事会会议先后于 4 月和 12 月举行，两次会议确定了独联体国家发展军事合作的路线图。

（一）集体安全条约组织强化自身建设，加大关注塔阿边境防务

2012 年是《独联体集体安全条约》签署 20 周年，作为独联体地区重要的区域性军事组织，集体安全条约组织继续强化自身建设，不断提升应对危机的能力。

2009 年 2 月，俄罗斯、白俄罗斯、吉尔吉斯斯坦、亚美尼亚、哈萨克斯坦、塔吉克斯坦和乌兹别克斯坦七国总统在集体安全条约组织峰会上决

① “俄经济发展部部长称入世将促进俄经济增长”，驻俄罗斯使馆经商参处，http：//ru. mofcom. gov. cn/aarticle/jmxw/201207/20120708250897. html。

定组建“集体快速反应部队”。2012 年 9 月，集体安全条约组织秘书长博尔久扎呼吁，联合所有现有机构成立一支集安组织的军队，即“联合集体维和部队”、“快速反应部队”和“中亚地区集体快速反应部队”等。此外，还可以加入并成立集体空军，便于在解决冲突期间运送部队人员并提供空中武力支持。目前，集安组织正在对“联合集体维和部队”进行培训，该部队 4500 人，成员来自各国护法部门和军队。① 与此同时，鉴于突发性事故及自然灾难频发，集安组织成员国还将建立“灾难联合应急机制”，该方案将提交给集安组织成员国首脑审议。12 月 19 日，集安组织成员国领导人会议在莫斯科召开。俄罗斯、亚美尼亚、白俄罗斯、哈萨克斯坦、吉尔吉斯斯坦、塔吉克斯坦 6 个成员国首脑出席了本次峰会。峰会上通过了多个重要文件，就进一步密切成员国间军事合作、共同防范外部威胁等达成了共识。

对于外部威胁，4 月 6 日举行的集安组织外长理事会会议指出，阿富汗仍是中亚地区的重大威胁，集安组织将加强塔阿边境的防务。会议发表的《有关阿富汗局势未来中期发展预测文件》指出，阿富汗即将举行大选，而 2014 年国际维和力量从阿富汗撤出以后，无论是阿富汗国内还是整个中亚地区的安全与稳定都将面临新的威胁，因此有必要提前研究相应的对策，最大程度降低阿富汗局势恶化的风险。与会代表指出，要加强与联合国在维护全球与地区和平方面的合作，建立一套与集体快速反应部队类似的应对突发紧急情况的快速反应机制。

2012 年 6 月 28 日，乌兹别克斯坦通知集体安全条约组织秘书处，要求暂停其该组织成员国资格。这是该国 13 年来第二次退出集安组织。乌兹别克斯坦曾在 1999 年退出该组织，2005 年由于安集延事件的发生，塔什干请求重返集安组织，并于次年重新成为该组织成员。然而，重返集安组织后乌并不配合组织内部的各种合作。据俄副外长里亚布科夫透露：“乌兹别克斯坦从 2006 年起就拒绝参与集安组织的军事合作，对该组织成员国发生内部冲突可能会动用该组织部队的内容表示坚决反对。”② 对此，乌兹

---

① “集安组织秘书长建议联合现有力量组建军队”，俄新网，http://rusnews.cn/guojiyaowen/guoji_cis/20120918/43563674.html。

② “俄外交部期待乌兹别克斯坦全面重返集安组织”，俄新网，http://rusnews.cn/eguoxinwen/eluosi_duiwai/20121116/43621821.html。

别克斯坦外长卡米洛夫则表示，依照对外经济活动新构想，该国将执行爱好和平的政策，不参加军事集团。

（二）独联体国家定期举行演习，提高成员国间军事合作水平和协作能力

2012年，独联体国家举行了战略、战役、战术等不同级别的演习，加强独联体国家间的军事合作水平和协调作战能力，以应对本地区可能出现的各种传统与非传统安全威胁。

7月23—27日，俄罗斯、乌克兰、白俄罗斯三国在乌克兰尼古拉耶夫州诸兵种合成靶场举行"斯拉夫协作—2012"联合战术演习。三国各派出100名空降兵参演，主要演练了冲突地区的维和行动。三国空降分队组成联合维和营，遂行对非法武装盘踞地的封锁包围，以及护送人道主义物资车队的维和任务。俄新型"虎"式装甲汽车首次在演习中亮相，展示了良好的作战性能。①

8月6—10日，俄罗斯、哈萨克斯坦、吉尔吉斯斯坦和塔吉克斯坦四国集体快速反应部队在俄车里雅宾斯克州切巴尔库尔举行了"边界—2012"联合军事演习，演习旨在加强四国快速反应部队的协调作战能力，以更好地保障中亚地区安全。演习分为战斗推演和战斗实施两个阶段。

9月15—19日，代号为"合作—2012"的集体安全条约组织联合军事演习在亚美尼亚境内举行。此次军演的目的是优化集安组织成员国联合指挥机制的运作水平，演练重点是空中防卫。参加此次军演的军事人员有2000人，各种军事装备达500多台、架，参演单位包括各成员国的武装力量，安全、警察和紧急状态部的武装人员。

10月8—17日，集体安全条约组织成员国在哈萨克斯坦阿拉木图州伊犁训练场首次举行了代号为"牢不可破的兄弟情谊—2012"的维和演习。总计约950人、70辆汽车装备和35辆装甲车以及4架米－17直升机参加

---

① *Учение《Славянское содружество－2012》завершилось*，http：//www.arms－expo.ru/049051124050056051050057.html.

了演习，演习期间就阻断冲突各方和监督停火举行了联合行动。①

11 月 28 日，独联体国家联合防空体系的指挥机构和值班军力举行了大规模演习，演练内容是制止侵犯独联体国家领空的企图。参加这次演习的有来自俄罗斯、亚美尼亚、白俄罗斯、哈萨克斯坦、吉尔吉斯斯坦、塔吉克斯坦、乌兹别克斯坦和乌克兰的近 130 个各级指挥所，近 160 支无线电技术部队，以及近 100 架战斗机、轰炸机和直升机，参演人数超过 9000 人。② 参演飞机在俄罗斯、白俄罗斯、哈萨克斯坦和亚美尼亚领空进行了演练，演习的假想条件是潜在敌国的军用飞机在和平时期沿独联体国家领空飞行，联合防空体系的值班军力通过提高战备状态和完善相互协作来制止侵犯独联体国家领空的企图。

（三）独联体国家奉行以军强国战略，加快军队现代化

俄罗斯加大国防开支，军队高层人事变动。2012 年，俄罗斯武装力量改革已基本完成。3 月，俄总统梅德韦杰夫在国防部扩大会议上指出："俄武装力量的改革基本完成，多兵种集团军已经得到优化。在重新划分军区后，军队行动规划和管理的效率得到提高。整体上，军队改革后，我们拥有新的武装力量，在更大程度上能够回应现代威胁，并有能力回应未来我们可能面对的威胁。"③

加快军队现代化将是俄罗斯国家政策的重要任务，大量资金将用于国防支出。2008—2011 年，俄军新武器所占比例从 10% 升至 16%。按计划，2015 年前俄现代武器所占的份额应增加到 30%，2020 年前应增加到 70%，甚至 100%。在 2020 年前，俄军还将新设立 10 个旅（每支集团军一个侦察旅）、14 个航空旅（集团军 10 个，各军区 4 个），另设 2 个防空导弹旅。为此，俄财政部公布的数据显示，2013 年俄联邦预算中国防开支将比 2012

---

① *Миротворческое учение《Нерушимое братство - 2012》успешно завершилось*, 2012 - 10 - 20, http: //www. arms - expo. ru/049051124050057050048052. html.

② *Совместные учения ПВО стран СНГ*, 2012 - 11 - 29, http: //russian. irib. ir/analitika/commentarii/item/160464 - .

③ "梅德韦杰夫：俄武装力量已基本完成改革"，俄新网，http: //rusnews. cn/eguoxinwen/eluosi_ anquan/20120320/43378312. html。

年增长25.8%，达到4.7万亿卢布。到2020年前俄罗斯国防支出将至少占国内生产总值的2.8%，约有23万亿卢布的资金用于更新俄军的武器装备。

2012年俄罗斯继续加大新装备的研发力度，大批新式武器逐步装备部队。11月7日，俄罗斯首艘885型“白蜡树”级核潜艇“北德文斯克”号接受国家验收测试，首次进行了导弹发射试验，第二艘885型“白蜡树”级多用途攻击核潜艇“喀山”号正在建造之中。12月4日，俄罗斯21630型小炮舰“马哈奇卡拉”号交付俄罗斯海军，并在“金刚石”造船厂举行了交付仪式。该舰将用于保护200海里以内的经济专属区海域，排水量570吨，最大航速26节，装备了多种先进的火炮系统。俄最新型的“守卫”级隐身护卫舰“波基”号已在初始海试中成功完成主系统测试，该级护卫舰由“金刚石”海军设计局设计，针对反潜和反水面战进行了优化，支持登陆作战，并采用了隐身技术，可显著地降低其雷达和红外信号。2012年底，俄空军还将接收60余架卡－52、米－8、米－26、米－35直升机和大约20架苏－34、苏－35S等新型战机[①]。

此外，俄罗斯目前还有大量新型武器装备正在进行研究实验。俄罗斯第一架无人驾驶攻击机将于2014年列装俄军队武装；首批第五代战机试验机将于2013年入编俄罗斯空军；首艘试验型配备厌氧能源装置的非核潜艇将于2014年建成；俄空军将于2020年前更新70%的前线轰炸机，主要由新型苏－34战斗轰炸机取代；X－35UE、X－38ME、X－58USHKE、RVV－MD等为五代战机T－50打造的新型导弹系统将在2012—2013年间研制完成；[②] 俄海军新型航母的设计工作预计在2018年完成，新航母的排水量将超过5万吨，可搭载约80架舰载机。

2012年俄军举行各类军事演习，检验部队实际作战能力。9月17—23日，俄军年内最大规模的战备活动“高加索—2012”战略指挥部演习在俄南方军区辖区（北高加索地区）举行。演习的目的是演练军队集群的战备和运用，以保障俄西南地区的军事安全。除俄罗斯武装力量外，俄联邦警

---

① “俄空军将接受80架战机”，俄新网，http：//rusnews. cn/eguoxinwen/eluosi_ anquan/20121214/43646246. html。

② “俄正为五代战机T－50测试新型导弹”，俄新网，http：//rusnews. cn/eguoxinwen/eluosi_ anquan/20120131/43309761. html。

卫局、内务部、紧急情况部和联邦安全局也派部队参加了演习。[①] 8月13—14日，由北方舰队“亚历山大·奥特拉科夫斯基”、“格奥尔吉·波别多诺谢茨”号和“孔多波加”号三艘大型登陆舰，以及波罗的海舰队的“智者雅罗斯拉夫”号和“无畏”号护卫舰组成的联合舰队，在地中海中部举行了反击突然空袭和恐怖袭击的演习。9月10—12日，在远程航空兵司令阿纳托利·日哈列夫中将的领导下，约15架图－95MS战略轰炸机和苏－27战斗机在阿穆尔州的乌克兰卡空军基地进行了为期3天的飞行战术演习。图－95MS战略轰炸机的机组演练了与战斗机及地空导弹分队的相互协作。

2012年俄武装力量高层人事出现了重大变动。5月6日，总统梅德韦杰夫任命原空军第一副司令邦达列夫为俄罗斯空军总司令。原空军总司令泽林改任国防部长助理。同时，梅德韦杰夫还任命奇尔科夫为海军总司令，并解除了维索茨基海军总司令的职务。11月6日，普京解除了谢尔久科夫国防部长的职务，改由莫斯科州州长绍伊古接任。11月9日，普京宣布撤换俄武装力量总参谋长马卡罗夫，改由格拉希莫夫担任俄罗斯国防部第一副部长兼俄军总参谋长。同时，普京还任命俄西部军区司令巴欣为国防部第一副部长，任命俄空天防御部队司令奥斯塔片科担任国防部副部长。此次俄罗斯军界高层大换血，是自2008年俄罗斯军事力量改革以来俄军方最重要的人员调整。

乌克兰“三步走”实施军事改革。亚努科维奇上任以来一直致力于推进乌克兰武装力量的改革。2012年5月，乌克兰国家安全与国防委员会秘书克留耶夫在议会做题为“乌克兰军事机构和安全部门发展现状与前景”报告中提出了“三步走”计划，以最终建成规模不大，但能有效、专业地执行国家国防任务的武装部队。第一阶段，优化数量，完成武装部队的新构成，使其摆脱过剩资产和非核心职能，并不断研制新的武器和军事技术补充军事装备，同时重视提高军人的社会保障水平。第二阶段，使部队具有充分应对边界武装冲突威胁的能力。第三阶段，继续发展武装部队并加强其作战能力。与此同时，改革乌克兰国防工业，制定国防工业现代化计

---

① *Стратегические учения* “*Кавказ* – 2012”, http://ria.ru/trend/UVAO_manoeuvres_Kavkaz_17092012/.

划，引进新技术，构建新的动员能力。① 2013 年，乌克兰国防预算将为 28.5 亿美元，占乌克兰 GDP 的 1.35%。其中 71.8% 的资金将用于武装部队的组织和维护，21.3% 的资金将用于武器和军事装备的研发，6.9% 的资金将用于军事训练项目等。②

为保证军队改革顺利进行，5 月 30 日，亚努科维奇颁发第 361 号总统令，确定了乌克兰武装部队和国防工业系统改革和发展委员会条例。委员会主席由乌克兰总统担任，国家安全和国防委员会秘书担任委员会的执行秘书，国家战略研究院院长担任委员会的副执行秘书。委员会的主要任务是对乌克兰军事领域国家利益面对的潜在和实际威胁、武装部队和其它军事机构的行动、国家国防计划实施的结果、本国国防工业的现状进行分析；起草国家国防领域政策改革、国防工业系统和武装部队调整和发展方案并提交总统审议；为武装部队和国防工业系统的改革和发展进行拨款；保障武装部队和其它军事机构装备新型武器样机和军用装备；执行相关的国防工业企业创新发展和科技计划等。③ 目前，乌克兰军队有 20 万人，其中文职 4 万人，军人 16 万人（中高级军官 6 万人）。

四、独联体国家积极开展多元化外交，在东西方大国间保持外交平衡

2012 年，独联体国家继续开展大国平衡外交和多元化外交。俄罗斯在加强能源外交的同时，积极拓展和强化对外军事交流与合作。俄美在欧洲反导问题上的矛盾与较量依旧，白俄罗斯、乌克兰与欧盟关系中的对抗性突出，俄、中亚国家与中国关系保持积极发展态势。

① *Реформирование Вооруженных сил Украины планируется провести в три этапа*, http://vpk.name/news/69644_reformirovanie_vooruzhennyih_sil_ukrainyi_planiruetsya_provesti_v_tri_etapa.html.

② *Минобороны Украины на 2013 год нужны $2, 8 млрд бюджетных средств*, http://rian.com.ua/economy/20120928/335962223.html.

③ "乌克兰总统：确定武装部队和国防工业改革和发展委员会条例"，人民网，http://military.people.com.cn/GB/172467/18050707.html。

（一）俄罗斯能源外交西东并举，以巩固其能源大国地位

俄罗斯对能源项目与能源合作始终给予高度关注，目前俄油气出口收益已占其财政收入的一半。2012年俄罗斯继续实施能源出口多元化政策。

“南溪”天然气管道是继俄罗斯“北溪”天然气管道之后规划的另一条绕过乌克兰等过境国，直接通往欧洲的天然气运输通道。11月14日，由俄气公司、意大利埃尼集团（Eni）、法国电力集团（EdF）和德国巴斯夫公司（BASF SE）代表组成的南流运输公司（South Stream Transport）董事会就“南溪”天然气管道项目海上部分做出最终投资决定，同时批准该公司在荷兰阿姆斯特丹注册成立。[①] 12月7日，“南溪”天然气管道正式开工建设。“南溪”项目管道总长2355公里，其中海底部分为900公里，造价约达100亿欧元。按照最终方案，管道将通过黑海海底，经土耳其、保加利亚、塞尔维亚、匈牙利和斯洛文尼亚，最终抵达意大利。除干线所经的国家之外，管道支线还将通往克罗地亚、马其顿和塞族共和国。管道分为四线，各线的运输能力为每年157.5亿立方米。一线管道计划于2015年底前建成，2016年一季度开始运营，预计2018年全部建成，建成后的总运输能力将达到630亿立方米。

“南溪”及“北溪”两条天然气管道建设加强了俄罗斯对欧洲的天然气管道输送能力，降低了输送成本，提高了俄罗斯天然气的市场竞争力，也将深化俄欧间的能源合作水平。同时，这两条直通欧洲的天然气管道也降低了乌克兰对俄罗斯天然气出口的中转运输意义，单方面降低了与乌克兰再次发生油气争端的可能性，也有助于解决近年来俄乌两国间相持不下的天然气纠纷。

除了继续加强与欧洲之间的传统能源合作之外，随着俄罗斯对亚太地区关注度的提升，俄政府及相关部门也正在逐步加大与亚洲地区，特别是与中国的能源合作力度。10月23日，普京在俄罗斯能源委员会大会上要求重新审视俄罗斯的天然气出口战略，将眼光转向亚洲市场，特别是中

---

① “俄‘南溪’天然气管道将于12月7日开工建设”，驻俄罗斯使馆经商参处，http://ru.mofcom.gov.cn/aarticle/jmxw/201211/20121108437626.html。

国、韩国和印度，并要求俄罗斯天然气工业股份公司向委员会上报公司现行的出口政策。11月5日，俄总理梅德韦杰夫在第九届亚欧首脑会议上表示，目前亚太地区经济体占俄对外贸易总额的18%，而俄在亚太地区国家（中国、印度、越南除外）外贸总额中的占比却不到1%。今后俄将扩大对亚太地区能源出口，将亚太地区在俄能源出口总量中的比重提升至30%。① 俄天然气工业公司总裁米勒明确表示，扩大对亚洲国家天然气出口已成为该公司未来发展的优先方向。

目前，俄对华输气东线管道谈判已转入实质阶段。恰扬达油气田设备安装工程和“雅库特—哈巴罗夫斯克—符拉迪沃斯托克”干线天然气管道建设项目达成最终投资决定使俄对华天然气供应东线管道谈判转入了实质阶段，俄方表示在“雅库特—哈巴罗夫斯克—符拉迪沃斯托克”输气管道建设框架下计划铺设通往中国的支线，并有可能增大供气量。按计划，对华出口俄罗斯天然气的西线管道可能在2015年前投入使用，而东线管道则在2015年以后的二三年内投入使用。除了中国之外，俄罗斯还加强了与亚洲其他国家的能源合作。越南国家油气集团近期正与俄罗斯天然气工业股份公司等就成立更多油气合资企业以及提高现有合资项目投资事宜进行谈判，并计划成立一个合资企业促进越南汽车使用液化天然气作为燃料。

（二）俄罗斯、乌克兰、白俄罗斯与美欧等西方关系龃龉不断

1. 反导问题依然是俄美关系发展中的重大障碍

近年来，俄美两国一直高调宣称要“重启”相互关系，然而“重启”的进展有限。2012年3月，普京在接受西方记者采访时表示：“‘重启’是否取得了一些成就？像反导系统这样有争议的问题几乎没有取得任何成绩”。2012年，俄美在反导问题上的分歧与较量依旧。

2012年年初，俄外交部发表声明，莫斯科在反导问题上不会提出任何可能被美国评估为“让步”的倡议，俄方不能只是站到美国的立场上，这将意味着本国利益的损失。2月，普京称俄罗斯的任务是不允许世界力量

① “俄将扩大对亚太地区能源出口”，驻俄罗斯使馆经商参处，http://ru.mofcom.gov.cn/aarticle/jmxw/201211/2012110842 1775.html。

的战略平衡被打破，而美国反导计划对这种平衡构成威胁。普京坚持认为美国和北约在欧洲部署的导弹防御系统针对俄罗斯，“目前既没有来自伊朗的威胁，也没有来自朝鲜的威胁，截止到目前为止，反导系统的目的毫无疑问在于抵消俄罗斯导弹核力量”。梅德韦杰夫认为，如果美欧不向俄方提出在导弹防御系统方面的合作方案，或美国不放弃此前提出的计划，那么俄罗斯将把针对美欧反导系统的回击措施进行到底。

5月3—4日，由俄国防部主办的、以欧洲部署反导系统为主题的国际会议在俄罗斯首都莫斯科召开。北约国家、俄罗斯和包括中国、韩国、日本、独联体国家以及集体安全条约组织国家在内的200多名代表参加了会议。美国国防部长助理克里登表示，美国反导系统并非针对俄罗斯，美国希望与俄罗斯在这一领域开展合作。然而，由于俄美双方的分歧过大以及相互不信任感，该问题并未取得任何突破，谈判再次陷入僵局。

5月20日，北约秘书长拉斯穆森在芝加哥北约峰会上宣布，欧洲导弹防御系统“第一阶段”工作已经完成并开始启动。他说，欧洲反导系统已具备“过渡阶段行动能力”。这是确保对全欧洲地区、人民和武装力量保护的长期目标的第一步。虽然此次峰会上通过声明表示，决定提供欧洲反导系统不针对俄罗斯的政治保证。但俄罗斯认为欧洲反导系统不针对俄的口头政治保证是不够的，坚持要求北约提供法律保证。俄外长拉夫罗夫宣称，反导问题是俄罗斯和美国建立战略伙伴关系道路上的主要障碍，在短期内很难得到彻底解决。

2. 俄罗斯—欧盟峰会矛盾难消除

欧盟是俄罗斯最大贸易伙伴和能源出口国，俄对欧贸易占俄外贸额的50%。2012年6月4日，第29次俄欧峰会在俄北部城市圣彼得堡举行，峰会重点讨论了欧洲债务危机、俄欧关系以及叙利亚局势等问题。俄欧双方强调发展双边关系的重要性并表达了共同合作应对欧债危机的意愿。由于双方分歧较大，最终未能在诸如签署俄欧双边关系框架协定谈判、俄欧互免签证、欧盟第三份能源“新政”以及叙利亚局势等问题上达成共识。

12月21日，第30次俄欧峰会在布鲁塞尔欧盟总部举行。能源问题是本次峰会的首要议题。欧盟坚持依据相关反垄断法规禁止俄罗斯能源公司经营输欧油气管线，而俄罗斯坚持这并不适用欧盟相关反垄断法规。最终，双方未能就能源问题达成共识。在会后举行的联合记者会上，欧盟委员会主席巴罗佐说，欧盟提出的天然气销售与管线经营分离的构想意在防止垄断，维护市场稳定与秩序。普京则反驳说：“他（巴罗佐）谈到了市场，其实现行规则就是由市场决定的，未来可以继续让市场为这个问题找到解决方案。”① 两次俄欧峰会都未能在双方关心的重大问题上取得实质性的进展，再次凸显了双方在重大问题上的战略利益以及价值观上的差异。

3. 乌克兰同欧洲一体化受阻

自尤先科发动“橙色革命”以来，乌克兰加强了对欧洲的倚重。亚努科维奇执政后，乌克兰当局加大了在俄欧之间展开平衡外交，以期在融入欧洲的同时与俄罗斯仍旧保持较为亲近的伙伴关系。2011 年年底，乌克兰和欧盟结束了包括建立自由贸易区在内的关于准成员国协定的谈判。然而，文件的签署却因季莫申科案被叫停。季莫申科因 2009 年与俄罗斯签署天然气协议时越权而被判 7 年监禁，目前正在哈尔科夫女子监狱服刑。西方认为季莫申科案具有政治动机，并呼吁释放她。

季莫申科案使得乌克兰与欧洲的一体化受挫。2 月，乌克兰总统亚努科维奇对外称，“应把‘季莫申科问题’与乌克兰欧洲一体化进程分开来看。在乌克兰，无论当局还是反对派，都主张同欧盟一体化。”② 西方国家对季莫申科案给予了相当的关注，对其在狱中的饮食、医疗状况都加以过问，再加上其女儿在狱外的游走申诉，使得案件变得愈发政治化、复杂化。如果此案不得以妥善解决，乌欧关系短时间内难以得到发展。

4. 白俄罗斯与欧盟关系降至冰点

2010 年 12 月，白俄罗斯反对派候选人指责现任总统卢卡申科通过舞弊行为操纵选举，并呼吁支持者举行抗议活动。欧盟和美国认为白俄罗斯选举不符合标准，并对其实施了严厉的制裁，至此，白俄罗斯与欧盟国家间的关系急剧恶化。

2012 年 2 月 27 日，欧盟委员会以白俄罗斯官方压制反对派为由，将禁止白俄罗斯公民进入欧盟国家境内的人员从 211 人增至 231 人。被列入这份“黑名单”的包括白俄罗斯护法机关和选举委员会的工作人

① “第 30 次欧俄峰会举行，双方未就能源问题达成共识”，人民网，http://env.people.com.cn/n/2012/1223/c74877-19985470.html。

② “亚努科维奇：季莫申科案使乌克兰同欧洲一体化受阻”，俄新网，http://rusnews.cn/guojiyaowen/guoji_cis/20120204/43316515.html。

员、法官和官方媒体记者等。2月28号，白俄罗斯宣布驱逐欧盟代表和波兰驻白俄大使，同时召回本国驻欧盟代表和驻波兰大使，以抗议欧盟新一轮制裁。而后，作为回应，欧盟也随即宣布召回各成员国驻白俄罗斯大使。7月4日，一架由2名瑞典人驾驶的轻型民用飞机从立陶宛方向擅自进入白俄罗斯领空，向首都明斯克及周边地区空投了800多个贴有呼吁言论自由和人权标语的玩具熊。据悉，策划这次事件的是瑞典一家广告公司，其目的是支持白俄罗斯的反对派，反对现政府。事件发生后，白俄罗斯的防空安全和国家安全遭到了质疑。白俄罗斯总统卢卡申科于7月底解除了国家边防委员会主席拉奇科夫斯基少将、空军和防空兵部队司令员帕赫梅尔金少将的职务。另外，白俄罗斯国防部长扎多宾等多名高官也因此受到警告等处分。8月8日，白俄罗斯外交部宣布召回其驻瑞典大使馆全体馆员，同时要求瑞典驻白俄罗斯外交官在8月30号前限期离境。

这一系列外交事件将本就脆弱的白欧关系降至了冰点。对此，白俄罗斯外长马凯表示，白俄罗斯与欧盟关系能否正常化取决于后者。欧盟企图决定白俄罗斯的政治经济发展道路，而白方则不能容忍这种干涉他国内政的做法。如果欧盟在改善对白关系方面有切实举措，白方愿意相向而行。可见，白俄罗斯与欧盟之间仍抱有较强的对立情绪，如此发展下去，二者间的矛盾将难以调和。

（三）俄罗斯积极拓展和强化对外军事合作与交流

2012年，俄罗斯继续强化与外国的军事交流，主要表现在与其他国家进行军贸和军事技术合作以及举行联合军事演习方面。

俄罗斯作为世界第二大武器出口国，对外军事合作对其国防工业发展有着重要影响。2011年俄罗斯武器和军事装备出口额为132亿美元，2012年达到140亿美元，签署的武器出口供应合同超过150亿美元。5月28日，俄罗斯联合航空制造集团与印度航空制造集团签署联合研制载重量为15—20吨的多用途军事运输飞机的框架性协议，计划至少研制205架飞机，其中45架提供给印方，100架提供给俄方，其余60架供给第三国。[①]与此同时，俄罗斯还积极推动独联体地区的国防工业合作。10月10日，经俄联邦委员会（议会上院）批准后，集体安全条约组织成员国正式签署了2份独联体集体安全条约组织国防工业合作协议，以简化该组织成员国之间建立军工合资企业的程序。

在联合军事演习方面，俄罗斯除了积极组织参与独联体内部的各种军事演习之外，还经常性地与其他国家举行联合军演，加强与外军的直接交流。4月22—29日，中俄“海上合作-2012”联合演习在黄海举行。演习内容包括演练组织共同防御，以及在保障海上交通时相互协作的综合任务。俄海军“瓦良格”近卫导弹巡洋舰、“特里布茨海军上将”号、“沙波什尼科夫元帅”号与“维诺格拉多夫海军上将”号大型反潜舰、“佩琴加”号油船、“MB-37”号海上救援拖船和“SB-522”号救生拖船参与了此次演习。

5月，俄空降部队代表团前往美国科罗拉多州的卡森堡军事基地参加了两国历史上首次联合反恐演习。6月24日至7月1日，波罗的海舰队“智者雅罗斯拉夫”号护卫舰参加了“FRUKUS-2012”美英法俄四国海军联合演习。演习分为两个阶段：海岸部分和海上部分。海岸部分在俄罗斯海军波罗的海基地进行，海上演习部分在波罗的海舰队海上靶场以及舰队从波罗的海转往圣彼得堡的时候进行。英国海军的“约克”号驱逐舰、美国海军的“诺曼底”号导弹巡洋舰、法国海军的“德格拉斯”号反潜艇驱逐舰也参与了此次演习。[②] 9月3—12日，俄波罗的海舰队“机敏”（Soobrazitilyi）号轻型护卫舰首次参加了“Daneks-2012”国际海军演习。9月21日至10月1日，俄罗斯东部军区和蒙古国武装力量在布里亚特靶场举行了代号为“色楞格-2012”的联合反恐军演。[③]

---

① “俄印签署联合研制军事运输机”，驻俄罗斯使馆经商参处，http://ru.mofcom.gov.cn/aarticle/jmxw/201205/20120508155469.html。

② *Учения FRUKUS-2012 начались в водах Балтики*，http://rus.ruvr.ru/2012_06_24/79146863/.

③ *В ВВО стартовало российско-монгольское учение ? Селенга-2012 ?*，http://www.arms-expo.ru/049057054048124050056056050050.html.

（四）俄罗斯、中亚国家与中国关系保持积极发展态势

2012 年，独联体国家与中国在经济、科技等方面开展了卓有成效的合作。6 月 6—7 日，上海合作组织北京峰会召开，中国国家主席胡锦涛分别同与会各国领导人进行了会晤。12 月 4—6 日，中国总理温家宝对吉尔吉斯斯坦和俄罗斯进行了访问。

中俄全面战略协作伙伴关系持续快速发展。中俄高层交往密切，磋商合作机制健全，有力地推动了双方务实合作和在重大问题上的战略协作。普京在第三个总统任期就职后不久便对中国进行了国事访问，双方发表了"关于进一步深化平等信任的中俄全面战略协作伙伴关系"的联合声明。中俄将努力在 2015 年前将双边贸易额提高到 1000 亿美元，2020 年前提高到 2000 亿美元。2012 年中俄两国贸易额有望突破 900 亿美元。

4 月 26—30 日，中国国务院副总理李克强对俄罗斯进行了访问。12 月，中国总理温家宝对俄罗斯进行了访问。访俄期间，温家宝会见了俄总统普京，与总理梅德韦杰夫举行了两国总理定期会晤。12 月 5 日，中国国家开发银行与俄罗斯储蓄银行在莫斯科签署金融合作协议。与此同时，中俄能源谈判代表第九次会晤也在莫斯科举行，双方有关部门签署了《中华人民共和国国家能源局和俄罗斯联邦能源部关于开展能源市场态势评估合作的谅解备忘录》、《中俄煤炭领域合作路线图》、《中俄煤炭合作工作组第一次会议纪要》、《中国国家电网与俄罗斯东方能源公司关于 2013 年供电量和电价的协议》四项合作文件。中俄原油管道运行良好，截至 2012 年 11 月 25 日，中国累计从俄进口原油 1360 万吨，预计全年进口 1500 万吨。此外，双方在油气勘探开发、天津炼油厂、核电、煤炭资源一体化开发、可再生能源等合作领域，也取得了积极进展。

2012 年中俄在文化交流领域成果丰硕。中俄成功举办了"俄罗斯旅游年"，开展了千名游客访俄、百名中国记者访俄等 200 余项活动，其中许多活动为中俄旅游交流史上的首创。中俄"俄罗斯旅游年"的举办极大丰富了中俄人文合作的内涵，提升了中俄旅游合作交流水平，加深了两国民众的友谊和了解。今后中俄两国将以加强经贸、投资、能源、高技术、创

新、人文和地方等领域合作为重点，全面深化务实合作，进一步提升合作质量。

中吉继续扩大两国间合作。6月，吉尔吉斯斯坦总统阿坦巴耶夫前往北京出席上海合作组织峰会并与中国国家主席胡锦涛进行了会晤。这是阿坦巴耶夫2011年12月就任吉尔吉斯斯坦总统以来首次访问中国。阿坦巴耶夫指出，在国际金融经济危机不断深化的大背景下，中国仍然成功保持了本国经济的稳定健康发展，中国堪称是当前国际经济重要磐石和支柱。胡锦涛和阿坦巴耶夫在会谈中就发展中吉双边关系和共同关心的重大问题交换了意见，并出席了两国相关合作文件的签署仪式。12月，中国总理温家宝前往吉尔吉斯斯坦出席上合组织总理会议，与阿坦巴耶夫总统、萨特巴尔季耶夫总理举行了会谈。

中国与乌兹别克斯坦关系提升至战略伙伴关系水平。6月，乌兹别克斯坦总统卡里莫夫前往北京出席上海合作组织峰会并与中国国家主席胡锦涛进行了会晤。两国元首决定，将两国关系提升至战略伙伴关系水平。会谈后，两国元首共同签署《中华人民共和国和乌兹别克斯坦共和国关于建立战略伙伴关系的联合宣言》。中乌双方签署了经贸、投资、金融领域合作协议和合同40余项，总金额52亿美元；双方决定积极推动中乌天然气管道项目建设和运营，形成向中国长期供应天然气的稳定过境通道，双方同意进一步扩大自中亚向中国天然气输送能力；双方再次表达了扩大双边贸易的积极愿望，就乌对华供应棉花、天然铀、天然气、有色和稀有金属等战略性原材料达成协议。双方在发展交通基础设施和国际运输方面达成重要共识，一致认为进一步发展交通运输联系是中乌互利合作的重点领域之一，双方将全面支持尽快实施“中—吉—乌”铁路建设项目。

中塔决定全面提升两国睦邻友好关系。6月，塔吉克斯坦总统拉赫蒙前往北京出席上海合作组织峰会并与中国国家主席胡锦涛进行了会晤。会谈后，两国元首共同签署《中华人民共和国和塔吉克斯坦共和国联合宣言》。双方商定共同努力，全面提升中塔睦邻友好合作关系水平：一是继续保持高层密切交往，及时就双边关系及共同关心的国际和地区问题沟通协调，共同应对威胁和挑战；二是加强务实合作。拓展能源资源合作，推进基础设施互联互通，深化农业合作；三是推进安全合作。两国执法安全部门要保持密切沟通和协调，中方支持塔办好上海合作组织“和平使命－2012”反恐军演；四是加强人文合作。加强教育、科技、文化、体育等领域合作，密切新闻界、企业界和青年互访交流。

（徐　翀、张文茹）

第四部分

国际安全大事记即条约资料选编

研究任何问题，掌握基本情况和信息是前提和基础，研究国际安全问题也不例外。因此，我们在日常工作中，对国际安全领域的信息进行搜集积累，作为研究相关问题的资料。现将我们记录下的2012年间世界发生的与国际安全相关的重大事件进行整理，名曰“2012年国际安全大事记”，作为第十八章。同时还选择了一些文献附于其后，名曰“2012年重要战略文件、国际条约、协议和法规选编”，作为第十九章。其目的是使广大读者通过这些大事和文献，了解2012年全年国际安全形势的基本事实，掌握基本信息。这些资料既可以作为相关学者日常研究的基础资料，也可为有关查询提供一定的便利。需要说明的是：这些信息和文献均来自互联网等公开媒体，仅供参考，必要时敬请核对查实原文使用。

第十八章

2012年国际安全大事记

一月

1月1日

刚果（金）南基伍省首府布卡武市中央监狱发生一起越狱事件，致8死47伤。

朝鲜人民军最高司令官，朝鲜党、国家和军队的最高领导人金正恩视察了朝鲜人民军第105坦克师，向人民军官兵致以新年祝贺。

1月2日

突尼斯新任总统蒙塞夫马祖吉抵达利比亚首都的黎波里，开始对利比亚进行国事访问。

根据与希腊方面达成的协议，俄罗斯海军舰艇编队将于2012年初在地中海举行演习。

1月3日

利比亚首都的黎波里市的共和国街与赛义迪街附近，发生一起米苏拉塔武装分子与的黎波里武装分子交火事件。

巴勒斯坦民族权力机构、以色列、中东问题有关四方（联合国、美国、欧盟、俄罗斯）和约旦就重启中东和平进程问题在安曼举行会谈，这是一年多来巴以双方首次直接对话。

利比亚临时政府宣布，任命卡扎菲时代的军官尤素福·曼库什为利比亚武装部队参谋长，标志着利比亚组向建正规军迈出重要一步。

1月4日

芬兰政府批准一艘运载69枚“爱国者”导弹的货轮，前往韩国。

伊朗外交部发言人梅赫曼帕拉斯特在接受新华社记者专访时说，伊朗永远不会放弃铀浓缩活动。

1月5日

埃及检方要求对前总统穆巴拉克及包括其两个儿子、前内政部长在内的被告判处死刑。

俄罗斯总统梅德韦杰夫就区域问题与伊朗总统内贾德通话，克里姆林宫新闻局表示，内贾德在交谈中对俄罗斯所提出逐步对伊朗核计划重建信任的建议作出了积极回应，两国将继续就伊核问题进行进一步磋商。

1月6日

韩国为了加强对独岛（日本称“竹岛”）及所谓的“离於岛”（中国“苏岩礁”）的控制权，计划组建“独岛离於岛舰队”。

伊拉克什叶派聚集区多起爆炸事件导致的死亡人数已升至78人，另有数百人受伤。

1月7日

挪威一艘天然气运输船获俄罗斯政府批准使用北冰洋东北航道。该船是迄今为止唯一一艘被获准使用东北航道的天然气运输船。

伊朗总统内贾德将对拉美四国（委内瑞拉、尼加拉瓜、古巴、厄瓜多尔）进行访问，美国奥巴马政府对此表示，这显示饱受制裁的伊朗因日益孤立而“陷入绝望”。

1月8日

俄海军“库兹涅佐夫”航母舰队已驶抵叙利亚塔尔图斯港，并完成了事务性的给养补充，拟9日驶离。

1月9日

印度将在未来2—3个月试射新型“烈火”－5弹道导弹。

1月10日

哈萨克斯坦扎瑙津市不久前爆发大规模骚乱，总统纳扎尔巴耶夫随后下令该市进入紧急状态，实行宵禁。然而，针对宪法委员会作出的关于扎瑙津市无法举行议会选举的决议，总统纳扎尔巴耶夫启用了否决权。

巴基斯坦发生该国数月以来最严重的一起炸弹爆炸事件，爆炸发生在西北部的开伯尔地区，已经造成35人死亡，近70人受伤。

1月11日

伊朗首都德黑兰北部当日发生汽车炸弹袭击，一名核科学家被安装在其汽车上的炸弹炸死，另有2人受伤。

塞浦路斯当局拦截了一艘装载60吨军火并驶往叙利亚的货轮。

1月12日

俄罗斯总统候选人、现任总理弗拉基米尔·普京启动其竞选门户网站。该网站于中午正式开通。

朝鲜劳动党中央委员会政治局发布特别公报，宣布将朝鲜已故最高领导人金正日的诞辰日2月16日定为“光明星节”。将金正日的遗体安放在平壤锦绣山纪念宫，建立金正日铜像，并在朝鲜全国各地建立金正日的“太阳像”和“永生塔”。

也门北部什叶派胡塞武装与逊尼派武装人员发生冲突，造成至少20人死亡、数十人受伤。

1月13日

叙利亚多个城市爆发反对叙总统阿萨德的示威活动。

日本政府“宇宙开发战略总部”的专门调查小组汇总了修改《宇宙航空研究开发机构设置法》的提议，建议删除“仅限于和平目的”条款，改为应允许用作防卫目的。

1月14日

一伙武装分子下午对巴基斯坦西北部德拉伊斯梅尔汗的一个警察办事处发动自杀式袭击，造成至少9人死亡。

日本外相玄叶光一郎乘坐海上保安厅的巡逻船，从海上考察了北方四岛的国后岛等地。

1月15日

武装人员袭击了中部城市拉马迪的反恐行动中心，目前仍在与伊拉克安全部队对峙，已经造成至少9人死亡、15人受伤。

日本陆上自卫队先遣队34名队员抵达南苏丹首都朱巴，参加联合国维和行动。

10名反政府武装人员当天在阿富汗西部赫拉特省向政府投诚。

哈萨克斯坦议会下院选举及地区人民代表会议选举于当地时间15日7

时开始投票。

1月16日

专家们认为“火卫一土壤”星际站残骸在进入大气层期间已完全烧毁，因为尚无证据证明残骸坠落在海洋或者巴西境内。

1月17日

哈萨克斯坦中央选举委员会公布了议会下院选举结果，“祖国之光”人民民主党、“光明道路”民主党和共产主义人民党进入新一届议会下院。

阿富汗东部楠格哈尔省发生一起自杀式袭击，造成至少2人死亡、2人受伤。

1月18日

泰国普密蓬国王当晚签署御令，批准内阁改组名单，近半数内阁职位易人。民间政治团体“反独裁民主联盟”的支持者“红衫军”领导人纳塔武出任农业部副部长，首次进入内阁。

以色列军队对加沙地带北部进行了空袭，造成1名巴勒斯坦人死亡，2人受伤。

1月19日

日本政府决定，将与1986年经历“切尔诺贝利核事故”的乌克兰就签署核事故合作协议展开谈判。

阿富汗南部赫尔曼德省一警察检查站当天遭到塔利班武装人员袭击，12名武装人员和2名警察在随后爆发的枪战中丧生。

1月20日

日本航空自卫队宣布，将于2月在关岛与美国空军及澳大利亚空军首次举行联合训练。

尼日利亚北部卡诺州首府卡诺市发生多起爆炸，包括卡诺州安全部门指挥中心、卡诺州移民局的护照办公室和多家警察局在内的多个官方机构遭到袭击。爆炸造成至少186人死亡。

刚果（金）东部地区发生的武装冲突造成当地10万余人被迫逃离家园。

法国驻阿富汗部队当日遇袭造成4死多伤，法国随即停止帮助阿富汗训练军人和提供战斗援助的任务。法国总统萨科齐称不排除提前从阿富汗撤军的可能性。

1月21日

也门议会投票通过赋予总统萨利赫获得全部豁免权的法令。

“穆斯林兄弟会”领导的“自由与正义”党在埃及人民议会（议会下院）选举中获得235席，占议会席位47.2%，成为下院第一大党。

叙利亚安全部队一辆运送被关押人员的大巴车在叙北部伊德利卜省遭到袭击，造成至少14人死亡，26人受伤。

1月22日

保加利亚举行总统权力交接仪式，罗森·普列夫内利耶夫正式就任新总统。

1月23日

罗马尼亚总理博克宣布决定解除用文字侮辱街头示威群众的外交部长巴孔斯基的职务。

欧盟外长会作出决议，再次扩大对叙利亚的制裁。根据会后公布的决议，本次共有22名“侵犯人权”的叙利亚人和8家“给叙利亚当局提供财政支持”的企业被欧盟列入制裁清单。欧盟将禁止成员国向这22人发放签证，8家企业在欧资产将被冻结。

印度国家火电公司（NTPC）已完成在中国藏南地区（印称“阿鲁纳恰尔邦”）的雅鲁藏布江（印称“桑朗江”）建造大型水电站的预可行性研究报告。

日本防卫相田中直纪首次访问冲绳，在县政府与知事仲井真弘多举行会谈，再次就美军普天间机场县内搬迁谋求冲绳方面的理解。

1月24日

巴政府军和武装分子当晚在巴北部古勒姆部落地区发生冲突，导致2名巴基斯坦士兵死亡，7名武装分子被击毙，另有数人受伤。

俄罗斯2012年的国防采购合同总额为9084.4亿卢布（约合290亿美元）。

土耳其将就法国议会通过的有关“亚美尼亚大屠杀法案”逐步实施针对法国的制裁措施。

1月25日

韩国外交通商部发言人发表声明，强烈抗议日本外相玄叶光一郎此前在日本国会主张独岛（日本称“竹岛”）主权的讲话，敦促玄叶立即撤回该主张。

俄罗斯称反对外部势力对叙利亚局势进行军事干涉，俄愿意接待叙利亚各方赴俄谈判。

菲律宾首都大马尼拉地区的塔吉格城当天下午发生一起爆炸事件，共造成 4 人死亡，8 人受伤。

俄罗斯总统德米特里 · 梅德韦杰夫表示，他不排除未来有可能再次竞选总统。

1 月 26 日

土耳其外长达武特奥卢在安卡拉会见了来访的伊拉克什叶派政党伊斯兰最高委员会主席阿马尔 · 哈基姆，双方一致表示反对地区极端主义。

日本环境省公布了东京电力公司福岛第一核电站周边地区的去污日程表，全面启动去污工作，并计划在 2014 年 3 月底前完成辐射去污。

日本民主党的前国土交通相马渊澄夫在其主持的政治学习班上公布了冻结“乏燃料再利用政策”的建议草案，认为循环利用核电站乏燃料的政策实质上已经垮台。

1 月 27 日

俄罗斯北高加索达吉斯坦共和国强力机构在一次特别行动中击毙 5 名非法武装人员，4 名内务部队军人在行动中牺牲，另有 3 名军人受伤。

俄联邦航天署宣布，原定于 28 日在拜科努尔发射场进行的“质子 - M”运载火箭发射再次因技术原因被推迟。

1 月 28 日

苏丹总统巴希尔下令释放被苏丹海关扣押的 3 艘南苏丹油轮，以显示苏丹希望与南苏丹解决石油纠纷的“善意”。

也门政府军与“基地”组织武装人员激烈交火，造成 1 名政府军士兵和 4 名“基地”武装人员死亡。

1 月 29—31 日，以“促进非洲区内贸易”为主题的第 18 届非洲联盟首脑会议在埃塞俄比亚首都亚的斯亚贝巴举行。来自非盟 50 余个成员国的国家元首、政府首脑或代表讨论了非洲区域内贸易、地区安全局势等议题。

1 月 29 日

柬埔寨举行第 3 届参议院选举，初步结果显示执政的柬埔寨人民党获得近78%选票。正式选举结果最早将于2月4日公布。

1月30日

北约秘书长拉斯穆森表示，北约将坚持在阿富汗的既定路线图，在2014年底前完成向阿富汗安全部队的防务移交工作。

欧盟领导人在布鲁塞尔举行的非正式会议上一致批准欧盟外长会23日作出的对伊朗和叙利亚实施制裁的决定。

1月31日

包括“潘杰列耶夫海军上将”号反潜驱逐舰在内的3艘俄罗斯海军船只抵达马尼拉，开始对菲律宾进行为期三天的访问，以增进菲俄两国关系。

也门部落武装分子在西北部马哈维特省绑架了6名国际援助组织的工作人员，其中包括4名外国人。

二月

2月1日

塔利班武装组织在其网站上发表声明，否认将与阿富汗政府在沙特阿拉伯举行会谈的消息。

正在阿富汗进行访问的巴基斯坦外交部长希娜·拉巴尼·哈尔说，巴基斯坦愿意深化与阿富汗的关系。

2月2日

应国务院总理温家宝邀请，德意志联邦共和国总理安格拉·默克尔上午抵达北京，开始对中国进行为期3天的正式访问。

韩国大国家党决定改名为“新世界党”。

朝鲜方面以国防委员会的名义，向韩国政府发送了“公开提问书”，要求韩方就其在吊唁已故朝鲜国防委员长金正日问题上的态度，向朝鲜道歉。

2月3日

第48届慕尼黑安全政策会议在德国南部城市慕尼黑开幕。大约350名全球安全、外交决策者及经济界人士将在未来3天就欧洲—大西洋安全架构、美国战略重心转移、金融危机对防卫政策的影响等话题展开对话。

美国五角大楼宣布，由美国海军陆战队参加的2012年“金色眼镜蛇”军演将于7日在泰国举行。这是亚太地区迄今为止最大规模的多国军事演习。

国际社会围绕叙利亚政治危机的讨论又有了新进展：至少有3个国家表示愿意向叙利亚总统巴沙尔提供政治避难，美国表示可以参照也门模式使叙利亚摆脱危机。

伊朗成功发射一颗观测卫星，用于监测天气状况，这颗名为“先驱”号的卫星重50公斤，将在距地面250—370公里的轨道上运行并采集地球照片。这颗卫星用于监测天气状况和自然灾害，每天可环绕地球15圈。

2月4日

伊朗革命卫队再次在霍尔木兹海峡附近海域举行海军演习，军演将持续1个月。

日美两国政府就驻日美军整编问题基本达成共识，决定将原定转移到关岛的海军陆战队的部分兵力转移到夏威夷和菲律宾等地，并将与冲绳普天间基地的搬迁计划分别加以对待，在搬迁之前首先进行转移。

联合国安理会上午表决叙利亚问题决议草案，结果为13票赞成、2票反对、0票弃权，俄罗斯、中国两个安理会常任理事国行使否决权，否决了这一决议草案。

欧盟首脑会议在布鲁塞尔开幕，重点讨论能源与创新。

2月5日

六方会谈韩方代表团团长、外交通商部朝鲜半岛和平交涉本部长林圣男将从本月8日开始，对俄罗斯进行为期3天的访问，讨论重启六方会谈的方案。

2月6日

巴勒斯坦解放组织（法塔赫）与巴伊斯兰抵抗运动（哈马斯）就组建联合过渡政府达成一致，双方将于2月18日宣布正式组建临时政府。巴民族权力机构主席、法塔赫领导人阿巴斯将出任政府总理，负责大选筹备工作。

韩国与土耳其商定将建立面向未来的“战略伙伴关系”，进一步发展两国传统友好关系。

上万名巴林什叶派示威者继续在首都麦纳麦以西的布达阿举行反政府抗议活动，要求现政府下台。

一批叙利亚和利比亚的民众聚集在中国驻利比亚首都的黎波里的大使馆外，抗议中国否决安理会要求叙利亚总统巴沙尔下台的决议案。

2月7日

马尔代夫总统纳希德在电视讲话中宣布辞职。

被苏丹反政府武装劫持的29名中方人员成功获救，乘坐红十字国际委员会的飞机安全抵达肯尼亚首都内罗毕。

由美军和泰军主办的亚太地区最大规模联合军演“金色眼镜蛇”在泰国拉开帷幕，此次演习将历时11天，有美国、泰国、日本、韩国、印尼、新加坡和马来西亚7国的1.3万名军人参加。

海湾阿拉伯国家合作委员会（海合会）决定，驱逐叙利亚驻该组织成员国的大使，同时召回他们驻叙利亚的大使，以此作为对叙利亚暴力冲突的回应。

苏丹总统巴希尔下午正式宣布接受苏丹南部公投最后结果——苏丹南方与北方的分离。苏丹人民解放运动在2月13日举行的政治局会议上确定公投后将与北方分离，即将建立的新国家国名为“南苏丹”。

马尔代夫发生军事哗变，总统纳西德辞职。

2月8日

阿根廷总统克里斯蒂娜宣布阿根廷将就英国军事化马尔维纳斯群岛（英国称福克兰群岛）及周边地区向联合国提出正式投诉。

日美两国政府共同发表联合新闻公报说，两国政府已就调整驻日美军整编计划达成一致，决定将驻冲绳海军陆战队迁往关岛问题和普天间基地迁移问题分开执行，并重新制定驻日美军整编的日程表。

印度军方开始在印度南部举行代号为“TROPEX－2012”的年度军事演习。

2月9日

以色列外交部长利伯曼对联合国特使团表示，以色列不会承认包括哈马斯在内的巴勒斯坦政府，巴勒斯坦新联合政府接受哈马斯加入将使巴以和平进程面临倒退。

国家主席胡锦涛下午在人民大会堂会见了加拿大总理哈珀。

2月10日

委内瑞拉2012年将发射第二颗由中国制造的卫星，名为“米兰达”。

中共中央政治局常委、国务院总理温家宝在中南海紫光阁亲切接受了第十一世班禅额尔德尼·确吉杰布的拜见。

2月11日

叙利亚外交部发言人吉哈德·马克迪西在媒体见面会上表示，叙方已要求利比亚和突尼斯驻叙大使在72小时内离境。

伊朗举行伊斯兰革命胜利33周年纪念活动，总统艾哈迈迪·内贾德当天发表讲话，称将在接下来数日内宣布“启动重要的核项目”，并同时强调伊朗绝不会向任何压迫“屈服”。

埃及副总统苏莱曼通过国家电视台宣布，穆巴拉克已经辞去总统职务，并将权力移交给军方。

土耳其战机当晚轰炸了位于伊拉克北部的反政府库尔德工人党武装目标。

2月12日

以色列政府决定，现任国家安全部长马坦·维勒奈将出任驻中国大使。

阿拉伯国家联盟（阿盟）秘书长阿拉比接受阿盟赴叙利亚观察团主席达比的辞呈，提议任命约旦前外交大臣阿卜杜勒·伊拉·哈提卜接替达比的职位。

阿拉伯联盟外长将在开罗开会讨论叙利亚局势和应对办法。

2月13日

中国国家副主席习近平开始对美国进行为期5天的正式访问，这是继两国元首互访以及美国副总统拜登访华之后，两国高层之间的又一次重要访问。

欧洲小型运载火箭“织女星（Vega）”首次发射升空。

土库曼斯坦总统别尔德穆哈梅多夫以97.14%的得票率获得连任。

联合国大会在纽约联合国总部举行全会，讨论联合国人权理事会有关叙利亚局势的报告。

韩国执政党大国家党正式确定新党名为“新国家党”（前译“新世界

党”）。

2月14日

朝鲜劳动党中央委员会、党中央军事委员会、朝鲜国防委员会、朝鲜最高人民会议常任委员会发表决定，向已故领导人金正日授予“朝鲜民主主义人民共和国大元帅”称号。

日本与澳大利亚两国政府在东京开始举行第14轮“经济伙伴关系协定”（EPA）谈判。

2月15日

法国总统萨科齐正式宣布将参加2012年法国总统选举。

伊朗密集宣布在核领域取得的一系列新进展，包括向德黑兰核反应堆装载首批国产核燃料棒以及生产出并启用新一代用于提纯浓缩铀的国产离心机。

2月16日

阿富汗总统卡尔扎伊率代表团抵达伊斯兰堡，开始对巴基斯坦进行访问。

朝鲜举行盛大的三军阅兵仪式，纪念金正日诞辰70周年，并公布了命名锦绣山纪念宫为“锦绣山太阳宫”的共同决议。

美国宣布对伊朗情报安全部实施制裁，理由是该部门涉嫌向恐怖组织和叙利亚政府提供物质支持，侵犯伊朗公民人权。

联合国大会投票通过决议，对阿拉伯国家联盟（阿盟）提出的一份有关结束叙利亚国内暴力冲突的倡议表示支持，并呼吁任命一位斡旋解决叙利亚危机的联合国特使。

应巴基斯坦总统扎尔达里邀请，阿富汗总统卡尔扎伊和伊朗总统内贾德开始在巴基斯坦首都伊斯兰堡举行为期两天的三国峰会。

2月17日

德国总统武尔夫在总统府召开的新闻发布会上宣布辞去总统职务。

美国与阿富汗政府已经开始同塔利班举行三方秘密谈判。这是在结束10年阿富汗战争方面取得的一项重要突破。

2月18日

伊朗军舰已进入地中海，表明伊朗有“实力”接近其他国家。

2月19日

伊朗已经停止向英国和法国公司出售石油。

伊朗伊斯兰革命卫队陆军司令穆罕默德·帕克普尔说，革命卫队陆军将举行代号为“黎明”的军事演习。

伊朗研究人员计划建造该国历史上第一枚用来监测地震的科研卫星。

2月20日

如果欧盟国家继续采取“敌意”行为，伊朗很可能停止向葡萄牙、西班牙、希腊、意大利、德国和荷兰出口石油。

泰国总理英拉下午抵达马来西亚，展开一天的工作访问。

日本名古屋市市长河村隆之发表的一番有关“南京大屠杀”的言论引发争议，他称，日军当时在南京“的确存在常规的战斗行为，但我认为南京（大屠杀）事件并未发生过”。

国际原子能机构（IAEA）代表团抵达伊朗，再次就伊朗核计划与伊方对话。伊朗军方宣布从当天开始在南部举行4天防空演习，以期加强防空能力、保护核设施。

当晚，北约驻阿富汗巴格拉姆空军基地的美军士兵将《古兰经》等宗教书籍当成垃圾处理，有不少被焚烧。

2月21日

也门举行总统大选。南部地区政府官员称，分离主义分子占据了亚丁市半数的投票站，迫使投票站关闭。

因驻扎在阿富汗巴格拉姆空军基地的国际安全援助部队人员焚烧大量包括《古兰经》在内的伊斯兰宗教书籍，阿富汗多个城市开始爆发抗议示威活动，造成至少30人死亡、200多人受伤，4名美国军人也在报复袭击中身亡。

国际原子能机构（IAEA）日前称，伊朗拒绝其核查组进入伊朗帕琴军事基地（Parchin），那里被怀疑存在核活动。

2月22日

阿富汗首都喀布尔市中心爆发冲突，目击者称发生枪击事件，数人受伤。美国随即宣布关闭驻喀布尔使馆。

澳大利亚外交部长陆克文宣布辞职。

阿富汗国家电视台、国有航空公司的官方网站当晚遭到黑客攻击。

2月23日

美国朝鲜政策特别代表戴维斯和朝鲜外务省第一副相金桂冠在北京举行第三次高级别对话，就重启朝核问题六方会谈交换意见。

阿富汗民众抗议美军士兵在北约基地焚烧《古兰经》的示威活动进入第三天。东部一个美军基地遭示威民众包围引发骚乱，阿富汗政府军开枪，打死2名示威民众，使得全国当天在示威活动中的死亡人数达到5人。

2月24日

11时20分，有关叙利亚问题的“叙利亚之友”会议在突尼斯首都突尼斯城举行。

阿富汗民众示威抗议美军焚烧《古兰经》进入第四天。阿富汗官员称，西部赫拉特省的示威活动演变为暴力事件，造成4人死亡。持续4天的示威活动迄今已造成至少19人丧生。

2月25日

也门现任副总统阿卜杜勒－拉布·曼苏尔·哈迪宣誓就任也门新总统。

中国第11颗北斗导航卫星凌晨在西昌卫星发射中心成功发射升空。

巴基斯坦当局动用推土机，拆除位于阿伯塔巴德市的“基地”组织前领导人本·拉登生前最后的藏身住所。

在阿富汗内政部的2名美国军官被打死后，北约组织决定撤出在阿富汗政府部门的工作人员。

2月26日

俄罗斯反对派代表前往莫斯科中心的花园环举行集会活动。同一天，俄总理普京的支持者们计划在凯旋广场举行“普京热爱所有人”的活动。

叙利亚就新宪法草案举行全民公投。

叙利亚最大反对派“叙利亚全国委员会”一些重要成员退出并成立新的组织，意味着对抗总统阿萨德的反对派出现最严重的一次分裂。

2月27日

也门前总统萨利赫在首都萨那的总统府正式向新任总统、前副总统哈迪移交权力。成为自突尼斯前总统本·阿里、埃及前总统穆巴拉克和利比亚前领导人卡扎菲之后，第四位走下统治席位的中东地区领导人。

韩美“关键决心”年度例行联合军演开始在韩国举行，包括驻韩美军在内的2100余名美军人员和约20万名韩军参加演习。

2月28日

叙总统巴沙尔·阿萨德签署新宪法。新宪法的主要内容为：国家政治制度建立在政治多元原则之上，通过投票实施政权民主；总统由人民直接选举，任期为7年，只允许连任1次。

2月29日

英国已经撤回包括大使在内的所有驻叙利亚外交官，英国在大马士革的使馆已经暂停服务。

国际原子能机构（IAEA）首席核查人员赫尔曼·纳克茨称，卫星观测显示，伊朗的帕琴军事基地出现异常活动。

朝鲜外务省发言人就举行的朝美高级别会谈发表声明，称双方将改善朝美关系，美国同意向朝鲜提供24万吨营养食品，朝鲜则暂停核试验、远程导弹试射和宁边的铀浓缩活动。

三月

3月1日

巴方将推动巴基斯坦—伊朗天然气管道项目，以克服巴基斯坦国内严重的能源危机。

阿拉伯国家联盟（阿盟）秘书长阿拉比在开罗否认阿盟介入为叙利亚反对派提供武器一事。

克罗地亚总统约西波维奇与到访的奥地利总统菲舍尔在克罗地亚总统府就克加入欧盟以及双边关系等问题举行了会谈。

3月2日

联合国难民事务高级专员公署（难民署）在日内瓦公布数据显示，马里北部地区武装冲突已导致约8万难民逃往周边国家。

阿富汗最高宗教委员会“乌理玛委员会”发出声明，要求公开审判在美军基地丢弃并焚烧《古兰经》的人员。

巴基斯坦北部开伯尔部落地区的一座清真寺当天遭自杀式爆炸袭击，

造成至少23人死亡、约20人受伤。

法国总统萨科齐在布鲁塞尔说，法国决定关闭驻叙利亚大使馆。此前，美国、瑞士和英国已关闭其驻叙利亚使馆。

3月3日

俄罗斯国防部已经偿还驻吉军事设施所欠租金。

3月4日

日本陆上自卫队和驻冲绳美国海军陆战队开始在北海道东部的“矢臼别演习场”举行联合军演。

刚果（布）首都布拉柴维尔一弹药库发生爆炸事故，约200人遇难，2000余人受伤。爆炸波及附近的北京建工集团项目工地，6名中国员工不幸遇难。

清晨，刚果（布）首都布拉柴维尔的一个军火库发生连环爆炸，造成200人死亡。

3月5日

阿东部楠格哈尔省首府贾拉拉巴德市发生一起自杀式炸弹袭击事件，造成包括袭击者在内的2人死亡，12人受伤。

叙利亚总统巴沙尔·阿萨德致电祝贺普京当选俄罗斯总统。

中国驻日本大使馆拒绝了日本名古屋市长河村隆之的拜访请求。河村隆之此前在中国南京代表团访日时发表否认南京大屠杀的言论。

3月6日

欧盟外交和安全政策高级代表阿什顿复函伊朗首席核谈判代表贾利利，表示美国、俄罗斯、英国、法国、中国和德国愿意与伊朗就伊核问题恢复谈判，现阶段谈判重点应为建立互信。

土耳其航空公司一架班机由土耳其首都安卡拉飞抵摩加迪沙亚丁·阿卜杜拉国际机场，结束了索马里20年来没有国际航线的历史。

菲律宾外交部表示，由于“预算限制”，菲外交部计划关闭至少10个驻外使领馆。

3月7日

“基地”组织宣称对也门政府军在南部遭袭与一架军机在萨那爆炸等事件负责。

俄罗斯中央选举委员会公布总统选举正式结果，普京当选俄新一届总统。

刚刚在总统大选中获胜的普京表示，俄罗斯没有考虑向叙利亚总统巴沙尔－阿萨德提供政治庇护。

日本首相野田佳彦在东京与到访的泰国总理英拉举行会谈。

巴勒斯坦伊斯兰抵抗运动（哈马斯）的发言人巴荷姆宣布，如果伊朗和以色列开战，哈马斯将不会袭击以色列。

3月8日

北约发表声明说，北约秘书长拉斯穆森当天致电俄罗斯当选总统普京，希望在反导问题上继续与俄接触与对话。

再度当选俄罗斯总统的普京日前就北方领土问题主张把色丹、齿舞两岛归还日本。日本首相野田佳彦在众院预算委员会上就此表示："这不是四岛归还一半就可以的问题。这两个岛的面积仅占（北方四岛总面积的）7%，其余93%不归还就谈不上公平。"

3月9日

日本防卫相田中直纪上午在记者会上表示，政府将探讨修改《联合国维和行动（PKO）协力法》，以放宽自卫队参加维和行动时的武器使用标准。

一架美国无人机当天在巴基斯坦南部发射导弹，打死12名武装人员。

3月10日

朝鲜最高领导人金正恩乘坐猎潜舰，视察了朝鲜人民军海军第123部队和驻守西海岸前方哨所的椒岛防御队。

俄罗斯外交部长拉夫罗夫在开罗阿盟总部与阿拉伯国家外长举行会谈，双方就解决叙利亚问题达成若干共识。

3月11日

俄罗斯外交部网站发布俄罗斯、白俄罗斯、哈萨克斯坦三国总理的一份联合声明，声明表示不允许美国和欧盟对白俄罗斯实施经济制裁。

美国陆军士兵罗伯特・贝尔斯闯入阿富汗潘杰瓦伊地区一座美军军营附近的村庄，枪杀17名阿富汗平民，并焚烧了部分死者的尸体。阿富汗全国各地爆发多起大规模示威，抗议美军士兵的暴行。

斯洛伐克新一届国民议会选举初步统计结果揭晓，前总理菲乔领导的最大反对党方向党获得胜利，在新一届议会中将拥有绝对多数席位。

上午，巴基斯坦西北部城市白沙瓦附近发生炸弹爆炸事件，造成至少15人死亡，30多人受伤。

美国无人机最近3天里对也门南部阿比扬省和贝达省的“基地”组织目标展开了4次空袭，截至当晚已炸死至少64名“基地”组织嫌疑人。

3月12日

叙利亚霍姆斯市发现了40多具妇女和儿童的尸体。叙利亚信息部长当天接受法新社采访时表示，霍姆斯的屠杀是“恐怖团伙”所为，而沙特和卡塔尔正是这些“恐怖团伙”的背后支持者。

俄紧急情况部两架载有人道主义救援物资的伊尔－76飞机已抵达叙利亚首都大马士革。

俄罗斯驻以色列大使馆网页遭到阿拉伯电脑黑客入侵。

3月13日

经过4天的激烈交火之后，以色列和加沙地带的巴勒斯坦激进团体达成停火协议。

孟加拉国一艘渡船在达卡以南27公里处的蒙希甘杰附近的梅克纳河与一艘油轮相撞后沉没，造成至少138人遇难。

土耳其总理埃尔多安宣布，第二届“叙利亚之友”国际会议将于4月2日在伊斯坦布尔召开。

3月14日

韩国总统李明博将在首尔核安全峰会期间最多同25个国家首脑举行双边会谈。

尼日利亚一架警方直升机上午在尼中北部高原州坠毁，造成4人死亡。

3月15日

法国西南部城市蒙托邦一个军事基地附近发生枪击事件，造成2名士兵死亡、1人受伤。

过去24小时内约1000名叙利亚难民进入土耳其境内，至此进入土耳其的叙利亚难民已达1.47万人。

埃塞俄比亚政府军向厄立特里亚境内的武装人员发起军事打击。

巴基斯坦海关官员已经开始准备重新开启北约驻阿富汗部队途径巴基斯坦的物资输送通道。

3月16日

一架土耳其军用直升机撞到喀布尔巴格拉米区的一座房屋后起火，造成十余人丧生，多人受伤。

3月17日

柬埔寨副首相兼经济和财政大臣吉春在金边举行的第八届柬埔寨—亚洲经济论坛开幕式上说，东盟必须加强参与合作解决全球性问题的能力，包括应对经济危机、气候变化、自然灾害、防治传染疾病以及打击跨境恐怖主义和犯罪活动。

利比亚前领导人卡扎菲情报部门负责人阿卜杜拉·塞努西在毛里塔尼亚被捕后，利比亚和法国当天均表示希望引渡塞努西。

3月18日

在政府军和反对派武装继续激战的同时，首都大马士革和叙利亚第二大城市阿勒颇17—18日先后遭多起汽车炸弹袭击，造成大量人员伤亡。

由联合国与阿拉伯国家联盟（阿盟）叙利亚问题联合特使安南派遣的工作组已于当晚间抵达大马士革，开始对叙利亚进行为期3天的访问。

3月19日

日本首相野田佳彦傍晚在官邸与到访的东帝汶总理古斯芒举行了会谈。双方达成协议，日本将向东帝汶提供53亿日元（约合人民币4亿元）贷款用于基础设施建设。

塔吉克斯坦穆尔加布区近3000名居民面临粮食短缺，急需粮食援助。

3月20日

缅甸总统吴登盛抵达河内开始对越南进行为期2天的正式访问。这是吴登盛当选缅甸总统后首次访越。

俄罗斯外长拉夫罗夫在莫斯科与到访的黎巴嫩外长曼苏尔举行会谈，会谈后双方举行新闻发布会。拉夫罗夫认为俄罗斯不会调整本国对叙利亚问题的立场，并注意到西方国家和一些中东国家的立场开始与叙利亚实际情况接轨，俄方对此表示欢迎。

国际原子能机构表示，朝鲜在驱逐该机构核观察员3年之后，于上周五邀请其重返朝鲜。

3月21日

埃及近期成功挫败一起针对通过苏伊士运河外国船只的恐怖袭击企

图，并抓获2名嫌疑人。

欧盟已拨款131万欧元，用以帮助吉尔吉斯斯坦、塔吉克斯坦和乌兹别克斯坦三国在费尔干纳盆地划分国界。

库尔德工人党武装当天在土耳其东南部袭击警方，打死4名警察。

3月22日

马里政变军人成立的“民主复兴和国家重建全国委员会”发表声明，宣布将关闭边境和领空。

苏丹和南苏丹总统将于4月3日在南苏丹首都朱巴举行会晤，讨论并寻求解决两国之间悬而未决的问题。

3月23日

朝鲜地球观测卫星“光明星3号”的发射准备工作“已经进入实际运转阶段”，朝鲜诚实履行朝美协议的立场没有变化。

欧盟27国外长在布鲁塞尔召开会议，正式批准制裁伊朗方案的法律文本。

3月24日

法国内政部长盖昂宣布解除南部—比利牛斯大区的最高反恐预警级别。

美国白宫大规模杀伤性武器政策协调员萨默尔在首尔表示，将强烈要求朝鲜放弃卫星发射计划，并将与中国及俄罗斯等相关国家紧密合作，阻止朝鲜实施这一可能实为远程弹道导弹发射试验的计划。

柬埔寨第三届参议院正式举行第一次全体会议，标志着新一届参议院正式开始履行职责。柬埔寨国王诺罗敦·西哈莫尼出席仪式并发表讲话。在随后举行的选举中，执政党柬埔寨人民党主席谢辛当选参议院主席。

3月25日

俄罗斯总统梅德韦杰夫在会见叙利亚危机联合特使安南时表示，俄方将向安南的斡旋行动提供全力支持。

前往韩国首尔参加核安全峰会的美国总统奥巴马访问了朝鲜半岛非军事区，并和韩国总统李明博举行了会晤。

俄罗斯联邦航天署于莫斯科时间16时10分（北京时间20时10分）在拜科努尔发射场用“质子－M”运载火箭，将一颗美国“Intelsat－22”军民两用卫星发射升空。

3月26日

英国国防大臣菲利普哈蒙德在国会证实，2名隶属北约驻阿富汗部队的英军士兵当日被一名阿富汗政府军士兵开枪打死，该名杀手随后被北约部队击毙。

26—27日，第二届核安全峰会在韩国首尔举行，53个国家和4个国际组织领导人或代表参加了本届峰会。会议通过了《首尔公报》，提出了13项非约束力承诺或鼓励措施。

以色列政府宣布断绝与联合国人权理事会的关系，以抗议该理事会调查犹太人定居点的决议。

3月27日

巴基斯坦港口城市卡拉奇当天发生骚乱，造成至少10人死亡，50多辆汽车被烧。

人类探索太空的先锋、苏联第一颗气象卫星“流星1号”结束了整整43年的太空旅程，重回地球怀抱。

3月28日

埃及制宪委员会在人民议会大楼举行成立以来的首次会议，选举人民议会（议会下院）议长卡塔特尼担任委员会主席。

英国国防大臣菲利普·哈蒙德突访阿富汗南部赫尔曼德省。

3月29日

菲律宾首都大马尼拉地区一家商场发生武装抢劫事件，造成1死6伤，国家警察部队司令已下令成立专案组进行彻底调查。

“金砖国家”领导人第四次会晤在印度首都新德里举行。会议发表内容广泛的《德里宣言》，体现了中国、巴西、俄罗斯、印度和南非五国在“金砖国家”合作、全球经济治理、全球和地区形势等问题上达成的重要共识。

阿拉伯国家联盟（阿盟）第23届首脑会议在伊拉克首都巴格达举行。这是阿拉伯世界自2011年初经历持续动荡后的首次最高级别会议，也是伊拉克自1990年以来首次承办阿盟峰会。会议最后发表了《巴格达宣言》。

毛里求斯总统阿内罗德·贾格纳特在总统府宣布将于30日递交辞呈。

3月30日

巴勒斯坦约旦河西岸、加沙地带以及东耶路撒冷等地爆发大规模游行示威活动，纪念巴勒斯坦“土地日”，游行民众与以军发生冲突。

日本国会决定，启动弹道导弹防御系统，拦截朝鲜“卫星”。防卫大臣田中真纪下达“破坏措置命令”，内容包括自卫队的具体部署方法等。

阿塞拜疆与土耳其将于4月开始在土境内举行联合军演，演习反恐及三防等科目。

3月31日

泰国南部也拉府当天发生的连环爆炸袭击事件死亡人数已升至10人，另有60多人受伤。

利比亚南部萨巴市爆发新的部族流血冲突，造成至少16人死亡，产生冲突的两方分别是塔布族和阿拉伯族。

四月

4月1日

巴基斯坦总统扎尔达里将赴印度进行访问。

马里政变军人领导人、“民主复兴和国家重建全国委员会”主席宣布“恢复”国家宪法。与此同时，图阿雷格部族叛军进一步在北部地区发动攻击。

伊拉克流亡副总统哈希米离开伊北部的库尔德自治区，动身前往卡塔尔进行访问。

第二届“叙利亚之友”国际会议在土耳其最大城市伊斯坦布尔召开。美国国务卿希拉里·克林顿、法国外长阿兰·朱佩等与会，叙利亚政府未受到邀请参会。

为应对朝鲜卫星发射，日本运输舰“大隅”号早晨搭载地对空拦截导弹“爱国者-3”，从广岛县的海上自卫队吴基地出发，计划于3日抵达冲绳县宫古岛。

缅甸全国民主联盟（民盟）领导人昂山素季当日晚在仰光召开新闻发布会宣布，根据当天唱票的初步结果，她已获得进入缅甸议会的资格。

阿富汗问题东京会议首次预备会在阿首都喀布尔举行，探讨阿经济可持续发展与国际合作等议题。

第二届“叙利亚之友”国际会议下午闭幕，会议发表主席声明，对叙利亚反对派表示支持，并承认“叙利亚全国委员会”是叙利亚人民的合法代表，同时强调叙利亚的未来应当由叙利亚人民决定。

4月2日

是英国和阿根廷围绕马尔维纳斯群岛（英国称“福克兰群岛”）主权争端爆发战争30周年纪念日，英国举行多种纪念活动，英首相卡梅伦当日发表声明，重申英国对福克兰群岛的主权及该岛居民的自主权。

日本执政党民主党的代理干事长铃木克昌等29名该党干部提交了辞呈，以抗议日本政府通过提高消费税率相关法案。

4月3日

根据美国总统奥巴马访澳时与澳大利亚总理吉拉德共同宣布的协议，第一批驻澳北领地的美国海军陆战队官兵抵达达尔文。

3—4日，第20届东南亚国家联盟峰会在柬埔寨首都金边召开。会议通过了《金边宣言》、《主席声明》及《金边议程》等一系列重要文件。

日本政府上午召开内阁会议，决定将日本单独对朝鲜实施的制裁措施再延长一年。这是日本政府第八次延长对朝制裁。

4月4日

索马里首都摩加迪沙新近开放的国家剧院发生爆炸事件，目前已造成至少7人丧生，数人受伤。索马里反政府武装“伊斯兰青年运动”当天晚些时候宣布对爆炸案负责。

美国政府就朝鲜远程火箭发射计划表示，国际社会不应向朝鲜派出代表团参观发射情况。据悉，美国航空航天局（NASA）、日本宇航探索局（JAXA）、欧洲航天局（ESA）、俄罗斯联邦航天署等各国有关机构都拒绝参观朝鲜发射火箭现场。

4月5日

日本前首相鸠山由纪夫在国会与外相玄叶光一郎会谈，就计划于6日开始的伊朗之行解释称，“这是个人意愿，我希望作为一名议员努力展开外交”。

联合国与阿盟联合特使称，叙利亚政府向其通报，已从叙利亚的伊德利卜、扎巴达尼和德拉这三个城市撤出部分军队。这三地被指是叙利亚冲突的关键地区。

4月6日

缅甸政府与反政府少数民族武装组织克伦民族联盟在仰光举行中央级和谈，双方签署和谈纪要。

马里政变军人成立的“民主复兴和国家重建全国委员会”在巴马科与西非国家经济共同体（西共体）签署框架协议，表示将把权力移交给马里国民议会议长。

4月7日

马拉维政府证实了总统穆塔里卡5日因心脏病发作去世的消息。马拉维现任副总统乔伊丝·班达下午宣布就职马拉维总统，成为该国历史上第一位女总统。

巴基斯坦北部锡亚琴冰川地区发生雪崩，一座巴基斯坦军营遭到重创，导致139人被埋。

4月8日

巴基斯坦总统扎尔达里对印度进行为期一天的私人访问，成为2005年以来首位访问印度的巴方最高首脑。

朝鲜安排外国记者乘专列到位于平安北道铁山郡东昌里的西海卫星发射场，参观“光明星3号”卫星发射综合指挥所和发射塔。

意大利总理蒙蒂访问巴勒斯坦和以色列，分别与巴勒斯坦民族权力机构主席阿巴斯和以色列总理内塔尼亚胡举行会谈。这是蒙蒂就任意大利总理以来首次访问中东地区。

4月9日

土耳其总理埃尔多安抵达北京，继续对中国进行正式访问。

美国总统奥巴马在白宫会见到访的巴西总统罗塞夫。罗塞夫向奥巴马表达了对于制裁伊朗的担忧，认为制裁将加剧中东地区的紧张局势，并导致油价大幅上涨。

4月10日

俄罗斯和美国近日在新版《削减和限制进攻性战略武器条约》的框架内首次交换了弹道导弹试验的遥测数据。

伊朗石油部长称，伊朗已经中断对希腊的石油出口。希腊成为继英国和法国后又一个被伊朗“断油”的欧盟国家。

为了应对朝鲜发射卫星，日本已经完成“爱国者3”型导弹在全国的部署工作。

日本外相玄叶光一郎与美国国务卿希拉里·克林顿举行会晤。双方一致认为，如果朝鲜借发射卫星“强行发射远程弹道导弹”，包括安理会在内的国际社会有必要采取适当的应对措施。

联合国—阿盟叙利亚问题的联合特使安南抵达伊朗，将与伊方商讨叙利亚局势。

4月11日

朝鲜劳动党在平壤召开第四次代表会议，决定推举劳动党中央军事委员会副委员长金正恩为第一书记，同时宣布拥戴已故最高领导人金正日为“永远的总书记”。

中共中央总书记胡锦涛向金正恩发去贺电，祝贺他被推举为朝鲜劳动党第一书记。

马来西亚第14任最高元首阿卜杜勒·哈利姆·穆阿扎姆·沙阿在首都吉隆坡的国家皇宫正式登基。

马里现任国民议会议长将于上午在首都巴马科的国际会议中心宣誓就任过渡总统，并将在上任40天内组织总统选举。

4月12日

阿联酋外交部当天召回本国驻伊朗大使，抗议伊朗总统艾哈迈迪·内贾德访问归属有争议的阿布穆萨岛。

在前总统杜尔宣布辞职4天后，迪翁昆达·特拉奥雷在马里首都巴马科的国际会议中心宣誓就任马里临时总统。

菲律宾已将“德尔皮纳尔”号军舰撤出黄岩岛海域，改派一艘海岸警卫队船只前往这一海域。

叙利亚政府宣布当日开始实施停火，但这并不表明叙利亚政府真正想落实联合国和阿盟特使安南关于解决叙利亚危机的6点倡议，美国仍对叙利亚局势感到担忧。

4月13日

朝鲜“银河3号”火箭已于北京时间6时38分搭载“光明星3号”地球观测卫星，从朝鲜平安北道铁山郡西海卫星发射场发射升空。随后，朝鲜官方正式宣布卫星发射失败。

英国海军将从下周一开始举行大规模军事演习，其目的之一是应对伦敦奥运期间可能遭受的重大恐怖袭击。

古巴和越南在哈瓦那重申，两国将继续坚持社会主义道路，支持巩固南南合作与和平，尊重在解决国际冲突中各国对自己主权的维护。

美国白宫国家安全事务副助理本·罗兹证实，由于朝鲜不顾美国反对进行了“导弹发射”，美国将不会履行与朝鲜先前达成的粮食援助协议。

4 月 14 日

朝鲜在平壤金日成体育场隆重举行庆祝金日成诞辰 100 周年（4 月 15 日）中央报告大会，朝鲜劳动党第一书记、国防委员会第一委员长、朝鲜人民军最高司令官金正恩出席大会。

第六届美洲国家首脑会议在哥伦比亚卡塔赫纳召开，由于与会各方在古巴等问题上分歧严重，大会最后未能签署共同宣言。

伊朗与六大国（美、英、法、中、俄、德）的新一轮核谈判在土耳其首都伊斯坦布尔正式举行。

韩美 10 余艘舰艇在邻近海域打捞朝鲜火箭残骸，试图通过残骸研究出朝鲜卫星发射失败的原因及朝鲜火箭技术的程度。

时隔将近 15 个月之后，伊朗与美、英、法、俄、中、德六国围绕伊核问题的谈判在土耳其首都伊斯坦布尔重新开启。

联合国安理会一致通过决议，决定在部署联合国叙利亚监督特派团前，派遣一个最多有 30 名不带武器军事观察员的先遣队。

4 月 15 日

阿富汗塔利班组织下午在阿富汗首都喀布尔的使馆区实施了多起爆炸袭击，美国、英国、德国、俄罗斯、日本的驻阿使馆及北约驻阿国际安全援助部队总部均遭到袭击。

俄罗斯海军太平洋舰队四艘舰船从符拉迪沃斯托克附近海湾出发，前往黄海海域参加中俄“海上协作－2012”联合军演，还有一艘舰船将由亚丁湾前去与它们在黄海会合。5 艘舰船中包括“瓦良格”号大型巡洋舰，演习将于 4 月 22—29 日举行。

朝鲜 15 日在平壤“金日成广场”举行大规模阅兵式，庆祝金日成诞辰 100 周年。朝鲜国家最高领导人金正恩出席并发表首次公开演讲。阅兵式上展示了新型远程导弹部队并首次展示无人机。

4月16日

美国国务卿希拉里·克林顿凌晨抵达巴西利亚，开始对巴西进行访问。

4月15—16日，日本驻阿富汗大使馆遭4枚火箭弹袭击，使馆建筑部分受损。塔利班组织发言人称，“日本大使馆并非袭击目标，如果有炸弹落入，是战斗中的误伤”。

菲律宾总统阿基诺公开表示，他正在考虑提名新的驻华大使人选，替换多次遭国会任命委员会抵制的李永年。

菲律宾与美国“肩并肩”联合军事演习在菲首都大马尼拉正式开幕，菲美两军未来两周将在大马尼拉、北部的新怡诗夏省和南部巴拉望省三地同步举行，将有4500名美国官兵与2300名菲律宾官兵一起参加，内容涉及军事演习、人道援助工程、灾害应对训练等。

首个联合国观察团已抵达叙利亚首都大马士革，该观察团由6名观察员组成，将开始工作。

日本政府零时解除了福岛第一核电站事故后在该县南相马市部分区域设立的警戒区和计划疏散区。它是继田村市、川内村之后第三个获解禁的市镇。

在马尼拉，70余名学生抗议者冲击了美国驻菲律宾大使馆，要求美国军队退出一年一度的联合军演。

4月17日

朝鲜外务省发表声明，谴责联合国安理会“关于朝鲜发射卫星的主席声明”，称朝鲜将继续发射实用卫星，并不再受2月29日朝美协议的约束。

澳大利亚总理吉拉德宣布，澳大利亚最早从2012年开始提前从阿富汗撤军，从而使大部分驻扎在阿富汗的军队在2013年底前回到澳大利亚。

伊朗举行大型军队阅兵庆祝建军节，总统内贾德发表讲话，称伊朗军队会令任何来犯的敌人“后悔莫及”。内贾德说：“外国干涉只会给该地区带来毁灭、纷争和不安。”

4月18日

菲律宾海岸警卫队的“埃德赛”号已经抵达南海黄岩岛水域，替换了自上周起就加入对峙的“巴拉望”号，菲方停留在黄岩岛海域的各类船只仍有20余艘。菲律宾外交部发言人称，菲律宾护卫舰“埃德赛”号已进入黄岩岛海域，政府要求其必须升起白旗，以表示和平解决此次对峙的意愿。

德国联邦政府内阁作出改变国防军在索马里地区的授命。根据决定，德国海军将受命对索马里海盗的基础设施进行空中打击，在行动中允许直升机进入内陆2公里之内。

美国国务卿希拉里·克林顿表示，北约在2014年撤出主要作战部队后，将继续同阿富汗开展合作并资助阿富汗安全力量部队。

苏丹总统奥马尔·巴希尔向南苏丹宣战，威胁推翻南苏丹现政府，夺回被南苏丹占领的石油重镇。

4月19日

印度于当地时间8时5分（北京时间19日10时35分）成功试射“烈火-5”洲际弹道导弹，试射地点位于该国东部奥迪沙邦的惠斯勒岛。

菲律宾军方北吕宋地区司令阿尔坎塔拉声称，由菲律宾国家博物馆派出的考古船“萨兰加尼”号已于18日晚上离开黄岩岛海域，早前进入黄岩岛海域的菲律宾渔船也已离开。他还向媒体澄清，这艘考古船未受到中方人员“威胁”，期间亦未发生“不同寻常的”事件，形势“稳定”。

中国外交部发言人刘为民在例行记者会上表示，中方对南北苏丹冲突升级表示严重关注，再次呼吁两国立即停止冲突，尊重彼此主权，从大局和长远出发，保持最大限度的冷静与克制，增进互信，积极配合国际社会的斡旋努力，尽快恢复谈判和对话，促使局势早日缓和。

伊朗石油部长罗斯塔姆·加塞米警告说，如果欧盟在下一轮伊核会谈之后未能解除对伊朗制裁的话，伊朗将会停止向所有欧盟国家出口石油。

4月20日

南苏丹政府宣布，该国军队将立即撤出他们占据的苏丹哈季利季油田。

俄罗斯东部军区和蒙古国武装力量就2012年9月在布里亚特一场靶场举行代号为“色楞格-2012”的联合反恐军事演习达成协议。

4月21日

苏丹总统巴希尔表示不会再就石油问题同南苏丹举行谈判，也不会允许南苏丹通过苏丹领土运输石油。

联合国安理会一致通过决议，决定设立联合国叙利亚监督团（联叙监督团），初期部署300名非武装军事观察员，最初任期为90天。

4月22日

正在菲律宾南部参加军演的美军指挥官杜安·蒂森准将强调，美菲“肩并肩2012”联合军演与菲律宾和中国在黄岩岛海域发生的对峙事件没有关联。

2012法国总统大选首轮投票开始，10名候选人将就此迎来一场竞争激烈的投票考验。

4月23日

晚上11点到24日凌晨1点，苏丹战机向帕纳库亚科（Panakuac）投下了8枚炸弹。苏丹战机夜间轰炸了南苏丹石油资源丰富的边境地区。

美国中央情报局（CIA）网站遭黑客组织袭击，访问中断数个小时。

朝鲜劳动党第一书记、朝鲜国防委员会第一委员长金正恩向胡锦涛回电。电文称，毫不动摇地加强和发展朝中两国老一辈领导人缔造和培育的朝中传统友谊，是朝鲜党和政府坚定不移的立场。

美国将对叙利亚和伊朗帮助其政府干扰和监控互联网和电话通讯的实体及个人实施制裁。

欧盟外长会议在欧洲袖珍小国卢森堡举行，叙利亚、缅甸两国成为外长们讨论的重点。针对叙利亚，欧盟外长们通过了第14轮制裁措施；关于缅甸，欧盟外长们同意暂停经济制裁。

4月24日

俄罗斯国防部海军人士表示，俄海军舰队已驶向黄海区域，中俄海军将在黄海水域开始进行“海上合作－2012”海军演习的主要阶段。

巴基斯坦宣布，预定即日起到29日，在印度洋试射一枚远程导弹。

应国家主席胡锦涛邀请，南苏丹共和国总统萨尔瓦·基尔·马亚尔迪特于24—28日对中国进行国事访问。国家主席胡锦涛与基尔进行会谈。

苏丹已经对南苏丹“宣战”。南苏丹总统基尔说：“南苏丹共和国正经历非常危急的时刻，因为我们在喀土穆的邻国已经对南苏丹共和国宣战。”

4月25日

美国与菲律宾“肩并肩2012”联合军演在菲律宾的巴拉望岛海滩进行了模拟抢滩登陆演习。菲军方强调，此次军演没有政治色彩。

巴基斯坦成功试射了一枚可携带核弹头的中程弹道导弹“沙欣－1A”。

马里过渡政府总理谢赫·莫迪博·迪亚拉上午正式组建马里过渡政府。

美国国防部长帕内塔在里约热内卢表示，美国愿意向巴西转让军事技术，并有意和巴西建立战略合作伙伴关系，以保证美洲安全。

联合国宣布，任命前日本驻联合国大使高须幸雄（65岁）为分管财政和人事的副秘书长，接替来自德国的安吉拉·凯恩。

4月26日

印度清晨发射了一枚极轨卫星运载火箭，成功将首颗自主研制的微波雷达图像卫星送入轨道。

尼日利亚首都阿布贾和中北部卡杜纳州分别发生爆炸事件，至少造成40人死亡。

参加“海上联合-2012”中俄海上联合军事演习的双方舰艇、飞机在青岛附近黄海海域举行盛大的海上阅兵仪式。

4月27日

美国与菲律宾“肩并肩2012”联合军演正式落下帷幕，菲军方高层声称，这场军演取得“巨大成功”，稳步提升了菲美两军协同能力。

尽管面临来自中国的抗议，菲能源部宣布仍将进行礼乐滩油气勘探招标活动。

俄罗斯总统梅德韦杰夫表示，他同意接受执政党统一俄罗斯党（统俄党）的邀请，接替普京担任该党领导人。

4月28日

苏丹表示拒绝联合国安理会介入苏丹与南苏丹的边境冲突。

由于其驻埃及使领馆安全受到埃及抗议者的威胁，沙特决定关闭驻开罗大使馆和驻苏伊士和亚历山大的领事馆，同时召回驻埃及大使。

4月29日

埃及人民议会（议会下院）议长卡塔特尼在议会会议上决定，人民议会从30日起休会一周，以示对内阁抗议，呼吁詹祖里内阁辞职。

巴基斯坦西北部开伯尔部落地区下午发生汽车炸弹袭击事件，造成至少3人死亡，另有20人受伤。

4月30日

印度警方称，在印度东北部阿萨姆邦发生的沉船事故中，至少有200

人失踪。

叙北部城市伊德利卜发生2起爆炸事件，共造成8人死亡、数十人受伤。

五月

5月1日

泰南北大年府上午发生一宗摩托车炸弹袭击事件，有2名国防志愿者死亡，6人受伤。

5月2日

黎明时分，埃及首都开罗数百名反对军事统治的示威者遭到不明身份者的袭击，双方随后发生冲突，目前已造成20人死亡。

日本民主党政调会长前原诚司下午与俄罗斯外长拉夫罗夫在莫斯科市内的日本料理店举行会谈。前原重申“北方四岛”（俄称“南千岛群岛”）是“日本固有领土”。双方一致认为解决“北方四岛”归属问题并签署和平条约、发展两国关系很重要。

联合国安理会一致通过决议，要求苏丹、南苏丹立即停止一切武装冲突，将双方军队无条件撤至各自边境线内。

5月3日

朝鲜中央通讯社刊登报道称，“任何人都无法妨害朝鲜征服宇宙的宏伟事业”，朝鲜将会有更多的卫星升空。

正在黎巴嫩访问的伊朗第一副总统拉希米在贝鲁特表示，伊朗希望叙利亚恢复和平、安全与稳定，反对叙利亚发生任何流血事件。

5月4日

巴基斯坦北部巴焦尔特区一市场附近早上发生的自杀式炸弹袭击造成至少20人死亡，另有40多人受伤。

伊朗议会选举第二轮投票的主要结果出炉，忠于最高领袖哈梅内伊的极端保守派系再次获得多数议席，巩固了之前在议会选举中取得的初步胜利成果，而总统内贾德所属的派系则遭受重创。

5月5日

蒙古国前总统、蒙古人民革命党主席那木巴尔·恩赫巴亚尔因绝食造成身体欠佳，当晚被送往第461监狱医院检查治疗。

5月6日

法国社会党候选人弗朗索瓦·奥朗德在总统选举第二轮投票中以微弱优势战胜现任总统、右翼政党人民运动联盟候选人尼古拉·萨科齐，当选法国总统，并于15日开始正式履行总统职责。

朝鲜外务省发言人发表谈话，谴责联合国安理会常任理事国发表《共同声明》，并表示将以核遏制力来守护国家自主权。

5月7日

俄罗斯新总统普京在克里姆林宫宣誓就职。

也门“基地”组织成员对也门南部津吉巴尔市郊两个政府军哨所发动攻击，造成至少40名士兵死亡，40余人受伤。

5月8日

利比亚临时政府总理办公室所在大楼下午遭武装分子袭击。

俄罗斯联邦国家杜马（下议院）下午审议了新一届政府总理人选提名，以299票赞成的结果，批准梅德韦杰夫出任总理，新总统普京随后将正式签署对梅德韦杰夫的任命令，一周内梅德韦杰夫将向普京提交新一届政府的组阁计划。

索马里叛军持迫击炮和机枪，在夜间袭击了驻守在索马里首都摩加迪沙的非盟维和部队，导致至少9人丧生，其中包括7名平民。

5月9日

联合国叙利亚监督团（联叙监督团）车队在南部德拉市附近遭到路边炸药包袭击，造成负责保卫车队的8名叙利亚军人受伤。

一架俄罗斯苏霍伊超级100型支线客机在印尼西爪哇省茂物县进行飞行展示时失事，机上40余人全部遇难。

5月10日

叙利亚首都大马士革发生两起严重爆炸事件，叙内政部发布消息称，爆炸事件共造成55人丧生，372人受伤。

5月11日

委内瑞拉总统查韦斯当晚结束在古巴进行的最后一次放射治疗，返回委内瑞拉。

叙利亚部队在该国阿勒颇市打死一名试图发动自杀式袭击的袭击者，袭击者所驾驶车辆载有1200公斤爆炸物。

5月12日

菲律宾总统府宣布，菲社会经济规划部长和国家经济发展署署长帕德兰加近日以“健康理由”辞职，总统阿基诺已委任“减贫专家”巴里萨坎代理相关职务。

阿根廷一艘货轮与一艘巴拉圭拖船在南美洲巴拉那河相撞后沉没，事故导致7人失踪。

5月14日

欧盟外长会议通过决议，决定对叙利亚实施第15轮制裁，2家叙利亚企业和3名叙利亚人被添入制裁名单。

尼泊尔于当日失事飞机的乘客详情已查明，其中包括16名印度人和2名丹麦人。

巴基斯坦准军事部队的一个车队下午在西南部城市奎达遭遇炸弹袭击，造成至少3人死亡、28人受伤。

5月15日

法国社会党人士弗朗索瓦·奥朗德正式就任法兰西第五共和国第七任总统。

暗杀伊朗核物理学家马苏德·阿里－穆罕默迪而被判死刑的伊朗籍凶手贾迈利·法什当天在德黑兰被执行绞刑。

希腊各政党领导人关于组建联合政府的谈判破裂，希腊将于6月17日再次举行议会选举。各政党的主要分歧是希腊是否应该履行其与欧元区国家达成的两轮救援协议，通过一系列紧缩和改革措施来摆脱债务危机。

日本民营企业——气象新闻公司首次向媒体展示了其制造的超小型北极海冰监测卫星WNI，预计它将于2012年9月后在俄罗斯发射入轨。

5月16日

德国总理默克尔宣布，在2014年北约从阿富汗撤军后，德国每年将向阿富汗提供1.9亿美元的援助，用于阿富汗警察和安全部队建设。

5月17日

日本和澳大利亚两国政府在东京签署情报安全协定，该协定将为两国共享军事机密和反恐情报提供法律依据。

5月18日

缅甸成立了以总统吴登盛为主席的“联邦和平中央委员会”和以副总统赛茂康为主席的“联邦和平工作委员会”，以期推动政府与少数民族武装之间的和谈进程，争取实现国家的永久和平。

5月18—19日，八国集团峰会在美国马里兰州戴维营召开。会议就欧债危机、伊朗核问题、叙利亚危机、朝鲜半岛核问题、全球能源和粮食安全等议题发表了《戴维营宣言》。

5月19日

叙利亚东部代尔祖尔市上午发生一起自杀式汽车炸弹袭击事件，造成至少9人死亡，另有大约100人受伤。

也门政府军、部落武装与“基地”组织上午在该国南部阿比扬省贾尔镇激烈交火，造成5名政府军士兵和25名“基地”组织武装人员丧生。

5月20日

俄罗斯国家反恐委员会宣布，达吉斯坦共和国非法武装三号人物阿斯兰·马梅多夫当天被警方击毙。

北约成员国领导人宣布，驻阿富汗国际安全援助部队自2013年年中开始由执行作战任务转为发挥辅助作用。此举标志北约阿富汗过渡计划进入收尾阶段。

5月20—21日，北约领导人第25次会议在美国芝加哥举行。会议在北约未来军事能力建设和阿富汗问题上达成了多项共识，并发布《北约峰会防卫能力宣言》和《芝加哥峰会阿富汗宣言》。

5月21日

俄罗斯总统普京签署命令，任命新一届政府成员。新政府由1名总理、7名副总理及21名部长组成，其中3/4的成员为新面孔。

1名“基地”组织成员在也门首都萨那混入阅兵彩排队伍中并引爆身上的炸弹，造成至少90名政府军士兵死亡，200多人受伤。

5月22日

朝鲜外务省发言人发表声明谴责八国集团峰会宣言，称宣言内容是对朝鲜和平发射卫星和发展自卫核遏制力的侵犯，并称一开始就没有进行核试验的计划。

加拿大总理哈珀在北约峰会闭幕时宣布：加拿大将于2014年3月底前

撤出全部驻阿富汗的军事教官。他同时承诺，在撤军之后，自2015年开始的3年里，加拿大将每年向阿富汗军队提供1.1亿美元的援款。

韩国政府计划在今后5年内投入2.5万亿韩元（约合21.5亿美元）添置多种型号的导弹，以应对“朝鲜威胁”。

3名伊朗人当晚在叙利亚北部阿勒颇省被不明身份的武装分子绑架。

5月23日

巴基斯坦军方一架直升机在东部旁遮普省执行训练任务时失踪。事发时，机上有1名飞行员和1名训练官。

伊朗与六国的新一轮核会谈在伊拉克首都巴格达举行。

也门政府军与“基地”组织当晚在南部阿比扬省激战一夜，至少击毙35名“基地”组织武装分子。

5月25日

俄罗斯国防部与联合造船集团签署一份关于购买一批“北风之神”级核潜艇的合同。

国际原子能机构（IAEA）核查人员在伊朗一处地下核设施发现了比那里进行的铀浓缩活动纯度更高的浓缩铀痕迹。

叙利亚中部霍姆斯省胡拉镇发生袭击事件，造成至少108人死亡，其中包括至少49名10岁以下的儿童与32名妇女。

5月26日

俄罗斯驻日本新潟总领事普什科夫·弗拉基米尔在新潟县一野营地不慎坠崖身亡。

菲总统阿基诺已提名前驻华大使索尼娅·布雷迪女士再度担任菲驻华大使。

北约联军在阿东部帕克蒂亚省发动空袭行动，炸死阿富汗平民一家八口，其中包括6名儿童。

5月27日

伊朗第九届议会举行就职典礼，总统艾哈迈迪－内贾德等多名伊朗政要出席就职仪式。

巴基斯坦一辆警车下午在巴西南部城市奎达遭遇炸弹袭击，造成至少3人死亡，另有7人受伤。

正在阿富汗执行任务的国际安全援助部队（ISAF）宣布，4名队员在

26 日阿富汗南部发生的多次炸弹袭击中身亡。

一辆载有巴基斯坦朝圣者的公共汽车晚间在伊拉克首都巴格达西部地区遭遇路边炸弹袭击，造成 24 人受伤。

印度总理曼莫汉·辛格开始缅甸之行，引起了外界的高度关注，这不仅因为缅甸近期受到的国际关注不断上升，也因为这是印度总理自 1987 年来首次访缅。

5 月 28 日

肯尼亚首都内罗毕闹市区一家小型商业综合设施发生爆炸，造成至少 28 人受伤。目前爆炸的原因还不清楚。

北约一架直升机在阿富汗东部坠毁，造成 2 名士兵死亡。

美军无人机对也门基地组织武装分子发动了空袭，打死 5 名武装分子。

叙利亚问题联合国与阿盟联合特使安南抵达大马士革，将与叙利亚总统、外长等高官举行会谈。

日本海上自卫队 3 艘训练舰抵达菲律宾，开始进行为期 5 天的访问，以加强两国海上部队的关系。

苏丹军队宣布，已经决定从苏丹与南苏丹之间存在争议的阿卜耶伊地区撤出其部队。

美军无人机晚上在巴基斯坦西北部部落地区发动空袭，造成至少 4 人死亡，另有数人受伤。

5 月 29 日

意大利东北部艾米利亚—罗马涅区发生里氏 5.8 级地震。意大利民防局称，地震已造成至少 15 人死亡，救援人员仍在搜救几名下落不明的民众。

包括美国、英国、法国、德国等在内的多个西方国家宣布驱逐叙利亚外交官。

“基地”组织武装分子对一个也门政府军车队发动袭击，造成 5 人死亡。

联合国叙利亚问题特使安南与叙利亚总统巴沙尔·阿萨德举行会晤。

索马里总统谢赫谢里夫·谢赫·艾哈迈德及其卫队在首都摩加迪沙郊外遭到武装人员伏击，但艾哈迈德本人和卫队成员无人伤亡。

5月30日

阿尔巴尼亚议会举行首轮总统选举，因执政党和反对党未能就候选人达成一致意见，选举无果而终。

叙利亚对西方国家驱逐其外交官做出反应，宣布驱逐荷兰代办。

菲律宾国会任命委员会火速批准，任命前驻华大使索尼娅·布雷迪女士再度担任菲驻华大使。

莱索托政府发表声明，宣布首相莫西西利当天上午已向国王莱齐耶三世递交辞呈，莱索托政府内阁同时辞职。国王莱齐耶三世要求莫西西利继续担任该职务，直到任命新首相。

5月31日

伊朗革命卫队司令登上了3个伊朗与阿联酋存在主权争议的波斯湾岛屿。

伊拉克首都巴格达发生连环爆炸事件，造成至少16人死亡，56人受伤。

印度北方邦下午发生列车出轨事故，当地警方称事故造成5人死亡，50人受伤。

位于阿拉木图州哈中边境一个哈方边防哨所发生火灾，13人被证实身亡。

叙利亚驻美国加利福尼亚州荣誉总领事宣布辞职，与阿萨德政府划清界限。

六月

6月1日

哈萨克斯坦总统纳扎尔巴耶夫表示，哈中边境哈军哨所火灾是一次“恐怖主义行为”，他要求进行彻底的调查。

美军设在阿富汗东部的一个基地遭到自杀式爆炸袭击，造成14人死亡。

中国与哈萨克斯坦边境被烧毁哨所中发现2具军人尸体，使这次火灾造成的死亡人数上升到15人。

阿富汗东部一处北约军事基地发生自杀式炸弹袭击，造成7人死亡。

日本外务省决定，争取于2014年在喜马拉雅山麓国家不丹开设大使馆。不丹国王旺楚克2011年11月携王后访日时提出希望日本开设大使馆。

6月2日

马来西亚国家元首端姑阿都哈林84岁华诞庆典在国家新皇宫盛大举行。

美军无人机对巴基斯坦西北部部落地带发动了空袭，导弹炸毁一辆汽车，炸死至少3名武装分子。

1名英军士兵在阿富汗南部巡逻时被射杀。

6月3—5日，第42届美洲国家组织大会在玻利维亚科恰班巴召开，会议通过了《美洲社会宪章》和《科恰班巴声明》。

美军参谋长联席会议主席邓普西6月3—4日对菲律宾进行2天访问，菲总统阿基诺及菲军方高层将与其会面。

6月4日

日本首相野田佳彦进行了其出任首相以来的第二次内阁改组。野田下午在首相官邸举行新闻发布会，宣布了新内阁名单。

俄罗斯—欧盟峰会在俄北部城市圣彼得堡举行，峰会讨论了欧洲债务危机、俄欧关系以及叙利亚局势等国际热点问题。双方在双边关系、欧洲能源政策以及中东局势等诸多问题上存在分歧。

6月5日

应中国国家主席胡锦涛邀请，俄罗斯总统普京开始访问中国，为期3天，并出席在北京举行的上海合作组织成员国元首理事会第12次会议。

中国驻菲律宾宿务总领馆向新华社记者证实，2名中国人4日晚在菲律宾南部遭绑架，目前下落不明。

美国国务院发言人马克·托纳在新闻发布会上表示，“确实如此。叙利亚政府通过波兰大使馆正式通知我们，叙利亚正式宣布罗伯特·福特为不受欢迎的人”。

巴勒斯坦民族权力机构主席阿巴斯在此间举行的世界经济论坛中东北非欧亚会议上发表讲话，再次要求联合国接纳巴勒斯坦为正式会员国。

美国国防部长帕内塔开始为期2天的访问印度之旅。帕内塔在与印度总理辛格会晤时表示，希望印度在阿富汗问题上扮演更积极的角色，加大对阿防务的力度。

6月6日

越共中央总书记阮富仲下午在河内会见了赴越南出席第八次中越两党理论研讨会的中共中央政治局委员、中央书记处书记、中宣部部长刘云山。

6月6—7日，上海合作组织成员国元首理事会第12次会议在北京举行。与会领导人签署了《上海合作组织成员国元首关于构建持久和平、共同繁荣地区的宣言》及多项合作文件。

6月6日俄驻日本大使叶夫根尼·阿法纳西耶夫在新闻发布会上表示，俄罗斯愿意与日本在现有双边文件的基础上、在没有任何前提条件的情况下讨论领土问题。

叙利亚总统巴沙尔·阿萨德任命该国农业部长利雅德·希贾布（Riad Hijab）为新任总理，并命其组阁新政府。

叙利亚哈马省卡比尔农场发生惨案，西方媒体称至少78人死亡。

6月7日

在结束对印度为期2天的访问后，美国国防部长帕内塔在没有对外宣布的情况下抵达阿富汗首都。

日本驻华大使丹羽宇一郎接受采访时表示，反对东京都知事石原慎太郎“购买”钓鱼岛的计划。

叙利亚问题联合特使安南表示，希望伊朗参与到解决叙利亚危机的努力中来，但这一建议立即遭到美国驻联合国代表的反对。

中国常驻联合国代表李保东在纽约联合国总部说，中方坚决反对通过外来武力干涉解决叙利亚危机以及强行推动“政权更迭”。

6月8日

美国国务卿希拉里宴请到访美国的菲律宾总统阿基诺，表示美国对南海领土争议不持立场，并鼓励通过外交对话解决黄岩岛问题。

国际原子能机构（IAEA）与伊朗的新一轮谈判在维也纳开始展开。

黎巴嫩外长曼苏尔在贝鲁特表示，黎巴嫩反对对叙利亚进行任何形式的军事干预。

6月9日

法国总统奥朗德在法国南部城市蒂勒表示，法国将从2012年7月开始撤出法国驻阿富汗作战部队，并在年底之前完成撤军。

阿富汗东部卡皮萨省发生自杀炸弹袭击，至少4名法国士兵被炸死，5人受伤。

日本海上自卫队与印度海军在神奈川县附近相模湾举行首次联合军事演习。

尼日尔司法部长兼政府发言人阿马杜接受媒体采访时表示，尽管7名尼日尔籍维和人员日前在科特迪瓦遇袭身亡，该国士兵将继续参加联合国驻科特迪瓦行动团（联科团）的维和行动。

6月10日

日本保守派政治团体在钓鱼岛附近海域举行钓鱼大赛，以显示日本对钓鱼岛所谓的“主权”。

6月11日

法国反潜艇驱逐舰“德格拉斯”号抵达俄罗斯摩尔曼斯克州北莫尔斯克港，开始对该地区进行为期5天的正式访问，并将参加由法俄两国海军举行的联合演习。

日本众议院决算行政监视委员会就东京都政府正筹募资金购买钓鱼岛一事召开听证会。

美国太平洋舰队司令称，随着中国以极快的速度实现本国海军力量现代化，美国海军将把其最先进的战舰、潜艇和战斗机派往亚太地区。

6月12日

中国驻东盟大使佟晓玲在北京表示，中方将在高层战略沟通、互联互通建设、海上务实合作、各领域互利合作、社会人文交流等五大领域加强和东盟合作，提升双方战略伙伴关系。

部分菲律宾民众在首都马尼拉举行反美游行，游行民众一度在美国驻菲大使馆附近与防暴警察爆发冲突。

6月13日

俄罗斯外长拉夫罗夫指责美国向叙利亚反对派武装提供武器，使叙利亚的国内冲突加剧。

南非副总统莫特兰蒂在此间表示，南非反对采取类似“伊拉克模式”

的单边行动解决叙利亚危机。

6月14日

法国新任总统奥朗德飞抵罗马进行访问。下午16点，意大利总理蒙蒂与奥朗德总统在总理府举行会见。

孟加拉国重申拒绝缅甸罗兴亚难民入境，并要求国际社会不要再提此类要求。

6月15日

韩国仁川海洋警察署表示，其已扣留4艘越过韩国专属经济区进行非法作业的中国渔船。

朝鲜在平壤举行“6·15”共同宣言发表12周年纪念大会。

6月16日

苏丹总统巴希尔重申，苏丹与南苏丹就安全问题举行的谈判，必须以1956年1月1日苏丹独立时的南北分界线为基础，并以国际承认的地图为依据。

菲律宾外交部宣布，菲总统阿基诺已下令菲政府船只撤离黄岩岛海域。

6月17日

希腊举行6周内的第二次议会选举。

尼日利亚北部卡杜纳州发生多起爆炸袭击事件，造成至少10人死亡，40余人受伤。卡杜纳州政府决定立即在该州实施24小时宵禁。

6月18日

法国总统弗朗索瓦·奥朗德发表公报说，按照国民议会选举程序，接受总理让-马克·艾罗的内阁辞职，再次任命艾罗为政府总理并负责组阁。

美国总统奥巴马以继续对美国构成严重威胁为由，宣布把对朝鲜的制裁举措延长一年。

6月18—19日，二十国集团领导人第七次峰会在墨西哥洛斯卡沃斯举行，与会领导人讨论了世界经济形势、加强国际金融体系和就业、发展、贸易等议题，并于会后发表了《二十国集团洛斯卡沃斯峰会领导人宣言》。

韩美将举行史上最大规模的联合战斗演习。“和平之眼”空中预警机和由韩国自主研发的T/A-50攻击机将首次参加演习。

6月19日

巴基斯坦最高法院宣布，由于巴基斯坦总理吉拉尼未就其藐视法庭罪的判决提出上诉，最高法院宣布取消其总理资格。

朝鲜一艘警备艇南下至“北方界限”（NLL）海域，韩方采取了警戒强化措施，一度引起紧张。

6月20日

在希腊雅典总统府，希腊新民主党领导人安东尼斯·萨马拉斯宣誓就职，成为新一任总理。

6月20—22日，联合国可持续发展大会（“里约+20”峰会）在巴西里约热内卢召开。包括100余位国家元首和政府首脑在内的193个国家的代表一致通过《我们憧憬的未来》成果文件，重申了对全球可持续发展的承诺。

6月21日

美日韩三国在朝鲜半岛以南的公海举行了首次联合军演。

希腊新民主党领导人萨马拉斯领导的三党联合政府宣誓就职。新政府的首要目标是与国际债权人重新谈判两轮救助协议中的部分条款，同时确保希腊留在欧元区之内。

巴拉圭议会众议院投票决定弹劾总统费尔南多·卢戈，原因是总统对一桩农民非法占地事件处置不当，参议院22日判总统有罪，并不容“被告”申辩。总统离开后几十分钟，新总统宣誓就职。

6月22日

为纪念朝鲜战争62周年，下午韩国军方与驻韩美军在京畿道抱川胜津训练场（音）举行了最大规模的联合火力战斗演习。

埃及首都开罗、亚历山大、苏伊士等地再次爆发大规模游行示威活动。民众以“回归法治”为口号，要求废除军方颁布的补充宪法声明，撤销解散议会下院的决定，尽快结束军方统治。

叙利亚防空系统当天击落了一架进入该国领空的土耳其F4战机，引发了外界的关注。

6月23日

叙利亚总统巴沙尔·阿萨德颁布法令，成立叙利亚新一届政府。

土耳其总理府办公室发表声明，确认22日在叙利亚领海坠毁的土耳其战机是被叙利亚击落的，并称将“采取必要措施”应对这一事件。

6 月 24 日

突尼斯总统马祖吉表示，对突尼斯政府遣返利比亚前总理马哈茂迪回国一事表示反对。

朝鲜外务省发言人表示，驻韩美军和韩国军方在非军事区以南以朝鲜国旗为靶进行联合实弹射击演习，这践踏了朝鲜的主权和尊严，是严重的挑衅行为。

6 月 25 日

俄罗斯总统普京开始 7 年来的首次中东之行，并将在此行中访问以色列。伊朗核问题和叙利亚局势将成为他与以色列领导层对话的主要议题。

菲律宾海岸警卫队表示，菲渔船“AXL 约翰”号日前被撞地点与黄岩岛海域相距太远，不能把这起撞船事故与黄岩岛事件联系起来。

6 月 26 日

土耳其总理埃尔多安表示，被叙利亚击落的土耳其军机确有“短时间误入”叙利亚领空。他还说土耳其会就战机被击落事件“进行报复”。

6 月 27 日

伊朗与英国在互相关闭驻对方使馆 7 个月后，就在两国互设办事处达成一致协议。

美国驻缅甸大使提名人德里克・米切尔（Derek Mitchell）表示，缅甸要想和美国实现邦交正常化，必须以与朝鲜断绝关系为前提。

6 月 28 日

英国政府发表白皮书，正式宣布将捍卫对其与阿根廷争议岛屿（英称“福克兰群岛”，阿称“马尔维纳斯群岛”）的主权，并称英国持有该岛的决心不会动摇。

6 月 28—29 日，欧盟首脑会议在布鲁塞尔举行。会议在完善救助机制、防止危机传染等方面取得突破。会议推出了 1200 亿欧元（约合 1519 亿美元）一揽子经济刺激计划，并就加速设立欧元区单一银行监管机构等内容达成协议。

日本副首相冈田克也和日本外务大臣玄叶光一郎分别同来访的菲律宾外交部长德尔罗萨里奥进行了会谈。

6 月 29 日

由美国主导的世界最大规模的多国海上军事演习在夏威夷及周边海域开始。来自22个国家的42艘军舰、6艘潜艇、200多架飞机和2.5万士兵参加了这次名为“环太平洋-2012”的军事演习。参加军演的国家除美国及其传统盟国外，还有俄罗斯、智利、印度、印度尼西亚、马来西亚、秘鲁、菲律宾、新加坡、泰国和汤加等国的军队。

菲律宾已派出军事观察员参加美国主导的“环太平洋军事演习”，但不会参加实际的海军演习。

6月29日10时许，“神九”载人飞船返回舱在内蒙古主着陆场安全着陆，“天宫一号”与“神九”载人交会对接任务取得圆满成功。

6月30日

埃及新当选总统穆尔西在最高宪法法院全体大会上正式宣誓就职。

经过日夜兼程的长途跋涉，“神舟九号”载人飞船返回舱安全运抵北京。随后，“神九”任务主着陆场区指挥部正式向飞船研制单位中国空间技术研究院交接返回舱。

七月

7月1日

韩国“行政中心城市”世宗市正式诞生，包括国务总理室在内的17个政府部门将在自2012年9月起的2年多时间里陆续迁往世宗市办公。

肯尼亚北部加里萨地区上午发生2起暴力袭击事件。至少16人遇袭身亡，另有40余人受伤。

日本“奋起日本”党开始筹建以东京都知事石原慎太郎为党首的新党。

欧盟对伊朗实施禁运措施正式生效。

墨西哥举行总统、议会和地方选举。

7月2日

叙利亚总统巴沙尔·阿萨德签署国家反恐法令，加强打击恐怖主义的力度。

3名英国士兵日前在阿富汗南部被一名身穿阿富汗警察制服的枪手杀害。

阿富汗南部发生自杀式汽车炸弹袭击，造成至少7人死亡，20余人受伤。

7月3日

俄罗斯总理梅德韦杰夫乘飞机抵达俄日争议领土“南千岛群岛”（日本称“北方四岛”）中的国后岛进行视察。

伊朗核问题六方（美国、英国、法国、俄罗斯、中国和德国）与伊朗在土耳其伊斯坦布尔举行专家级会谈。

7月4日

应巴勒斯坦民族权力机构前主席阿拉法特家人的请求，巴民族权力机构同意为阿拉法特开棺验尸，以探查其真正死因。

世界保钓组织成员乘坐台湾渔船前往钓鱼岛海域宣示主权，期间有4艘台湾海巡署巡视船进行护航，但遭到日本当局的围追堵截。

7月5日

利比亚第二大城市班加西的两个主要输油港晚间被“昔兰尼加自治委员会”的示威者关闭。

7月6日

巴布亚新几内亚警方日前在该国东北部马当省（Madang）比亚姆村（Biam village）逮捕了29名食人邪教教徒，他们涉嫌吃掉7人。

墨西哥联邦选举委员会宣布，革命制度党候选人培尼亚·涅托在总统选举中以38.21%的得票率领先。墨西哥选举法规定，在总统选举中获得简单多数的候选人即为获胜者。

美国白宫发表一份备忘录说，奥巴马总统已将阿富汗定为“重要非北约盟国”，从而为两国在2014年防务移交之后进一步开展军事合作打开了大门。

7月7日

利比亚举行国民议会选举，共有2639名独立候选人和374个党派或政治团体的代表竞争200个议会席位。前过渡委执行委员会主席贾布里勒领导的“全国力量联盟”获得近半数党派候选人席位。

叙利亚海军在所属海域举行了实弹军事演习，以提升该国军队应对外来侵略的能力。

7月8日

阿富汗重建问题国际会议通过《东京宣言》，明确国际社会到2015年将向阿富汗提供超过160亿美元的资金援助，宣言同时对阿富汗政府提出了一系列要求。

伊朗已经与欧洲炼油商达成协议，通过作为中间商的一家私营企业联合体出口原油。

7月9日

联合国特使安南与叙利亚总统巴沙尔会谈后表示，已经与巴沙尔就停止叙暴力冲突一事达成框架协议，随后将前往伊朗与叙反对派会面。

日本民主党傍晚召开临时常任干事会议，把对前首相鸠山由纪夫的处分从停止党员资格6个月减为3个月，并正式决定把小泽一郎等37人开除党籍。

7月10日

俄罗斯国家杜马（议会下院）以简单多数通过俄加入世界贸易组织协议文本。

联合国—阿盟叙利亚问题联合特使安南抵达伊拉克首都巴格达，与伊拉克领导人就叙利亚问题展开磋商。

7月11日

巴基斯坦一架军用直升机下午在巴北部斯卡都地区坠毁，机上5人全部遇难。

俄罗斯总理、“统一俄罗斯”党主席梅德韦杰夫责令“统俄党”在南千岛群岛（日称“北方四岛”）建造2个运动康复中心。

7月12日

在扣留7名阿尔及利亚外交官近百日后，“基地”组织北非分支“伊斯兰马格里布基地组织”的下属组织“争取西非唯一性与圣战运动”发言人萨赫拉尤表示，已答应释放其中3名人质。

为使更多日本国民关注钓鱼群岛“购买计划”的进展，东京都政府制作了6000张宣传海报。

7月13日

叙利亚首都大马士革市区发生一起汽车爆炸事件，目前尚无人员伤亡报告。

7月14日

朝鲜代表团团长、外务相朴宜春在第19届东盟地区论坛外长会上发表讲话，要求美国取消对朝敌视政策。

法国举办了传统的国庆阅兵仪式，新任总统弗朗索瓦·奥朗德作为三军统帅在巴黎香榭丽舍大街首次检阅部队。

俄罗斯向日方移交上月底在日俄争议岛屿国后岛附近扣留的2名日本渔民。

7月15日

印控克什米尔警方称，一辆客运大巴车坠入一个峡谷，造成至少15人死亡，17人受伤。

15—17日，第19届非盟首脑会议在埃塞俄比亚首都亚的斯亚贝巴举行。南非内政部长德拉米尼·祖马当选非盟委员会主席，成为非盟历史上首位女性非盟委员会主席。

7月16日

埃及总检察长马哈茂德下令，将健康状况好转的前总统穆巴拉克从开罗马阿迪军事医院转至托拉监狱医院，以继续执行法院判决。

德国总理默克尔日前在接受电视专访时再次表示，“对自己目前工作很感兴趣”，准备在明年大选中继续代表基民盟竞选总理一职。

7月17日

新加坡海军和美国海军开始在南海举行代号为“卡拉特”的第18届新美联合演习，联合军事演习将于本月27日结束。

叙利亚境内近期发生针对伊拉克公民的袭击事件，导致伊公民死亡，因此伊政府呼吁在叙利亚的伊拉克公民回国。

7月18日

一辆载有以色列游客的大巴车在保加利亚城市布尔加斯机场发生爆炸，伤亡情况不详。

叙利亚总统阿萨德任命法赫德·弗拉杰为该国新任国防部长。

坦桑尼亚一艘渡轮在距桑给巴尔岛约10公里处沉没，造成至少128人丧生，另有16人失踪。

位于叙利亚首都大马士革的叙国家安全总部遭到自杀式爆炸袭击，造成叙国防部长、国防部副部长以及叙政府危机处理部门负责人在内的3名政府高官丧生，另有多名高官受重伤。

7月19—20日，中非合作论坛第五届部长级会议在北京举行。会议通过了《中非合作论坛第五届部长级会议北京宣言》和《中非合作论坛第五届部长级会议北京行动计划（2013—2015年）》两个成果文件，为未来3年中非各领域合作绘制了美好蓝图。

7月20日

联合国安理会通过决议，将联合国叙利亚监督团任期延长30天。

叙利亚温和派伊斯兰组织——穆斯林兄弟会在土耳其伊斯坦布尔宣布，因预计阿萨德政府即将解体，他们将组建新党。

美国科罗拉多州一电影院正放映《蝙蝠侠：黑暗骑士崛起》新片时，一名戴防毒面具的男子持枪向观众扫射，造成12人死亡，58人受伤，这是近5年来美国发生的伤亡最严重的一起枪击事件。

位于科特迪瓦西部的迪埃奎发生种族冲突，致使至少11人丧生，40人受伤，靠近城市的一个受联合国驻科特迪瓦特派团保护的难民营被纵火烧毁，将近5000名难民无家可归。

7月21日

一个武装组织位于巴西北部古勒姆部落地区的总部遭到自杀式炸弹袭击，造成至少9人丧生，15人受伤。死者中包括5名儿童。

7月22日

印度国大党领导的团结进步联盟候选人、前财政部长普拉纳布·慕克吉当选印度新总统。

阿富汗西北部城市赫拉特一个训练基地发生枪击事件，造成3名外国承包商死亡，其中包括1名英国人和2名美国人，另有1名陪同的阿富汗翻译受伤。

7月23日

伊拉克总理马利基已下令对叙利亚难民开放边境并要求相关机构为难民提供援助。

伊拉克全国多个地方发生近30起暴力袭击事件，共造成111人死亡，另有200多人受伤，成为2011年8月以来伊拉克最血腥的一天。

7月24日

菲律宾参议院三读表决通过菲律宾与澳大利亚之间的访问部队地位协定，菲总统府当天表示欢迎。

俄方支持吉尔吉斯斯坦加入由俄罗斯、白俄罗斯和哈萨克斯坦组建的关税同盟。

罗马尼亚最大的反对党民主自由党决定抵制即将举行的弹劾总统全民公决，并呼吁党员及其支持者不要参加投票。

7月25日

由于目前叙利亚国内冲突持续，安全局势日益紧张，联合国叙利亚监督团已将观察员的规模由300人缩减至150人。

叙利亚已向俄罗斯保证，存放在其境内的化学武器处于严格保护之中。

7月26日

日本首相野田佳彦在东京会见了来访的美国总统国家安全事务助理多尼隆。与其就目前日美焦点问题——美军垂直起降运输机“鱼鹰V－22”的安全问题进行协商。

俄罗斯将保留其设在叙利亚塔尔图斯港的海军后勤基地。

7月27日

塞尔维亚议会投票批准新一届政府成立。塞尔维亚社会党领导人、前副总理达契奇担任新政府总理兼内政部长。

菲律宾政府军在南部巴西兰省与反政府武装“阿布沙耶夫”爆发的激战已造成10名政府军士兵和9名反政府武装分子死亡，菲武装部队总参谋长和国防部长当天一同前往巴西兰省实地了解战情。

委内瑞拉驻肯尼亚大使馆的一名高级外交官于当天早些时候在其官邸被谋杀。

7月28日

塔利班武装人员越境对阿东南部帕克提卡省的一个边防检查站发动袭击，阿警方在反击中击毙40名塔利班武装人员，另有14名塔利班人员受伤。

黎巴嫩北部城市的黎波里穆斯林逊尼派和阿拉维派武装人员之间27日间晚爆发武装冲突。冲突持续至28日中午，造成至少10人受伤。

7月29日

泰南地区的北大年、也拉两府昨夜今晨连续发生3宗枪击事件，共造成4名平民当场死亡。

罗马尼亚关于弹劾总统伯塞斯库的全民公决7时举行，近1830万选民将对是否赞成弹劾伯塞斯库作出选择。

叙利亚政府军与反对派武装“叙利亚自由军”在叙境内多个地区展开激战。随着叙国内局势持续恶化，波兰、马来西亚及希腊等国相继关闭其驻叙大使馆，红十字国际委员会则宣布暂时从叙首都大马士革撤出部分人员。

尼日利亚北部城市卡诺发生多起不明身份的武装分子袭击事件，共造成至少8人死亡。

伊拉克发生多起爆炸袭击事件，共造成6人死亡，另有21人受伤。

美国共和党总统候选人罗姆尼在访问以色列时宣布，耶路撒冷是以色列的首都。

美军无人机在巴基斯坦西北部部落地区发动无人机空袭，造成至少7人死亡，另有多人受伤。

7月30日

哈萨克斯坦政府军在阿拉木图对武装分子藏匿的一栋楼发动攻势，打死6名嫌疑分子。

叙利亚已关闭驻澳大利亚大使馆。

叙利亚驻英国临时代办哈立德·阿尤比当天宣布辞职。

从下午1点左右开始，印度三大电网相继瘫痪，超过一半地区电力供应中断，6亿多人受到影响，首都地铁系统完全停运，200多名矿工被困地底。有报道称，这应是全球历来规模最大的停电事件之一。

7月31日

也门首都萨那当天爆发武装冲突，造成至少11人死亡，数十人受伤。

伊拉克首都巴格达一个高档什叶派社区连续发生2次汽车炸弹爆炸，造成20人死亡，57人受伤。

巴基斯坦与美国签署驻阿富汗北约部队补给线具体安排协议。

南方共同市场（南共市）成员阿根廷、巴西、乌拉圭三国元首在巴西首都巴西利亚举行特别会议，决定正式接纳委内瑞拉为南共市成员。委内瑞拉历经6年的努力终于取得成果。

八月

8月1日

韩国与土耳其在土首都安卡拉签署了两国自由贸易协定（FTA）的基本协定及商品贸易协定。

索马里全国制宪会议就新宪法草案进行了投票，会议以压倒性优势通过该草案，使之具有临时宪法效力。

约旦安全部队凌晨在首都安曼的凯马利亚和纳赛尔两个地区与恐怖分子发生激烈交火后逮捕13名恐怖分子。约旦情报部门已证实，他们企图在约旦搞恐怖活动，破坏社会治安。

罗马尼亚中央选举办公室宣布，7月29日举行的弹劾总统全民公决投票率为46.24%。这意味着本次全民公决因投票率不到50%的法定门槛而流产。

凌晨，位于利比亚第二大城市班加西的原情报大楼发生爆炸，人员伤亡情况严重。

印度西部普纳市晚间连续发生5起爆炸，造成1人受伤。爆炸都发生在繁华的詹贾里·马哈拉路附近。

8月2日

在叙利亚内战持续恶化之际，联合国秘书长潘基文宣布，科菲·安南将辞去联合国阿盟的叙利亚问题联合特使职位。

叙利亚政府军同藏匿在首都大马士革地区的叙反对派武装发生冲突，多人在冲突中死亡。

美国在叙利亚的领事服务将交给捷克在大马士革的使馆代理，两国外交官正在谈判合作的技术细节。

法国巴黎时间22时54分（北京时间3日4时54分），欧洲“阿丽亚娜5”型火箭从法属圭亚那库鲁航天中心发射升空，将2颗英国“阿万蒂”通信公司的HYLAS－2通信卫星和美国国际通信卫星集团的INTELSAT－

20通信卫星送入轨道。

俄罗斯总统普京对英国进行非正式访问并会见英国首相卡梅伦。

8月3日

第66届联合国大会召开会议，投票通过有关叙利亚问题的决议。这份决议主要针对叙利亚政府进行谴责，指责其违反安理会决议和侵犯人权，同时要求叙利亚政府停止使用重武器。根据现场宣布的表决结果，有133个国家对这份由沙特阿拉伯等国起草的决议投了赞成票，12个国家投票反对，31个国家弃权。

8月4日

位于利比亚首都的黎波里的宪兵队办公大楼附近发生汽车炸弹爆炸，这是前卡扎菲政府被推翻以来的黎波里首次发生此类袭击事件。

非洲联盟（非盟）苏丹问题高级别执行小组领导人、南非前总统姆贝基表示，苏丹和南苏丹已经就石油收入分配等问题达成协议，两国将讨论南苏丹何时恢复石油出口。

8月5日

美国国务卿希拉里对非洲国家马拉维进行访问，这是美国国务卿历史上首次访问这个国家，也是希拉里7月31日开始的11天非洲六国之行的重要一站。

埃及北部拉法地区一边境检查站遭袭击，埃及安全部门宣布将“无限期”关闭与加沙交界处的拉法口岸。埃及总统穆尔西表示，将重新夺回西奈半岛的控制权。

8月6日

美国“好奇”号火星车在火星盖尔陨石坑中心山脉的山脚下成功着陆。“好奇”号项目是迄今最昂贵的火星探测活动，旨在探索火星过去及现在是否有适宜生命存在的环境。

朝鲜人民军驻板门店代表部就韩美将于8月20—31日举行“乙支自由卫士”联合军演一事向美军方面发出抗议通知书。

中国资深外交官吴红波在纽约联合国总部宣誓就任联合国负责经济和社会事务的副秘书长。

越南国家主席张晋创与来访的朝鲜最高人民会议常任委员会委员长金永南在越南首都河内举行会谈，双方一致同意继续巩固和发展两国传统友谊，推动两国在各领域的合作。

8月7日

日本北海道知事高桥春美结束了对日俄争议领土“南千岛群岛”（日本称“北方四岛”）中的色丹岛的访问，返回根室港。这是二战后北海道知事第4次访问“南千岛群岛”。

阿富汗代理国防部长阿卜杜勒·拉希姆·瓦尔达克宣布辞职。

8月8日

日本外务大臣玄叶光一郎对媒体表示，包括自己在内的野田内阁全体成员不会在8月15日的战败纪念日参拜靖国神社。

瑞典表示，该国在白俄罗斯的所有外交官已遭到驱逐。就在5天前，白俄驱逐了瑞典驻该国大使。

白俄罗斯外交部宣布召回其驻瑞典大使馆全体馆员，同时限定瑞典驻白俄罗斯外交官在本月30日前离境，两国外交关系陷入低谷。

埃及总统穆尔西在首都开罗会见了来访的伊朗副总统哈米德·巴凯。

8月9日

俄罗斯中央军区发言人叶夫根尼·梅什科夫中校称，集体快速部署部队“边界—2012”演习参与者开始采取假想的反恐怖行动。

叙利亚总统阿萨德任命卫生部长哈勒吉为叙新总理，接替此前被解职的希贾卜。

蒙古国议会晚间以72.4%的支持率通过了任命民主党主席诺罗布·阿勒坦呼雅格为新政府总理的提案。

美国国务卿希拉里·克林顿原定于8月9日结束对南非的访问后开始对尼日利亚进行为期一天的访问，但出于安全因素的考虑，其访尼行程至今没有向媒体公开。

日本政府日前证实，韩国已将独岛（日本称“竹岛”）上空指定为军事训练区域。

8月10日

利比亚国民议会在首都的黎波里召开的第一次全体会议上选举穆罕默德·马贾里亚夫为利比亚国民议会主席。马贾里亚夫也因此成为利比亚的临时国家领导人。

韩国总统李明博首次登上日韩争议领土独岛（日本称竹岛），引发日本强烈抗议，最终日本宣布临时召回驻韩大使武藤正敏。

8月11日

日本外相玄叶光一郎表示，为抗议韩国总统李明博访问日韩争议岛屿竹岛（韩国称“独岛”），日方将考虑就领土主权问题向国际法庭起诉。

8月12日

“维基解密”组织日前宣称，维基解密网站遭到持续的“拒绝服务”（Denial - of - service）攻击，在一周多的时间里反应迟缓或无法登录。

以色列后方司令部开始测试全国短信预警系统，以保证当伊朗对以色列发动导弹袭击时，及时向以国后方民众发出预警。

8月13日

日本政府正式拒绝了申请登陆中日争议岛屿钓鱼岛的“保卫日本领土行动议员联盟”的登岛请求。

韩国决定，只要日本不在日韩争议岛屿（韩称“独岛”，日称“竹岛”）附近海域派巡逻船等进行实际挑衅，韩国也不会在独岛加强有效控制措施。

8月14日

美国国务院发布新闻公告称，负责政治事务的美国副国务卿温迪·舍曼与中国外交部副部长翟隽当日在北京举行了首轮美中中东对话。

俄太平洋舰队战舰支队将于8月25日—9月17日在萨哈林岛及南千岛群岛举行军事纪念活动，纪念二战苏军登岛战役及牺牲水兵，俄舰还将抵达国后、择捉两个日俄争议岛屿。

8月15日

香港保钓行动委员会船只抵达钓鱼岛主岛，7人登上了该岛。

日本第11管区海上保安总部以“涉嫌违反《出入境管理及难民认定法》”为由，又“逮捕”了9名香港“保钓”人士。使被扣留的总人数升至14人。

白俄罗斯国防部在“玩具熊空降事件”发生月余之后正式承认了瑞典轻型飞机越境进入该国领空的事实。

8月15日是日本二战战败纪念日，日本跨党派议员团体“大家一起参拜靖国神社国会议员会”的55名成员、野田内阁2名成员以及东京都知事石原慎太郎当天先后参拜了位于东京九段北的靖国神社。

8月16日

安理会决定联合国叙利亚监督团任期将于19日结束，不再延期。与此同时，安理会同意在叙利亚首都大马士革设立联合国联络办公室。

韩国庆尚北道政府表示，将于当地时间19日上午11点在韩日争议岛屿独岛（日本称“竹岛”）举行“守护独岛标志石碑”揭牌仪式，以展现韩方捍卫独岛的意志。

日本当局称不会“起诉”香港“保钓”人士，而是将其移送至日本移民局，移民局会在17日将“保钓”人士“强制遣返”。

伊斯兰合作组织在沙特阿拉伯举行高级会议，会上发表声明，正式宣布暂停叙利亚在该组织的成员国资格。

伊朗最高领袖哈梅内伊发表讲话称，以色列是中东地区的一个人为的“产物”，将会从地图上消失。

8月17日

阿尔及利亚前外长拉赫达尔·卜拉希米被任命为联合国—阿盟叙利亚危机联合特别代表，接替2日辞职的联合国—阿盟叙利亚危机联合特使安南。

日本政府提议日韩两国共同就竹岛（韩国称“独岛”）问题向国际法院提起诉讼。

21时25分左右（北京时间17日20时25分），香港“启丰二号”船船长等7名“保钓”人士乘该船从日本冲绳县石垣市出发；此前搭乘航班回国的7名中国公民也于当天19时50分许顺利返回香港。经中国政府多次严正交涉和多方努力，14名被日方在钓鱼岛及附近海域非法抓扣的中国公民已全部启程回国。

日本东京都宣布，将会于本月下旬登上钓鱼岛展开调查，以为购买钓鱼岛及其附属岛屿做准备，计划下周内向日本政府提交登岛申请。

8月18日

总统穆罕默德·穆尔西本月底将访问伊朗，参加在那里举行的不结盟运动领导人会议。

8月19日

韩美将于20日举行“乙支自由卫士”联合军事演习，朝鲜发表声明称，将韩美军事演习视为“侵略朝鲜的战争演习”。

前往冲绳县石垣市为太平洋战争末期避难船遇难事件举行祭拜活动的日本人一行，于上午7点39分登上了钓鱼岛。

8月20日

日本政府以“申请资料不完整”为理由，暂时拒绝了东京都政府提出的登上钓鱼岛的申请。

8月21日

日本自卫队在位于静冈县富士山麓的东富士演习场举行“2012年度富士综合火力演习”，陆、海、空自卫队联合演练了岛屿争夺战，2012年3月才装备部队的10式坦克等先进武器首次公开亮相。

日本驻韩国大使馆参赞大槻耕太郎前往韩国外交通商部，递交了日本政府的外交文件，正式提议两国共同将竹岛（韩国称“独岛”）问题提交国际法院。

8月22日

日本政府决定让为抗议韩国总统李明博访问竹岛（韩国称“独岛”）而召回的日本驻韩国大使武藤正敏于当天返回首尔。

俄罗斯正式成为世界贸易组织（世贸组织）第156个成员，其漫长而又曲折的入世之路终于画上句号。

8月23日

韩国政府决定退回日本首相野田佳彦写给李明博总统的亲笔信，并要求日本外相玄叶光一郎收回有关韩国“非法占领”独岛（日本称“竹岛”）的言论。

美国日前对日本外务省亚洲大洋洲局局长杉山晋辅重申，“钓鱼岛是日美安保条约的适用对象”。

联合国秘书长发言人内西尔基（Martin Nesirky）宣布，潘基文将于8月29—31日前往伊朗首都德黑兰，参加第16届不结盟运动首脑会议。

朝鲜最高人民会议常任委员会委员长金永南即将出席在德黑兰举行的第16届不结盟国家首脑会议，并应伊朗总统艾哈迈迪·内贾德邀请，对伊朗进行正式友好访问。

8月24日

吉尔吉斯斯坦驻白俄罗斯大使被召回。

8月25日

美国得克萨斯州第一大城市休斯敦举办中国钓鱼岛问题座谈会。

日本开始修订与美国之间的防卫合作指导方针。

俄太平洋舰队的舰艇编队从符拉迪沃斯托克启程前往千岛群岛巡航，巡航期间将在“南千岛群岛”（日本称“北方四岛”）的国后和择捉两岛停靠。

8月26日

“两位国王、27位总统、8名总理、9名副总统、6名特使，23—25名外长，50个国家元首级代表团，80个部长级代表团”。伊朗官方的伊斯兰共和国通讯社给出这样一组数字，描述德黑兰不结盟运动大会的风光。伊朗《德黑兰时报》同一天写道：“不结盟运动峰会在伊朗首都举行，面对帝国主义侵略和全面世界战争的威胁，它有望成为地球上最大的秀——展示国际团结与和平共处。”

8月27日

中国民众和军方态度异常明确：坚决反对将钓鱼岛列入日美安保条约。

日本中央政府答复，不予批准东京都提交的登钓鱼岛申请。

美国全面恢复其驻利比亚使馆的领事服务，但同时警告美国公民，如无必要应避免前往利比亚。

8月28日

第16届不结盟运动峰会外长会议在伊朗首都德黑兰开幕，为即将举行的不结盟运动首脑会议做准备。

美国前马萨诸塞州州长米特·罗姆尼在佛罗里达州坦帕举行的共和党全国代表大会上正式获得共和党总统候选人提名，他将在11月6日的大选中挑战现任总统奥巴马。

8月29日

日本参院全体会议下午通过了《海上保安厅法》及《外国船舶航行法》的修正案，赋予了海上保安官调查离岛上发生的犯罪并逮捕犯人等权力。

日本与朝鲜之间的政府谈判举行，这次日朝政府间会谈是2008年以来的第一次。

美国国务卿希拉里·克林顿启程，开始对亚太多国进行访问，她此行将出席太平洋岛国论坛、对中国进行访问，并参加在俄罗斯符拉迪沃斯托克举行的亚太经济合作组织（APEC）峰会。

8月30日

伊朗最高领袖哈梅内伊在不结盟运动峰会上表示，伊朗永远不会寻求拥有核武器，但也不会放弃发展核能的权利。

韩国政府向日本驻韩国大使馆工作人员递交了外交文件，正式拒绝日本政府有关共同向国际法院提交日韩争议岛屿（韩国称“独岛”，日本称“竹岛”）主权问题的提议。

埃及总统穆尔西到访伊朗，出席在德黑兰召开的第16届不结盟运动首脑会议，并向伊朗移交了不结盟运动轮值主席国一职。这是自1979年伊朗和埃及中断外交关系以来，埃及总统首次访问伊朗。

8月31日

韩美联合军司令部表示，“乙支自由卫士”（UFG）军演成功结束。

第16届不结盟运动首脑会议当在伊朗首都德黑兰闭幕。伊朗总统内贾德表示，应该继续扩大不结盟运动的影响，使其能够进一步推动世界和平与友爱。

美国国务卿希拉里·克林顿在出席太平洋岛国论坛会后的对话会时表示，美国寻求在该区域建立“美国式合作模式”。

九月

9月1日

为加强对钓鱼岛周边区域的警备，日本海上保安厅决定在位于冲绳县那霸的第11管区海上保安总部下新设“那霸海上保安部”。

东京都政府的钓鱼岛调查团下午抵达冲绳县石垣岛，于当晚坐船前往钓鱼岛，预定2日上午抵达岛屿近海。

9月2日

利比亚第二大城市班加西市中心下午发生汽车炸弹袭击，1名高级军官被炸身亡，另有1人受重伤。

9月3日

韩国国会通过了两项对日本的决议案，一项是敦促日本政府撤回对独岛（日本称“竹岛”）的领土主张；另一项是敦促日本政府向慰安妇受害者进行正式道歉和赔偿。

9月4日

一家瑞士放射物理学研究所已同意派调查小组前往约旦河西岸城市拉姆安拉，为巴勒斯坦已故领导人阿拉法特验尸。

9月5日

约旦国王阿卜杜拉在约旦首都安曼与到访的巴勒斯坦民族权力机构主席阿巴斯举行会谈，阿卜杜拉重申支持巴勒斯坦人民建立独立国家的愿望。

9月6日

伊拉克表示不允许任何国家经其领空向叙利亚政权输送武器。

缅甸总统吴登盛接受了宪法法院全体成员自愿辞职，从而结束了议会与宪法法院之间的纷争。

9月7日

蒙古国总理阿勒坦呼亚格表示，本届政府将坚持改革开放政策。蒙古国内阁成员当天集体会见外国驻蒙使节。

9月8日

叙利亚北部阿勒颇省省会阿勒颇市两处供水系统因“恐怖分子”破坏而暂时无法提供日常用水，其他地区的水源供应一切正常。

埃及武装部队发言人艾哈迈德・阿里说，军方与警方在西奈半岛的联合清剿行动中击毙32名武装分子，另有38人被拘捕。

俄罗斯空军一架武装直升机在南部达吉斯坦共和国境内坠毁，3名机组人员身亡。

8—9日，亚太经合组织第20次领导人非正式会议在俄罗斯符拉迪沃斯托克举行。会议发表《融合谋发展，创新促繁荣——亚太经合组织第20次领导人非正式会议宣言》，旨在为促进亚太地区繁荣、巩固其在全球经济中的引领地位指明道路。

9月9日

正在巴基斯坦访问的印度外交部长克里希纳与巴内政部长马利克签署

一项旨在简化及放宽签证限制的协议，以取代双方执行了长达38年的严格签证政策。

土耳其安全部队深夜在该省的军事行动中打死26名库尔德工人党武装人员，抓获1人。

9月10日

也门政府军在东部的一次行动中，打死了“基地”组织阿拉伯半岛分支二号头目。

9月11日

也门国防部长穆罕默德·纳赛尔·艾哈迈德的车队在首都萨那市中心遭汽车炸弹袭击，导致10人死亡，国防部长本人也受重伤。

阿富汗西部赫拉特省召开的部族长老会议遭到炸弹袭击。

巴基斯坦南部卡拉奇市西部的一家服装厂和东部城市拉合尔的一家鞋厂发生火灾，共造成至少315人死亡、275人受伤。

利比亚数百名武装分子因抗议一部诋毁伊斯兰教先知穆罕默德的美国电影《穆斯林的无知》而冲入班加西美国领事馆，并同领事馆安全人员发生交火。美国驻利比亚大使史蒂文斯及另外3名外交人员在交火中丧生。

9月12日

索马里新当选总统马哈茂德在首都摩加迪沙一酒店会见来访的肯尼亚外长时遭遇2次自杀性炸弹袭击，所幸没有受伤。

数十名利比亚示威者冲进美国在利第二大城市班加西的领事馆内，将多处建筑点燃。事件已造成一名美国人死亡，另有一人受伤。利比亚对美国驻利比亚大使及3名外交官在班加西遇袭身亡表示道歉。

日本前首相安倍晋三下午正式宣布将参加本月底举行的自民党党首选举。

9月13日

伊朗驻叙利亚大使穆罕默德·里达·萨贾迪同联合国—阿盟叙利亚危机联合特别代表卜拉希米在大马士革举行会谈后表示，伊朗将全力支持卜拉希米的斡旋工作，为解决叙利亚危机找到有效的解决方案。

9月14日

约300人在黎巴嫩北部参加了反美示威，抗议美国电影诋毁伊斯兰教先知默罕默德。示威民众焚烧了一家肯德基餐厅，与警方爆发冲突，造成

1 名示威者死亡，25 人受伤。

伊拉克、巴勒斯坦与突尼斯等国爆发反美示威，抗议美国电影诋毁伊斯兰教先知默罕默德。

9 月 15 日

叙利亚总统巴沙尔·阿萨德与来访的联合国—阿盟叙利亚危机联合特别代表卜拉希米举行会晤。

位于俄罗斯北高加索地区的达吉斯坦共和国强力部门在一次特别行动中击毙 5 名非法武装人员，1 名警察在行动中身亡。

9 月 16 日

位于韩国庆尚北道的月城核电站“一号机”发生故障暂停发电。

9 月 17 日

俄罗斯为印度改造的“旃陀罗笈多二世”号航空母舰在进行海试时动力系统出现故障，因此无法在 2012 年交付印度海军。

中国、美国、俄罗斯、英国、法国常驻联合国代表在纽约联合国总部签署共同声明，再次确认蒙古的无核武器地位，并向蒙方提供相应的安全保证。

17—21 日，国际原子能机构第 56 届大会在其总部维也纳召开。会议的主题为“核技术的和平利用与发展”。伊朗核问题、中东无核化以及朝核问题等地区核热点备受关注。

9 月 18 日

法国总统奥朗德将遵守竞选总统时的承诺，给予旅居法国的非欧盟国家外国人地方选举权。

美国国际贸易委员会应日本日立金属及其美国子公司要求，对中国、美国、德国和奥地利等 29 家企业生产的烧结稀土磁体产品发起“337 调查”，以确定它们是否存在专利侵权行为。

第 67 届联合国大会在纽约联合国总部开幕。

9 月 19 日

伊朗首席核谈判代表贾利利在伊斯坦布尔表示，伊朗同意与伊核问题六国继续进行谈判。

9 月 20 日

由俄罗斯提供的近 40 吨人道救援物资运抵叙利亚首都大马士革。俄方同时呼吁其他国家也为叙利亚提供援助。

9 月 21 日

挪威首相斯托尔滕贝格宣布对内阁进行改组，外交大臣、国防大臣等多个重要职位被调整。

以色列南部临近埃及边界地区中午发生交火事件，造成 1 名以色列士兵和 3 名不明身份武装人员死亡。

9 月 22 日

葡萄牙总统府发表声明说，葡萄牙政府已同意寻求新的办法，替代本月 7 日宣布的新经济紧缩措施中有关社保支出的规定。

9 月 23 日

俄罗斯前国防部长帕维尔·格拉乔夫在该院逝世。

伊朗政府日前公开指责德国西门子公司在向伊出口设备中藏炸弹，旨在破坏该国核设施。

9 月 24 日

一列从罗马开往意南部城市莱切的“欧洲之星”火车与一辆停在铁轨上的卡车相撞。火车司机当场死亡，多名乘客受伤。

9 月 25 日

第 67 届联合国大会一般性辩论开幕，来自世界 120 多个国家的国家元首、政府首脑、副总理、外长等高官将云集纽约联合国总部，就当前国际社会面临的重大问题阐述立场。

朝鲜第 12 届最高人民会议第 6 次会议 25 日在平壤举行，最高领导人金正恩出席了当天的会议。会议只通过义务教育法令和几项人事任免，此前外界普遍猜测的经济改革、农业生产改革等内容没有出现。

9 月 26 日

希腊主要工会组织举行全国性罢工和示威活动，抗议政府拟推行的新一轮紧缩措施。

早上发生在叙利亚大马士革市中心针对叙武装部队总参谋部大楼的 2 起爆炸袭击事件已造成 4 人死亡、14 人受伤。

安哥拉执政党“安哥拉人民解放运动”（安人运）主席、现任总统若泽·爱德华多·多斯桑托斯在首都罗安达宣誓连任总统，任期 5 年。

9 月 27 日

法国国防部否认正在制订针对马里北部地区的军事干预计划，并重申马里危机的解决需要联合国决议和西非国家经济共同体（西共体）的相关决定。

日本首相野田佳彦在第67届联合国大会一般性辩论中发言，企图以国际法为日本挑起的领土和领海争端辩解。

苏丹和南苏丹在埃塞俄比亚首都亚的斯亚贝巴就安全、共同边界和经济关系等三项事宜签署了全面和平协议。

伊拉克北部城市提克里特发生大规模越狱事件，一度有超过200名在押人员逃离。事件造成至少15人死亡，45人受伤。另有81人在逃，其中包括多名“基地”组织成员。

9月28日

日本市民组织在东京参议院议员会馆召开发布会，公布名为《终止“领土问题”的恶性循环》的声明，对日本由于领土问题与周边国家摩擦升温的现状深表忧虑。

正在日内瓦举行的联合国人权理事会第21次会议表决通过摩洛哥、沙特等国提交的名为“叙利亚人权状况”的决议草案。俄罗斯、中国、古巴投了反对票，印度、乌干达、菲律宾投了弃权票。

日本执政的民主党召开该党国会众参两院议员全体会议，正式确定了民主党新领导班子。

9月29日

西方多国近日警告在菲首都大马尼拉地区的本国公民防范安全威胁，菲律宾政府表示，已增派警力确保在大马尼拉的外国公民安全无虞。

9月30日

菲军方计划向南沙“部署”超过800名海军陆战队员，并成立新的指挥部。

由于中国对日本非法“购买”钓鱼岛采取强力反制，日本全国47个都道府县中至少有40个道府县取消或推迟了中日邦交正常化40周年纪念交流活动。

伊拉克多地发生汽车炸弹袭击，主要目标是警方检查点，导致17人死亡。

目前成为印尼海军部队最先进的战舰“克利旺625”号护卫舰在东爪哇外“南梦”海军基地失火烧毁，失火原因不详。

叙利亚政府军与反对派武装和外国武装分子在叙北部第二大城市阿勒颇继续进行大范围交战，阿勒颇老市场500多家店铺被烧毁。

伊拉克在全国发生十多起暴力活动，共导致34人死亡，另有80多人受伤，其中仅首都巴格达及其周边地区就有25人死亡。

十月

10月1日

日本首相野田佳彦组建新一届内阁。这是他自2011年出任首相以来的第三次内阁改组。

当地时间中午12时35分左右（北京时间11时35分），4艘中国海监船相继进入钓鱼岛附属岛屿黄尾屿“毗邻区”。

俄罗斯总统普京向中国国家主席胡锦涛祝贺中华人民共和国成立63周年。普京指出，俄中两国关系处于前所未有的高水平。

10月2日

3架美军新型运输机MV-22“鱼鹰”上午10点许从日本山口县美军岩国基地起飞，中午过后抵达了冲绳县宜野湾市的美军普天间机场。在该机场完成部署的“鱼鹰”由此增至9架。

10月3日

土耳其东南部遭到来自叙利亚一侧的迫击炮袭击，土军队随后对叙境内目标实施炮击。

北约最高决策机构北大西洋理事会决定将北约现任秘书长拉斯穆森的任期延长一年至2014年7月31日。

日本海上保安厅称，上午8时40—50分，4艘中国海监船进入钓鱼岛附属岛屿黄尾屿周边“毗邻区”，其中的3艘在11时35—53分进入黄尾屿周边12海里区域。

日本外相玄叶光一郎上午在外务省对职员讲话时就钓鱼岛问题再次强调：“与中国的关系是最重要的双边关系之一。但是，不能让步的就是不能让步。”

争取连任的美国民主党总统奥巴马与他在本次大选中的头号竞争对手、共和党总统候选人罗姆尼晚间展开美国总统大选辩论的首场较量。

北约最高决策机构北大西洋理事会发表声明，强烈谴责成员国土耳其遭迫击炮炮击事件，要求叙利亚立即停止对土耳其的“侵犯行为”。

10月4日

继9月28日辞去副总理及内政部长职务后，泰前副总理荣育再度辞去所任为泰党党魁及国会下议院政党名单制议员职务。

阿富汗总统卡尔扎伊重申，阿总统选举将依照宪法于2014年举行。

巴基斯坦总理阿什拉夫在会见到访的俄罗斯外长拉夫罗夫时说，巴基斯坦希望进一步加强同俄罗斯的关系。

10月5日

日本政府初步决定，由于候任驻华大使西宫伸一尚未赴任便于9月中旬突然病逝，将起用内阁官房长官助理木寺昌人（59岁）出任新驻华大使。

“东盟海上论坛”首次扩大会议在菲律宾首都马尼拉举行，东盟十国以及参加东亚峰会的中国、美国、日本等国家派代表团出席。

驻冲绳美国海军陆战队部署在普天间机场的2架新型运输机MV－22“鱼鹰”上午再次从该机场起飞。

几内亚总统孔戴晚间发布总统令，宣布部分改组政府，撤销11名政府部长的职务，并任命7名新部长，以期望改善政府行政效率和贪腐现状，推动廉洁高效行政。

“第二届西地中海10国首脑峰会”在马耳他首都瓦莱塔举行，与会首脑将在为期2天的会议中就加强地区合作、维护地区安全以及欧债危机挑战等问题进行磋商。

10月6日

索马里总统哈桑·谢赫·马哈茂德宣布任命阿卜迪·赛义德为索马里政府新总理。

暂停于驻日美军岩国基地的3架MV－22“鱼鹰”新型运输机被转移到美军普天间机场。

10月7日

委内瑞拉全国选举委员会宣布，现任总统查韦斯以54.42%的得票率赢得委内瑞拉总统选举。

美国太空探索技术公司（SpaceX）向国际空间站发射了商业货运飞船“龙”。飞船“龙”在成功完成任务后于28日下午平安返回地球，成为第一艘向空间站运送补给物资，并安全返回地球的商业货运飞船。

苏丹一架载有20人的军用飞机在首都喀土穆西部郊区坠毁，造成人员伤亡。

韩国政府宣布与美国达成协议，同意把目前韩国弹道导弹射程上限增加超过1倍至800公里，涵盖朝鲜全境。

菲律宾总统阿基诺宣布，菲律宾政府已与最大反政府武装“摩洛伊斯兰解放阵线”（MILF）达成一项框架协议，将在菲国南部创立一个新的政治实体取代现有的“棉兰老穆斯林自治区”。

10月8日

欧元区财长会议在卢森堡举行，欧元区永久性救助基金——欧洲稳定机制（ESM）正式生效。这标志着欧元区永久性金融“防火墙”在经历了一年半的磋商论证后，终于从计划变成现实。

中国工商银行、中国银行、中国建设银行和中国农业银行等中国大型银行确定缺席9—14日在日本东京召开的国际货币基金组织和世界银行年会。

美国和菲律宾两国军队开始为期10天的联合演习，以加强防务合作，演习内容包括灾难救援、人道主义救助和维护海事安全等。

沙特阿拉伯特种部队在法国科西嘉岛与法国特种部队进行了联合演习。这是沙特特种部队首次参加在欧洲地区举行的联合演习。

10月9日

日本冲绳县知事仲井真弘多在官邸同首相野田佳彦举行会谈，要求撤回在普天间机场部署美军新型运输机MV-22“鱼鹰”。

俄罗斯总理梅德韦杰夫在莫斯科会见了到访的伊拉克总理马利基，双方就发展两国全面合作交换了意见。

10月10日

北约最高决策机构北大西洋理事会任命北约驻阿富汗国际安全援助部队最高指挥官、美国将军约翰·艾伦担任北约最高军事长官——欧洲盟军最高司令。

叙利亚政府拒绝了联合国秘书长潘基文提出的单方面停火的请求。

驻冲绳美国海军陆战队开始在普天间机场进行2架新型运输机MV－22“鱼鹰”的飞行。

10月11日

日本财务大臣城岛光力宣布，2013年将重启对缅甸的日元贷款。

格鲁吉亚总统萨卡什维利批准现任政府成员的卸任申请。

阿根廷政府决定派遣由外交部和国防部副部长组成的代表团前往非洲加纳，就该国“自由”号护卫舰被扣一事进行交涉。

10月12日

2012年诺贝尔和平奖北京时间17时在挪威首都奥斯陆揭晓，欧盟获得和平奖。

日本外相玄叶光一郎在记者会上宣布，他将于15—20日出访法国、英国及德国。

10月13日

日本长崎县等日前策划推出了“长崎县国境离岛”邮票小全张，小全张衬纸上印有日本地图，周边标出了日本专属经济区，中国的钓鱼岛及日韩争议岛屿也被包括在内。

10月14日

马来西亚总理纳吉布抵达菲律宾首都马尼拉，出席菲当局与菲最大反政府武装“摩洛伊斯兰解放阵线”（“摩伊解”）将于15日举行的和平协议签署仪式，并对菲进行首次正式访问。

土耳其外长达武特奥卢宣布禁止叙利亚民航客机进入土领空。

10月15日

外长会在卢森堡作出扩大对伊朗制裁的决议，新的制裁措施包括禁止欧盟成员国从伊朗进口天然气、金融制裁和出口限制等。

柬埔寨前国王诺罗敦·西哈努克凌晨在北京逝世，终年90岁。

菲律宾政府与国内最大反政府武装“摩洛伊斯兰解放阵线”（“摩伊解”）在菲总统府马拉卡南宫正式签署历史性的“框架协议”，为菲南部地区带来和平曙光。

英国首相卡梅伦与苏格兰首席大臣萨尔蒙德（Alex Salmond）就在2014年举行苏格兰独立公投签署协议。

第13届世界出口发展论坛在印尼首都雅加达开幕，印尼总统苏西洛主持开幕式，来自世界50个国家和地区约500名代表出席论坛。

一份1902年编写的日本公函近日曝光，文中日本把韩日争议岛屿（日本称“竹岛”）强制编入岛根县之前，已将独岛视为郁陵岛的一个附属岛屿。

10月16日

执政党“联邦巩固与发展党”（巩发党）选举现任总统吴登盛继续担任该党主席，同时选举现任联邦议会人民院议长吴瑞曼继续担任副主席，并代行主席职责。

巴基斯坦士兵用重武器向印控克什米尔开火，造成3名平民丧生。

印度尼西亚国防部长普尔诺莫·尤斯吉安托罗与到访的印度国防部长安东尼在雅加达举行会谈，双方一致同意加强两国海事安全领域的合作。

日本外相玄叶光一郎开启访问法英德的“欧洲之旅”。

美国哥伦比亚特区联邦巡回上诉法院作出判决，推翻“基地”组织前领导人本·拉丹司机萨利姆·艾哈迈德·哈姆丹的支持恐怖主义罪名，宣告他无罪。

10月17日

宾总统阿基诺声称无意撤换菲外交部长德尔罗萨里奥，并透露菲国已向澳大利亚提议两国建立“战略伙伴关系”。

斯里兰卡泰米尔“猛虎”组织最后一位头目已经被军方监释放。

日本自民党总裁安倍晋三傍晚参拜了位于东京九段北的靖国神社。

伊朗总统内贾德表示，伊朗支持关于要求叙利亚在即将到来的宰牲节期间实现停火的倡议。

10月18日

寨首相洪森在金边会见了中国国务委员戴秉国，双方进行了亲切友好的交谈。

18—19日，欧盟首脑会议在布鲁塞尔举行。会上，欧盟各国首脑同意在2013年1月1日建成银行业单一监管机制的法律框架。这一机制将在2013年逐步开始实施。

韩国总统李明博访问位于“北方界线”附近的延坪岛视察军队。

巴军方当天在西北部开伯尔部落地区空袭了武装分子藏匿点，打死至少8名武装分子，另有7人受伤。

以色列空军对加沙地带发动空袭，未造成人员伤亡。

第67届联大举行全体会议，选举2013—2014年度安理会非常任理事国。经过两轮投票，韩国、澳大利亚、卢旺达、阿根廷和卢森堡当选。中国常驻联合国代表李保东出席会议并参加投票。

10月19日

正在德国访问的日本外相玄叶光一郎在柏林与德国外长韦斯特韦勒举行了会谈。玄叶就钓鱼岛问题称“应该遵照国际法和平解决”。双方就此取得了一致。

日本海上自卫队宣布，将于本月23日与海上保安厅在福井县若狭湾海域联合举行首次核反恐演习。

日本首相野田佳彦在民主、自民和公明三党党首会谈后对记者表示，三党未能就何时解散众院举行大选达成一致，会谈破裂。

中国外交部副部长傅莹将应邀于18—20日对菲律宾进行访问，与菲方官员就中菲关系及共同关心的问题交换意见。

朝鲜政府公布决定，将于10月23日为已故柬埔寨太皇诺罗敦·西哈努克降半旗志哀。

10月20日

日本驻韩国大使武藤正敏离任并从韩国返回日本，离任当天，韩国外交通商部高层前往机场送别。

利比亚前领导人卡扎菲幼子哈米斯当天在拜尼沃利德与利比亚政府军交战中受伤不治身亡。

伊拉克首都巴格达当天发生两起炸弹袭击，共造成至少11人死亡、50人受伤。

曾任卡扎菲政权发言人的穆萨·易卜拉欣在利比亚境内被捕。

泰国南部的陶公府当晚和21日上午连续发生7起炸弹袭击和枪击事件，有3人在事件中丧生。

10月21日

新加坡总理李显龙、朝鲜最高人民会议常任委员会副委员长杨亨燮、缅甸副总统赛茂康、菲律宾众议院议长贝尔蒙特分别率领代表团抵达金边，并前往王宫吊唁西哈努克。

新组成的格鲁吉亚议会在格第二大城市库塔伊西举行首次全体会议。

以色列和美国军方启动代号“严峻挑战2012”的导弹防御演习，声称是两国迄今最大规模同类联合军演。同一天，伊朗在西部地区举行军演，展示防御实力。

以色列国防军发言人办公室发表声明称，以海军当天拦截了一艘驶往加沙地带的国际援助船“埃斯特勒”号，并将该船带往位于以色列南部的阿什杜德港。

日本福冈市举行集会，要求将部署在冲绳普天间机场的美军新型运输机 MV－22“鱼鹰”撤走。

10月22日

日本外务副大臣榛叶贺津也正式表示，日本政府不同意瑞士等16国在联合国呼吁“加强使核武器不合法的努力”的联合声明草案。

以色列战机对巴勒斯坦加沙地带发动两轮空袭，造成2人死亡、5人受伤。

菲律宾和澳大利亚海军开始举行为期5天的联合训练演习，以加强两国打击恐怖主义、人口和毒品走私以及灾害反应的能力。

10月23日

韩国国会国防委员会17名议员下午乘直升机登上韩日争议岛屿独岛（日本称“竹岛”）。

苏丹反政府武装“苏丹人民解放运动（北方局）”对苏南部的南科尔多凡州首府卡杜格利发动炮击，导致2名儿童死亡，另有8名平民受伤。

新西兰总理约翰·基在惠灵顿议会大厦与到访的菲律宾总统阿基诺三世举行会谈，之后代表两国政府签署了工作假期签证项目、防务合作和地热资源开放等三项合作协定。

美国东部时间23日6时51分，俄罗斯“联盟 TMA－06M”号载人飞船连同“联盟－FG”号运载火箭搭载着来自俄罗斯和美国的3名宇航员，从哈萨克斯坦的拜科努尔航天发射场发射升空，前往国际空间站。

联合国官员表示，联合国维和部队将开始撤出东帝汶，他们将在下周把治安责任全部交给该国政府。

阿萨德总统宣布特赦此前在叙利亚境内的所有犯罪行为，但“恐怖主义犯罪”除外。

美国驻埃及大使馆向本国公民发出关于西奈半岛地区可能会遭遇恐怖袭击的警告，呼吁美国人在10月26—28日伊斯兰教宰牲节期间保持高度警惕。

10月24日

第44次韩美安保会议（SCM）在美国华盛顿召开，韩国国防部长官金宽镇和美国国防部部长帕内塔出席会议。

以色列南部地区遭到来自加沙地带的60多枚火箭弹袭击，造成至少5名以色列人受伤，数栋房屋严重损坏。同时，以军对加沙地带目标进行了空中打击。

阿富汗安全部队与北约联军夜间在西部古尔省展开军事行动，造成9人死亡、25人受伤。

日本民主党众议员、前法相泷实在皇居接受天皇认证后正式再次就任日本法相，接替被曝收受外国人捐款并与黑社会有染而引咎辞职的前任法相田中庆秋。

澳大利亚表示不会在中国与菲律宾关于南海岛屿的主权争议中偏向任何一方。

美军无人机袭击了巴基斯坦西北部地区，造成3人死亡。

日本首相野田佳彦在官邸同俄罗斯总统普京的亲信、联邦安全会议秘书帕特鲁舍夫举行会谈，双方同意加强两国在安全领域的合作，增进互信。

美国互联网搜索引擎谷歌公司日前删除了“谷歌地图”中韩日争议岛屿竹岛（韩国称“独岛”）的韩国地址标注。

韩国国家纪录院受韩国独立纪念馆委托，对日本政府1936年发行的《地图区域一览图》历时5个月的复原工作完成。在二战结束后，该地图为联合国军将日韩争议岛屿（韩国称“独岛”，日本称“竹岛”）列为韩国领土提供了重要参考依据。

韩国首枚运载火箭“罗老”号定于26日进行第三次发射。

意大利前总理贝卢斯科尼表示，他不会再次竞选意大利总理。

苏丹首都喀土穆南郊的耶尔穆克军工厂于凌晨遭到空袭轰炸，导致2人死亡，1人重伤。

10月25日

格鲁吉亚新选议会在格第二大城市库塔伊西举行会议，正式批准比济纳·万尼什维利为政府总理。

韩国新国家党党代表黄佑吕和先进统一党党代表李仁济宣布先进统一党并入新国家党。两党合并后，新国家党总统候选人朴槿惠的竞选筹码将加重。

日本东京都知事石原慎太郎下午在都政府办公楼召开记者会，宣布辞去都知事一职，并将组建新党。

日本外务省事务次官河相周夫就中国海监船驶入钓鱼岛海域一事致电中国驻日大使程永华，以示抗议，要求中国海监船迅速离开钓鱼岛海域。

韩国国防部决定，从25日开始到下个月2日举行为期一周的“护国演习”，演习范围将覆盖韩国全境。

沙特驱逐了叙利亚驻沙特吉达总领馆的3名叙利亚工作人员。

10月26日

叙首都大马士革南部发生汽车炸弹爆炸事件，导致5人死亡、32人受伤。

当天发生在阿富汗迈马纳一座清真寺的自杀式炸弹袭击目前已经造成32人死亡，34人受伤。

美国互联网搜索引擎谷歌公司日前在地图服务中删除了韩日争议岛屿（韩国称“独岛”，日本称“竹岛”）的韩国地址标注。对此，韩国外交通商部要求谷歌公司恢复独岛的韩国地址。

缅甸西部若开邦6个城镇在过去几天内发生的骚乱，目前已导致112人死亡，其中包括61名女性，另外还有72人受伤。

日本自由民主党、国民生活第一党等多个在野党明言拒绝首相、民主党党首野田佳彦在下周临时国会开幕后的参议院全体会议上发表施政演说。

10月27日

伊首都巴格达市区及郊区分别发生炸弹袭击事件，2起爆炸共造成至少10人死亡，其中包括5名伊朗朝觐者，另有25人受伤。

韩国驻纽约总领事馆表示，在位于曼哈顿的信访室门前发现了写有“竹岛是日本固有领土”的白色标牌并已报警。

韩国教育科学技术部和航空宇宙研究院表示，讨论“罗老”号第三次发射日程的发射管理委员会会议最快将于下周初召开。

叙利亚进入冲突的双方停火第二日，首都大马士革、北部重镇阿勒颇以及东部、南部两处地区战火再起，为期 4 天的宰牲节停火协议摇摇欲坠。

伊首都巴格达市内当天夜晚发生两起汽车炸弹袭击和两起路边炸弹袭击，一共导致 11 人死亡、另有 38 人受伤。

10 月 28 日

韩国国土海洋部国土地理情报院表示，在最近举行的韩国国家地名委员会会议上，将独岛两座岛屿中的东岛命名为“于山峰”，西岛命名为“大韩峰”，并从 29 日起开始启用新名称。

乌克兰举行议会选举，目前投票所已经向选民开放。

日本已经决定中止美日两国政府计划在 11 月上旬于冲绳县的一座无人岛实施的联合夺岛实弹演习。

以色列战机再次对加沙地区发动空袭，目标包括加沙北部的一座火箭发射台和南部的一座训练营。

10 月 29 日

因担心飓风“桑迪”的袭击，联合国纽约总部关闭一天。

联合国秘书长潘基文在韩国被授予“首尔和平奖”。

叙利亚首都大马士革发生汽车炸弹袭击，造成 10 人死亡，另有 41 人受伤。

土安全部队在与伊拉克接壤的舍尔纳克省打死 8 名库尔德工人党武装人员。

韩国保守团体“对朝发散传单国民联合”上午 11 时在韩国京畿道坡州市临津阁望拜坛对朝鲜发散了传单。

美国国务卿希拉里 · 克林顿抵达阿尔及利亚进行访问，将与该国总统布特弗利卡举行会谈，预计邻国马里的政治危机和非洲反恐问题将是双方此次关注的重点。

日本第 11 管区海上保安总部上午确认称，4 艘中国海监船驶入了钓鱼岛附近海域。报道称，自 20 日以来，中国海监船已连续 10 天驶入该海域。

日本第 181 届临时国会下午开幕。但是，参议院当天拒绝了日本首相野田佳彦发表施政演说，认为野田已经没有资格站在参议院的会场上，向议员们描绘未来的施政蓝图。

伊朗海军第22舰队抵达位于红海海域的苏丹东北部港口，不断践行其努力扩大伊朗海军在国际水域的存在战略。

10月30日

以东京都知事石原慎太郎为党首的新党基本确定于11月上旬成立。石原表达了与“日本维新会”合作的强烈愿望，他表示将通过第三势力的“大联合”来掌握下届众院选举后的政坛主导权。

泰国执政的为泰党召开大会选举新一届执行委员会，新任副总理兼内政部长乍鲁蓬·琅素旺当选新的为泰党主席（党首）。

以色列外长利伯曼说，从戈兰高地撤出将给以色列带来危险，他绝对不会放弃戈兰高地。

美国核能管理委员会通报，飓风“桑迪”致使一座核电站进入“警戒”状态，3座核电站关闭核反应堆，另有3座核电站在飓风来袭前后减少了发电量。

日本防卫省统合幕僚监部正式宣布，将于11月5—16日在日本周边海域和空域举行自卫队和美军的日美联合演习，其中，日美联合夺岛演习计划正式取消。

10月31日

北约发言人卡门·罗梅罗否认北约将加快从阿富汗撤军，并表示原定于2014年底前撤军的计划没有改变。

阿富汗独立选举委员会称，塔利班和其他武装领导人可以参加阿富汗下届的总统大选。

俄罗斯地面飞行控制中心证实，搭载“进步M－17M”货运飞船的“联盟－U”运载火箭于莫斯科时间11时41分从位于哈萨克斯坦境内的拜科努尔发射场发射升空，前往国际空间站。

阿富汗南部的赫尔曼德省发生路边炸弹爆炸事件，造成8名平民死亡，其中包括7名女性，爆炸还导致2人受伤。

以色列总理内塔尼亚胡启程赴法国进行为期2天的访问，届时将同法国总统奥朗德举行双方首次会晤，并重点商讨伊朗核问题。

韩美空军联合举行的“超级雷霆”（Max Thunder）演习在全北群山拉开帷幕。

美国总统奥巴马到新泽西州大西洋城，视察风暴“桑迪”重灾区。

十一月

11 月 1 日

因欧债危机而陷入财政困境的斯洛文尼亚，从当地时间 10 月 31 日起关闭其驻爱尔兰大使馆和设在美国纽约的总领事馆。该国驻华大使馆向中新社证实，目前中国使馆各项工作运转正常，没有关闭计划。

美国国务卿希拉里正在对巴尔干半岛五国进行访问，目前在克罗地亚。预计克罗地亚明年将加入欧盟，希拉里对此表示赞扬。

格鲁吉亚新任政府总理比济纳 · 伊万尼什维利任命格鲁吉亚前驻俄罗斯大使祖拉布 · 阿巴希泽为政府修复与俄罗斯关系的特使。

埃及环境国务部成立一个由多名水污染专家组成的应急行动小组，负责处理 10 月底发生在埃及南部尼罗河上游河段的漏油事故。

11 月 2 日

尼日利亚军方袭击了尼北部博尔诺州首府迈杜古里的 4 个疑似伊斯兰极端组织据点，打死约 40 人。

一伙身份不明的枪手下午在巴基斯坦西南部俾路支省胡兹达尔地区一个加油站发动袭击，造成 18 人死亡。

缅甸总统吴登盛签署颁布了《缅甸联邦共和国外国投资法》，以取代 1988 年颁布的《缅甸联邦外国投资法》。根据这项新法案，缅甸允许外资投资电力、石油和天然气、矿业、制造业、饭店和旅游业、房地产、交通运输、通信、建筑和其他服务业。农业、畜牧水产业被确定为限制领域，但可按照法规组成缅外合资企业进行投资。

11 月 3 日

俄罗斯航天部门于 1 时 4 分（北京时间 3 日 5 时 4 分）在哈萨克斯坦的拜科努尔发射场用“质子 – M”运载火箭将本国的两颗通信卫星——“射线 – 5B”和“亚马尔 – 300K”发射升空。

叙利亚政府军与反对派武装“叙利亚自由军”在叙利亚北部伊德利卜省塔夫塔纳兹军用机场发生激战。

埃及西奈半岛阿里什市一辆警车遭武装分子袭击，导致3名警察死亡、1名警察受伤。

11月4日

尼北部约贝州首府达马图鲁附近一警察局当天遭不明身份武装分子袭击，造成2名警察死亡。

叙利亚首都大马士革发生一起爆炸事件，造成至少11人受伤。

11月5日

当天早晨，巴林首都麦纳麦的两个区发生了5起爆炸，造成2人死亡、1人受伤。

叙利亚首都大马士革和中部哈马省农村地区分别发生汽车炸弹爆炸事件，叙官方媒体说至少造成6人死亡，数十人受伤。

5—6日，以“和平挚友、繁荣伙伴”为主题的第九届亚欧首脑会议在老挝首都万象举行。会议接纳孟加拉国、挪威、瑞士为新成员。与会领导人在会后发表的《主席声明》中重申，为应对共同的挑战，亚欧国家应深化各领域对话与合作。

11月6日

日本内阁府表示，从景气动向指数初步判断，日本经济很可能已陷入衰退。内阁府同时将总体经济形势评估下调为“显示已转变为下行局面”。

美国举行总统选举，现任总统、民主党候选人奥巴马击败共和党挑战者罗姆尼，成功连任。

11月7日

苏丹达尔富尔地区爆发黄热病疫情，已造成67人死亡。

一架“雅克-18”型教练机在俄罗斯中部梁赞州坠毁，造成机上2人死亡。

索马里首都摩加迪沙议会大楼附近发生一起汽车炸弹爆炸事件，造成一名政府军士兵身亡，多名平民受伤。

加纳首都阿克拉一座六层商业购物中心坍塌，已确定至少3人死亡，6人获救。

危地马拉西南部海域发生7.4级地震，造成至少52人死亡，22人失踪，约120万人受灾。

11月8日

韩国民主统合党总统候选人文在寅和无党派总统候选人安哲秀阵营举行会谈，就总统选举候选人“一体化”谈判的第一阶段——“新政治共同宣言”的四大议题达成了协议。

美国总统奥巴马本月将对缅甸进行历史性访问。

阿富汗南部赫尔曼德省发生一起路边炸弹袭击事件，造成10名平民死亡，包括妇女和儿童。

伊拉克中部城市希拉市市中心发生汽车炸弹爆炸，造成4人死亡，另有11人受伤。

巴基斯坦第一大城市卡拉奇北部的一座军营遭自杀式炸弹袭击，造成2人死亡，24人受伤。

叙利亚主要反对组织“叙利亚全国委员会”一早抢先改组，选出新一届领导机构，试图“阻击”美国等国家主导的叙利亚反对派势力整合。

索马里政府军和反政府武装“青年党”在该国南部交火，造成至少39人丧失。

来自叙利亚的3枚迫击炮弹落在戈兰高地以色列控制区内，这是近几天来发生的第三起叙利亚交火双方子弹或炮弹落入戈兰高地非军事缓冲区或以控区事件。

约8000名叙利亚难民夜间进入土耳其境内。

11月9日

缅甸北部一列运输汽油的火车在实皆省出轨，汽油大量外泄并着火，导致至少25名当地村民死亡，62人被烧伤。

加拿大总理哈珀抵达马尼拉，对菲律宾进行访问，将于菲方商讨双边贸易与投资、安全合作及区域议题，寻求拓展双边关系。

叙利亚政府军与反对派武装在首都大马士革及郊区，北部阿勒颇市及农村等地区的冲突升级。

11月10日

叙利亚南部城市德拉发生3起汽车爆炸事件，共造成7人死亡，另有多人受伤。

土耳其一架军用直升机在锡尔特省东南部坠毁，造成机上17名军人全部丧失。

印尼总统苏西洛和伊朗总统内贾德日前出席第五届巴里民主论坛时就叙利亚局势举行会谈。

11 月 11 日

叙利亚反对派就建立一个统一的“叙利亚反对派和革命力量全国联盟”达成初步一致，并草签了协议。

俄罗斯将派出一支专家代表团，与瑞士及法国调查小组一同参与对巴前领导人阿拉法特死因的调查。

11 月 12 日

印度总理辛格与到访的阿富汗总统卡尔扎伊举行会谈，双方就加强战略合作伙伴关系、扩大经济合作、阿富汗战后重建及打击恐怖主义等问题达成共识。

11 月 13 日

前日本东京都知事石原慎太郎傍晚在东京举行记者会，宣布以“奋起日本”党为基础的新党“太阳党”成立。

11 月 14 日

日本首相野田佳彦决定于本月 16 日解散众议院，12 月 4 日公布大选日程，12 月 16 日举行大选。

科特迪瓦总统瓦塔拉在上午举行的例行内阁会议上宣布解散政府。

以色列国防军对加沙地带发起代号为“防务之柱”的大规模军事行动。

11 月 15 日

刚成立的叙利亚反对派新机构——“叙利亚反对派和革命力量全国联盟”作出决定：联盟总部设在开罗，并积极展开活动，以获得国际社会承认其是“合法政府”。

11 月 16 日

世界卫生组织称，截至本月 13 日，苏丹达尔富尔地区共发现黄热病 374 例，其中 110 人死亡。

11 月 17 日

以色列安全内阁晚举行特别会议，批准以军征召 7.5 万名预备役军人，这是自 1973 年第四次中东战争以来，以军最大规模的征兵行动。

埃及吉萨省瓦哈特公路下午发生严重车祸，造成 12 人死亡，数人受伤。

11 月 18 日

一辆小巴在肯尼亚首都内罗毕伊斯特利区遭手榴弹投掷袭击，造成至少5 人死亡、18 人重伤。

叙利亚政府军与反对派武装在叙境内多个地区爆发激战，至少有42 名反对派武装人员在激战中被打死。

18—20 日，东亚领导人系列会议在柬埔寨首都金边举行。在东盟峰会上，东盟10 国领导人签署了历史性的《东盟人权宣言》；此次系列会议通过了《10 +3 互联互通领导人联合声明》；第七届东亚峰会通过了《金边发展宣言》；东盟 10 国与中日韩印澳新宣布启动“区域全面经济伙伴关系”谈判，为打造全球最大自贸区迈出了关键步伐。

11 月 19 日

东盟秘书长素林在柬埔寨首都金边表示，《南海行为准则》的谈判要以《南海各方行为宣言》为基础。

缅甸总统吴登盛在仰光会见到访的美国总统奥巴马，双方表示要加强两国合作，促进双边关系发展。

11 月 20 日

巴伊斯兰抵抗运动（哈马斯）与巴伊斯兰圣战组织（杰哈德）当晚在开罗举行新闻发布会，宣布与以色列达成停火协议。

世界气象组织在日内瓦发布的《2011 年温室气体公报》称，2011 年大气温室气体浓度创新高，当年所有长期温室气体的总辐射强迫相当于百万分之473 的二氧化碳当量，比 1990 年的水平增加了30%。

11 月 21 日

控制加沙地带的哈马斯组织要求以色列首先停火并承认军事行动失败，同时还要求提供以色列不恢复军事行动的国际担保。

11 月 22 日

以色列国防军和安全局 21 日夜间至 22 日凌晨在约旦河西岸的一次行动中逮捕了55 名“恐怖嫌疑人”。

震惊世界的菲律宾马京达瑙大屠杀案发生三周年之际，法庭审判至今未见结果。

11 月 23 日

数千名埃及民众在埃及首都开罗市中心解放广场举行示威，抗议总统穆尔西22日晚颁布的赋予总统更多权力的新宪法声明。

朝鲜外务省发言人就以色列对巴勒斯坦加沙地带发动大规模军事攻击进行谴责。

11月24日

土耳其安全部队在土东部宾格尔省展开军事行动，打死8名库尔德工人党武装人员。

位于孟加拉国首都达卡以北30公里处的塔兹林时装公司突发火灾，造成110人死亡。据报道，这是该国历史上伤亡最惨重的工厂火灾。

巴西总统罗塞夫下令，在巴西联邦警察“安全港”行动中，所有被逮捕和被点名的政府官员或公务员都将被解职或调离，所有卷入涉案的政府机关都必须接受警方的调查。

11月25日

尼日利亚北部卡杜纳州一处兵营内的教堂发生爆炸，不清楚具体伤亡情况。

11月26日

菲律宾南部棉兰老地区马京达瑙省接连发生两起针对反政府武装“摩洛伊斯兰解放阵线”的炸弹袭击事件，造成1人死亡、16人受伤。

韩国首枚运载火箭“罗老”号（KSVl－I）在发射体组装中心完成检查后，被竖立在发射台旁边。28日上午9时30分将进行“罗老”号最终模拟发射演练。

美国国务院发言人维多利亚·纽兰在例行记者会上就中国航母发展、南海问题和新版护照问题回答记者提问时表示，中国应提高军费开支透明度。中国新版护照地图印章属于技术性问题，不影响持护照人入境美国。

11月27日

日本首相野田佳彦在民主党总部召开记者会，公布了众院选举竞选纲领，将“投入所有的政策资源，一定要实现到本世纪30年代停运全部核电站”这一目标写进了纲领。

巴勒斯坦已故领导人亚西尔·阿拉法特的灵柩被打开并提取了尸骨样品。

11月28日

德国政府决定，在2014年2月前把驻阿富汗的德国联邦国防军减少近

1/3，从4600名战士减少到3300名。

朝鲜外务省发言人严厉谴责第67届联合国大会上通过的反朝“人权决议”，称这是自诩为“人权法官”的美国及其追随势力捏造的政治阴谋，是对朝鲜日益提升的国际威望的损害。

11月29日

以色列不会接受联合国可能就巴勒斯坦成为联合国观察员国通过的决议。

美军无人机下午在巴西北部南瓦济里斯坦部落地区发动无人机空袭，造成至少3人死亡，4人受伤。

伊拉克境内发生多起袭击事件，导致至少42人死亡、100多人受伤。伤亡者主要是什叶派穆斯林民众和安全部队人员。

第67届联合国大会以138票赞成、9票反对、41票弃权通过决议，决定在联合国给予巴勒斯坦观察员国地位。

11月30日

17名黎巴嫩伊斯兰原教旨主义武装分子在进入叙利亚后遭伏击身亡。

十二月

12月1日

美军无人机在巴西北部南瓦济里斯坦部落地区发动空袭，造成至少4人死亡、3人受伤。

日本最大的黑社会组织——“山口组的第五代”组长渡边芳则在家中去世，终年71岁。

新加坡籍货轮“双子座”号（MT GEMINI）的4名韩国船员2011年4月30日在肯尼亚海域被索马里海盗劫持后，时隔1年7个多月（582天）获得释放。

12月2日

日本最大在野党自民党宣布成立“朝鲜发射卫星问题紧急对策会议”。

阿富汗塔利班武装分子对设在阿东部贾拉拉巴德机场的北约基地发动

大规模袭击，造成5名阿富汗人死亡，数名北约士兵受伤。9名武装分子被消灭。

捷克、英国和瑞典等6个欧盟成员国宣布不派代表参加诺贝尔和平奖颁奖典礼，这项消息得到了挪威诺贝尔研究所所长盖尔隆·德斯塔德的证实。

沙特一架F15战斗机晚间在训练中突发事故，坠入沙特海域，机上一名飞行员失踪。

叙利亚政府军继续对被反对派武装占据的大马士革郊区发动攻势，阻止反对派逼近首都。冲突导致至少10人死亡，数十人受伤。

斯洛文尼亚第五次总统选举第二轮投票晚间落下帷幕。上届政府总理帕霍尔以近67%的得票率战胜竞选对手、现任总统图尔克，当选斯洛文尼亚新总统。

成千上万的匈牙利人聚集在匈牙利国会大厦前广场，参加反纳粹主义示威集会。

12月3日

科威特埃米尔萨巴赫签署法令，接受以首相贾比尔为首的内阁辞职的请求。

日本第46届众院选举公告将于4日发布。民主、自民这两大政党及日本维新会等第三极势力将展开选举战。来自12个政党的候选人将参选，据统计，截至3日计划参选人数约达1500人。

尼日利亚北部城市发生多起爆炸，造成至少4人受伤。

乌克兰总统亚努科维奇接受总理阿扎罗夫及政府的辞呈，并要求内阁代行临时政府职权。

日本新任驻中国大使木寺昌人将于圣诞节（12月25日）前后赴北京上任。

俄罗斯总统普京访问土耳其，并与土耳其总理埃尔多安举行会谈，叙利亚问题以及土耳其要求北约在其边境部署导弹将成为重要议题。

一艘中国渔船近日在智利海域发生船员失踪事件，目前确认3名船员遇难，另一人失踪，中国使馆已要求智方尽最大努力搜救失踪船员。

联合国出于安全考虑暂停在叙利亚境内的活动，并开始从叙利亚撤离“非必要”的工作人员。

阿富汗南部发生炸弹袭击，造成2名援助部队人员死亡。

12月4日

超强台风“宝霞”在菲律宾南部东达沃省登陆。

为期3天以“新时代机遇的变动改革”为主题的“第八届世界伊斯兰经济论坛大会”在马来西亚柔佛国际会展中心开幕。

第18届韩国总统选举首次电视讨论会在当晚举行。新国家党总统候选人朴槿惠、民主统合党总统候选人文在寅和统合进步党总统候选人李正姬参加。当天辩论主题为政治、外交、安全、统一领域。

北约批准成员国土耳其的请求，在土耳其与叙利亚接壤地区部署“爱国者”反导系统，以防范可能来自叙利亚的导弹袭击。

菲律宾移民局根据菲外交部通告，指示该国各大机场及港口的海关人员，从即日起停止在中国新版护照上盖章。

菲律宾总统阿基诺三世或将指派资深的外交部次长厄琳达·巴西里奥（Erlinda F. Basilio）出任菲律宾驻中国大使。

巴基斯坦西北部城市本努发生卡车炸弹袭击事件，造成8人受伤，警方将袭击者击毙。

日本发布第46届众院选举公告，拉开为期12天的选战帷幕。民主党、自民党及日本维新会等12个政党的1500名候选人将展开激战。

俄罗斯总统普京乘专机飞抵伊斯坦布尔，出席俄罗斯—土耳其高层合作委员会第三次会议。

美国参院在的全体会议上表决通过了2013财年（2012年10月—2013年9月）国防授权法修正案。该法案明确将钓鱼岛作为《日美安保条约》第五条的适用对象。

西非国家经济共同体（西共体）的部分议员在多哥首都洛美举行会议，讨论能支持西共体15国经济社会可持续发展的低成本的能源问题。

数万名埃及民众当晚在开罗总统府外举行示威游行，要求总统穆尔西撤销上月下旬发布的新宪法声明、推迟新宪法草案公投。

在于汉诺威举行的基民盟大会上，德国现任总理默克尔以创纪录的98%的选票，第七次当选该党主席，为2013年大选连任总理打下基础。

12月5日

俄罗斯外交部发布了第一份专门针对欧盟国家的人权状况报告。

土耳其安全部队在过去两天内在土南部的奥斯曼尼耶省展开军事行动，打死13名库尔德工人党武装人员，逮捕该组织5名人员。

菲律宾总统阿基诺正式宣布，将提名现任菲国外交部副部长的厄琳达·巴西里奥出任驻中国大使。

12月6日

为协助土耳其政府保卫与叙利亚的边境地区，德国政府内阁通过一项决定，将于2013年向土耳其派遣两批“爱国者”导弹以及400名士兵。

阿富汗国家安全局局长阿萨杜拉·哈立德在喀布尔遭到自杀式爆炸袭击，但哈立德本人仅受轻伤。

美国一架无人机对巴基斯坦西北部部落地区发动空袭，打死3名武装分子。

12月7日

下午17点18分左右，日本东北部发生了里氏7.3级地震。

12月8日

俄罗斯航天部门从拜科努尔发射场用一枚“质子－M”运载火箭将本国的一颗大型通信卫星发射升空。

超强台风“宝霞”在菲律宾南部造成的灾情持续扩大之际，菲总统府称，总统阿基诺已正式宣布进入全国灾难状态。

叙利亚反对派领导机构“全国联盟”秘书长穆斯塔法·萨巴格说，反对派将于下周“叙利亚之友”会议召开前，宣布成立最高军事委员会。

12月9日

11月26日至12月9日，联合国气候大会在卡塔尔首都多哈举行。会议从法律上确定了《京都议定书》第二承诺期，并将按预期于2013年开始实施，坚持了“共同但有区别的责任”原则，维护了《联合国气候变化框架公约》和《京都议定书》基本制度框架。

孟加拉国反对派在遍及全国的“封路”行动中与执政党支持者和警方发生激烈冲突。反对派领导人称冲突共造成4人死亡，600人受伤。

加纳选举委员会当晚宣布，加纳现任总统马哈马赢得总统选举，成功获得连任。

12月10日

2012年诺贝尔和平奖颁奖仪式在挪威首都奥斯陆市政厅举行。

德国外长韦斯特维勒宣布，将驱逐叙利亚驻柏林的 4 名外交官，以向阿萨德政府表示不满，向反对派表示支持。

菲律宾外交部宣布，菲律宾与美国将于 12 月 11—12 日在菲首都马尼拉举行第三次双边战略对话。

巴基斯坦西北部本努地区一个警察局当天遭武装分子袭击，双方交火造成至少 12 人死亡、4 人受伤。

欧盟成员国外长会在布鲁塞尔发表声明，对以色列扩建犹太人定居点计划表示强烈反对。

正在黎巴嫩访问的芬兰国防部长卡尔 · 哈格隆德在贝鲁特宣布，芬兰将增加在联合国驻黎巴嫩南部临时部队（联黎部队）芬兰营的官兵，从目前的 176 人增至 350 人。

12 月 11 日

马里过渡政府总理迪亚拉通过国家电视台发表声明，宣布辞职并解散政府。

美国政府宣布把叙利亚境内“救国阵线”列为恐怖组织，同时对其两名领导人实施制裁。

美国总统奥巴马表示，美国承认“叙利亚反对派和革命力量全国联盟”为叙利亚人民的代表。

12 月 12 日

朝鲜“光明星 3 号”卫星发射成功，卫星进入预定轨道。

叙利亚首都大马士革与东南郊一个城市发生两次炸弹爆炸，造成至少 1 人死亡，另有 6 人受伤。

菲律宾和美国已就增加美军舰、军机和部队在菲律宾活动的计划达成一致。

正在澳大利亚进行正式访问的中国国务委员刘延东与澳大利亚总理吉拉德共同出席澳政府举行的中澳建交 40 周年庆祝活动，并发表主旨演讲，中澳各界人士 500 多人出席。

12 月 13 日

韩国海军在西海边山半岛西侧发现了朝鲜发射卫星所用“银河 3 号”的一级火箭残骸，并尝试开展打捞工作。

阿富汗南部坎大哈省发生一起自杀式汽车炸弹袭击事件，造成包括 1

名袭击者在内的3人死亡，包括3名外国士兵在内的18人受伤。

叙利亚首都大马士革西南部郊区发生一起汽车炸弹爆炸事件，造成至少16人死亡，25人受伤。

希腊于本周驱逐了叙利亚大使。

由于叙利亚国内安全局势恶化，巴基斯坦已从叙利亚撤出外交人员。

正在摩洛哥马拉喀什举行会议的100多个国家的代表宣布，正式承认叙利亚反对派联盟作为叙利亚人民的“合法代表”。

阿富汗总统卡尔扎伊与到访的美国国防部长帕内塔就阿富汗安全局势、安全防务移交以及美阿《双边安全协议》等问题交换了意见。

12月14日

乌克兰总统亚努科维奇签署命令，任命阿扎罗夫为总理。

下午，美国前总统吉米·卡特在南京参观侵华日军南京大屠杀遇难同胞纪念馆。

美国康涅狄格州桑迪·胡克小学在发生枪击案，造成包括枪手在内的28人丧生，其中20人是5—10岁的儿童。美国总统奥巴马向受害者表示慰问，并下令降半旗致哀。

12月15日

巴基斯坦塔利班组织晚间对白沙瓦国际机场发动袭击，并与巴军警展开枪战。

马里新任总理迪昂戈·西索科正式组建新政府，并宣布了内阁成员名单。

尼日利亚海军的一架直升机下午在尼东南部巴耶尔萨州坠毁，造成至少6人死亡。

12月16日

印度首都新德里发生一起恶性轮奸案，一名女大学生在私人巴士上惨遭轮奸和毒打后被抛出车外。

在委内瑞拉地方选举中，执政党委内瑞拉“统一社会主义党”赢得了全国大多数州的控制权，获压倒性优势。

12月17日

罗马尼亚总统伯塞斯库签署总统令，提名现执政联盟联席主席、总理蓬塔出任新一届政府总理。

伊拉克发生一系列炸弹爆炸和袭击事件，已造成至少20人死亡，37人受伤。

巴基斯坦西北部城镇贾姆鲁德发生汽车炸弹袭击，造成12人死亡，数十人受伤。

朝鲜“锦绣山太阳宫”开放仪式在平壤举行。朝鲜最高领导人金正恩出席仪式。

以色列方面通过了在东耶路撒冷建设1500套住宅的计划。

12月18日

在南非三方执政联盟之一的非洲人国民大会（非国大）第53届全国代表大会上，南非总统祖马再次当选非国大主席。

巴基斯坦西北部一个空军工程中心上午遭到手榴弹袭击，造成至少10人受伤。

日本政府在上午的内阁会议上批准前日本驻华大使丹羽宇一郎的辞职申请，后任驻华大使木寺昌人将于本月25日赴中国上任。

马来西亚总理纳吉布在首相署会见到访的印尼总统苏西洛。

12月19日

韩国执政党新国家党总统候选人朴槿惠在韩国第18届总统选举中获胜，将成为韩国首位女总统。现任总统李明博已致电朴槿惠表示祝贺。而民主统和党候选人文在寅表示接受落选结果。

日本民主党党首、日本现任首相野田佳彦正式辞去党首一职。日本民主党决定将原定于12月22日举行的党首选举向后延期。

英国政府已经就从阿富汗撤军制定了相关计划，预计2013年将从阿富汗撤回英国官兵达4000名。

12月20日

阿富汗西南部尼姆鲁兹省首府扎兰季市发生一起简易爆炸装置袭击事件，造成7人死亡、2人受伤。

国务院副总理王岐山在白宫罗斯福厅会晤美国总统国家安全事务助理多尼伦时，美国总统奥巴马礼节性会见了王岐山。

“印度-东盟纪念峰会”在印度首都新德里举行。峰会发表的声明宣布，印度与东盟升级为“战略伙伴关系”。

12 月 21 日

作为对美国“马格尼茨基法案”的回应措施，俄罗斯国家杜马（议会下院）以 420 票赞成、7 票反对、1 票弃权的投票结果通过“反马格尼茨基法”。

美军无人机下午在巴基斯坦西北部北瓦济里斯坦部落地区发动空袭，造成至少 4 人死亡、数人受伤。

肯东南部塔纳河流域凌晨发生部族冲突，造成至少 39 人死亡。

黎巴嫩总理米卡提在贝鲁特表示，黎巴嫩政府不会对叙利亚难民关闭边界。

韩国国防部在发行的《2012 国防白皮书》中就“北方界线”记载道，自 1953 年 8 月 30 日划定以来，“北方界线”是韩朝之间实质性的海上界线，“北方界线”以南水域属韩国所管。这是韩国军方首次在《国防白皮书》将“北方界线”正式定性为“实质性的海上界线”。

意大利总理马里奥·蒙蒂晚间正式向总统纳波利塔诺提交辞呈。这意味着因 2011 年 11 月贝卢斯科尼政府倒台而“临危受命”的无党派专家政府提前下台。

联合国驻南苏丹维和部队的一架直升机在南苏丹东部被击落，4 名机组人员丧生。

12 月 22 日

17 日在尼日利亚被武装分子绑架的现代重工业 4 名韩国员工，于晚间 10 时许（北京时间 22 日凌晨 5 时）全部获释。

意大利总统纳波利塔诺在与各党派领导人磋商后宣布解散议会，内阁会议随后通过关于在 2013 年 2 月 24—25 日举行大选的法案。

12 月 23 日

埃及政治动荡后出台的首部宪法草案第二阶段公投在埃及 17 个省如期举行。埃及副总统马哈茂德·马基于当晚向总统穆尔西递交了辞呈。

12 月 24 日

克兰总理阿扎罗夫领导的新内阁正式组成，内阁成员共 23 人，约半数人为新面孔。

韩国新世界党最高委员李贞铉在汝矣岛党办公楼举行记者会表示，新一届总统当选人朴槿惠任命“新世界党”议员柳一镐为秘书室长，任命

"论坛世界"的代表尹昶重为首席发言人。

俄罗斯总统普京访问印度，与印度总理辛格签订了29亿美元的军备销售合同。

一名阿富汗女警察上午在首都喀布尔枪杀了一名美国军事顾问。

12月25日

一名逊尼派宗教组织领导人下午在巴基斯坦南部港口城市卡拉奇遇袭受重伤，另有6人在袭击中丧生。

也门政府军在东部马里卜省与多次破坏该省石油管道的部落武装发生交火，造成至少10人死亡，多人受伤。

有消息称，曾于11月叛逃的叙利亚外交部发言人吉哈德·马克迪西目前正在美国，并且正在积极同美国情报部门合作。

日本新任驻华大使木寺昌人下午抵达北京，在日本驻华大使馆举行了首场记者会。

哈萨克斯坦国家安全委员会确认，一架"安纳托夫"-72军方边境巡逻机晚上（格林尼治时间中午12时55分）坠毁于南部边境，机上27人全部身亡。

12月26日

作为对美国通过"马格尼茨基法案"的回应，俄罗斯联邦委员会（议会上院）以143票全票赞成的投票结果通过"反马格尼茨基法案"。

安倍晋三在日本国会众参两院首相指名选举中当选日本第96任首相。这是他7年来第二次担任首相，同时也是日本7年来的第七任首相。

阿富汗东部霍斯特省一北约军事基地遭到汽车炸弹袭击，造成至少4人死亡、多人受伤。

韩国海军在靠近韩朝争议海域的西海白翎岛和延坪岛举行实弹演练。

12月27日

日本"未来党"向总务省递交申请，正式将党名改为"生活党"。

为悼念希姆肯特空难事故中的遇难人员，哈萨克斯坦总统纳扎尔巴耶夫宣布27日为全国哀悼日。

随着中非共和国局势日益恶化，美国宣布撤出驻该国大使馆工作人员，暂时关闭使馆。

12月28日

美军无人机当晚在巴基斯坦西北部北瓦济里斯坦部落地区发动空袭，造成至少5人死亡。

伊朗国家电视台称该国海军早上开始在霍尔木兹海峡举行大型军演。

韩国执政党“新国家党”宣布，新任总统朴槿惠将于2013年1月4日接见作为日本首相安倍晋三特使赴韩的前财务相额贺福志郎。

日本第11管区海上保安总部（位于那霸）表示，在钓鱼岛附近航行的4艘中国海监船截至当晚11点50分左右已全部驶离该海域。

12月29日

下午16时19分许（北京时间15时19分），日本福岛县近海发生5级地震。

12月30日

一辆载有什叶派穆斯林朝圣者的巴士在巴基斯坦西南部遭遇汽车炸弹袭击，造成19人死亡，25人受伤。

中非洲国家经济共同体的10个成员国同意派出一支联合部队，介入发生内战的中非共和国。

12月31日

联合国东帝汶综合特派团正式结束其13年维和使命，1500名维和人员在东帝汶首都帝力参加降旗仪式后将陆续撤离东帝汶。

当选第18届韩国总统的朴槿惠视察了位于京畿道广州市五浦邑的特殊战教育团，这是朴槿惠当选后首次访问部队。

（刘瀛泽　陈　忱）

第十九章

2012年重要战略文件、国际条约、协议和法规选编

《维持美国的全球领导地位：21世纪国防优先任务》（2012年1月）（英文）

Sustaining U. S. Global Leadership：Priorities for 21st Century Defense JANUARY 2012.

Introduction

The United States has played a leading role in transforming the international system over the past sixty－five years. Working with like－minded nations，the United States has created a safer，more stable，and more prosperous world for the American people，our allies，and ourpartners around the globe than existed prior to World War II. Over the last decade，we have undertaken extended operations in Iraq and Afghanistan to bring stability to those countries and secure our interests. As we responsibly draw down from these two operations，take steps to protect our nation's economic vitality，and protect our interests in a world of accelerating change，we face an inflection point. This merited an assessment of the U. S. defense strategy in light of the changing geopolitical environment and our changing fiscal circumstances. This assessment reflects the President's strategic direction to the Department and was deeply informed by the Department's civilian and military leadership, including the Joint Chiefs of Staff, the Secretaries of the Military Departments, and the Combatant Commanders. Out of the assessment we developed a defense strategy that transitions our Defense enterprise from an emphasis on today's wars to preparing for future challenges, protects the broad range of U. S. national security interests, advances the Department's efforts to rebalance and reform, and supports the national security imperative of deficit reduction through a lower level of defense spending.

This strategic guidance document describes the projected security environment and the key military missions for which the Department of Defense (DoD) will prepare. It is intended as a blueprint for the Joint Force in 2020, providing a set of precepts that will help guide decisions regarding the size and shape of the force over subsequent program and budget cycles, and highlighting some of the strategic risks that may be associated with the proposed strategy.

A Challenging Global Security Environment

The global security environment presents an increasingly complex set of challenges and opportunities to which all elements of U. S. national power must be applied.

The demise of Osama bin Laden and the capturing or killing of many other senior al – Qa'ida leaders have rendered the group far less capable. However, al – Qa'ida and its affiliates remain active in Pakistan, Afghanistan, Yemen, Somalia, and elsewhere. More broadly, violent extremists will continue to threaten U. S. interests, allies, partners, and the homeland. The primary loci of these threats are South Asia and the Middle East. With the diffusion of destructive technology, these extremists have the potential to pose catastrophic threats that could directly affect our security and prosperity. For the foreseeable future, *the United States will continue to take an active approach to countering these threats* by monitoring the activities of non – state threats worldwide, working with allies and partners to establish control over ungoverned territories, and directly striking the most dangerous groups and individuals when necessary.

U. S. economic and security interests are inextricably linked to developments in the arc extending from the Western Pacific and East Asia into the Indian Ocean region and South Asia, creating a mix of evolving challenges and opportunities. Accordingly, while the U. S. military will continue to contribute to security globally, *we will of necessity rebalance toward the Asia – Pacific region.* Our relationships with Asian allies and key partners are critical to the future stability and growth of the region. We will emphasize our existing alliances, which provide a vital foundation for Asia – Pacific security. We will also expand our networks of cooperation with emerging partners throughout the Asia – Pacific to ensure collective capability and capacity for securing common interests. The United States is also investing in a long – term strategic partnership with India to support its ability to serve as a regional economic anchor and provider of security in the broader Indian Ocean region. Furthermore, we will maintain peace on the Korean Peninsula by effectively working with allies and other regional states to deter and defend against provocation from North Korea, which is actively pursuing a nuclear weapons program.

The maintenance of peace, stability, the free flow of commerce, and of U. S. influence in this dynamic region will depend in part on an underlying balance of military capability and presence. Over the long term, China's emergence as a regional power will have the potential to affect the U. S. economy and our security in a variety of ways. Our two countries have a strong stake in peace and stability in East Asia and an interest in building a cooperative bilateral relationship. However, the growth of China's military power must be accompanied by greater clarity of its strategic intentions in order to avoid causing friction in the region. The United States will continue to make the necessary investments to ensure that we maintain regional access and the ability to operate freely in keeping with our treaty obligations and with international law. Working closely with our network of allies and partners, we will continue to promote a rules – based international order that ensures underlying stability and encourages the peaceful rise of new powers, economic dynamism, and constructive defense cooperation.

In the Middle East, the Arab Awakening presents both strategic opportunities and challenges. Regime changes, as well as tensions within and among states under pressure to reform, introduce uncertainty for the future. But they also may result in governments that, over the long term, are more responsive to the legitimate aspirations of their people, and are more stable and reliable partners of the United States.

Our defense efforts in the Middle East will be aimed at countering violent extremists and destabilizing threats, as well as upholding our commitment to allies and partner states. Of particular concern are the proliferation of ballistic missiles and weapons of mass destruction (WMD). U. S. policy will emphasize Gulf security, in collaboration with Gulf Cooperation Council countries when appropriate, to prevent Iran's development of a nuclear weapon capability and counter its destabilizing policies. The United States will do this while standing up for Israel's security and a comprehensive Middle East peace. *To support these objectives, the United States will continue to place a premium on U. S. and allied military presence in – and support of – partner nations in and around this region.*

Europe is home to some of America's most stalwart allies and partners, many of whom have sacrificed alongside U. S. forces in Afghanistan, Iraq, and elsewhere. Europe is our principal partner in seeking global and economic security, and will remain so for the foreseeable Sustaining future. At the same time, security challenges and unresolved conflicts persist in parts of Europe and Eurasia, where the United States must continue to promote regional security and Euro – Atlantic integration. The United States has enduring interests in supporting peace and prosperity in Europe as well as bolstering the strength and vitality of NATO, which is critical to the security of Europe and beyond. Most European countries are now producers of security rather than consumers of it. Combined with the drawdown in Iraq and Afghanistan, this has created a strategic opportunity to rebalance the U. S. military investment in Europe, moving from a focus on current conflicts toward a focus on future capabilities. *In keeping with this evolving strategic landscape, our posture in Europe must also evolve.* As this occurs, the United States will maintain our Article 5 commitments to allied security and promote enhanced capacity and interoperability for coalition operations. In this resource –

constrained era, we will also work with NATO allies to develop a "Smart Defense" approach to pool, share, and specialize capabilities as needed to meet 21st century challenges. In addition, our engagement with Russia remains important, and we will continue to build a closer relationship in areas of mutual interest and encourage it to be a contributor across a broad range of issues.

Building partnership capacity elsewhere in the world also remains important for sharing the costs and responsibilities of global leadership. Across the globe we will seek to be the security partner of choice, pursuing new partnerships with a growing number of nations – including those in Africa and Latin America – whose interests and viewpoints are merging into a common vision of freedom, stability, and prosperity. *Whenever possible, we will develop innovative, low – cost, and small – footprint approaches to achieve our security objectives*, relying on exercises, rotational presence, and advisory capabilities.

To enable economic growth and commerce, America, working in conjunction with allies and partners around the world, will seek to protect freedom of access throughout the global commons – those areas beyond national jurisdiction that constitute the vital connective tissue of the international system. Global security and prosperity are increasingly dependent on the free flow of goods shipped by air or sea. State and non – state actors pose potential threats to access in the global commons, whether through opposition to existing norms or other anti – access approaches. Both state and non – state actors possess the capability and intent to conduct cyber espionage and, potentially, cyber attacks on the United States, with possible severe effects on both our military operations and our homeland. Growth in the number of space – faring nations is also leading to an increasingly congested and contested space environment, threatening safety and security. *The United States will continue to lead global efforts with capable allies and partners to assure access to and use of the global commons, both by strengthening international norms of responsible behavior and by maintaining relevant and interoperable military capabilities.*

The proliferation of nuclear, biological, and chemical weapons technology has the potential to magnify the threats posed by regional state actors, giving them more freedom of action to challenge U. S. interests. Terrorist access to even simple nuclear devices poses the prospect of devastating consequences for the United States. Accordingly, *the Department of Defense will continue to enhance its capabilities, acting with an array of domestic and foreign partners, to conduct effective operations to counter the proliferation of WMD.*

Primary Missions of the U. S. Armed Forces

To protect U. S. national interests and achieve the objectives of the 2010 *National Security Strategy* in this environment, *the Joint Force will need to recalibrate its capabilities and make selective additional investments* to succeed in the following missions:

· Counter Terrorism and Irregular Warfare. Acting in concert with other means of national power, U. S. military forces must continue to hold al – Qa'ida and its affiliates and adherents under constant pressure, wherever they may be. *Achieving our core goal of disrupting, dismantling, and defeating al – Qa'ida and preventing Afghanistan from ever being a safe haven again will be central to this effort.* As U. S. forces draw down in Afghanistan, our global counter terrorism efforts will become more widely distributed and will be characterized by a mix of direct action and security force assistance. Reflecting lessons learned of the past decade, we will continue to build and sustain tailored capabilities appropriate for counter terrorism and irregular warfare. We will also remain vigilant to threats posed by other designated terrorist organizations, such as Hezbollah.

· Deter and Defeat Aggression. U. S. forces will be capable of deterring and defeating aggression by any potential adversary. *Credible deterrence results from both the capabilities to deny an aggressor the prospect of achieving his objectives and from the complementary capability to impose unacceptable costs on the aggressor.* As a nation with important interests in multiple regions, our forces must be capable of deterring and defeating aggression by an opportunistic adversary in one region even when our forces are committed to a large – scale operation elsewhere. Our planning envisages forces that are able to fully deny a capable state's aggressive objectives in one region by conducting a combined arms campaign across all domains - land, air, maritime, space, and cyberspace. This includes being able to *secure territory and populations and facilitate a transition to stable governance on a small scale for a limited period using standing forces and, if necessary, for an extended period with mobilized forces.* Even when U. S. forces are committed to a large - scale operation in one region, *they will be capable of denying the objectives of - or imposing unacceptable costs on - an opportunistic aggressor in a second region.* U. S. forces will plan to operate whenever possible with allied and coalition forces. Our ground forces will be responsive and capitalize on balanced lift, presence, and prepositioning to maintain the agility needed to remain prepared for the several areas in which such conflicts could occur.

· Project Power Despite Anti – Access/Area Denial Challenges. In order to credibly deter potential adversaries and to prevent them from achieving their objectives, the United States must maintain its ability to project power in areas in which our access and freedom to operate are challenged. In these areas, sophisticated adversaries will use asymmetric capabilities, to include electronic and cyber warfare, ballistic and cruise missiles, advanced air defenses, mining, and other methods, to complicate our operational calculus. States such as China and Iran will continue to pursue asymmetric means to counter our power projection capabilities, while the proliferation of sophisticated weapons and technology will extend to non – state actors as well. *Accordingly, the U. S. military will invest as required to ensure its ability to operate effectively in anti – access and area denial (A2/AD) environments.* This will include implementing the Joint Operational Access Concept, sustaining our undersea capabilities, developing a new stealth bomber, improving missile defenses, and continuing efforts to enhance the resiliency and effectiveness of critical space – based capabilities.

· Counter Weapons of Mass Destruction. U. S. forces conduct a range of activities aimed at preventing the proliferation and use of nuclear, biological, and chemical weapons. These activities include implementing the Cooperative Threat Reduction (Nunn – Lugar) Program, and planning and operations to locate, monitor, track, interdict and secure WMD and WMD – related components and the means and facilities to make them. They also include an active whole – of – government effort to frustrate the ambitions of nations bent on developing WMD, to include preventing Iran's pursuit of a nuclear weapons capability. In partnership with other elements of the U. S. Government, DoD will continue to invest in capabilities to detect, protect against, and respond to WMD use, should preventive measures fail.

Operate Effectively in Cyberspace and Space. Modern armed forces cannot conduct high – tempo, effective operations without reliable information and communication networks and assured access to cyberspace and space. Today space systems and their supporting infrastructure face a range of threats that may degrade, disrupt, or destroy assets. *Accordingly, DoD will continue to work with domestic and international allies and partners and invest in advanced capabilities to defend its networks, operational capability, and resiliency in cyberspace and space.*

· Maintain a Safe, Secure, and Effective Nuclear Deterrent. As long as nuclear weapons remain in existence, the United States will maintain a safe, secure, and effective arsenal. We will field nuclear forces that can under any circumstances confront an adversary with the prospect of unacceptable damage, both to deter potential adversaries and to assure U. S. allies and other security partners that they can count on America's security commitments. *It is possible that our deterrence goals can be achieved with a smaller nuclear force*, which would reduce the number of nuclear weapons in our inventory as well as their role in U. S. national security strategy.

· Defend the Homeland and Provide Support to Civil Authorities. U. S. forces will continue to defend U. S. territory from direct attack by state and non – state actors. We will also come to the assistance of domestic civil authorities in the event such defense fails or in case of natural disasters, potentially in response to a very significant or even catastrophic event. Homeland defense and support to civil authorities require strong, steady – state force readiness, to include a robust missile defense capability. Threats to the homeland may be highest when U. S. forces are engaged in conflict with an adversary abroad.

· Provide a Stabilizing Presence. U. S. forces will conduct a sustainable pace of presence operations abroad, including rotational deployments and bilateral and multilateral training exercises. These activities reinforce deterrence, help to build the capacity and competence of U. S. allied, and partner forces for internal and external defense, strengthen alliance cohesion, and increase U. S. influence. A reduction in resources will require innovative and creative solutions to maintain our support for allied and partner interoperability and building partner capacity. *However, with reduced resources, thoughtful choices will need to be made regarding the location and frequency of these operations.*

· Conduct Stability and Counterinsurgency Operations. In the aftermath of the wars in Iraq and Afghanistan, the United States will emphasize non – military means and military – to – military cooperation to address instability and reduce the demand for significant U. S. force commitments to stability operations. U. S. forces will nevertheless be ready to conduct limited counterinsurgency and other stability operations if required, operating alongside coalition forces wherever possible. Accordingly, U. S. forces will retain and continue to refine the lessons learned, expertise, and specialized capabilities that have been developed over the past ten years of counterinsurgency and stability operations in Iraq and Afghanistan. *However, U. S. forces will no longer be sized to conduct large – scale, prolonged stability operations.*

· Conduct Humanitarian, Disaster Relief, and Other Operations. The nation has frequently called upon its Armed Forces to respond to a range of situations that threaten the safety and well – being of its citizens and those of other countries. U. S. forces possess rapidly deployable capabilities, including airlift and sealift, surveillance, medical evacuation and care, and communications that can be invaluable in supplementing lead relief agencies, by extending aid to victims of natural or man – made disasters, both at home and abroad. DoD will continue to develop joint doctrine and military response options to prevent and, if necessary, respond to mass atrocities. U. S. forces will also remain capable of conducting non – combatant evacuation operations for American citizens overseas on an emergency basis.

The aforementioned missions will largely determine the shape of the future Joint Force. The overall capacity of U. S. forces, however, will be based on requirements that the following subset of missions demand: counter terrorism and irregular warfare; deter and defeat aggression; maintain a safe, secure, and effective nuclear deterrent; and defend the homeland and support civil authorities.

Toward the Joint Force of 2020

To ensure success in these missions, several principles will guide our force and program development. First, given that we cannot predict how the strategic environment will evolve with absolute certainty, we will maintain a broad portfolio of military capabilities that, in the aggregate, offer versatility across the range of missions described above. The Department will make clear distinctions both among the key sizing and shaping missions listed above and between these mission areas and all other areas of the defense program. Wholesale divestment of the capability to conduct any mission would be unwise, based on historical and projected uses of U. S. military forces and our inability to predict the future. *Likewise, DoD will manage the force in ways that protect its ability to regenerate capabilities that might be needed to meet future, unforeseen demands, maintaining intellectual capital and rank structure that could be called upon to expand key elements of the force.*

Second, we have sought to differentiate between those investments that should be made today and those that can be deferred. This includes an accounting of our ability to make a course change that could be driven by many factors, including shocks or evolutions in the strategic, operational, economic, and technological spheres. *Accordingly, the concept of "reversibility" – including the vectors on which we place our industrial base, our people, our active – reserve component balance, our posture, and our partnership emphasis. – is a key part of our decision calculus.*

Third, we are determined to maintain a ready and capable force, even as we reduce our overall capacity. *We will resist the temptation to sacrifice readiness in order to retain force structure, and will in fact rebuild readiness in areas that, by necessity, were deemphasized over the past decade.* An ill – prepared force will be vulnerable to corrosion in its morale, recruitment, and retention. Unless we are prepared to send confident, well – trained, and properly equipped men and women into battle, the nation will risk its most important military advantage – the health and quality of the All – Volunteer Force.

Fourth, the Department must continue to reduce the "cost of doing business". This entails reducing the rate of growth of manpower costs, finding further efficiencies in overhead and headquarters, business practices, and other support activities before taking further risk in meeting the demands of the strategy. As DoD takes steps to reduce its manpower costs, to include reductions in the growth of compensation and health care costs, we will keep faith with those who serve.

During the past decade, the men and women who comprise the All – Volunteer Force have shown versatility, adaptability, and commitment, enduring the constant stress and strain of fighting two overlapping conflicts. They have also endured prolonged and repeated deployments. Some – more than 46, 000 men and women – have been wounded, and still others – more than 6, 200 members of the Armed Forces – have lost their lives. As the Department reduces the size of the force, we will do so in a way that respects these sacrifices. This means, among other things, taking concrete steps to facilitate the transition of those who will leave the service. These include supporting programs to help veterans translate their military skills for the civilian workforce and aid their search for jobs.

Fifth, it will be necessary to examine how this strategy will influence existing campaign and contingency plans so that more limited resources may be better tuned to their requirements. This will include a renewed emphasis on the need for a globally networked approach to deterrence and warfare.

Sixth, the Department will need to examine the mix of Active Component (AC) and Reserve Component (RC) elements best suited to the strategy. Over the past decade, the National Guard and Reserves have consistently demonstrated their readiness and ability to make sustained contributions to national security. The challenges facing the United States today and in the future will require that we continue to employ National Guard and Reserve forces. The expected pace of operations over the next decade will be a significant driver in determining an appropriate AC/RC mix and level of RC readiness.

Seventh, as we transition out of Iraq and draw down in Afghanistan, we will take extra measures to retain and build on key advancements in networked warfare in which joint forces have finally become truly interdependent. This imperative will shape a number of Departmental disciplines, ranging from establishing warfighting requirements to the way our forces train together.

Finally, in adjusting our strategy and attendant force size, the Department will make every effort to maintain an adequate industrial base and our investment in science and technology. We will also encourage innovation in concepts of operation. Over the past ten years, the United States and its coalition allies and partners have learned hard lessons and applied new operational approaches in the counter terrorism, counterinsurgency, and security force assistance arenas, most often operating in uncontested sea and air environments. Accordingly, similar work needs to be done to ensure the United States, its allies, and partners are capable of operating in A2/AD, cyber, and other contested operating environments. To that end, the Department will both encourage a culture of change and be prudent with its "seed corn" balancing reductions necessitated by resource pressures with the imperative to sustain key streams of innovation that may provide significant long – term payoffs.

Conclusion

The United States faces profound challenges that require strong, agile, and capable military forces whose actions are harmonized with other elements of U. S. national power. Our global responsibilities are significant; we cannot afford to fail. The balance between available resources and our security needs has never been more delicate. Force and program decisions made by the Department of Defense will be made in accordance with the strategic approach described in this document, which is designed to ensure our Armed Forces can meet the demands of the U. S. National Security Strategy at acceptable risk.

《维持美国的全球领导地位：21世纪国防优先任务》

(2012年1月)(中文)

目前，我们国家正处于一个过渡期。感谢我们全体军人在远征行动中作出的贡献，在他们的努力下，我们如约结束了伊拉克战争并让“基地”组织走上了败亡之路——包括击毙本·拉登。我们在阿富汗的行动也卓见成效，现在我们可以开始将责任转交还给阿富汗人民。同时，我们必须重整国内财政秩序并更新我们的长期经济增长计划。在这一方面，2011年《预算控制法案》已明确了需要降低联邦耗支，包括国防开支。

作为总司令，我有信心去迎接我们所面临的种种挑战，而且我们可以比以前更为强大，可以继续保持美国的全球领导地位、维持我们的军事优势和忠于我们的军队、军属和退役军人。因此，我们利用这次评估来确认未来十年间我们的战略利益并指导这一阶段内我们的国防重点和投入方向。

促成这一评估的是出自对美国的长期国家安全利益考虑。我们致力于我们国家及盟友与合作伙伴的安全，也追求国际经济系统之间自由与开放的交流。我们寻求一种可以维护每个国家和每一名人员的权力与责任，特别是每个人的基本权力的正义和可维持的国际秩序。

确实，在我们结束了目前的战争之后，我们将把目光转向一系列范围更广的挑战与机遇，包括亚太地区的安全与繁荣。中东和北非的新生代要求自己的普世权力，我们支持政治与经济改革和加深合作关系来保证地区安全。与暴力主义者的残暴观点相反，我们积极与全球盟友和合作伙伴一起推动他们提高安全、繁荣与人类尊严的能力。随着盟友及合作伙伴能力的加强，如成功地保护利比亚人民所展现的那样，为责任分担创建了新机会。

迎接这些挑战仅靠我们的军队远远不够，这也是为什么我们增强美国各种国家力量的原因，其中包括外交与研发、情报和国土安全等力量。在发展的同时，我们会牢记历史教训并避免重蹈我们军队没有针对未来做好准备的覆辙。在我们结束了当前的战争和重组我们的武装部队之时，我们将保证我们的军队是一支敏捷、灵活和做好准备面对一切应急事件的部队。特别是我们将继续在那些对我们在未来获得成功至关重要的能力上进行投入，包括情报、侦察与监视；反恐；遏制大规模杀伤性武器；在封锁的环境下行动；在各种领域中领先，包括网络。

最为重要的是，我们将继续忠于我们的部队、军属和退伍军人，他们在十年战争期间作出了巨大贡献，让我们的军队领先于世界。虽然我们必须要做出艰难的财政决定，但是我们将继续优先关注那些伤病员和军属成员。随着我们最新一批退伍军人返回平民生活，我们要继续承担作为一个政府和国家的责任，为他们提供应有的健康、福利与工作机会。

我们所面临的财政决定艰难无比，但是毫无疑问，我们将保持我们的军队是经过良好训练、有着出色领导和拥有最先进装备的战斗力量。这个不断变化的世界需要我们的领导，美国将继续成为世人所熟知的自由与安全的最大支持力量。

——巴拉克·奥巴马

我为国防部公布新的战略指导来明确21世纪的工作重点，以继续维持美国的全球领导地位。本指导内容是参考了国防部民政与军事领导人员，包括参谋长联席会议、各军种部部长和作战指挥官等人的意见而制定，反映了总统对国防部的战略指示。

在经历了十年战争之后，我们国家处于一个战略转折点，因此我们要针对未来形势塑造一支规模缩小但却更加敏捷、灵活、有准备和技术领先的联合部队。这样的联合部队将拥有先进的能力，可以充分发挥我们的技术、联合性与联网优势。这支部队将由素质最高且经过战斗考验的专业团队来领导。部队将在注重亚太和中东地区的前提下进行全球部署，将保证我们维持对欧洲的防御和加强所有地区联盟与合作关系的能力。部队将保留执行最为重要的任务以保护核心国家利益的能力，包括：击败“基地”组织及其追随者和获得当前冲突的胜利；威慑与击败对手的挑衅，包括那些企图遏制我们力量投送能力的对手；遏制大规模杀伤武器；有效地在网络、太空和所有领域中行动；维持一个安全且有效的核威慑；保护本土。

联合部队将为面对和击败全球任何地点的挑衅做好准备。它将拥有兵力与能力生成的能力，保证我们可以通过在人力和强大工业基础上的投入来满足未来威胁所需。它将依然是世界上最精良的部队。

——莱昂·帕内塔

简介

过去65年以来，美国一直在改革国际秩序上起着带头作用。美国与那些有着同样想法的国家一起，为美国人民、我们的全球盟友与合作伙伴建立了一个比二战之前更加安全、稳定和繁荣的世界。近10年来，我们在伊拉克和阿富汗的行动为当地国家带去了稳定，也保证了我们国家的安全利益。在我们从这两场行动中撤出并采取行动在不断变化的形势下保护我国的经济繁荣和安全利益之时，我们也面临一个重要的转折点。这需要我们根据不断变化的地理政治环境和我们的财政背景来评估美国国防战略。这一评估反映了总统为国防部制定的战略指示，其内容参考了国防部军政领导层，包括参谋长联席会议成员、各军种部部长和作战指挥官等人的意见。根据评估内容，我们制定了相应的国防战略，从强调当前的战争转向为未来的挑战做准备，保护美国国家安全利益，推动国防部调整与改革工作，通过减少国防开支来降低国家安全项目赤字。

本战略阐述了预期安全环境和国防部应该着手准备的重要军事任务。它将作为2020年联合部队发展蓝图，提供一系列指导原则，协助确定未来项目与预算周期中的部队规模与构成，同时也突出了一些与所提议战略相关的风险。

不断变化的全球安全环境

全球安全环境促成了一系列日益复杂的挑战与机遇，而美国国家力量中的各个部分都必须加以适应。

本·拉登的死亡和大量“基地”组织高级领导成员的伏法，在很大程度上削弱了他们的力量。但是，“基地”组织及其追随者依然活跃在巴基斯坦、阿富汗、也门、索马里和世界上其他地区。进一步来说，暴力极端主义者将继续威胁美国的利益、盟友、合作伙伴和美国本土。此类威胁的根源主要集中在南亚和中东地区。随着破坏性技术的扩散，这些极端主义者很有可能造成灾难性的威胁，直接影响我们的安全与繁荣。未来一段时期内，美国将继续通过监督全球非国家威胁活动、与盟友和合作伙伴建立对无政府地区的控制、直接打击最危险的组织和个人等活动来抗击此类威胁。

美国的经济和安全利益与西太平洋和东亚到印度洋地区及南亚一带的发展息息相关，这种形势造成了日益严重的挑战，同时也带来了大量机会。因此，虽然美国的军事活动继续注重全球安全，但是我们会针对亚太地区调整战略。我们与亚洲盟友和合作伙伴之间的关系对该地区未来的稳定与发展非常重要。我们会进一步强调与现有盟友的关系，因为它们对亚太地区的安全至关重要。我们也会将我们的合作网络向整个亚太地区推广，保证同心协力保护共同利益。美国也与印度建立了长期战略合作关系，支持其作为地区性经济支柱发挥作用并成为印度洋地区安全的维护者。

此外，我们会与朝鲜半岛的盟友和其他地区国家有效合作，威慑与预防来自朝鲜的挑衅活动，从而维护该地区的和平与稳定。维护这一地区的和平、稳定、自由贸易和美国的影响，部分上有赖于军事能力与态势的平衡。从长期来看，中国作为地区强权的崛起将会从各个方面影响美国的经济和安全利益。我们两国在东亚的和平与稳定上负有责任，也都会从建立协作性双边关系中获益。但是中国军事力量的增长必须要在更明确地澄清其战略意图的前提下进行，以避免引起该地区摩擦。美国将继续进行必要的投入，保证我们能够按照条约和国际法维持地区进入和行动自由的能力。我们将继续与盟友和合作伙伴密切合作，推动建立在原则之上、强调稳定、鼓励新型强权国家的和平崛起以及建设国防合作的国际秩序的发展。

在中东地区，“阿拉伯的觉醒”让战略机遇与挑战并存。政权的更替以及压力之下各国内部与彼此之间的紧张关系，都让未来充满了不确定因素。但从长期来看，这也会让政府更加积极响应人民的诉求，也有机会成为美国更稳定与可靠的合作伙伴。

我们在中东地区的国防工作应该以打击暴力极端主义和消除威胁以及维持我们对盟友国家的支持为重点。其中较为引人关注的是弹道导弹和大规模杀伤性武器的扩散问题。美国的政策将强调海湾地区的安全，与海湾合作委员会成员国的合作将会适当地阻止伊朗发展核武器的能力并遏制其政策。美国将会在支持以色列的安全与中东整体安全的基础上达到这一目的。为了支持这些目标，美国将继续追求在该地区的军事部署和该地区及周边国家的支持。

美国的大部分坚定的盟友与合作伙伴都是欧洲国家，其中许多国家派遣了部队与美国部队一起在阿富汗、伊拉克和其他地区做出了贡献。欧洲是我们寻求全球安全和经济安全的主要合作地区，今后也将继续如此。同时，在部分欧洲和欧亚地区依然存在安全问题与未解决的冲突，美国必须继续推动地区安全和欧洲大西洋的联合趋势。美国在支持欧洲地区的和平与繁荣以及增强北约的力量和影响上有着长远利益。特别是北约组织对欧洲以及其他地区的安全至关重要。大部分欧洲国家都是安全利益的拥护者。撤出伊拉克和阿富汗，为美国调整其欧洲军事投入和战略重点提供了一次时机。为了赶上这一战略构想的步伐，我们也必须加快发展对欧洲态势的感知能力。

在这个资源受限的时代，我们将与北约盟友一起制定“智慧型国防”概念来集中、共享和细分各种能力，准备迎接21世纪的挑战。此外，我们与俄罗斯的接触也同样重要，我们将继续在有共同利益的领域上建立合作关系并鼓励对方在其他领域做出应有贡献。

与世界上其他地区建立合作关系对于分担成本和责任也一样重要。我们希望可以成为全球安全合作的对象并追求与更多国家之间的合作，这包括非洲与拉丁美洲国家。无论在任何时候，我们都将通过参加演习、轮流部署和咨询服务来制定创新、低成本和后勤精简的方法完成我们的安全任务。

为了促进经济增长和贸易自由，美国将与全球合作伙伴一起保护全球公共领域的自由进入权力，这些公共领域都是联系国际社会之间的重要通道。全球安全与繁荣越来越依赖于空中或海上的货物自由流通。某些国家和非国家行为人反对现行标准或采取其他封锁手段，给全球公共领域的进入设置了障碍。拥有执行网络间谍活动和网络攻击能力与企图的国家和非国家行为人，可能会给我们的军事行动和国土安全造成严重影响。拥有宇航能力国家数量的增多，也让太空变得更加拥挤，进一步加大了安全威胁。美国将继续与有能力的盟友和合作伙伴一起领导全球活动，通过强调国际行为标准和维持相关协作性军事能力，保证可以获取和利用全球公共资源。

核、生、化武器技术的扩散有可能加大地区性国家行为人造成的威胁，让他们更容易地侵犯美国利益。恐怖分子也可以获得简单的核装置，这可能会给美国造成灾难性后果。因此，国防部将继续提高与国内外合作伙伴一起执行有效行动来打击大规模杀伤性武器扩散的能力。

美国陆军的主要任务

为了保护美国国家利益和完成2010年《国家安全战略》目标，联合部队需要调整其能力并进行额外投入来完成以下任务：

• 打击恐怖主义和非常规战争。美国武装部队与其他国家力量共同发挥作用，继续遏制“基地”组织及其追随者的发展。瓦解、驱散和击败“基地”组织并预防阿富汗再次成为他们的避难所，完成核心目标对这一工作至关重要。随着美军从阿富汗撤出，我们的全球反恐工作将变得更加分散，而且会出现直接参与行动和安全部队援助相结合的形式。根据过去十年中总结的经验教训，我们将继续建设和维持有针对性的反恐和非常规战争能力。我们也将继续警惕其他恐怖组织，如“真主党”造成的威胁。

• 威慑与击败挑衅。美国部队将有能力威慑和击败任何潜在对手的挑衅行为。可靠的威慑有赖于阻止挑衅者达到其目的的能力和威慑失效时给挑衅者造成难以接受的后果的能力。作为一个在多个地区有重大利益的国家，我们的军队必须能够威慑和击败某一个地区的投机性对手，哪怕是我们的军队正在其他地区执行大规模行动情况下，我们依然能够如此。我们的计划展示了我们军队可以通过执行多领域——海、陆、空、太空和网络——联合武装战争来彻底击败某一国家在某地区发起的挑衅活动。这包括在保证领土与人员安全的前提下，短期内向稳定政府过渡的能力。美国军队即使在某一个地区执行大规模行动的同时，他们依然可以阻止其他地区的对手达到目的或给对方造成难以承受的后果。美国军队计划与盟友部队随时可以共同执行行动。我们的地面部队将会是响应性的部队，可以保持在运输、部署和预部署活动上的投入平衡，时刻做好准备同时参与多个地区发生的冲突。

• 无视对手封锁手段的力量投送能力。为了有效地威慑潜在对手和阻止他们达到目的，美国必须要维持在我们行动自由受到限制地区的力量投送能力。在这些地区，对手可能会使用不对称能力，包括电子战和网络战、弹道导弹与巡航导弹、先进的防空、地雷和其他手段来影响我们的作战考虑。如中国和伊朗等某些国家将继续追求利用不对称手段来遏制我们的力量投送能力，同时推动精密武器和技术的扩散活动，让这些武器甚至可能抵达非国家行为人手中。因此，美国军队将有针对性地投入，以保证在封锁环境下有效执行行动的能力。这将包括联合作战强突概念的施行、维持水下能力发展、研发新型隐形轰炸机、改进导弹防御和继续提高重要太空能力的恢复能力与效率等。

• 防止大规模杀伤性武器的扩散。美国部队开展了一系列活动，目的是为了阻止核、生化、武器的扩散和使用。这些活动包括“合作性威胁降低计划”、计划和执行针对大规模杀伤性武器及相关部件及制造手段与设施的确认、监控、追踪、打击和管理措施。其中包括发挥整体政府效率来打击研发大规模杀伤性武器国家的野心，包括阻止伊朗获得核武器能力。在与美国政府其他部门的合作下，国防部将继续加大投入来发展监测、预防大规模杀伤性武器的使用和在预防手段失效下进行反应的能力。

• 在网络与太空进行有效的行动。现代化武装部队不能够在没有可靠的信息与通信网络以及有保障的访问网络与太空能力的情况下采取快节奏的行动。当前的太空系统及其支持设施面临一系列威胁，它们有可能被削弱、破坏或瘫痪。因此，国防部将继续与国内外盟友共同在先进能力上投人，提高自己的网络、作战能力和网络与太空的自恢复能力。

• 维持安全、可靠和有效的核威慑。只要核武器存在，美国就必须维持安全、可靠和有效的核武储备。我们将装备一支可以在任何环境下与潜在对手抗衡并给其造成不可接受后果的核部队，以威慑对手和保证美国盟友和其他安全伙伴对美国的信赖。我们的威慑目的可通过较小规模的核部队来达到，这样可以减少我们的核武器储备数量以及弱化它们在美国国家安全战略中的作用。

• 保卫本土和为民政部门提供支持。美国军队将继续保卫美国领土免遭国家和非国家行为人的直接攻击。我们也将协助国内民政机构在防守失效或自然灾害等情况下做出反应。国土防御和对民政机构的支持要求时刻做好反应准备，包括健全的导弹防御能力。在美国与海外对手冲突期间，美国本土可能处于最大的威胁之中。

• 提供维稳力量。美国部队将继续执行可持续海外部署行动，包括轮换部署和双边及多边训练演习等。这些行动可以加强威慑，有助于美国及其盟友部队的能力建设、加强盟友关系、提高美国影响力。资源的减少将要求创新的解决方案来维持我们对盟友的支持和合作能力的建设。出于资源受限的考虑，我们需要对此类行动的地点和频率进行深入分析。

• 执行维稳和反暴乱行动。在伊拉克和阿富汗战争结束之后，美国将关注通过非军事手段和军事合作来处理不稳定问题以及减少美国部队的维稳行动要求。美军要做好准备，按要求执行一定的反暴乱和其他维稳行动，与盟军部队一起在任何可能的地点行动。因此，美军将继续牢记和学习过去十年中反暴乱和维稳行动中学到的经验、知识并发展具体的能力。但是，美军不再按照大规模长期维稳行动来设计部队结构。

• 采取人道主义、灾害救援和其他行动。美国经常号召武装部队在一系列危及本国公民和其他国家安全的情况下做出反应。美国军队拥有快速部署能力，包括空运与海运、侦察、医护、通信等能力，可以为国内外自然或人为灾害中的受害者提供援助。国防部将继续制定联合条令和军事响应选择来预防和响应大型灾害。美国军队也保持着在紧急状态下帮助海外公民执行非战斗撤离行动的能力。

上述几类任务很大程度上决定着未来联合部队的结构。美国部队的整体能力将依照下列任务要求来发展：反恐和非常规战争；威慑与击败挑衅；维持一个安全、可靠和有效的核威慑；保卫国土和支持民政机构。

2020 年联合部队

为了保证在这些任务中取得成功，我们的部队与项目发展需要跟进几个指导原则。首先，因为我们不能完全肯定未来战略环境的发展趋势，所以我们将继续维持一系列军事能力，提供上述任务所需的多样化能力。国防部将会明确上述任务所需的部队规模和结构以及这些任务与其他国防项目之间的区别。去除任何一项任务所需的能力都不明智，我们要根据美国部队的行动史和未来计划以及我们的不足来预测未来。同样，国防部将在继续发展新能力的同时，维持传统的能力与结构，满足不时之需。

第二，我们需要区分哪些能力需要现在进行投入，而哪一些可以推迟。这包括我们需要根据多种因素来设定我们的能力，包括战略、作战、经济和技术等因素。因此，"逆向推断"概念，包括我们据以设定工业基础、人员发展方向，现役与预备役平衡、态势和合作重点的观念，都是影响我们决策的重要因素。

第三，即便我们减少了总体能力，我们也一定要维持一个做好准备和有能力的部队。我们不能牺牲预备状态来换取部队结构，而要重建过去十年中被忽视的领域中的预备状态。没有做好准备的部队，其士气、征募和挽留工作都会受到影响。除非我们做好了将自信、训练有素和适当装备的军人派上战场的准备，否则我们国家最重要的军事优势就会处于风险之中。

第四，国防部必须继续降低"业务成本"。包括减少人力成本的增长率、进一步提高总部的效率和业务程序，以满足战略要求。国防部正在采取行动减少人力成本，包括减少福利和保健成本。

在过去十年期间，组成全志愿兵部队的军人们展现了其能力多样化、适应能力和奉献精神，他们在两场重叠的冲突中经受了长期的压力。超过 4.6 万名士兵受伤，另有超过 6200 名士兵身亡。国防部在缩小部队规模的同时，要考虑到这些人所做的贡献。这意味着要采取坚定的步骤促进那些退役军人的转业，包括设立一些支援项目来协助退役军人将他们的军事技能转为民用并帮助他们找到工作。

第五，我们有必要考察本战略对当前活动和应急计划的影响，这样才能将更有限的资源更好地分配到所需的地方，包括全球联网威慑与战斗的需要。

第六，国防部将要考察现役和预备役单位的比例，以便最佳地适应战略要求。过去十年中，国民警卫队和预备役部队不断展现了他们的预备状态和对国家安全持续做出贡献的能力。当今和未来美国面临的挑战将要求我们继续运用国民警卫队和预备役部队。

未来十年的行动频率将在很大程度上决定现役/预备役比率和预备役部队的预备状态。

第七，随着我们撤出伊拉克和逐渐撤出阿富汗，我们将采取额外的措施来维持和建设网络优势。这一迫切任务将促成多种国防部规定的制定，包括建立战斗要求和集中训练等。

第八，在调整我们的战略和部队规模之时，国防部将尽可能维持足够的工业基础和在科技上的投入。我们也将鼓励行动概念上的创新。过去十年以来，美国及其盟友得到了许多深刻的教训并在反恐、反暴乱和安全部队援助等领域用到了新的作战概念。

因此，我们需要开展同样的活动来保证美国及其盟友有能力在封锁、网络和其他竞争性作战环境下行动。在这方面，国防部将鼓励文化改革和勤俭节约，在进行必要的节俭之外，要维持在可能提供长期回报的创新领域上的投入。

结论

美国面临着长远的挑战，这要求我们建设一支强大、灵活和有能力的部队，而且它能够与美国的其他国家力量相辅相成。我们的全球责任非常重大，失败的后果将令我们难以承受。有限的资源和安全需要之间的平衡处于最微妙的阶段。国防部的能力与项目计划将会按照本文的战略途径来制定，本文的目的是为了保证我们武装力量能在可接受的风险前提下，满足美国“国家安全战略”的要求。

（知远/天火）

《"金砖国家"领导人第四次会晤德里宣言》

(2012年3月29日)

1. 我们，巴西联邦共和国、俄罗斯联邦、印度共和国、中华人民共和国和南非共和国领导人于2012年3月29日在印度新德里共同举行了"金砖国家"领导人第四次会晤。我们在热烈友好的气氛中，本着以开放、团结、互谅互信为基础、加强"金砖国家"共同发展的伙伴关系的共同愿望，围绕"金砖国家致力于全球稳定、安全和繁荣的伙伴关系"的会议主题进行了讨论。

2. 我们的会晤在当前全球和地区形势均面临重大发展和变化的背景下举行。欧元区形势使世界经济脆弱复苏的前景更加复杂。随着2012年分别在巴西举行联合国可持续发展大会（里约+20）和在印度举行《生物多样性公约》缔约方大会，可持续发展和气候变化问题显得更加重要。二十国集团峰会即将在墨西哥举行，近期在日内瓦举行了世界贸易组织第八次部长级会议。我们日益关注中东和北非不断发展的政治局势。我们今天的讨论反映了我们愿继续与国际社会合作，以负责任和建设性方式应对上述挑战，维护全球福祉和稳定。

3. "金砖国家"占世界人口的43%，"金砖国家"合作是在多极化、相互依存、日益复杂和全球化的世界中为促进和平、安全与发展开展对话与合作的平台。我们来自亚洲、非洲、欧洲和拉丁美洲，跨大洲的互动性质使我们的合作更具价值和意义。

4. 我们展望一个世界和平、经济发展、社会进步、科技兴盛的未来。我们愿与各方共同努力，同发达和发展中国家一道，在公认的国际法准则和多边决策基础上，共同迎接当今世界的机遇和挑战。在全球治理机构中提高新兴和发展中国家代表性，将增强有关机构实现上述目标的效率。

5. 我们关注当前全球经济形势。"金砖国家"虽然从全球危机中相对快速复苏，但受市场特别是欧元区的不稳定性影响，世界经济增长前景再次变得不明朗。发达国家主权债务问题累积，以及各方对发达国家中长期财政调整的担心，使全球经济增长面临不确定性。上述国家的中央银行为稳定国内经济而采取扩张性政策措施，导致流动性过剩，给新兴市场经济体带来溢出效应，导致资本流动和商品价格过度波动。当前的紧迫问题是重振市场信心并使全球经济增长重回正轨。我们愿同国际社会共同努力，加强国际政策协调，以实现宏观经济稳定，促进全球经济健康复苏。

6. 我们认为发达国家应采取负责任的宏观经济和金融政策，避免创造过度的全球流动性，同时进行结构改革以促进增长、增加就业。我们关注新兴市场经济体面临的大规模跨境资本流动波动带来的风险。我们呼吁进一步加强国际金融监管和改革，加强政策协调和金融监管合作，促进全球金融市场和银行体系的健康发展。

7. 在此背景下，我们认为二十国集团作为国际经济合作的主要论坛，当前主要任务是推动加强宏观经济政策协调，通过完善全球货币金融架构，促进全球经济复苏，维护金融稳定。我们讨论了将在墨西哥举行的下届二十国集团领导人峰会，承诺将同主席国及其他二十国集团成员和国际社会共同努力，推动峰会取得同各国政策框架一致的积极成果，确保世界经济强劲、可持续和平衡增长。

8. 我们认识到全球金融架构对维护全球货币金融体系稳定性和完整性具有重要意义。为此，我们呼吁建立更具代表性的国际金融架构，提高发展中国家的发言权和代表性，同时建立并完善一个符合各国利益、支持新兴市场和发展中经济体发展、公正的国际货币体系。这些经济体实现了基础广泛的增长，已成为全球复苏的重要推动力量。

9. 我们对国际货币基金组织份额和治理结构改革进展缓慢表示关切。我们认为迫切需要在2012年国际货币基金组织/世界银行年会前如期落实2010年治理和份额改革方案，在2013年1月前全面审查份额公式，以更好地体现经济权重，提高新兴市场和发展中国家的发言权和代表性，并于2014年1月前完成下一轮份额总检查。这一动态改革进程有助于确保国际货币基金组织的合法性和有效性。我们强调只有所有成员真正承诺切实落实2010年改革方案，目前增加国际货币基金组织借贷能力的工作才可能取得成功。我们将同国际社会共同努力，保障国际货币基金组织在完善治理和合法性的同时能够及时动员充足资源。我们重申支持采取措施保护国际货币基金组织最贫穷成员国的发言权和代表性。

10. 我们注意到国际货币基金组织提出关于监督的新整合决定，并将在其春季会议前予以讨论，呼吁国际货币基金组织的监督架构更为完整和公平。

11. 在当前全球经济环境下，我们认识到迫切需要加强对新兴和发展中国家的发展融资。为此，我们呼吁世界银行更加重视资金动员和满足发展融资需要，同时减少贷款成本，采取创新的贷款工具。

12. 我们欢迎发展中国家提名候选人竞选世界银行行长。我们重申国际货币基金组织和世界银行的负责人应通过公开、择优的程序遴选。同时，新的世界银行领导层必须承诺将世界银行转变为真正反映所有成员观点的多边机构，包括其治理结构应体现当前经济和政治现实。世界银行的性质必须从主要协调北南合作转变为加强同所有国家的平等伙伴关系，以解决发展问题，并不再使用过时的“捐助国－受援国”分类。

13. 我们探讨了建立一个新的开发银行的可能性，以为“金砖国家”和其他发展中国家基础设施和可持续发展项目筹集资金，并作为对现有多边和区域金融机构促进全球增长和发展的补充。我们指示财长们审查该倡议的可能性和可行性，成立联合工作组进一步研究，并于下次领导人会晤前向我们报告。

14. 巴西、印度、中国和南非期待俄罗斯于2013年担任二十国集团主席国，将为峰会取得成功开展合作。

15. 巴西、印度、中国和南非祝贺俄罗斯联邦加入世界贸易组织。这使世界贸易组织更具代表性，并强化了基于规则的多边贸易体系。我们承诺共同维护这一体系，并敦促其他国家共同抵制各种形式的贸易保护主义和变相的贸易限制措施。

16. 我们将继续在维护授权、锁定已有成果的基础上推动完成多哈回合谈判。为实现这一目标，我们将坚持以发展为核心并在寻求一揽子方案的框架下，在特定领域探索可能的成果。我们不支持违反透明、包容和多边等基本原则的诸边倡议。我们认为这些倡议不仅干扰了各成员共谋成果的努力，也没有解决以往谈判回合遗留的发展赤字问题。在完成批准程序后，俄罗斯将以积极和建设性方式参与多哈回合谈判，推动多哈回合取得平衡成果，加强和发展多边贸易体系。

17. 考虑到联合国贸易和发展会议是联合国系统处理贸易和发展问题的核心机构，我们愿推动其提高凝聚共识、技术合作、经济发展和贸易研究等传统业务能力。我们重申愿积极推动2012年4月举行的贸易和发展会议第十三届大会取得成功。

18. 我们同意通过协同努力，携手加强彼此贸易和投资，推进我们各自的工业发展和就业目标。我们欢迎2012年3月28日在印度新德里举行的第二届“金砖国家”经贸部长会议达成的成果。我们支持加强贸易部长间的定期磋商，并考虑采取相应措施，进一步加强彼此经贸关系。我们对“金砖国家”开发银行间完成《“金砖国家”银行合作机制多边本币授信总协议》和《多边信用证保兑服务协议》表示欢迎，我们相信这些协议未来有助于推动“金砖国家”成员间贸易。

19. 我们认识到中东和北非地区的稳定、和平与安全对于我们、整个国际社会尤其是受动乱爆发地区影响的国家及其国民都至关重要。我们希望看到这些国家作为国际社会受尊敬的成员，早日恢复和平、稳定与繁荣。

20. 我们同意中东和北非地区正在经历的转型不应成为迟滞解决长期冲突的借口，而应成为解决这些问题尤其是阿拉伯以色列冲突的动力。该问题及其他长期存在的地区问题的解决将从整体上改善中东和北非地区局势。为此，我们致力于在普遍认可的国际法律框架下，包括相关的联合国决议、马德里原则、阿拉伯和平倡议等，实现阿以冲突的全面、公正、持久解决。我们鼓励中东问题四方机制加强努力，呼吁联合国安理会加大介入，寻求巴以冲突的解决办法。我们强调有关方面直接对话达成最终解决方案的重要性。我们呼吁巴勒斯坦人民和以色列人民采取建设性措施重建互信，为恢复和谈创造适宜条件，避免单边行动，尤其是在巴勒斯坦被占领土上建立定居点。

21. 我们对叙利亚当前局势深感忧虑，呼吁立即停止一切暴力和侵犯人权的行为。通过和平方式解决危机，鼓励反映叙利亚社会各界合法愿望、尊重叙独立、领土完整和主权的广泛国内对话，最符合国际社会利益。我们的目标是支持由叙利亚主导的包容性政治进程，我们欢迎联合国和阿盟为此付出的共同努力。我们鼓励叙利亚政府以及叙社会各界展示政治意愿推动这一进程，这本身将创造有利于和平的新环境。我们欢迎任命科菲·安南为叙利亚危机联合特使及迄今取得的有关进展，支持其继续在推动政治解决危机方面发挥建设性作用。

22. 伊朗问题不能升级为冲突，否则有关灾难性后果不符合各方利益。该地区具有高度政治和经济关联性，伊朗在维护本地区和平发展与繁荣方面有着至关重要的作用，我们期待伊朗作为国际社会负责任的成员发挥其作用。我们对围绕伊朗核问题有关事态发展感到担忧。我们承认伊朗根据国际义务和平利用核能的权利，支持根据联合国安理会有关决议，通过政治、外交和有关各方开展对话的手段解决问题，包括国际原子能机构和伊朗之间的对话。

23. 阿富汗不仅需要时间，还需要发展援助和合作、进入世界市场的优惠条件、外国投资和目标清晰的国家战略，以实现持久和平和稳定。我们支持国际社会在 2011 年 12 月波恩国际会议上对阿富汗所做的承诺，愿在 2015—2024 年转型期内与阿保持接触。我们重申支持阿富汗成为一个和平、稳定、民主的国家，免受恐怖主义和极端主义困扰，强调有必要就实现阿富汗稳定包括打击恐怖主义开展更有效的国际和地区合作。

24. 我们支持在巴黎进程框架下就打击源于阿富汗的毒品走私的努力。

25. 我们重申任何形式和表现的恐怖主义行为都没有正当理由。我们强调决心在打击恐怖主义威胁方面加强合作，认为联合国应在协调国际反恐行动方面发挥中心作用。上述行动应在《联合国宪章》框架内开展并遵循国际法的原则和准则。我们强调联合国大会有必要尽快完成制订《关于国际恐怖主义的全面公约》草案，呼吁所有成员国批准该公约，为应对恐怖主义这一全球威胁提供全面的法律框架。

26. 我们致力于推动多边外交，支持联合国在应对全球性挑战与威胁方面发挥中心作用。为此，我们重申需要对联合国包括安理会进行全面改革，使其更具效力、效率和代表性，以更成功地应对当今全球挑战。中国、俄罗斯重申重视巴西、印度和南非在国际事务中的地位，支持其希望在联合国发挥更大作用的愿望。

27. 我们回顾了 2011 年在安理会的密切协调，强调我们致力于在联合国共同努力，继续就事关全球和平与安全的问题进行合作并加强多边解决方式。

28. 促进增长和可持续发展、解决粮食和能源安全问题是当前国际社会面临的重大挑战之一，对许多发展中国家经济发展、消除贫困、应对饥饿和营养不良至关重要。创造有利于提高人民生活水平的就业十分重要。可持续发展同时也是全球复苏和未来增长中的关键因素。我们应为后代负起责任。

29. 我们祝贺南非2011年12月成功主办《联合国气候变化框架公约》第十七次缔约方大会暨《京都议定书》第七次缔约方会议。我们欢迎会议各项重要成果，愿根据公平、共同但有区别的责任及各自能力原则，同国际社会一道落实有关决定。

30. 我们承诺在应对气候变化的全球努力中做出自身贡献，通过可持续和包容性增长而非限制发展以应对气候变化。我们强调《联合国气候变化框架公约》发达国家缔约方应向发展中国家提供更多资金、技术及能力建设支持，帮助其准备并实施适合本国国情的减缓措施。

31. 我们相信联合国可持续发展大会（里约+20）是国际社会重申高级别政治承诺的重要契机，根据《里约环境和发展宣言》的原则，包括共同但有区别责任原则，《21世纪议程》和《约翰内斯堡实施计划》，支持全面可持续发展框架，包括推动包容性经济增长和发展、社会进步和环境保护。

32. 我们认为可持续发展应成为环境领域和经济社会战略中的一种主要模式。我们认同联合国可持续发展大会的主题的相关性和重点，即可持续发展和消除贫困背景下的绿色经济，以及可持续发展制度框架。

33. 巴西将于2013年6月主办这一重要会议。中国、俄罗斯、印度和南非期待同巴西合作，推动会议成功并取得务实成果。巴西、俄罗斯、中国和南非承诺支持印度于2012年10月主办《生物多样性公约》第十一次缔约方大会，期待会议取得积极成果。我们将继续努力落实上述公约及其议定书，特别是《关于获取遗传资源和公正、公平分享其利用所产生惠益的名古屋议定书》、2011—2020年生物多样性战略计划及资源调动战略。

34. 我们强调，“绿色经济”概念仍需由“里约+20”大会定义，并在可持续发展和消除贫困的大框架下予以理解。“绿色经济”本身并不是目的，而是实现这些重要优先目标的手段。各国政府应拥有灵活性和政策空间，根据各自发展阶段、国家战略、国情和政策重点，在诸多选项中确定自身的可持续发展途径。我们反对以发展绿色经济为由采取任何形式的贸易和投资壁垒。

35.“千年发展目标”是发展议程的重要里程碑。为确保发展中国家2015年前就落实“千年发展目标”取得最大成果，我们必须保证这些国家的经济增长不受影响。任何经济放缓都将对世界经济产生严重后果。实现“千年发展目标”是保障包容、平等和可持续全球经济增长的基础，在2015年后仍需继续推动这些目标的实现，以及更多的资金支持。

36. 我们高度重视支持非洲发展与稳定的经济增长，而许多国家尚未充分实现其经济潜力。我们将继续共同支持这些国家加快经济多元化和现代化。这将通过基础设施发展、知识交流、加大技术获取、加强能力建设、人力资源投资来实现，包括“非洲发展新伙伴计划框架”。

37. 我们承诺致力于缓解仍影响“非洲之角”数百万人口人道主义危机，并支持国际社会有关努力。

38. 大宗商品价格特别是粮食、能源价格过度波动，给世界经济复苏带来了额外的风险。完善大宗商品衍生品市场监管，对于防范粮食和能源供应的不稳定至关重要。我们认为，增强能源生产能力和加强生产者—消费者对话是消除价格波动的重要手段。

39. 以化石燃料为主的能源在可预测的未来将在能源构成中占主导地位。我们将开发清洁和可再生能源，推广能效和替代技术，以满足各国经济发展和人民不断增加的需求，同时回应对气候问题的担忧。为此，我们强调和平利用核能安全方面的国际合作必须严格遵守相关的安全标准，满足核电站设计、施工和运行等方面的要求。我们强调，在国际社会提高核安全标准的共同努力中，国际原子能机构应发挥重要作用，以加强核能安全标准，增强公众信心，使其认识到核能作为一种清洁、可负担、安全和可靠的能源，对于满足全球能源需求非常重要。

40. 我们注意到，“金砖国家”已做出实质性努力，在不少领域开展合作。我们相信，五国有丰富的知识、技术、能力和最佳实践可供分享，我们可以此为基础，开展有意义的合作造福于民。我们支持通过一份“行动计划”，作为2013年的目标。

41. 我们欢迎2011年10月在中国成都举行的第二届“金砖国家”农业和农耕部长会议取得的有关成果。我们指示各位部长推动此项进程，重点挖掘“金砖国家”在增进全球粮食安全和营养合作方面的潜力，提高农业产量和生产率，提高市场透明度，减少大宗商品价格过度波动，从而提高人民生活质量，特别是在发展中国家。

42. 多数“金砖国家”面临一些相似的公共卫生挑战，包括卫生服务的普及、健康技术包括药物的获取、公共卫生开支不断增加、传染和非传染性疾病发病率不断上升等。首届“金砖国家”卫生部长会议于2011年7月在北京召开，我们支持将该会议机制化，从而以最有效、公平和可持续的方式来应对这些共同挑战。

43. 我们注意到2011年9月在中国大连召开的科技高官会，特别是我们各国不断增强的研发和创新实力。我们鼓励在粮食、制药、卫生、能源等优先领域，以及在纳米技术、生物技术及先进材料科学等新兴跨学科领域的基础研究取得进展。我们还鼓励我们各国研究机构通过联合项目、研讨会以及青年科学家交流等渠道进行知识共享。

44. 包括我们在内的所有发展中国家面临快速城市化挑战，本质上是多元的，包含各类相互关联的问题。我们指示相关机构协调行动并学习最佳实践和技术，从而为社会做出有益改变。我们赞赏2011年12月在三亚举行的首届“金砖国家”友好城市暨地方政府合作论坛，并将通过举行城市化和城市基础建设论坛及第二届友好城市暨地方政府合作论坛推动该进程。

45. 我们对可再生能源、能效、节能环保型技术的需求日益增加。我们同意在知识、技能、技术和最佳实践等领域进行交流，以发挥我们在这些领域的互补优势。

46. 我们很高兴看到，在印度协调下，第一份《金砖报告》发表。该报告的重点关注我们经济中的协调和互补。我们欢迎“金砖国家”统计部门的合作成果，注意到今天发布了最新版《“金砖国家”联合统计手册》，这将为了解“金砖国家”提供有益参考。

47. 我们对第三届“金砖国家”工商论坛和第二届“金砖国家”金融论坛的召开感到满意，注意到上述论坛在促进“金砖国家”贸易关系中的作用。为此，我们欢迎“金砖国家”相关证券交易所成立“金砖国家”证券交易所联盟的联合倡议。

48. 我们鼓励“金砖国家”在青年、教育、文化、旅游和体育领域拓宽沟通渠道和人员交流。

49. 巴西、俄罗斯、中国与南非高度赞赏和真诚感谢印度政府和人民在新德里举办“金砖国家”第四次峰会。

50. 巴西、俄罗斯、印度与中国对南非提出主办2013年“金砖国家”领导人第五次峰会表示感谢，并愿予以全力支持。

德里行动计划

1. “金砖国家”外长在联大期间举行会晤。

2. “金砖国家”财长与央行行长在二十国集团会议和其他多边（世界银行/国际货币基金组织）会议期间举行会议。

3. 根据需要，金融与财政部门在世界银行/国际货币基金组织会议期间或单独举行会议。

4. 根据需要，“金砖国家”贸易部长在出席多边活动期间或单独举行会议。

5. 举行第三届“金砖国家”农业部长会，并在会前召开农产品和粮食安全问题专家预备会议及第二届农业合作专家工作组会议。

6. 举行“金砖国家”安全事务高级代表会议。

7. 举行第二届“金砖国家”科技高官会议。

8. 2012年在印度举办首届“金砖国家”城市化论坛及第二届“金砖国家”友好城市暨地方政府合作论坛。

9. 举行第二届“金砖国家”卫生部长会议。

10. 举行协调人及副协调人中期会议。

11. 举行经贸联络小组中期会议。

12. 2013年举行第三届“金砖国家”国际竞争大会。

13. 举行专家会议讨论建立一个新的开发银行问题。

14. 举行财政部门会议，研究落实《金砖报告》成果。

15. 根据需要，“金砖国家”常驻纽约、日内瓦和维也纳的联合国代表团举行磋商。

16. 如有必要，“金砖国家”高官在与环境和气候相关国际场合举行磋商会议。

17. 开拓新合作项目：

——“金砖国家”框架下开展多边能源合作；

——对“金砖国家”合作及制定“金砖国家”长期战略问题开展一般性学术评估；

——“金砖国家”青年政策对话；

——在人口相关问题上开展合作。

《首尔公报》

(2012年2月27)

我们，2012年3月26—27日齐聚首尔的领导人，重申华盛顿核安全峰会关于努力加强核安全、减少核恐怖主义威胁以及防止恐怖分子、犯罪分子或其他非授权行为者获取核材料的政治承诺。核恐怖主义仍然是对国际安全最具挑战性的威胁之一。鉴于核恐怖主义可能带来的全球性政治、经济、社会和心理后果，挫败这一威胁需要强有力的国家措施和国际合作。

我们重申关于核裁军、核不扩散及和平利用核能的共同目标。

我们致力于为全人类寻求更安全的世界，在核安全方面也有共同目标。我们认识到，核安全峰会是在最高政治层面的一个有益的进程，为我们关于在四年内确保所有易流失核材料安全的共同呼吁提供支持。在此方面，我们欢迎华盛顿峰会以来与会各国在落实所做政治承诺方面取得的实质性进展。

我们强调各国负有根本责任，根据其国内法及国际义务，维护各自控制的所有核材料（包括核武器中使用的核材料）及核设施的有效安全，防止非国家行为者获取此类材料及为恶意使用此类材料而获取相关信息或技术。我们同样认识到，各国对维护其他放射性材料的有效安全负有根本责任。

我们重申，加强核安全的措施不会妨碍各国为和平目的开发和利用核能的权利。

我们注意到国际原子能机构在促进国际合作和支持各国落实其核安全责任方面至关重要的作用，进一步强调地区和国际合作的重要性，并鼓励各国促进与国际伙伴之间的合作和外联活动。

我们注意到2011年3月福岛核事故以及核安全与核能安全之间的联系，认为需要做出持续的努力，以便以协调一致的方式解决核能安全和核安全问题，从而有助于确保安全地和平利用核能。

我们将继续把华盛顿峰会公报和工作计划作为未来推进核安全目标工作的基础。在本次首尔峰会上，我们同意将竭尽全力，在以下重要领域取得更多进展。

全球核安全体系

1. 我们认识到核安全多边文书，如经修订的《核材料实物保护公约》、《制止核恐怖主义行为国际公约》的重要性。因此，我们鼓励普遍遵守这些公约。我们敦促有条件的国家加快《核材料实物保护公约》2005 年修正案的国内批准进程，以期该修正案在2014 年前生效。我们承认联合国在促进核安全方面的重要作用，支持联合国安理会第 1540 号和第 1977 号决议在加强全球核安全方面的作用，并欢迎其职权延期。我们将努力利用国际原子能机构“核材料和核设施实物保护”（INFCIRC/225/Rev. 5）文件及相关《核安全丛书》文件，并将其反映在国内实践中。

2. 我们认识到，自 2010 年峰会以来，有关国际倡议和进程，如“打击核恐怖主义全球倡议”及“应对大规模杀伤性武器和材料扩散全球伙伴计划”，在各自授权和成员范围内所做出的贡献。我们欢迎更多国家参与“打击核恐怖主义全球倡议”及“全球伙伴计划”，认为后者延期至 2012 年以后是有益的。我们注意到核安全活动之间加强协调和互补的重要性，欢迎国际原子能机构关于 2013 年就此举办国际会议的建议。我们欢迎工业界、学术界、研究机构和公民社会在促进核安全方面所做的贡献。

国际原子能机构的作用

3. 我们重申国际原子能机构在强化国际核安全框架中的重要责任和中心作用，并认识到机构“2010—2013 年核安全计划”的重要性。我们将努力确保机构继续拥有所需的合适机制、资源和专业知识，以支持其落实核安全目标。为此，我们鼓励有条件的国家及核工业界增加对机构核安全基金的实物及自愿捐助。我们并鼓励机构通过其各种支助项目继续开展援助活动，应请求为各国建立并完善核安全基础架构的努力提供帮助，并鼓励各国利用机构此类资源。

核材料

4. 我们认识到高浓铀和分离钚需要特别的防范措施，再次强调对高浓铀的适当安保、衡算和集中存放的重要性。我们并鼓励各国在适当情况下并根据本国安全考虑和发展目标，考虑从不再使用核材料的设施中安全、保险和及时地移除和处理有关核材料。

5. 我们认识到在国际原子能机构框架内就高浓铀管理制定供各国政策参考的选项，将有利于推进核安全目标。我们鼓励各国在技术和经济可行并考虑到确保医疗用同位素供应的情况下，采取措施最大限度减少高浓铀的使用，包括将使用高浓铀燃料的反应堆转化为使用低浓铀，并鼓励有能力的国家在2013年底前，宣布旨在最大限度减少高浓铀使用的自愿具体行动。我们并鼓励各国在同位素生产等商业应用领域促进低浓铀燃料和靶件的使用，并且在此方面欢迎就高密度低浓铀燃料开展相关国际合作，以支持研究堆和试验堆的转化。

放射源

6. 鉴于放射源的广泛应用以及其易被用于恶意行为，我们敦促各国确保此类材料的安全，同时谨记它们在工业、医疗、农业和科研领域的用途。为此，我们鼓励有能力的国家继续努力完成批准或加入《制止核恐怖主义行为国际公约》的进程，在国内实践中反映国际原子能机构《核安全丛书》相关文件、机构《放射源安全行为准则》及其《放射源进出口导则》补充文件的内容，并在必要时建立高活度放射源国家登记册。我们并承诺与机构密切合作，鼓励开展先进技术和系统方面的合作，分享放射源管理最佳操作规范，以及应各国请求提供技术援助。此外，我们鼓励各国为寻回遗失、失踪或被盗的放射源及确保对废旧放射源的控制继续做出努力，并开展国际合作。

核安全与核能安全

7. 我们承认核能安全和核安全措施的目标都是为了保护人的生命、健康和环境，确认核安全和核能安全措施应当以一致和协同的方式进行设计、执行和管理。我们同样确认，需要以统筹处理核安全和核能安全的方式，保持有效的核应急响应和缓解核事故后果的能力。在此方面，我们欢迎国际原子能机构召开有关会议的努力，就核安全与核能安全的衔接提供相关建议，从而使二者均不被削弱。我们同样欢迎联合国秘书长倡议于2011年9月22日在纽约召开的核能安全与核安全高级别会议。我们注意到核及其他放射性材料安全同样包括乏燃料和放射性废料的安全，鼓励各国考虑制订对这些材料进行管理的适当计划。

运输安全

8. 我们将继续努力加强核及其他放射性材料在国内及国际运输中的安全，鼓励各国分享最佳操作规范并在获取必要技术方面开展合作。我们认识到在国家层面建立多层次防范措施应对核及其他放射性材料遗失或被盗的重要性，鼓励在必要时建立有效的国家核材料库存管理及本国追踪机制，使各国能采取适当措施寻回遗失和被盗材料。

打击非法贩运

9. 我们强调有必要建设预防、探测、响应和起诉核非法贩运的国家能力。在此方面，我们鼓励各国根据本国法规，以行动为导向，协调打击非法贩运的国家能力。我们将努力加强在边境对核及其他放射性材料进行检查和探测的技术能力。我们注意到一些国家已通过出口管制法对核转让进行监管，鼓励各国在适当情况下根据国内法，进一步利用法律、情报及金融手段，有效起诉此类犯罪。此外，我们鼓励各国参加国际原子能机构非法贩运数据库项目，并提供有关其管控范围之外核及其他放射性材料的必要信息。我们将努力加强国家间的合作，并鼓励各国在符合本国法规情况下，包括通过国际刑警组织防范放射性和核恐怖主义部门及世界海关组织，分享涉及核及其他放射性材料贩运犯罪的个人信息。

核分析鉴定

10. 我们认识到核分析鉴定可作为一项有效手段，用于确定被探测到的核及其他放射性材料来源，以及为起诉非法贩运及恶意使用此类材料的行为提供证据。在此方面，我们鼓励各国之间以及与国际原子能机构开展合作，建设并加强核分析鉴定能力。在此方面，在适当情况下，各国可通过制定共同定义和标准，把传统分析鉴定与核分析鉴定的技能结合起来，开展研究并分享信息和最佳操作规范。我们并强调在技术和人力资源开发方面开展国际合作对推进核分析鉴定的重要性。

核安全文化

11. 我们认识到对人员能力建设的投入对促进和维持强有力的核安全文化至关重要，鼓励各国通过双边和多边合作等方式分享最佳操作规范并建设国家能力。在国家层面，我们鼓励包括政府、监管机构、工业界、学术界、非政府组织和媒体在内的所有利益攸关方全力致力于加强核安全文化并保持各项活动间的有效沟通和协调。我们并鼓励各国通过教育和培训促进人力资源开发。在此方面，我们欢迎自华盛顿峰会以来成立的若干核安全示范中心和其它核安全培训与支持中心，并鼓励新建此类中心。此外，我们欢迎国际原子能机构努力促进此类中心之间的互联互动，以分享经验教训并优化可用资源。我们还注意到在首尔核安全峰会前夕举行的核工业界峰会及核安全研讨会。

信息安全

12. 我们认识到防止非国家行为者获得所需的信息、技术和专业知识，以出于恶意获取或使用核材料，或破坏基于信息技术的核设施控制系统的重要性。因此，我们鼓励各国：继续制定和加强国家及设施层面的防范措施，有效管理包括有关核材料及设施保护程序和规定的相关信息；支持相关能力建设项目；以及根据国际原子能机构大会关于核安全的决议（GC（55）/Res/10）并谨记国际电信联盟第174号决议，加强与核设施有关的网络安全措施。我们并鼓励各国：推动建立强调有必要保护核安全相关信息的安全文化；与科学、工业及学术界一道寻找共同的解决方案；以及支持国际原子能机构制定并散发经完善的信息保护指南。

国际合作

13. 我们鼓励所有国家加强对核材料的实物保护和衡算体系、应急准备和响应能力以及相关法律和监管框架。在此背景下，我们鼓励国际社会加强国际合作，并在适当情况下，应请求在双边、地区和多边层面向有需要的国家提供援助。特别是，我们欢迎国际原子能机构有意愿继续在应请求向各国提供帮助方面发挥领导作用。我们并重申有必要开展各种形式的公共外交和外联活动，以加强公众对包括核恐怖主义威胁在内的核安全威胁应对措施和已有能力的了解。

我们将继续为加强核安全和落实这方面的政治承诺做出自愿和实质性的努力。我们欢迎各与会方在本次首尔峰会上就华盛顿峰会以来在核安全领域取得的进展所提供的信息。下一次核安全峰会将于2014年在荷兰举行。

《上海合作组织成员国元首关于构建持久和平、共同繁荣地区的宣言》

(2012年6月7日)

上海合作组织（以下简称“上合组织”或“本组织”）成员国元首于2012年6月6—7日在北京举行上合组织成员国元首理事会会议。

元首们指出，进入21世纪以来，国际关系体系发生着复杂的变化，世界格局走向多极化，区域协作加强，全球化进一步发展，国与国相互依存更加紧密，信息技术作用越来越大。

国际社会迫切需要共同有效应对全球挑战。世界经济形势十分复杂，不稳定性和不确定性依然突出。大规模经济金融危机可能再次爆发，恐怖主义、毒品走私、跨国犯罪、发展失衡、粮食短缺、气候变化、大规模杀伤性武器扩散的危险、地区和局部冲突等威胁和问题仍然存在。

上合组织反映了各成员国人民的共同愿望，继续为和平、合作、发展而富有成效地开展工作，践行了互信、互利、平等、协商、尊重多样文明、谋求共同发展的“上海精神”，推动建立了友好合作的国家关系有效模式。

在成员国共同努力下，上合组织已成为和平与可持续发展的保障，维护着本地区的安全、稳定和发展，有力地打击了恐怖主义、分裂主义、极端主义、毒品走私和跨国有组织犯罪，发展了区域合作，加强了睦邻互信关系。

成员国将继续加强边境地区军事领域信任，采取必要措施避免发生边界争端，维护和平、安宁与稳定。

成员国将继续加强在本组织框架内的合作，提升合作水平，把上合组织地区建成持久和平、友好、繁荣与和谐的地区。

为此，元首们声明如下：

一、成员国呼吁国际社会实现多种文明和平共存与对话，谋求共识，协同可持续发展，尊重各国传统和文化价值观念，在公认的国际法准则和原则基础上巩固国家间关系。

成员国恪守《联合国宪章》、《上海合作组织宪章》和《上海合作组织成员国长期睦邻友好合作条约》及成员国加入的其他国际条约，不断发展和深化相互关系。

成员国在彼此尊重主权、独立、领土完整和自主选择的社会制度和发展道路，互不干涉内政的基础上建设相互关系。成员国彼此支持各方为保持国内稳定、发展国民经济所作的努力。

成员国不参加针对其他成员国的联盟或集团，采取一切措施依照国际法通过政治外交手段解决彼此间或与其他国家间出现的问题。

二、成员国认为，应在国际关系中推广互信、互利、平等、协作的新安全观，在世界上建立尊重所有国家利益的、不可分割的安全空间。

个别国家或国家集团单方面不受任何限制地加强反导系统将对国际安全和战略稳定产生危害。有关问题必须由所有有关国家通过政治外交努力来解决。成员国坚定地认为，实现自身安全不能以损害其他国家的安全为代价。

成员国支持建立无核武器世界，严格遵守《不扩散核武器条约》。上合组织呼吁所有核武器国家签署《建立中亚无核武器区条约》的有关议定书，切实推动中亚无核武器区的建立。

成员国主张确保外空安全、和平利用外空、防止外空武器化，推动制定“防止在外空放置武器、对外空物体使用或威胁使用武力条约”，推动制定并在国际社会实施外空透明与建立信任措施。

成员国将在尊重国家主权和不干涉别国内政的原则基础上，推动建立和平、安全、公正和开放的信息空间。成员国反对将信息和通信技术用于危害成员国政治、经济和社会安全的目的，防止利用国际互联网宣传恐怖主义、极端主义和分裂主义思想。

三、成员国认为，地区事务须由本地区相关国家和国际组织协商解决。维护地区安全与稳定的具体协作方式和机制应由该地区国家决定。

如出现对本组织某一成员国或整个地区的和平、稳定与安全构成威胁的形势，成员国将根据本组织相关文件采取政治外交措施，及时妥善应对。

成员国继续加强双边和多边合作，共同打击恐怖主义、分裂主义和极端主义，非法贩运毒品和武器等跨国犯罪活动、非法移民以及应对其他安全领域的新威胁新挑战。

成员国支持阿富汗建成独立、中立、和平、繁荣和没有恐怖主义、毒品犯罪的国家，认为阿民族和解进程应由阿人主导、阿人所有。成员国支持联合国在协调解决阿富汗问题的国际努力中发挥主导作用。成员国将协助阿富汗人民进行国家重建。成员国决定给予阿富汗上合组织观察员地位。

成员国对西亚北非地区局势深表关切，衷心希望这一地区实现和平、稳定、繁荣和进步。呼吁国际社会遵循《联合国宪章》宗旨和国际法准则，尊重地区国家和人民的自主选择，推动缓解地区紧张局势，反对进行武力干预或强行推动“政权更迭”，不赞成进行单边制裁。

成员国强调，必须停止叙利亚境内的一切暴力行为，支持尊重叙主权、独立、领土完整的广泛国内对话。欢迎联合国安理会支持调解危机的政治努力，认为通过政治对话和平解决叙利亚问题符合叙利亚人民和国际社会的共同利益。

成员国对围绕本组织观察员国伊朗的有关事态发展深表担忧，认为任何以武力解决伊朗问题的企图都是不可接受的。这种企图将产生不可预见的严重后果，威胁地区乃至世界的稳定与安全。呼吁各方保持最大克制，避免可能导致对抗进一步升级的言论和行动。

成员国认为，各国应遵守《联合国宪章》的宗旨和原则以及国际关系基本准则，主张应严格执行安理会有关决议。支持六国与伊朗开启可持续对话进程，通过有关各方对话谈判以政治外交手段解决伊核问题。期待伊朗作为国际社会负责任成员在维护和平与繁荣方面发挥重要作用。

四、成员国根据本国社会经济发展优先方向，通过相互支持，不断在现代化和创新发展基础上增强经济发展潜力，大力推进经验交流和务实往来。

成员国认为，经济全球化应有助于建立均衡、互利、公正、高效、非歧视的惠及世界各国的贸易关系。

成员国愿继续同国际社会一道，为消除国际经济金融危机的影响，实现世界经济可持续增长做出贡献。

成员国将深化和完善互利互惠的区域经济合作，促进贸易和投资便利化，实施共同投资的大型项目并吸收观察员国和对话伙伴参与。

成员国认为，应继续促进各成员国边境地区及毗邻地区合作，加强互联互通，共享经济发展成果。

成员国将努力保障本地区能源安全。

成员国重视发展连接欧亚的交通基础设施，建立相应的国际交通走廊，提高各种交通运输方式的联运效果，并将为完成上述任务继续加强合作。

成员国根据本国法律和各自承担的国际义务，保障生活在其境内的其他成员国公民的社会经济权益。

五、上合组织地区的顺利发展需要和平、安全和稳定的国际环境，需要为建立公正、民主的国际秩序坚持不懈地努力。

联合国应在维护世界和平与安全、促进共同发展、加强国际互利合作方面发挥核心作用。成员国重申支持联合国通过改革提高效率，增强及时有效应对挑战和威胁的能力。

有关各方应继续协商，就联合国安理会改革问题找到能够照顾彼此利益和关切的“一揽子”解决方案，达成最广泛一致。为维护联合国会员国团结，不应人为预设谈判时限，不应过早提交讨论任何在目前阶段尚未得到压倒性多数会员国支持的方案，包括不采取“零散处理”的做法。

成员国重视进一步发展与本组织观察员国、对话伙伴以及与本组织签署相关文件的国际组织、地区组织之间的友好关系和富有成效的协作关系。继续与其他赞同上合组织宗旨和原则的国际组织和机制开展对话。

成员国满意地指出，国际社会对与上合组织建立联系的兴趣上升，欢迎土耳其共和国成为上合组织对话伙伴，参与本组织框架内的合作。

六、成员国强调，在“上海精神”指引下，上合组织作为国际关系的一个重要主体和建设性力量，已成为21世纪国家之间和区域合作的典范。

成员国将通过在本地区构建和谐友好伙伴关系，继续促进世界的和平、公正、民主与多元，推动各国和全人类的进步与繁荣。

哈萨克斯坦共和国总统　纳扎尔巴耶夫

中华人民共和国主席　胡锦涛

吉尔吉斯共和国总统　阿坦巴耶夫

俄罗斯联邦总统　普京

塔吉克斯坦共和国总统　拉赫蒙

乌兹别克斯坦共和国总统　卡里莫夫

二〇一二年六月七日于北京